ミネルヴァ日本評伝選

我が国の念仏の祖師と申すべし

空也

石井義長著

ミネルヴァ書房

刊行の趣意

「学問は歴史に極まり候ことに候」とは、先哲荻生徂徠のことばである。
歴史のなかにこそ人間の智恵は宿されている。人間の愚かさもそこにはあらわだ。この歴史を探り、歴史に学んでこそ、人間はようやくみずからの正体を知り、いくらかは賢くなることができる。新しい勇気を得て未来に向かうことができる。徂徠はそう言いたかったのだろう。

「ミネルヴァ日本評伝選」は、私たちの直接の先人について、この人間知を学びなおそうという試みである。日本列島の過去に生きた人々の言行を、深く、くわしく探って、そこに現代への批判を聴きとろうとする試みである。日本人ばかりではない。列島の歴史にかかわった多くの異国の人々の声にも耳を傾けよう。

先人たちの書き残した文章をそのひだにまで立ち入って読み、彼らの旅した跡をたどりなおし、彼らのなしとげた事業を広い文脈のなかで注意深く観察しなおす――そのとき、はじめて先人たちはいまの私たちのかたわらによみがえってくる。彼らのなまの声で歴史の智恵を、また人間であることのよろこびと苦しみを、私たちに伝えてくれもするだろう。

この「評伝選」のつらなりのなかから、列島の歴史はおのずからその複雑さと奥ゆきの深さをもって浮かび上がってくるはずだ。これを読むとき、私たちのなかに新たな自信と勇気が湧いてきて、その矜持と勇気をもって「グローバリゼーション」の世紀に立ち向かってゆくことができる――そのような「ミネルヴァ日本評伝選」にしたいと、私たちは願っている。

平成十五年（二〇〇三）九月

上横手雅敬
芳賀　徹

空也上人立像（六波羅蜜寺蔵）

十一面観音立像（六波羅蜜寺蔵）

はしがき

今から千数十年前、平安時代半ばの天禄《てんろく》三年に七〇歳で没している空也《くうや》（九〇三～九七二）の姿を、現在のわれわれに最も印象的に示してくれるのは、京都東山の六波羅蜜寺《ろくはらみつじ》に伝わる空也上人像である。それは鎌倉彫刻の大仏師運慶の四男康勝《こうしょう》の作で、作られたのは一三世紀のはじめ、空也の没後二四〇年頃である。像高一一七センチの小像ながら、ひたむきに市中に「南無阿弥陀仏《なむあみだぶつ》」の念仏を称え歩いた聖《ひじり》の姿を、生生しく写実的に造型している。粗衣にむき出しの脛《すね》、裸足《はだし》にわらじ、首にかけ垂らした鉦架《しょうか》に金鼓《こんぐ》を吊し、左手に鹿角《わさづの》を握って、右手には細い槌状の橦木《しゅもく》を持っている。前屈《かが》みで左足を一歩踏み出し、少し上向きの顔で開いた口からは、称えられた名号《みょうごう》をあらわす六体の小阿弥陀仏像が、連なって吐き出されている。

この像が造られたすこし後に生まれた一遍《いっぺん》（一二三九～八九）は、「空也上人はわが先達《せんだつ》なり」といって空也の「文《もん》」を遊行《ゆぎょう》に携えていたが、その文章には、「口に信《まか》せたる三昧《さんまい》なれば、市中もこれ道場。声に順って仏に見《まみ》えれば、息精《いき》はすなわち念珠《ねんじゅ》」の言葉がある。称名《しょうみょう》の声とともに吐き出される息は、空也にとって念珠のように、阿弥陀仏の慈悲に呼びかける祈りの証《あか》しであった。

仏師康勝が造型した空也上人の念仏像は、おのれを捨てきって、極楽往生の福音を人々に伝えようと念仏する聖の姿を再現した名作でありつつ、阿弥陀聖空也に対する康勝の時代の尊信を切実に表現している。しかし一方、これについては、像が造られた当時に多く見られた念仏聖の風俗をうつしたもので、「むしろ肖像ではなくして、踊り念仏の偶像を空也に仮託しているにすぎない」という美術史家の見解（谷信一「念仏行脚の像について」）もある。

事実、空也は鹿角《わさづの》ではなく僧が托鉢に用いるべき錫杖《しゃくじょう》を用いており、また彼が念仏行に使用していた金鼓《こんぐ》は、臂にかけて持ち歩く小振りなものであったことは、当時の貴族の日記（藤原実資『小右記』）から確認できることである。空也の真実の姿は、そのような歴史的事実と認めうる情報の集積によって、先入観を離れて客観的に描き出されなければならない。

兵乱や災害が続発し怨霊や地獄が恐れられていた時代の平安京で、阿弥陀聖《あみだひじり》とも市聖《いちのひじり》ともよばれた空也は、牢獄でもあった市《いち》の門に石の卒塔婆を建てて、「一《ひと》たびも南無阿弥陀仏という人の蓮《はちす》のうえにのぼらぬはなし」という歌を書きつけて、人々に極楽往生の念仏を勧めた。法然（一一三三～一二一二）が専修念仏《せんじゅねんぶつ》を説いて浄土宗を興こすよりはるか二三〇年早い時代に、彼はたやすく称えられる称名の念仏を一度でもとなえれば、誰にでも極楽往生がかなえられるという安心《あんじん》の教えを説いて、同時代人の文人貴族慶滋保胤《よししげのやすたね》から「その後、世を挙げて念仏を事とせり（『日本往生極楽記』）」といわれたのである。

空也の歴史に遺した最大の功績が、そのような念仏聖としてのものであったことは誰れも認めるところであろう。しかし、専門僧による経典や陀羅尼《だらに》の読誦《どくじゅ》・密教修法が重んじられていた古代に、一個の民間の聖として、彼がどのようにしてそのようなまったく革新的な称名念仏を身につけたのかは大きな謎で、これまでに納得のいく説明はされていない。そしてわが国の浄土仏教の思想史上、彼の「一たびも」の歌がいかに画期的に重要な意義をもっているかということについても、正当に評価するものはほとんどないのである。加えて、彼がみずから命名して終生を通した「空也」の名の由来と、生涯最大の事業として『大般若経』六〇〇巻の書写供養を長年かけてやり遂げたことの背景に、彼がどのような仏教思想を持っていたのか。この点もまた従来まったく立ち入って論じられていないが、仏教者空也を正しく理解するためにはきわめて重要な鍵といわなければならない。

空也六一歳の応和《おうわ》三年（九六三）八月二三日、宮中の清涼殿《せいりょうでん》で南都北嶺の名僧が、「人は誰でも成仏できるのか」という『法華経』の解釈をめぐる名高い論争を闘わしていた当日、空也は鴨川の西岸に仮の仏殿を建てて、一四年来貴賤上下に寄捨を募って書写した金字《こんじ》大般若経六〇〇巻の盛大な供養《くよう》会《え》を行った。そこで読み上げられた『願文《がんもん》』には、『大般若経』に説かれている常啼菩薩《じょうたいぼさつ》（衆生の苦しみをみて、常に啼《な》いていた菩薩）と、その問いに答えて仏の完全な智恵である般若波羅蜜多《はんにゃはらみった》を教えた法涌菩薩《ほうゆうぼさつ》の、身命を惜しまない求法と得道の物語を、空也が驚くべき正確さで理解し、常啼の心を自らの心とし、法涌の教えを世の人々に知らせたいと朝夕に願っていたことが書かれている。著者自身も今回の執筆にあたって、改めて経文と『願文』を詳細に対比させて読み直し、その適確な対応関係に目からうろこが落ちる思いであった。空也は常啼と同じく、衆生の苦しみを救いたいという菩提心から悟りの智恵を求めた。その智恵を世の人々に知らせたいという切実な願いが、まさに天下の壮観といわれた供養会の動機なのであった。

そのような般若の知恵を自ら求め人々にも知らせると同時に、空也は現実に苦しみ悩む人々のたしかな救いの道となる易しい念仏往生の教えを、ひたむきに説いた。仏師康勝が造型した念仏聖の典型は、鎌倉時代における祖師空也に対する尊崇と、念仏往生に対する信仰の世界を象徴している。その世界から、中世における広範な念仏聖の布教が拡大され、鎌倉浄土教の成立を支えていったことが、空也に先駆的念仏者としての歴史的意義を与える所以《ゆえん》であった。鴨長明《かものちょうめい》が『発心集《ほっしんしゅう》』の中で空也について、「これを我が国の念仏の祖師と申すべし」と記しているのも、そのような評価の一例である。しかし、仏教の根本に対する深い求道心に立ちながら、その仏教をまず人々のために生かそうとして多様な行業《ぎょうごう》をすすめた空也を評価する視点は、これに尽きるものではない。

本書では、そのような問題意識を念頭におきながら、没後まもなく書かれその霊前に捧げられた『空也上人誄《るい》』や、生前の大般若経供養会の『願文』、一遍が遊行の支えとして身に携えていた空也の「文《もん》」など、最も信頼できる基本資料を中心に、史書・説話・文学などもろもろの史（資）料を幅広く援用しながら、空也の生涯とその思想をできる限り客観的に探っていくことにしたい。そこから浮かび上がってくる空也の実像は、これまで呪術的・民俗的念仏者とみられていた様相とはまったく異なる、大乗仏教の真実の菩薩像というべき聖《ひじり》の姿となるであろう。

本書の内容については、まず第一章で「我が国の念仏の祖師」といわれた空也の、生涯と主な事績を要約して概観しておきたい。そのうえで第二章では、我が国の浄土教の、最初期の受容から平安時代初期までの流れを簡単に振り返り、平安時代中期の空也においてはじめて、凡愚万人の往生極楽のための口称《くしょう》名号《みょうごう》の念仏が市井に勧化されたことの意義を、歴史的に確認するよすがとしたい。第三章では、空也伝の基本資料でありながらこれまで完全な翻刻の例のない『空也上人誄』について述べ、第四章で空也の生涯、最後の第五章でその仏教思想について、それぞれ具体的に見ていくことにしたい。それらを通して、これまでの空也に対するあまりにも根強い誤解が少しでも解消されるならば、これに過ぎる喜びはない。

空也——我が国の念仏の祖師と申すべし　目次

はしがき

第一章　弥陀の名を唱え、般若を求索す……1

1　苦の世俗を救う……1

生涯とその伝記資料　阿弥陀聖の登場　市聖

抜苦と後世安楽の十一面観音

2　常啼菩薩と情を同じく……9

金字の『大般若経』　常啼菩薩

3　上品上生の往生……14

供養会の功徳廻向　往生の正行と雑行　なお導の唐におけるがごとし

4　捨ててこそ……20

空也上人はわが先達なり　誤解されてきた阿弥陀聖　空也仏教への評価

菩薩行

第二章　極楽往生を説く仏教……27

1　古代日本における浄土教の受容……28

浄土信仰のはじまり　阿弥陀仏像の礼拝　聖武天皇の信仰

光明皇后の阿弥陀信仰　阿弥陀悔過　誰のための往生祈願か
智光にみる浄土教学の研究　奈良朝貴族と唐の浄土教家
往生に必要な行業と称名念仏
2　平安時代初期の浄土教と称名の念仏……45
はるかな虚空・極楽へのあこがれ　『日本霊異記』の浄土信仰
平安新仏教と浄土信仰　大乗菩薩思想と天台浄土教
山の念仏のはじまり　不断念仏
極楽往生と即身成仏——山の念仏の性格　山の念仏のひろがり
『往生伝』と説話性　史書にみる念仏のすがた　元興寺三論宗
法相浄土教　仏名会　聖の活動と念仏
第三章　『空也上人誄』……75
1　『誄』の成り立ちと評価……75
誄としのびごと　『誄』はいつ書かれたか　『空也上人誄』は見苦しいか
伝記としての『誄』の限界
2　『空也上人誄』の復元……84
『空也上人誄』の校訂　表題について　空也の名の読み方

第四章　生涯と行業……91

1　出家と遍歴求道……92
生まれた年　空也皇胤説　まがった臂　利生遊歴の優婆塞
阿弥陀仏の名を唱えた　剃髪出家　尾張国分寺　国分寺での修業
一切経を読む　峯合寺で学んだもの　善導の念仏論書
『念仏三昧宝王論』　湯島観音参籠　観音への祈り　奥羽巡錫
大法螺を吹く　会津八葉寺　会津大寺恵日寺　奥羽布教の限界
愛宕の聖　山中ものさわがし

2　阿弥陀聖の市中勧化……141
平安京　平安京の市　市の聖　阿弥陀聖　囚門の卒塔婆
一念往生の救いの教え　神泉苑の老狐　南都興福寺
観想の念仏を学ぶ　空也の建てた市堂　市姫神社
極楽はつとめていたるところなりけり　阿弥陀浄土変等の供養
法華経の衣と松尾明神　市聖と盗賊

3　東山道場の仏事……192
叡山受戒　東山に移る　十一面観音像の造立供養
現当二世利益の十一面観音　東山の道場　金字大般若経の書写供養

水晶の軸　装飾経への結縁　清水寺　蔵人所での依頼
金字大般若経供養会　常啼菩薩の本誓　上品上生の往生祈願
空也上人の『十二光仏讃』　文殊菩薩の来臨
4　西光寺の開創と晩年……235
東山・西光寺　禅林の霜　蛇と錫杖　閻魔王宮に送った書状
東山の阿　冥途への通路
5　阿弥陀聖の入滅とその後……252
西光寺での入滅　往生の伝記　誄・しのびごと
六波羅蜜寺と空也の念仏　金鼓と錫杖　阿弥陀聖の後裔
阿弥陀の名をいただく聖　空也の墓　空也念仏僧
第五章　空也仏教の思想……279
1　金字大般若経供養会の『願文』……280
ただ一つ残された『願文』　真空の理　常啼菩薩の物語
『大般若経』と空也の『願文』　空也の名の由来　般若を求索した阿弥陀聖
2　一念往生と修諸功徳……298
悪人の一念往生　修諸功徳　一念往生の限界
3　心に所縁なし……305

常不軽菩薩　息精は即ち念珠　閑居の隠士　空也上人はわが先達なり
空也と一遍を結ぶ縁　叡山に伝えられた空也の「文」　捨ててこそ
信楽空法の念仏
4　幻の『発心求道集』……325
空也の釈　記主禅師良忠の説　時宗第七祖託何の説
「空也上人の発心求道集」
5　菩薩の道を歩んだ聖……333
『法華経』　『大般若経』　観音信仰　菩薩行としての念仏勧化
参考資料
資料1　空也上人誄一首并序
国子学生源爲憲……343
資料2　空也上人の爲に金字大般若経を供養する願文（原漢文の訓み下しと略註）
善道統（三善道統）……349
資料3　『一過聖絵』の伝える「空也の文」……355
参考文献　357

あとがき　363
空也略年譜　367
人物・神仏・事項索引

図版一覧

空也上人立像（重文・六波羅蜜寺蔵）……カバー写真
空也上人立像（重文・六波羅蜜寺蔵）……口絵1頁
十一面観音立像（国宝・六波羅蜜寺蔵）……口絵2頁
餓鬼草紙（京都国立博物館蔵）……4
聖衆来迎図（当麻曼荼羅縁起・光明寺蔵）……5
観音経絵巻（メトロポリタン美術館蔵）……8
紺紙金字大般若経（中尊寺蔵）……10
迎講の図（当麻寺縁起・当麻寺蔵）……15
遊行に出立する一遍（一遍聖絵・清浄光寺蔵）……21
阿弥陀三尊像（重文・山田殿像・東京国立博物館蔵 Image:TNM Image Archives Source:http://TnmArchives.jp/）……29
伝橘夫人念持仏（国宝・法隆寺蔵・米田太三郎撮影）……31
定恵将来の可能性が高いとされる十一面観音立像（重文・東京国立博物館蔵 Image:TNM Image Archives Source:http://TnmArchives.jp/）……35
延暦寺西塔常行堂（滋賀県大津市）……55
智光曼荼羅（元興寺蔵）……68

『空也誄』（名古屋市大須観音宝生院蔵）……79
『六波羅蜜寺縁起』（宮内庁書陵部蔵）……86
諸書における出自の扱い……95
峰相山（兵庫県姫路市）……108
伊島（徳島県阿南市）……116
伊島卒塔婆崖観音堂……117
如意輪観音像（大正蔵・図像3より）……119
会津八葉寺　空也念仏踊り……131
愛宕山月輪寺（京都市右京区）……137
平安京条坊図と東・西市の位置……142
「東市町正応五年前図」林屋辰三郎『町屋』より想定した平安末期の東市図……156
神泉苑（京都市中京区）……163
興福寺菩提院（奈良市菩提町）……167
松尾大社神輿の空也像……175
『一遍聖絵』市屋道場踊り念仏の図（国宝・東京国立博物館蔵 Image: TNM Image Archives Source:http://TnmArchives.jp/）……178
松尾祭翁の面……187
延暦寺戒壇院（滋賀県大津市）……195
隔夜寺（奈良市高畑町）……212

供養会関連地図……222
六波羅蜜寺（京都市東山区）……237
空也と藤原氏（藤原忠平の主な子孫と空也との関係）……244
鷲峯山（インド・ラージギル郊外）……285
道場で念仏する善導（浄土五祖絵伝　鎌倉光明寺蔵）……301
空也上人像（松山市浄土寺蔵）……316

第一章　弥陀の名を唱え、般若を求索す

1　苦の世俗を救う

生涯とその伝記資料

空也は平安時代の中前期、都が大和の平城京から、山城の長岡京を経て平安京に遷って一〇九年後の延喜《えんぎ》三年（九〇三）に生まれ、七〇歳の生涯を自分の開創した東山の西光寺《さいこうじ》で、天禄《てんろく》三年（九七二）九月十一日に終えている。その間、少壮の年代は在俗の仏教信者である優婆塞《うばそく》として各地の名山霊窟を遊歴し、悪路を直し、水路を築き、荒原に捨てられた遺骸を集めて焼くなど、かの行基《ぎょうき》（六六八〜七四九）を思わせる利生《りしょう》の業に従った。

二〇歳をすぎて、尾張の国分寺で見習僧の沙弥《しゃみ》として出家し、自ら空也の名を称した。以後は播磨の山中の寺に籠もって一切経を数年間閲読し、阿波の海中の孤島の観音菩薩像に祈願の練行《れんぎょう》をし、陸奥・出羽の奥地にまで修行と巡錫《じゅんしゃく》の旅を送る。そして、三六歳の天慶《てんぎょう》元年（九三八）には平安京

に還《かえ》り、市中《いちなか》に「南無阿弥陀仏」の称名念仏を説いて阿弥陀《あみだ》聖《ひじり》と呼ばれ、また市中に仏事と利生の業を行って市聖《いちのひじり》とも呼ばれた。四六歳の時に推されて比叡山延暦寺《えんりゃくじ》で正式に得度して、大乗菩薩戒を受戒するが、この後も空也の名で民間仏教者としての立場を貫き、貴賤上下の人々に勧進して観音菩薩像等を造り、『大般若経』六〇〇巻の書写供養も行い、東山の地に西光寺を開創してここで生涯を終える。

市井の聖《ひじり》として生涯を送った空也について、直接的な伝記資料は少ない。その第一のものは、天禄三年に彼が没した年のうちに書かれ、その霊前に捧げられたと考えられる『空也上人誄《るい》』で、撰者は文人貴族の源《みなもとの》為憲《ためのり》（九四一〜一〇一一）である。そしてこの一一年ばかり後に、為憲と念仏結社勧学会《かんがくえ》の同志であった慶滋保胤《よししげのやすたね》（九三四頃〜一〇〇二）は、わが国はじめての往生伝である『日本往生極楽記』を著し、その中に空也の略伝を載せてその先駆的な念仏普及の功績を讃えている。また空也が東山に創建した西光寺は、彼の没後まもなく六波羅蜜寺《ろくはらみつじ》と改称されるが、平安時代末期の保安《ほうあん》三年（一一二二）に三善為康《みよしのためやす》（一〇四九〜一一三九）が書いた『六波羅蜜寺縁起』も、『誄』をほぼ全文引用しているうえに、空也没後の寺の状況も記しており、重要な資料である。空也が晩年に鴨川西岸で催した大般若経供養会に際して、空也の意を受けて三善道統《みよしのみちむね》（生没年不詳）が撰文した『願文《がんもん》』は、空也の仏教思想を示す多くの願文類のうちただ一つ現存するもので、とりわけ彼の空と般若の智恵に対する強い求道心と、これを人々に開示しようという菩提心が吐露されており、まことに感銘深い文章となっている。これもまた、伝記資料として重要である。

平安京の東市《ひがしのいち》の市中で阿弥陀聖と呼ばれた空也の姿を、はじめて文字に記して伝えたのも『空也上人誄』で、その漢文で書かれた原文を訓み下すと、次のようになる。

天慶《てんぎょう》元年以来、還《かえ》りて長安にあり。その始め、市店に乞食《こつじき》し、もし得《う》るところあれば、みな仏事を作し、また貧患《ひんかん》に与う。故に俗は市聖《いちのひじり》と号《なづ》けり。また尋常《つね》の時、南無阿弥陀仏と称《とな》えて、間髪《かんはつ》を容《い》れず。天下また呼んで阿弥陀聖となせり。

阿弥陀聖の登場

平安京に還った空也は、現在の西本願寺と龍谷大学の一帯にあった東市に立ち並ぶ店々の間で托鉢し、得たもので仏に供養し、貧者や病人に施した。食を乞う者がいつのまにか人に施す者となり、聖と呼ばれたということに、空也の身に具えた徳性がしのばれよう。常に「南無阿弥陀仏」と休むことなく称名の念仏を称えていたと伝えられるのも、彼以前の民間の沙弥《しゃみ》・優婆塞《うばそく》としてまったく例の見られないことであった。そして『誄』は続けて、空也が東市の獄舎の門に一基の卒塔婆を建て、そこに刻まれた仏像が満月のように輝き、その傘に下げた宝鐸《ほうたく》が風に鳴り、囚徒はみな涙を流して、地獄に堕ちる苦しみから逃れられたと喜んだと記している。

当時の市は公設のものであり、そこには牢獄が併設され、見せしめのための刑の執行も行われていた。しかし『誄』の華麗な文章からは、獄囚の涙の理由がはっきりとは理解できない。ところが、空也が没した年にはまだ六歳の少年であった文人、四条大納言藤原公任《ふじわらのきんとう》（九六六～一〇四一）が、空也没後二五年ほどに撰した私撰和歌集『拾遺抄《しゅういしょう》』には、次のように空也の和歌が載せられているので

餓鬼草紙（京都国立博物館蔵）

ある（『群書類従』巻一四六）。

市門《いちかど》にかきつけて侍《はべり》ける　空也上人

一《ひと》たびも南無阿弥陀仏という人の
蓮《はちす》のうえにのぼらぬはなし

さらに、平安末期にこれに歌人の顕昭《けんしょう》（一一三〇頃〜?）が註釈した『拾遺抄註《しゅういしょうちゅう》』には、空也の歌の背景について次のように記されている（『群書類従』巻二八九、取意）。

市門《いちかど》は、七条猪隈《いのくま》である。その小路の末を、古くは市門といった。今は北小路と名づけている。その市に石の卒塔婆がある。空也上人が建てたものである。その卒塔婆に、この歌を書きつけたという。

聖衆来迎図（当麻曼陀羅縁起・光明寺蔵）

『誄』は何も記していないが、獄囚の涙の原因はこの歌にあったとすべきであろう。空也が市中に常に称えていた称名は、獄囚の耳にも届いていたと思われる。空也は彼等にも、一緒に念仏することを勧めていたかもしれない。その念仏とは、一度でもこれを称えるなら、善人でも悪人でも、誰でも極楽往生が叶えられるという。

罪を犯した者は必ず地獄に堕とされて永く責苦を受けるというのが、当時の常識であった。極楽に往生して安楽な後生《ごせ》を送るためには、誦経、写経、造寺、造仏などの善業《ぜんごう》を重ね、その功徳《くどく》によって往生の果報を期する。それらの手段に縁のない凡下の庶民、造悪の罪人にとって、空也のこのような教えは干天の慈雨のごとく、また暗夜の灯明のごとく人々の心に後世安楽《ごせあんらく》の救いと安心《あんじん》をもたらしたであろう。それ故にこそ、唐滋保胤が証言しているように、空也が来ての後には、「世を挙げて念仏を事とせり」という状況となったのであろう。

市聖

市聖と呼ばれた空也の市中での行動について、『誄』はさきに見た貧者・病人を援助するという利生の業を記していた。『誄』がその後の卒塔婆の話に次いで記している今一つの挿話は、市聖の面目をさらに鮮やかに描いている。「昔」と書かれているので、空也のまだ壮年の時代であろう。平安京北部の内裏《だいり》（皇居）の南東に神泉苑《しんせんえん》という広大な庭園があり、その北門の外に一人の年老いた病女がいたという。空也はこれを哀れんで朝夕に見舞い、みずから魚肉を買い求めて病女に与えたところ、二か月ほどして回復し何か言いためらっている風情であった。空也が問うと、女の答えは、「精気《せいき》撥塞《ひらきふさが》り、羨《ねが》わくは交接《まじわり》を得ん」というものであった。空也はしばらく考えた上で、これを許す気配を示したところ、女は感嘆して「私は神泉苑の老狐です。上人はまことの聖人ですね」といって、忽然と姿を消したという。空也は還京一〇年後の天暦《てんりゃく》二年（九四八）に延暦寺で得度受戒している。たとえ沙弥であっても守るべき十戒の第三は、不殺生《ふせっしょう》・不盗《ふとう》に次ぐ不淫《ふいん》である。生涯淫事を行わないというのが、沙弥の守るべき戒律であり、僧としての菩薩戒を受けていれば、魚肉を食することは軽度の禁戒にあたり、淫戒は最も犯してはならない十重禁戒の一つである。

『誄』が病女を実は老狐であったと描いているのは、空也の行動を印象的に語ろうとする文飾にすぎない。一五〇年後の『六波羅蜜寺縁起』では、老狐は三善為康の筆によって文殊菩薩に化けている。しかし市店に乞食した空也がそこで魚肉を求め、病女を養育したという行動は、市聖空也の日常の菩薩行であったと考えられる。汚泥《おでい》の中に蓮の花が咲くように、衆生の煩悩にも慈悲心でこたえようとするのが、市聖空也の心であった。

『誄』は市聖としての空也の平安京での活動についていま一つ、各地に阿弥陀井と呼ばれる井戸を掘ったことを記し、それは今住々にして見られると述べている。平安京は東西を鴨川と桂川にはさまれ、また東西の市町に沿う形で南北に二本の掘川が作られ、用水や水運にも用いられていた。しかし人口の増加もあり、旱魃と河川の氾濫がないまぜて、上下の市民の悩みの種であった。神泉苑では空海をはじめ名僧が競って請雨《しょうう》（雨乞い）や止雨《しう》のための祈禱を行い、苑内の池水が灌漑のため開放されたりしていた。

平安京の中に空也の阿弥陀井の痕跡を見つけることはできないが、平安末期に大江親通《おおえのちかみち》（?〜一一五二）が南都に巡礼した時の記録『七大寺巡礼私記《しちだいじじゅんれいしき》』には、興福寺の旧境内に空也の掘った阿弥陀井があって、今なお清冷な水が出ていたと記録されている。少壮の日に優婆塞《うばそく》として各地に利生の業を行った空也の活動は、沙弥となり平安京に還った後々まで、状況に応じて続けられていたのであろう。

抜苦と後世安楽の十一面観音

還京のはじめは東市《ひがしのいち》を中心に仏事を行い、市に行き交う人々に念仏を勧めていた空也は、四六歳で叡山受戒した以後は、活動の拠点を鴨川を越えた東山地に移したように見える。そして貴賤上下の市民や受戒した比叡山延暦寺、さらに東山の清水寺やその本山であった奈良興福寺などの結縁《けちえん》や協力を通して、天暦《てんりゃく》四年（九五〇）九月から知識勧進《ちしきかんじん》（仏の功徳を人々に分かつため、仏業に対する寄進を勧めること）による大規模な仏像制作と金字《こんじ》大般若経六〇〇巻の書写の事業を始める。

造られた仏像は現在まで六波羅蜜寺に守り伝えられている一丈（三メートル）の十一面観音像と、

観音経絵巻（メトロポリタン美術館蔵）

六尺（一・八メートル）の梵天《ぼんてん》と帝釈天《たいしゃくてん》像・四天王像である。観音菩薩は広く世間の苦を救うとともに、阿弥陀仏の脇侍《きょうじ》として衆生を極楽に導く菩薩で、中でも十一面観音は病や水火の難などを防ぐ現世利益と、死後には地獄に堕ちることなく極楽往生を叶えさせるという、自在な救いの功徳を与える菩薩として信仰されていた。

鎌倉時代に虎関師錬《こかんしれん》の著した仏教史書『元亨釈書《げんこうしゃくしょ》』は、この時京畿には疫病がはやり、死骸が相い枕するさまであったので、空也はこれを憐れんで自ら仏像を刻んだと記している。

平安末期成立の『日本紀略《にほんきりゃく》』によれば、その三年前の天暦元年六月から一一月にかけても、京中に疫病《えやみ》（天然痘と赤痢）が流行して死者を多く出し、各地の寺社では悪疫退散《あくえきたいさん》の祈禱が行われ、宮中でも村上天皇や朱雀上皇が病にかかるなど、上下の災厄が続いた。中宮の隠子《おんし》は天皇の病気平癒のため不動尊像を造らせ、天台座主の延昌《えんしょう》に修法を行わせている。延昌はその翌年に空也を得度受戒させる人物で、密教の修法にすぐれた能力を持つ高僧として尊敬されていた。三年後の空也の十一面観音等の造像も、同様の疫病による衆生の苦しみを救おうとする彼の慈悲心と、災厄の犠牲者に対する鎮魂と菩提祈願の行動であったと考えられる。

このとき造立された壮麗な仏像群は天暦五年の秋に完成し荘厳供養されるが、それは当然ふさわしい仏殿に祀られたであろう。『誄』は空也の没後に、それらの仏像は西光寺にあると記しているが、西光寺は空也の没後五年にして天台宗に帰して六波羅蜜寺と改称されており、その場所は鴨川の東、古くから葬送の地とされていた鳥辺野の西に接する地にある。六波羅蜜寺には梵天・帝釈天像を除くこれらの空也による天暦造像の仏像群が、千五十年以上の歳月を経て護り伝えられており、中でも抜苦と後世安楽の十一面観音像は国宝に指定されている。

2　常啼菩薩と情を同じく

金字の『大般若経』

天暦四年（九五〇）に仏像群の造立と同時に始めた金字の『大般若経』一部六〇〇巻の書写供養の事業は、一四年の歳月をかけて空也六一歳の応和《おうわ》三年（九六三）に完成し、宮中の清涼殿《せいりょうでん》で五日間行われた「応和《おうわ》の宗論《しゅうろん》」の中日にあたる八月二三日に、鴨川の西岸に仮の仏殿を建てて、六〇〇人の高僧を招いて盛大な供養会《くようえ》が開かれた。

これについての『誄』の記述は、参列者の衣冠《いかん》や牛車《ぎっしゃ》の車蓋《しゃがい》が星のごとく羅《つらな》って、「およそ天下の

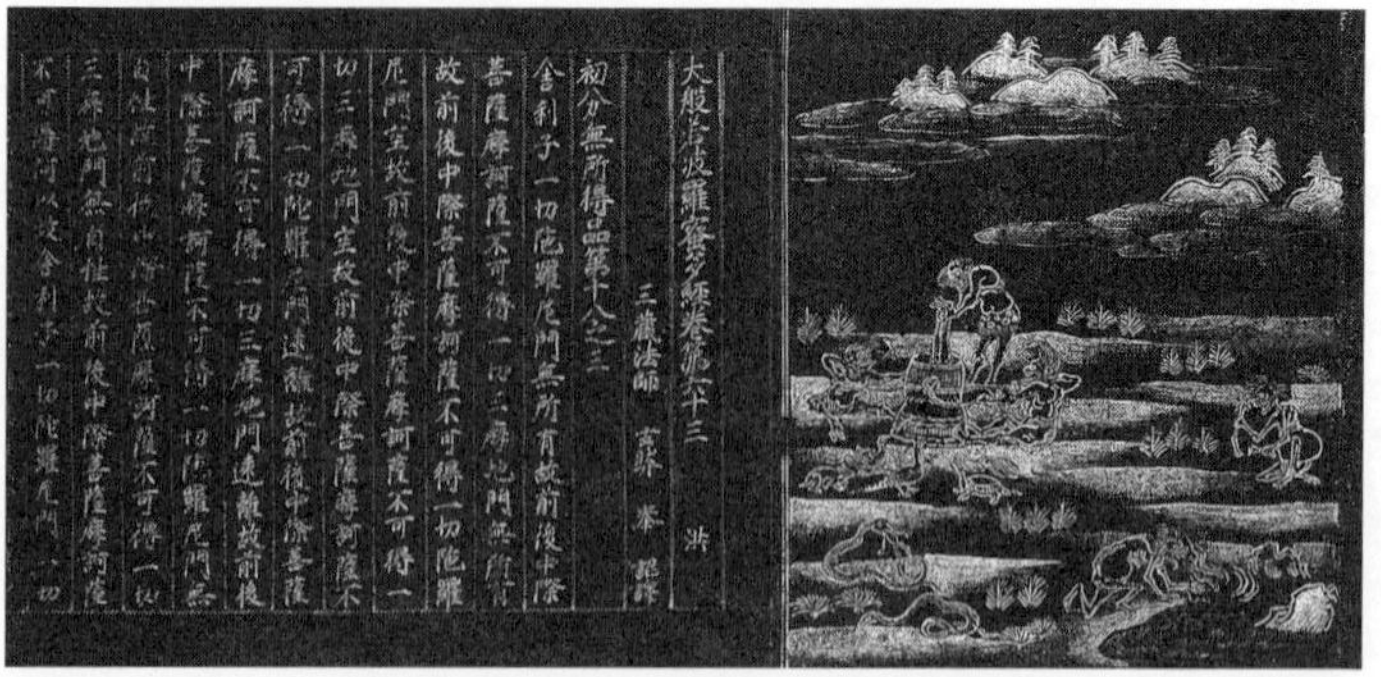

紺紙金字大般若経（中尊寺蔵）

壮観なり」というわずかの状景描写のほかは、空也が経巻を装飾するために水晶の軸一二〇〇個を求め、大和の長谷寺に詣でて地中からこれを掘り出したとする話、および供養会に来会した百余人の乞食比丘《こつじきびく》の中に文殊菩薩があって、中食《ちゅうじき》を食べて去った後に食べたはずの飯がもとのまま残っていたという、霊《りょ》異譚《ういたん》的な二つの物語だけである。

正倉院に残されている天平一〇年（七三八）の写経司《しゃきょうし》の解《げ》（上級官への上申書）によれば、『大般若経』一部六〇〇巻の写経のためには、用紙が一〇、三三二一枚必要で、これを筆写する経《きょ》師《うじ》二〇人が一日に四枚ずつ写経して、最短で一三六日かかるということが示されている（『大日本古文書』七）。市井の聖として自ら供養会の『願文』の中で、「薜服《へきふく》（葛《くず》で織った粗末な服）に風を防」ぎ「麻滄《まそう》（寒さにしびれる）して日を送」っていると告白している空也が、この写経にあたって行ったことは、紺色に染めた楮《こうぞ》の用紙に、金粉を膠《にかわ》で溶いた金泥《こんでい》を用いて経文を書き、六〇〇巻の軸には水晶の飾りを両端につけ、これを雲母《きらら》の帙《ふみづつみ》に収めようという、装飾経の荘厳《しょうごん》であった。

常啼菩薩

『空也上人誄』は序文である長文の伝記の末尾に、本文である四言の韻文で書かれた誄を記しているが、作者の源為憲《みなもとのためのり》はその中で空也の徳を讃えて、「般若を求索《ぐさく》し常啼《じょうたい》と情《こころ》を同じくす」と記している。伝記部分で空也の写経を霊異譚として記述することに文人としての筆力を費やした為憲は、簡潔に過ぎると批判される誄本文の三四句の中で二句だけ、ようやく空也の真情を捉えた適確な誄文を書くことに成功しているのである。空也が何故に『大般若経』の写経供養にこれだけこだわったのかという真意を理解させる情報を、為憲は『誄』序文の伝記の中でも、「空也」の名が沙弥出家の時の「自称」であり、叡山受戒時に「光勝《こうしょう》」という大僧の戒名を与えられても、沙弥の名を改めることがなかったということを記しているだけである。

しかし、『誄』より九〇年ばかり後に藤原明衡《ふじわらのあきひら》（?〜一〇六六）が編著した『本朝文粋《ほんちょうもんずい》』には、為憲も当然目にしていた三善道統《みよしのみちむね》に空也が書かせた『空也上人の為に金字大般若経を供養する願文』が載っており、それは最後に「仏子《ぶっし》空也敬んで曰《もう》す」と結んでいる文である。これを読めば、空也の長年の書写事業にかける思いが歴然と知られ、まことに深い感銘を覚えずにはいられないのである。そこに書かれているのは、呪術的な霊異譚の世界とはまったく関係のない、真実に仏の根本の智恵である般若を求め、それを衆生の迷いの苦しみを救うために世に広め生かしたいという、『大般若経』が説いている常啼菩薩の情《こころ》そのままの、空也の誓願である。

『願文』の内容については最後の第五章で具体的に見ることにして、ここでは空也の仏教者としての求道心にかかわる、一、二の点にだけふれておくこととしたい。唐の玄奘三蔵《げんじょうさんぞう》（六〇二〜六六四）

が漢訳した『大般若経』六〇〇巻は、仏教の根本の教えである「一切皆空《いっさいかいくう》（すべては空である）」という認識に立って、自己と世界を正しく見つめようという智恵の完成（般若波羅蜜多《はんにゃはらみった》）と、その智恵によって衆生を悟りに導くための菩薩の道を説く、大乗仏教の仏典中最大の経典である。凶作に加え疫病も蔓延した奈良時代の天平九年（七三七）にも、聖武天皇が諸国に釈迦三尊像を造らせるとともに、『大般若経』を写させて国家の安泰と国民の除災致福《じょさいちふく》のたすけとしている（『続日本紀』一二）ように、古来同様の祈願に最も有効な経典として尊重されてきた。しかしそのような祈願に見られるこの経典書写の功徳が、経の説く仏の教えの核心でないことは論をまたない。もちろん空也がこの経を書写の対象に選んだのも、「般若波羅蜜多を書持して、衆宝（たくさんの宝物）で荘厳し、他に施して読誦させるなら、獲るところの福徳ははなはだ多い」（「経典品」）と『大般若経』自身が説いている、この経の書写・受持の功徳を意識したことにおいて、多くの前例と同様の動機もあったであろう。空也が「一鉢《いっぱつ》の儲《たくわえ》もない」市井の聖として、あえて紺紙金泥の経巻を水晶の軸で荘厳することに最後までこだわったのも、この経の求めるところに順《した》がおうとする純粋な気持ちであったと考えられる。

しかし空也は『願文』の中で、一四年の写経完成までの歳月を振り返り、この間、「常啼大士《じょうたいだいじ》の本《ほん》誓《ぜい》は、心に晨昏《あしたゆうべ》に懸《かか》り、法涌菩薩《ほうゆうぼさつ》の対揚《たいよう》（回答）は、思いを開示《かいじ》に寄す」と述べている。『大般若経』第三九八巻の「常啼菩薩品《じょうたいぼさつほん》」には、衆生の苦しみを見て常に啼《な》いていたという常啼菩薩が、「私は一切の有情《うじょう》のために智恵ある者になりたい。私はまさに無上の正しい菩提《さとり》を得たい」という誓いを立てたことが説かれている。そして第四〇〇巻の「法涌菩薩品《ほうゆうぼさつほん》」では、常啼菩薩が身命を惜しまない求道の努力のすえに、般若の教えを説く法涌菩薩から、「一切は空であり、それが仏である。それは無相であり、生ずることも滅することもない。よくこれを知って般若のすぐれた方便を修行すれば、必らず無上の悟りが得られる（『大正蔵』六）」と、教えられたことを記している。

空也が一四年来すすめてきた『大般若経』の書写供養は、このような常啼菩薩の求道と法涌菩薩の回答に示された仏の教えを、平安京の貴賤上下の人々に開示《かいじ》するための事業であったのである。その経説の中で説かれているように、空也は常啼と同じく、「汝も甚深《じんじん》なる般若波羅蜜多を保つ菩薩となり、世間の利益や名誉のために法師に従ってはならない」という仏の声を、心に深くとどめていたはずで、『大般若経』の教えは空也の生涯の思想と行動の根底を支えていたものと見られる。

これを示す事実として、「経文」と『願文』の用語上の対応を一例だけ挙げれば、『願文』の中で空也は、「市中に身を売るは、我が願いにあり」と述べている。「経文」では「常啼菩薩品」の中で、常啼が法涌菩薩の所に詣って教えを乞うにあたって、「何を供養すべきだろうか。私は貧しくて香花や瓔珞《ようらく》（玉の首飾り）や金銀のお供えをすることができない。私は自分の体を売って般若とその説法の師に供養する財物を求めることにしよう（取意）」と考えて、市店の立ち並ぶ法涌菩薩の城市の中で、「私は自分を売ります。誰か買ってくれる人はいませんか」と唱え歩いたと書かれている（『大正蔵』六・一〇六二中下）。空也の「我が願い」は、まさに常啼菩薩の市中売身の求道心をうけた発願なのであった。空也がどのような経典の学習を通して、このような『大般若経』の理解に達したのであろうかという点については、第四章で彼の生涯をたどる中で見ていくことにしたい。

般若の仏智を求めた空也は、いうまでもなく念仏者であった。誄文の『誄』もまた先きの二句の前に、「念を極楽に剋《き》め　弥陀の名を唱う」と、よく知られた彼の仏業を讃えている。そして市中に「一たびも」と易行の念仏往生を説いた空也は、この大般若経供養会では別な往生祈願を、結縁《けちえん》の人々とともに行っている。供養会の『願文』によれば、そこでは伎楽が演奏され、経典を載せた竜頭鷁首《りゅうとうげきしゅ》の舟が行きかい、説法が行われ、夜には万灯会《まんとうえ》が設けられて、人々に菩薩戒《ぼさつかい》が授けられ、さらに阿弥陀仏に専念して上品上生《じょうぼんじょうしょう》の往生が祈られた。

3　上品上生の往生

供養会の功徳廻向

空也がこのような盛大な供養会を組み立てた理由の一つは、『大般若経』第四〇〇巻の「法涌菩薩品」に続く、この経の受持をすすめる「結勧品《けっかんぼん》」の経説にあろう。そこでは、菩薩は般若波羅蜜多を受持読誦《じゅじどくじゅ》するとともに、これを書写して流布させ、他の為に解説《げせつ》し、種々の花香・瓔珞《ようらく》等で装飾された者による伎楽や灯明を捧げて、これを供養讃歎すべきである。何となれば、般若波羅蜜多は仏を生み養う母であり、菩薩の真実の師であるからと説かれている。空也は経説のとおり六〇〇巻の経巻を衆宝で荘厳し、華やかな法会を演出した。しかし、阿弥陀仏への上品上生往生祈願の念仏は、もちろん『大般若経』には説かれていない。

それが説かれているのは、浄土三部経の一つである『観無量寿経《かんむりょうじゅきょう》』である。『観無量寿経』は

迎講の図（当麻寺縁起・当麻寺蔵）

王舎城《おうしゃじょう》の王妃韋提希《いだいけ》の、「われ、極楽世界の阿弥陀仏のみもとに生れんことを楽《ねが》う」という訴えに答えて、釈尊が心を統一して西方の極楽世界を観想する一三の方法（定善《じょうぜん》一三観）を説き、また心を統一できない散心の凡夫の往生の方法（散善《さんぜん》）として、上品《じょうぼん》上生《じょうしょう》から下品下生《げぼんげしょう》までの九品《くほん》の往生を説いている。その上品上生には「三種の衆生」があって、第一は慈しみの心をもって殺生せず戒律を守る者、第二は大乗仏教の経典を読誦する者、第三は仏・法・僧・戒・布施・天の六つを念じる者である。これらの人が極楽に往生しようと発願して以上の功徳を見えること一日ないし七日すれば、阿弥陀仏の来迎《らいごう》を受けて極楽に往生できると説かれている（『大正蔵』一二）。

空也の大般若経供養会では、最高の大乗経典が読誦され、菩薩戒も授けられた。法会の成立そのものが結縁の人々の布施によっており、『願文』では天である神祇《じんぎ》や過去現在の一切の有情《うじょう》の「無上の果・妙覚《みょうかく》（さとり）」が発願されている。その法会の次第はまさしく、『観経』に説かれた「三種の衆生」の要件を満たすものであった。これをふまえて『願文』では、「弥陀を専念して、永く極楽に帰せんとす」「上々《じょうじょう》の蓮《はちす》を開かんと欲す」と、結縁の人々とともに上品上生の極楽往生を実現しようという、供養会のいま一つの大願が述べられている。この盛大な法会で唱えられた念仏もまた、慶滋保胤《よししげのやすたね》の記す「世を挙げて念仏を事とする」重要な風景であったと考えられる。保胤はこの時三〇歳ほどで、『願文』の撰者三善道統《みよしのみちむね》の後輩にあたる文章道《もんじょうどう》の学生《がくしょう》であり、この年三月に道統がその邸宅で開いた善秀才宅詩合《ぜんしゅうさいたくのしあわせ》にも同席しており、この供養会でも同様であったと考えられる。

往生の正行と雑行

阿弥陀聖空也が市中で常に称えていたという「南無阿弥陀仏」の称名について、浄土経典の中で具体的に説示しているのは、この『観経』九品往生の中の下品上生《げぼんじょうしょう》と下品下生《げぼんげしょう》の二か所だけである。下品上生はもろもろの悪業を作る愚人であるが、臨終に善知識《ぜんちしき》に教えられて、合掌して「南無阿弥陀仏」と称えれば、化仏《けぶつ》（かりに仏の姿を現したもの）が眼前に現れて、「汝《なんじ》、仏の名《みな》を称える故に、もろもろの罪消滅す。われ、来りて汝を迎う」といって極楽に迎え入れるという。下品下生は極重の悪人であるが、臨終に善知識に教えられて、至心に、声をとぎらさずに、「十念を具足」して「南無阿弥陀仏」と称えれば、念仏の功徳によって罪を除かれ、一念のあいだに極楽に往生することができるとしている。「十念」は本来は十回心に念ずることであるが、唐の善導《ぜんどう》（六一三～六八一）はこれを「十声の称仏」つまり十回「南無阿弥陀仏」と称名することと解している（『観無量寿仏経疏』「玄義分」）。空也の市中での「南無阿弥陀仏と称えて、間髪を容れず」の念仏と、善導の説いた称名の念仏との間に、相違を見出すことはできないと考えられる。

善導はこの称名の念仏を『観経疏《かんぎょうしょ》』の中で往生の正行《しょうぎょう》とし、空也が供養会で整えたような善業を重ねて功徳を積む行為を雑行《ぞうぎょう》としている。そして飛鳥時代の善導の生前中からわが国にもたらされて、写経所でもしばしば写経されている彼の『往生礼讃偈《おうじょうらいさんげ》』では、正行を生涯にかけて続ける者は十人が十人、百人が百人往生できるが、雑行による者は百人のうち稀に一人か二人、千人のうちに稀に三人か五人が往生できるだけで、それは阿弥陀仏の本願が、名号を称える者を往生させようというものであるからと説いている（『大正蔵』四七）。後に法然（一一三三～一二一二）を専修念仏に方向づける善導のこれらの考え方に照らしてみれば、空也の二つの念仏の間には矛盾があったとしなければならない。そして空也が供養会で行った念仏は、当時はむしろ伝統的・正統的な仏事として一般に了解されていたものであり、逆に空也の市中の念仏こそ、当時の通例的な念仏ないし往生祈願の行儀としては、異例かつ粗雑な行であり、それゆえにこそまったく革新的なものであった。それが当時のわが国において、どのような浄土信仰の系譜をうけて空也の中に形成されてきたのかということは、大きな疑問としなければならない。

なお導の唐におけるがごとし　空也の弟子であったと『今昔物語集《こんじゃくものがたりしゅう》』に伝えられている慶滋保胤は、『日本往生極楽記』「空也伝」の中で「嗚呼《ああ》上人、化縁《けえん》すでに尽きて、極楽に帰り去りぬ」と、『極楽記』四二の往生伝の中でただこの一か所だけ感情をこめて、空也がこの世での念仏勧化の縁因尽きて極楽に帰ってしまったと嘆き、空也の念仏普及の先駆的な功績を、同時代人として次のように証言している。

天慶《てんぎょう》より以往《さきつかた》、道場聚落《しゅうらく》に念仏三昧を修すること希有《けう》なりき。いかに況《いわ》んや小人愚女多くこれを忌《い》めり。上人来たりて後、自ら唱え他をして唱えしむ。その後、世を挙げて念仏を事とす。誠にこれ上人の衆生化度《けど》の力なり。

（『大日本仏教全書』一〇七）

それから二百年以上後の鎌倉時代のはじめ頃、『方丈記《ほうじょうき》』の作者として知られる鴨長明《かものちょうめい》（一一五五〜一二一六）は晩年に『発心集《ほっしんしゅう》』を書き、その中に空也に関する説話を三つ載せている。そのうち、第七の二に「上人、衣《ころも》を脱ぎ、松尾《まつのおの》大明神に奉《たてまつ》る事」という話をとり上げ、その文末に『極楽記』によって空也の行業《ぎょうごう》を述べ、「これをわが国の念仏の祖師と申すべし。すなわち、法華経と念仏とを置いて極楽の業として、往生を遂げ給えるよし、見えたり」と記している。鴨長明が『方丈記』を書いたのは法然の没した建暦《けんりゃく》二年（一二一二）であるが、『発心集』については不明で、その前に書きはじめ、完成はその後の最晩年であろうともいわれている。比叡山や南都から念仏停止《ちょうじ》の圧迫を受けながらも、多くの弟子を従えて浄土宗の開祖にあがめられていく法然をおいて、長明が二四〇年前に亡くなっている空也を「わが国の念仏の祖師」と位置づけたのは、直接には『極楽記』における保胤の空也評価の影響によるものであり、「見えたり」とは『極楽記』の「空也伝」を指している。

しかしまた、『発心集』の書かれたのはあたかも六波羅蜜寺に仏師康勝がかの空也上人像を制作した時代である。そしてこの像が作られたのは、当時多くの念仏聖が市中にも地方にも遊行していた状況を背景としている。それらの聖たちの祖師としてこの時代に空也があらためて長明によって信認されたことを、『発心集』の記述は意味している。（なお、『発心集』の第七・八は後人の増補という簗瀬一雄氏等の説もあるが確証されておらず、ここでは右の七〜二も長明の作として扱った。）

さらに百年後の鎌倉時代末期、五山の禅僧虎関師錬《こかんしれん》（一二七八〜一三四六）は元亨《げんこう》二年（一三二二）に仏教史書『元亨釈書《げんこうしゃくしょ》』を著し、その中で空也についても一項立てて伝を記しているが、さらに各宗派の概況を述べた「諸宗志《しょしゅうし》」の末尾に浄土宗をとり上げ、次のように記している。（原漢文。カッコ内は著者の補足）

本朝では空也師のこれを唱うること、なお（善）導の唐におけるがごとし。源信源空（法然）、継いでこれを助け、広く四部（僧・尼・男女の在家信者）に行うといえども、統系（祖師の系統）なし。故にいま寓宗《ぐうしゅう》（別の宗派に付属するもの）となす。　（『新訂増補国史大系』31）

『釈書』が書かれた時代には、すでに法然・親鸞（一一七三〜一二六二）・一遍（一二三九〜八九）は亡く、またそれぞれが生前に祖師として自らの宗派を開こうという意志をまったく持っていなかったため、その法を継ぐ人々による念仏活動は盛んであったが、南都北嶺のごとき宗派的独立性はまだ乏しかったのが実情であろう。しかしこの時代のわが国の浄土教の中で、善導の存在は極めて大きなものとなっており、念仏の理論と実践の両面で最も尊敬されていた祖師といってよかろう。虎関師錬はその善導になぞらえて、空也をわが国の浄土教の系譜の中に位置づけていたのであった。

4　捨ててこそ

空也上人は わが先達なり

法然や親鸞が空也を念仏の先人と受けとめていたという記録は、管見の限り何も見つからない。しかし捨聖《すてひじり》と呼ばれた遊行《ゆぎょう》の念仏者一遍《いっぺん》の場合は、それらとまったく異なっている。一遍の伝記としてもっとも重要な『一遍聖絵《いっぺんひじりえ》』一二巻は、一遍の没後一〇年に弟の聖戒《しょうかい》が文を書き、法眼円伊《ほうげんえんい》が美事な絵を画いて作成されているが、その第七巻には一遍四六歳の弘《こう》安《あん》七年（一二八四）に京都で空也の遺跡を廻り、踊り念仏を興行したことが書かれている。六波羅蜜寺などを巡礼して、空也の遺跡である東市《ひがしのいち》の市屋《いちや》に道場（踊り屋）を造って数日を送ったという。その折に一遍は、「空也上人はわが先達《せんだつ》なり」といって、「持文」として携えていた空也の言葉を心にそめて口ずさんだ。その中には、「功を積み、善を修せんとすれば、希望《けもう》多し。しかず、称名して万事を抛《なげう》たんには」という言葉（原漢文、資料3参照）が見られる。「希望《けもう》」とは、実現のむずかしい事にあえて期待をかける空しさを意味していよう。修善《しゅぜん》につとめて功徳を期待する心情の自己から、すべての煩悩や世事をなげうって、至心に阿弥陀仏の名を称える専念の世界に、空也の自己は転換されている。その空の世界で念仏する空也に、一遍は「わが先達なり」として感慨を寄せた。『聖絵』はさらに一遍は、空也の「この文によって、遊行のはじめ四年は、身命を山野に捨て、居住を風雲にまかせて、ひとり真実の世界を歩まれた」と記している。

遊行に出立する一遍（一遍聖絵・清浄光寺蔵）

一遍の法語を集録して江戸時代に刊行された『一遍上人語録』にも、一遍が空也の言葉を引用しているところが何回も出てくる。その一つ、興願僧都《こうがんそうず》に念仏の安心《あんじん》を問われた返書の中で、「南無阿弥陀仏と申すほか、さらに用心もなく、示すべき安心もなし」と書きながら、次の言葉を続けている。

むかし、空也上人へ、ある人、念仏はいかが申《もうす》べきやと問《とい》ければ、捨てこそとばかりにて、なにとも仰《おおせ》られずと、西行法師の撰集抄《せんじゅうしょう》に載《のせ》られたり。是誠に金言なり。念仏の行者は智恵をも愚痴をも捨《すて》、善悪の境界をもすて、貴賤高下の道理をもすて、地獄をおそるる心をもすて、極楽を願う心をもすて、また諸宗の悟《さとり》をもすて、一切の事をすてて申《もうす》念仏こそ、弥陀超世《ちょうせ》の本願に尤《もっとも》かない候《そうら》へ。

西行に仮託された『撰集抄』に空也のこの言葉は見つからないが、鴨長明の『発心集』第一の四「千観内供《せんかんないぐ》、遁世籠居《とんせいろうきょ》の事」の中に、空也が三井寺《みいでら》の高僧千観に往生浄土の行について聞かれ、

「いかにも身を捨ててこそ」とだけ言って行き過ぎたことが記されている。空也のこの一言は、常啼《じょうた》菩薩《いぼさつ》が空中の仏の声に聞いた「世間の利益や名誉のために法師に従ってはならない」という教えと同じものと解することができる。また常啼菩薩が般若を求めるにあたって、身命を惜しまずに精進したという聖道門的な教えとも解釈できる。しかし市井に称名して「万事をなげうつ」ことを良しとした空也の真意は、やはり一遍が受け止めたような、「一切の事をすてて」念仏を申す他力没我の境界にあったとすべきであろう。その点にこそ、三百年の時空を超えて、空也と一遍には共通する世界があった。

一遍の『語録』の中には「六字無生頌《ろくじむしょうじゅ》」という偈《げ》があり、それは、「六字の中《うち》、本生死《もとしょうじ》なし。一声《いっしょう》の間《かん》、即《そく》に無生《むしょう》を証《しょう》す」とうたわれている。阿弥陀仏の名号の中には、もともと生死の迷いなどない。一声の念仏の間に、即時に涅槃《さとり》が現前成就《げんぜんじょうじゅ》している。これを一遍は別のところで、「念念往生なり」とも言っている。一遍は臨済禅の法灯国師《はっとうこくし》覚心《かくしん》について、禅の悟りにも達している。禅の悟りの要諦《ようてい》は「無」といわれる。それは我にも人にも事物にも、すべてには執らわれるべき実体はない、という「空」の諦観《たいかん》である。そこから、自在なはたらきを持つ無我の世界が見えてくる。一遍が空也を「わが先達なり」としたのは、その「持文」に示されているような空無に徹した空也の念仏の世界を、自らの遊行遍歴の支えと自覚したからにほかならない。

誤解されてきた阿弥陀聖

一〇世紀の平安時代半ばから盛んになってきたわが国の浄土信仰の発展の中で、空也は源信と並んで重要な貢献をしてきたと認める人は多い。しかし

『往生要集《おうじょうようしゅう》』を著して厭離穢土《おんりえど》・欣求浄土《ごんぐじょうど》の教理を整然と説き示した源信が、以後の浄土信仰の展開を理論的に導いたのに対して、空也の称名念仏は、法然以降の専修念仏に先駆する側面を持ちながらも、信仰の系統的な継承はほとんど断絶され、市井民間の阿弥陀聖、あるいは後代の踊り念仏に没頭する念仏聖の祖型として、その存在は矮小化されてきた。空也の称名念仏を易行《いぎょう》の往生業のはじまりとして評価する場合でも、それを法然が善導の教えによって決定づけた専修念仏《せんじゅねんぶつ》、つまり浄土経典にもとづいた称名だけが往生の正行《しょうぎょう》であって、その他の修善・功徳を交えるものは雑行《ぞうぎょう》として排除する立場によって、不純・未熟な念仏としておとしめられたのが通例であった。そしてそのような空也に対する見解は、現代でもいまだくり返されているのである。

空也に対する評価がそのように歪められた原因は、まずは源為憲による『空也上人誄』の記述が、空也を讃える目的であったにせよあまりにも奇瑞霊異譚《きずいりょういたん》的に誇張して描かれていたことにある。加えて、歴史的にみて、空也の後継と称する念仏聖が、ともすれば踊り念仏など民俗的・狂躁《きょうそう》的とみられた民間念仏の具現者であった事実に由来している。例えば、明治二九年（一八九六）三月の『日本宗教』誌に載る井口基二《いぐちもとじ》の「僧空也」という論文を見ても、前半に『日本往生極楽記』や『元亨釈書』によって空也の略伝を述べて「一たびも」の歌も紹介しているが、後半は京都の極楽院空也堂《ごくらくいんくうやどう》に伝わる、空也の弟子と称する者の後継が茶筅《ちゃせん》を作り、瓢簞を叩いて市中や墓所に念仏して歩いたという鉢敲《はちたたき》の伝承の解説となっている。橋川正《はしかわただし》が昭和二年（一九二七）の『歴史地理』（五〇―三）に載せた「空也上人光勝《こうしょう》」でも、空也の伝記資料として『誄』『極楽記』に次いで、空也堂七六世浄阿《じょうあ》が江戸時代の天明《てんめい》二年（一七八二）に刊行した鉢叩き系の『空也上人絵詞伝《えことばでん》』を挙げている。

以後も続く空也に対する誤解の例を個別に挙げることは、気の進まないことである。ただ一つだけ、名著として知られる井上光貞《いのうえみつさだ》の『日本浄土教成立史の研究』（山川出版社、一九五六初版、一九八九新訂版）を挙げることだけ、許容していただきたい。平安時代前期をとり上げたその第二章の中で、空也の念仏について「民間呪術宗教的性格を示している」とし、「念仏者という点をのぞけば、律令時代以来の民間布教者とほとんど異なるところはない」と受けとめ、「民間布教者はしぜん民間宗教と妥協せざるをえない」ので、「それが民族宗教的形態をとったのはむしろ自然」であって、「それは狂躁的エクスタシアともいうべきものであろう」と述べている。

これは『誄』や『極楽記』に書かれている霊異譚的な説話によって見解づけられたもので、誤解の責任はなかば源為憲にありとすべきものであろう。しかし一般論として、資料を幅広く批判的に検証すれば、そのような罠を脱する道はあるはずで、井上氏の場合も一九七一年に出版した『日本古代の国家と仏教』（岩波書店）では、「空也の念仏勧進は、民間浄土教の発達上画期的なものであり、聖・上人層の活動の先駆をなすものとなった」と、次に例示するような二十年前の井上薫《いのうえかおる》と同様の結論を述べている。

空也仏教への評価

他方、空也仏教とその念仏の意義を正当に評価している論文も、当然ながら戦前から見られる。昭和九年（一九三四）一月の『顕真学報《けんしんがくほう》』に載る三原《みはら》映《あきら》の「空也上人の念仏観」は、空也の念仏について次のような公正な評価をしている。

純粋な他力行《たりきぎょう》に立脚したる浄土教義より見れば甚だ不徹底なものではあるが、一方専修念仏の創始者として難解《なんげ》の自力聖道《じりきしょうどう》をして易行他力《いぎょうたりき》の浄土教に展開し、開顕せし点、並びに山門のいわゆる貴族仏教を揚棄《ようき》して民衆仏教への先駆者として日本浄土教興隆の機縁を作りたる点は、彼空也上人の一大業績として認められるべきであろう。

二年後の昭和一一年に出版された藤原猶雪《ふじわらゆうせつ》の『日本仏教史研究』は、「空也上人の生涯及その亜流」という章を立て、流布本の『空也誄』の錯簡《さっかん》（文節の順序の混乱）と欠字に苦しみながら長文の論を綴り、結論的に、『一遍聖絵』に引かれた空也の法語と『拾遺抄』に載る「一たびも」の歌について、「空也畢竟の思想を示して余蘊《ようん》なき」（空也の究極の思想を表現して余りない）ものと述べている。その論考は実証的で、結論はまことに核心をついていると考えられる。

戦後の一九五一年、井上薫は『ヒストリア』一号に「ひじり考」を発表して、空也をはじめとする民間の聖が平安時代浄土教の発展に果たした役割を評価している。井上氏はそこで、「聖は聖道門教団を離脱した浄土門の僧徒であった」と前提して、既成教団の俗化・貴族化をきらって民間伝道の道を選んだ聖・沙弥が、庶民の願望にこたえた教化を行って社会の尊敬を得た状況を述べ、「空也の行業を踏襲して無数の阿弥陀聖・遊行聖が輩出した」と結んでいる。さらに、翌々一九五三年の『日本歴史』六一号に載った歌川学《うたがわまなぶ》の「空也と平安仏教」もまた、一つの重要な結論を述べている。それは、「彼の持たざるを得なかった専修念仏への限界は、彼の生きた時代の持つ限界であった。そしてその後の時代の発展のみが彼の庶民社会に植えつけた浄土教を成長せしめた」というもので、それは歴史の流れを正しく見すえた見解であった。

菩薩行

年少の時代に優婆塞《うばそく》として各地に庶民の生きる姿を見、その苦しみと悩みを救う最善の道を、空也は仏の教えに求めた。しかし、彼が出家した国分寺は国の一機関として位置づけられ、しかもそこにいる僧達は、空也一二歳の延喜《えんぎ》一四年（九一四）に三善清行《みよしのきよゆき》が朝廷に提出した意見書によれば、「みな無慙《むざん》の徒なり。妻子を蓄わえ、室家を営み、耕田に力《つと》め、商賈《しょうこ》を行う」（「意見封事十二ヶ条」『本朝文粋』二）という有様であった。そこを去って庶民の救いとなる仏の教えをひとり求めて、空也は般若の智恵と易行の念仏を探り出した。これを人々のために生かそうとする行動が、空也の平安京における聖としての行業であった。それは、『維摩経《ゆいまぎょう》』「観衆生品《かんしゅじょうほん》」にいう、「空・無我を観ずるゆえに、厭《あ》くことのない慈悲を行ず」という利他の菩薩行であり、自らにとっても、同じく「仏道品」にいう、「煩悩の大海に入らざれば、則ち一切智の宝を得ることあたわず」の自覚にもとづく、大乗菩薩の真実の求道であった。

第二章　極楽往生を説く仏教

一〇世紀半ばの平安時代、東国には平将門《たいらのまさかど》の乱、西国には藤原純友《ふじわらのすみとも》の乱がならび起こって、都の平安京も上下をあげて戦乱の不安におののいていた天慶《てんぎょう》元年（九三八）に、空也（九〇三～九七二）は都に還って、市中《いちなか》に念仏を説いた。それは口に「南無阿弥陀仏」と名号を称える易行《いぎょう》の往生業《おうじょうごう》で、その極楽往生のすすめは人々の心にしみとおり、世をあげて念仏を事とするようになったという。

二百年以上も後の法然や親鸞の時代以降、念仏といえば口に名号を称える口称名号《くしょうみょうごう》の念仏と決っているように受けとめられている。しかし阿弥陀仏や極楽世界の相《すがた》を心に想《おも》い描く観想《かんそう》の念仏や、経文・陀羅尼《だらに》の読誦《どくじゅ》など、極楽往生を願う多様な念仏の行儀《ぎょうぎ》が、称名の一行《いちぎょう》に定まるまでには長い歴史があった。祖師の系統や出身寺院等の背景がまったく明らかでない空也が、易行口称《いぎょうくしょう》の念仏をこの天慶の時代に平安京の市中に突然説きはじめたことは、実は日本浄土教の歴史の中でまことに不思議な、特筆すべき現象であった。このことを確認するため、まず空也以前におけるわが国の浄土教の受容と展開のあらすじを、はじめに再点検しておくことにしたい。

1　古代日本における浄土教の受容

浄土信仰のはじまり

修行によって迷いを捨てて悟りを開こうとする自力の聖道門の教えに対して、阿弥陀仏の極楽浄土に往生して悟りを得ようとする他力易行の浄土教は、インドで大乗仏教が興った初期の一世紀頃に成立し、二世紀の後漢の時代以降中国に導入された。その中国では、南北朝の五世紀半ばには『無量寿経《むりょうじゅきょう》』『阿弥陀経《あみだきょう》』『観無量寿経《かんむりょうじゅきょう》』の漢訳が出揃い、法然が「正しく浄土を明かす教え」としてこの三部経に加えた世親《せしん》の『浄土論《じょうどろん》』も、六世紀初頭には漢訳されている。そして以後七世紀にかけての隋・唐の時代には、曇鸞《どんらん》の『浄土論註《じょうどろんちゅう》』、道綽《どうしゃく》の『安楽集《あんらくしゅう》』、善導《ぜんどう》の『観無量寿仏経疏《かんむりょうじゅぶっきょうしょ》』（『観経疏《かんぎょうしょ》』）などの主要論書が成立し、末法の時代における易行往生の教えとして、教義と実践の両面で中国浄土教は大成されつつあった。

わが国に公式に仏教が伝わったのは六世紀の飛鳥時代、空也還京の四〇〇年前の西暦五三八年のこととされている。そして浄土教が伝来したのは、そのおよそ一〇〇年後のことであった。舒明《じょめい》天皇の一二年（六四〇）の五月五日、かねて学問僧として遣隋使小野妹子《おののいもこ》に随行し、道綽が活躍していた時代の隋・唐での三一年間の修学を終えて前年に帰国していた恵隠《えおん》が、飛鳥の厩坂宮《うまやさかのみや》で持ち帰った『無量寿経』の講経を行ったのが、浄土教導入の初例として注目すべき出来事であった（『日本書紀』

二三）。

わが国に現存する最古の阿弥陀三尊像とされるのは、東京国立博物館法隆寺宝物館所蔵の「山田殿像」と刻字された、七世紀飛鳥時代の金銅仏である（写真）。この「山田殿」を、厩坂宮に近い桜井市山田に浄土寺を開き、これを恵隠講経の翌年に造営を始め、二年後に金堂を建立している蘇我倉山《そがのくらやま》田石川麻呂《だのいしかわまろ》（?～六四九）と関係づけることが可能であれば、恵隠の講経の結果として、すでに貴族・知識階層の一部に阿弥陀仏信仰が及んでいたと推察できるように思われる。崇仏派であった蘇我《そがの》馬子《うまこ》の孫であり、この頃から娘を相次いで中大兄皇子《なかのおおえのおうじ》・孝徳《こうとく》天皇の妃に入れ、乙巳《いっし》の変（大化元年、六四五）後に右大臣に登用されている石川麻呂は、恵隠の講経に列席していたことは確実と思われる。

阿弥陀三尊像（山田殿像・東京国立博物館蔵）

恵隠が孝徳天皇の命により白雉《はくち》三年（六五二）の四月十五日から二十日まで、難波長柄《なにわのながえの》豊崎宮《とよさきのみや》で再度の『無量寿経』講経をした際には、恵資《えし》を問者《もんじゃ》として六日間論議を続け、千人の僧が宮中での聴衆となったといわれる（同二二五）。藤原鎌足《ふじわらのかまたり》の長子で、没後に高麗僧道賢《どうけん》から誄《るい》を贈られている定恵《じょうえ》（六四三～六六五）は恵隠の弟子といわれ、この講経の翌年五月にわずか一一歳で遣唐使とともに学問僧として入唐し、善導が活躍していた長安での一二年の修学を経て、天智《てんじ》天皇四年（六六五）九月に帰国し、一二月に二三歳で夭折している。定恵の実の父は孝徳天皇であった（『多武峯略記』）ともいわれるが、渡唐した遣唐船二隻のうちの一隻は難破して一二〇人中五人だけが救助され、また同行の学問僧の中にも水死、病死する者が多くあった。そのような危険をおかしてまで、一一歳の長子を求法の旅に送り出した鎌足の心情を思うとき、藤原氏は鎌足以来阿弥陀仏信仰を持っていたといわれる源は、実は恵隠の教化にあったのではなかろうかと考えられる。

恵隠の再度の講経後六年にあたる、斉明《さいめい》天皇四年（六五八）の造像銘を持つ河内観心寺《かわちかんしんじ》の阿弥陀仏像には、「敬って弥陀の像を造る。この功徳によって、願わくは亡父と過去七世の父母が生々世々《しょうじょうせぜ》つねに浄土に生まれ、またこの世の衆生も悉くこの願いと同じくならんことを（『寧楽遺文』下）」とあり、すでに地方豪族・民衆レベルに浄土信仰が始まっていることを示している。この三年後の斉明七年（六六一）には、定恵とともに学問僧として入唐して玄奘三蔵《げんじょうさんぞう》に学んだ飛鳥寺《あすかでら》の道昭《どうしょう》（六二九～七〇〇）が帰国し、『観無量寿経』『阿弥陀経』とともに善導の『観経疏《かんぎょうしょ》』『往生礼讃偈《おうじょうらいさんげ》』等の著作を、善導の生存中に将来し、以後それらが繰り返し写経されて弘まることになる。

阿弥陀仏像の礼拝

奈良の法隆寺には、光明皇后《こうみょうこうごう》の母で天平五年（七三三）に没した橘夫人《たちばなぶにん》三千《みち》代《よ》の念持仏と伝えられる、国宝の阿弥陀三尊像がある（写真）。それは極楽浄土の宝池《ほうち》の蓮華《れんげ》上に坐した阿弥陀如来・観音菩薩・勢至菩薩の三尊を中心に、極楽浄土を立体的に具現したもので、これを朝夕に念持した橘夫人の強い欣求浄土《ごんぐじょうど》の願いを感じさせる。法隆寺宝物館にはまた、七世紀後半から八世紀はじめの白鳳文化期に流行した、阿弥陀三尊の押出仏《おしだしぶつ》（薄い銅板に仏像の姿を浮彫りに押し出したもので、一箇の型から量産できる）が数例保存されている。仏堂の内壁に貼られたり、厨子《ずし》などに入れて個人的に礼拝されたもので、阿弥陀信仰の広がりを示すものである。法隆寺にはさらに、同時代に造られた「善光寺如来像」と呼ばれる阿弥陀三尊の塼仏《せんぶつ》（丸い瓦で造った仏像）が伝来しているが、これも複製によって多数制作される小像である。

伝橘夫人念持仏（法隆寺蔵）

奈良時代前期に創建されたと推定されている茨城県結城《ゆうき》市の結城廃寺跡からは、法隆寺押出仏と同一の原型から造られたものを含む多数の塼仏が出土しており、中には二体の阿弥陀仏坐像と二体の観音菩薩立像および一体の勢至菩薩立像があり、元来は阿弥陀三尊像であったことを想定させる（『結城廃寺第一次発掘調査概要』一九八九）。国分寺が建てられたかどうかという奈良時代の早期にすでに、遥かな東国の豪族にまで阿弥陀仏の信仰が及んでいたわけである。それは七世紀の後半に滅亡した百済《くだら》から多数の僧俗が渡来し、帰化して東国にも住まされた経緯と関連する信仰の伝播であろう。百済王の末裔にあたる百済王敬福《くだらのこにしききょうふく》（六九八〜七六六）が河内国（大阪府枚方市）に建立したと伝える百済寺跡からも、同様の阿弥陀三尊塼仏像が平成一九年一二月に出土している。

奈良時代の浄土教について、井上光貞氏は興福寺における仏像制作の経過から、前半の聖武《しょうむ》天皇の天平末年までは弥勒・釈迦・観音・薬師像が造られているのに対して、後半には阿弥陀・観音の造像が著しく増えており、「往生といえば極楽浄土、往生の祈願といえば阿弥陀仏というように時代の大勢が決ってきたのは恐らく奈良時代も終りに近づいてから（『日本浄土教成立史の研究』）」と推定している。しかしたとえ小勢であっても、阿弥陀仏の信仰は七世紀半ばの飛鳥時代から続いて、次第に大きな流れになろうとしていたと考えられる。

聖武天皇の信仰

聖武天皇（七〇一〜七五六）は天平一三年（七四一）に諸国の国分寺・国分尼寺建立の勅を出し、仏教の力による鎮護国家と諸民安隠の施政を目指すが、その一〇年前の三一歳の九月に、中国の詩文から抜粋して『雑集《ざっしゅう》』と呼ばれる宸翰《しんかん》を書いている（正倉院文書）。その中の「隋大業主浄土詩《ずいだいごうすじょうどし》」三一首と称するものは、隋の煬帝《ようだい》の作と誤り伝えられている彦琮《げんそう》（五五七〜六一〇）の「願往生礼讃偈《がんおうじょうらいさんげ》」で、善導の『往生礼讃偈』にはこのうちの二〇首が収載されている。そこには、

濁世《じょくせ》は還《かえ》って入《い》り難く、浄土の願いは逾《いよい》よ深し

謂《い》う莫《な》かれ西方は遠しと、唯すべからく十念の心をもちいよ
西を望んで、すでに心は安らかなり

など、極楽浄土の礼讃と往生への願望がうたわれており、その原本は恵隠が将来したものと考えられている（岩井大慧「聖武天皇宸翰雑集に見えたる隋大業主浄土詩に就いて」『東洋学報』一七・二）。

しかし聖武天皇個人において、極楽浄土の阿弥陀仏信仰が明確に確立されていたかどうかは、明らかでない。国分寺は護国の『金光明最勝王経《こんこうみょうさいしょうおうきょう》』、国分尼寺は女人救済思想も含む『法華経』、そして総国分寺の東大寺は『華厳経』の教えに立っている。天平一三年の国分寺等創建の勅では、聖武天皇は、この功徳によって存命中の先帝や光明皇后・皇太子以下の親王等には、「倶《とも》に彼岸に向わんことを」と悟りを求め、藤原不比等《ふじわらのふひと》や橘三千代等の死者については、「浄土に遊び、長《とこしえ》に後世《ごせ》を願わん」という願文を付加している（『類聚三代格』三）。

一方、聖武天皇に東大寺と諸国国分寺を創建することを勧めた（『続日本紀』二二）という光明皇后は、その母橘三千代の浄土信仰を受け継いでいたと考えられるが、天平一五年（七四三）写経の大蔵経跋文《ばつぶん》には、この写経の功徳によって、両親が弥勒菩薩《みろくぼさつ》の浄土（兜率天《とそつてん》）に昇天して悟りの世界に遊《ゆ》戯《げ》することを、また七世代の先祖や親族が極楽に往生して仏の真実の智恵の世界に入ることを、祈願している（『本朝文集』六）。その一四年後の天平勝宝《てんぴょうしょうほう》八年（七五六）六月、聖武天皇の四十九日忌に光明皇后が国家珍宝を東大寺に施入した際の願文は、故人が速やかに毘盧遮那仏《びるしゃなぶつ》の蓮華蔵《れんげぞう》世界に到

って妙楽《みょうらく》を受けることを願うものであった（『本朝文集』六）。

光明皇后の阿弥陀信仰

聖武天皇の孝謙《こうけん》天皇への譲位翌月の天平勝宝元年（七四九）八月、光明皇后宮職《こうみょうこうごうぐうしき》は太政官に次ぐ位置の紫微中台《しびちゅうだい》に昇格され、その長官である令《れい》には光明の甥でのちに恵美押勝《えみのおしかつ》と名のる藤原仲麻呂《ふじわらのなかまろ》が任じられた。彼は後に反乱の理由で滅亡するまでの一五年間、ここを拠点として光明皇太后とともに政治権力を掌握していくことになる。紫微中台にはやがて十一面悔《け》過所《かしょ》が設けられ、十一面観音像の前で罪を懺悔し菩薩の功徳を祈願する悔過の法会が行われるようになる。天平勝宝五年（七五三）頃から、このために必要な『十一面経』や『陀羅尼集経《だらにじっきょう》』などの写経を、造東大寺司《ぞうとうだいじし》の写経所に請求している。同七年八月には、浄土教学の大家で当時河内の八田寺《はたでら》にいたと考えられる三論宗元興寺《がんごうじ》流の智光《ちこう》に対しても、『陀羅尼集経』と『如意輪陀羅尼経《にょいりんだらにきょう》』を請求した（『大日本古文書』一三）。

十一面悔過の儀礼法が説かれている玄奘訳の『十一面神呪心経《しんじゅしんぎょう》』によれば、六五字の根本神呪（陀羅尼）を一〇八遍念誦《ねんじゅ》すると、無病・息災・得財等の十種の現世利益《げんぜりやく》と、命終時には諸仏にまみえて極楽に往生できるという、後世《ごせ》への四つのすぐれた功徳を獲得することができるという（『大正蔵』二〇）。後に空也も人々に知識（寄進）を唱えて天暦《てんりゃく》五年（九五一）に十一面観音像を造立供養しているが、光明皇太后の十一面観音信仰にも、人民のための現世利益祈願と、自他における極楽往生の祈願が共存して、権力中枢における悔過の法儀がとり行なわれていたのであろう。

智光もここに提供している『陀羅尼集経』十二巻は、初期密教（雑密《ぞうみつ》）の経典儀軌《ぎき》を集成したものであるが、その巻二には『阿弥陀仏大思惟経《だいしいきょう》』がある。それは右と左に十一面観音と勢至菩薩《せいしぼさつ》を配した説法印の阿弥陀仏像を画師に画かせて、その画像の前で印を組みながら、八五字の阿弥陀大身呪《だいしんじゅ》を唱えて日々に供養すれば、極楽の宝華《ほうげ》上に往生して悟りをひらくことができると説いている。紫微中台は天平勝宝五年の一二月に、造東大寺司に阿弥陀仏画像の制作を依頼しており（『大日本古文書』三）、以後ここでは十一面悔過と並行して、『阿弥陀仏大思惟経』等による極楽往生の祈願が行なわれ、それは光明皇太后の晩年における阿弥陀仏信仰のあらわれであったのではないかと考えられる。なお空也の一〇世紀における十一面観音の造像供養や修行遍歴の中でも、『十一面神呪心経』や『如意輪陀羅尼経』が依用されていたと考えられ、三論浄土教家である智光の例を見ても、往生浄土の行儀と密教的修法は密接に関連していたものであった。

定恵将来の可能性が高いとされる十一面観音立像（東京国立博物館蔵）

天平宝字《てんぴょうほうじ》四年（七六〇）六月に没した光明皇太后の四十九日忌には、東大寺等平城京の諸寺で斎会《さいえ》を行ったほか、諸国の国分寺に阿弥陀浄土の画像を造らせて僧尼に礼拝供養させている（『続日本紀』二三）。そして翌年の一周忌には、国分総尼寺の法華寺《ほっけじ》に生前の皇太后が建立に着手していた阿弥陀浄土院を完成させて追善の斎会を行い、諸国の国分尼寺には一丈六尺（四・八メートル）の阿弥陀仏像と観音・勢至の二菩薩像を造らせた。さらにこれ以降、興福寺では毎年の忌日に梵網経《ぼんもうきょう》の講経を、法華寺では毎年の忌日から七日間、僧十人によって阿弥陀仏を礼拝させることとされた（『続日本紀』二三）。

光明皇太后の死によって阿弥陀信仰が国家レベルで一挙に表面化した形であるが、それは晩年の皇太后の信仰を反映するものであったと同時に、皇太后によって引き立てられ、時の淳仁《じゅんにん》天皇に信任されて権力の頂点にあった太政大臣大師、恵美押勝の信仰を反映するものでもあったろう。彼は皇太后の冥福のため、一周忌に先立つ天平宝字五年二月に、興福寺内に東院西堂を建てて観音菩薩像を安置し、自ら発願してその西辺に聖武天皇のための補陀落浄土変《ふだらくじょうどへん》を、東辺に光明皇太后のための阿弥陀浄土変を掲げている（興福寺流記所載『延暦記』）。

この年以降、法華寺では鎌倉時代にも光明皇后の忌日の前後に梵網講《ぼんもうこう》と、阿弥陀浄土院阿弥陀三尊像前での往生講《おうじょうこう》が続けられており、往生講には亡者の離苦得楽の功徳があるという密教の光明真言《こうみょうしんごん》と、一切の福徳安楽が得られるという大吉祥陀羅尼《だいきっしょうだらに》が唱えられていた。また法華寺と一対になって光明皇后の追善を続けた興福寺には、この後もさまざまな藤原氏の有力者によって阿弥陀仏像や、阿弥陀浄土変が寄進され、平安時代につながる法相《ほうそう》浄土教の拠点となっていく。

阿弥陀悔過

総国分寺の東大寺は聖武天皇の、広く知識《ちしき》（財物や労力を仏事に寄進して功徳にあずかろうとする者。また寄進された財貨）を募《つの》って盧舎那仏《るしゃなぶつ》を造り、共に悟りの利益《りやく》にあずかろうという発願（『続日本紀』天平一五年十月十五日条）にもとづいて創建され、退位後の天平勝宝四年（七五二）に大仏の開眼供養が行われている。その東大寺の古文書『阿弥陀悔過資財帳《あみだけかしざいちょう》』（神護景雲《じんごけいうん》元年・七六七）によれば、東大寺の阿弥陀院は早く天平一三年（七四一）三月に完成し、そこには阿弥陀仏像一体、観音・勢至菩薩像各一体、阿弥陀浄土変一鋪《いっぽ》などのほか、浄土三部経をはじめとする多数の経典・仏具・楽器類が備えられていた。ここでは阿弥陀仏の前で罪を懺悔して仏の御利益を求める儀礼としての阿弥陀悔過が、毎年三月に行われることが定例化していた。そこで求められた阿弥陀仏の御利益とは、当然極楽往生であったはずである。

正倉院文書《しょうそういんもんじょ》の『阿弥陀悔過知識交名《あみだけかちしききょうみょう》』（年記を欠くが、『大日本古文書』一七では『資財帳』と同じ神護景雲元年に収めている）には、この時代の悔過会に結縁・寄進した人名と金額が記載されている。そこには、光明皇太后の周忌斎会が行われた法華寺阿弥陀浄土院の建設を担当した、造東大寺司主典《さかん》（四等官）・造金堂所別当《べっとう》の安都雄足《あとのおたり》の米五升・銭五〇文をはじめ、造東大寺司の役人や東大寺写経所の職員・校生《こうせい》（校訂担当者）・経師《きょうじ》（筆記者）などを含む七七人の名が記載され、寄捨の合計は一八貫四五八文となっている。ちなみに、この頃の正倉院文書には毛筆一管の値が四五から五〇文、墨一挺が二〇から三〇文という例がある。また当時流通していた銭貨は和同開珎《わどうかいちん》・万年通宝《まんねんつうほう》・神功開宝《じんごうかいほう》のいずれかであり、この交名（名簿）では五〇文が三人、三〇文が一人、あとは一〇文・五文・三文など、一文の寄捨も三名あり、後に空也が金字大般若経供養会の『願文』に書いたように、「半銭の施すところ、一粒の捨するところ」というに近い結縁の状況であった。そして結縁者の祈願もまた、同じく罪障滅除と極楽往生が不可分に統合された、阿弥陀仏の衆生済度の御利益にあずかろうというものであったと考えられる。この時代以降、阿弥陀悔過は興福寺や伊勢国多度神宮寺《たどじんぐうじ》などでも行われていたことが知られている。

誰のための往生祈願か

奈良時代における阿弥陀仏信仰について、井上光貞氏は「死者をして極楽浄土に往生させようとする広義での呪術的儀礼であり、そのための哀訴の対象として阿弥陀仏が礼拝されていた」として、阿弥陀悔過についても「死者追善の目的の法会であったのであろう」と推認している（『日本浄土教成立史の研究』）。しかし東大寺の阿弥陀悔過の交名を見ても、七七人の血縁者の願いがすべて死者の追善祈願だけであったのかは、疑問に思われる。

例えば、天平勝宝二年（七五〇）四月一五日に書かれている正倉院蔵の『維摩経《ゆいまぎょう》』巻下の奥書に述べられていることは、西方浄土はすべての罪障を滅して菩提《さとり》を開く清らかな世界であるから、この写経の資《たすけ》によって安養界《あんにょうかい》（極楽）に生まれ、そこで亡者（穂積朝臣老《ほずみのあそんおゆ》）に相《あ》いたいと欲《ねが》う。「願わくは諸《もろもろ》の衆生と共に、安楽国《あんらくこく》（極楽）に往生せん」ということである（『寧楽遺文』中）。最後の「　」内の部分は原文では「願共諸衆生《がんぐしょしゅじょう》。往生安楽国《おうじょうあんらくこく》」であり、この句は世親《せしん》の『浄土論』中の願生偈《がんしょうげ》に淵源し、いわゆる竜樹《りゅうじゅ》の『十二礼《らい》』・曇鸞《どんらん》の『讃阿弥陀仏偈《さんあみだぶつげ》』・善導《ぜんどう》の『往生礼讃偈《おうじょうらいさんげ》』等において、浄土教家が衆生と共に往生の祈願に唱えるべく説いてきた定型的な偈である。写経供養の発端が亡夫への追善供養であったとしても、そこでは施主本人の極楽往生への祈願が一体となって廻向されている。
親しい者が死ねば、人はその亡魂の冥福を祈る。阿弥陀仏に祈る追善の儀礼は、祈願の功徳を亡者に廻向しようとする生者の祈願であるが、それは生者自らが「同生浄土《どうしょうじょうど》」とその死後に到達を願う永遠の安楽世界に、亡魂もまた安住させたいという、「倶会一処《くえいっしょ》」の祈願であり、本質的にそこには自他の別はない。そして、死後の幸せの最たるものが極楽往生であるとする考えは、飛鳥以来の浄土教の受容によって、日本人の心に次第に滲透していた。それは、死後には暗い地下の穢れた黄泉国《よみのくに》におとされるという救いのない上古の俗信から、浄土教の受容を通しての、人間の魂を救済と浄化に昇華させようとする精神文化の獲得であった。

　井上氏はまた、故人の冥福祈願は「浄土教の本来の意味である自己の往生の願望ではない」、「当時の人々は現世を厭《いと》うてその世界に行こうとは考えなかった」（同）と述べている。この見解は、源信の『往生要集』に説かれている厭離穢土《おんりえど》・欣求浄土《ごんぐじょうど》の説教を念頭に置かれているように見られるが、そこで源信が説いているのは、生死輪廻《しょうじりんね》の欲界《よくかい》にある我々衆生が、いずれ必ず当面する死後において、迷いの輪廻をくり返す地獄《じごく》・餓鬼《がき》・畜生《ちくしょう》・修羅《しゅら》・人《にん》・天《てん》の六道《ろくどう》の穢土《えど》に再び生まれることを厭離《おんり》し、永遠かつ清浄《しょうじょう》な仏の悟りの世界である浄土《じょうど》に生まれることを欣求《ごんぐ》しようではないかということである。死後には輪廻転生の迷いの生存を解脱して、あの世において仏の仲間入りをしよう（彼土入証《ひどにっしょう》）というのが本来の意味の浄土教で、その功徳は自他平等に廻向《えこう》されるべきものである。「現世を厭うて浄土に行きたい」と願う人も当然いたであろうが、それは衆生を生死常道《しょうじじょうどう》の苦海《くかい》から救おうとする仏の大悲を矮小化する、末世観を強調した情緒的な願往生にすぎない。

浄土教の思想と念仏の行儀は、わが国でもその受容のはじめから鎌倉時代以後まで、時代とともに変遷していったものであり、この時代がその初期的な段階であることは当然である。しかしここでも、日本人の古い民俗的な来世観を変えながら、大乗仏教として浄土教が人々にあまねく魂の救済をもたらそうとする原点を、正しく摑《つか》みとり初めていたことを認めなければならない。

智光にみる浄土教学の研究

奈良時代における浄土教の理論的研究で先行していたのは、元興寺《がんごうじ》・東大寺を中心に修学していた三論宗の学僧であった。当時の宗派は今日と異なってただ学派というに近いものであったが、般若経の「空」の思想に立脚する三論宗の伝統の中から、竜樹《りゅうじゅ》の『十住毘婆沙論《じゅうじゅうびばしゃろん》・易行品《いぎょうほん》』や曇鸞《どんらん》の『浄土論註』等の主要な浄土教論が成立し、わが国でもかの恵隠《えおん》は三論宗の僧であったと考えられている。その流れの中で、元興寺三論宗の学僧智光《ちこう》（七〇九～七八〇頃）が著作した多数の論書のうち、世親の『浄土論』を註釈した『無量寿経論釈《むりょうじゅきょうろんしゃく》』は、奈良時代を代表する浄土教の論書として注目されてきた。今は失われている佚書《いっしょ》であるが、諸書の引用文から再構成した恵谷隆戒《えたにりゅうかい》氏の『浄土教の新研究』（山喜房仏書林、一九七六）によって、その教説の要点を一瞥しておきたい。

智光はこの書の中で、往生の行には信が第一であると述べているが、これは中国三論宗の大成者嘉《か》祥大師吉蔵《じょうだいしきちぞう》（五四九～六二三）が、往生は菩提心を正因《しょういん》（直接原因）とし、余の行は縁因《えんいん》（間接原因）

としている説をうけている。そして往生への信を起こすとは、次のとおりであると述べている。諸《もろもろ》の衆生あって阿弥陀仏の名を聞き、信心歓喜することないし一念ならば、みな往生することができる。ただ仏法を謗《そし》る者を除く。いわんやまた具《つぶさ》に諸《もろもろ》の善功徳を修する者においてをや。

ここでは、『無量寿経』の説く阿弥陀仏の第一八念仏往生願の成就文《じょうじゅもん》（法蔵菩薩が本願を立てて修行して阿弥陀仏となったので、本願は仏の救いとして実現されているという確認）をふまえながら、経が除外している五逆の罪人も往生できるとする一方、第一九願の修諸功徳《しゅうしょくどく》による往生、親鸞が他力本願の信仰が不徹底で邪《よこしま》であると排している諸行往生《しょぎょうおうじょう》を、一八願の念仏より優れた往生行としている。

そして念仏には、心で念ずる心念と口で称える口念の二つがあり、心念にはさらに仏の相《すがた》を想い描く念仏と、仏の智恵と慈悲の力を想い描くという二つの観念の念仏があるという。口念については、「もし心に観想する力がなければ、口を将《もち》いて念仏すべきであり、心を乱さず、専心に常に阿弥陀仏の名号を称えるべきである」と説いている。常に念ずることで諸悪を生ぜず、善根を増長し、臨終には正念《しょうねん》（心が散乱しない）を得るという。

智光はこの段を、道綽《どうしゃく》の影響を受けている唐初期の迦才《かさい》の『浄土論』によって書いているが、迦才はここで、称名すること百万遍に達した以後は必らず極楽往生できることが定まると説いている。智光はその部分を採らないが、それは智光には口念の称名に対する評価が低かったからであると考えられる。称名の念仏について理解が進む平安時代末期には、東大寺三論宗の永観《えいかん》（一〇三三〜一一一一）をはじめ珍海《ちんかい》（一〇九一〜一一六五）など、迦才の説どおりのいわゆる百万遍念仏がしばしば行われるようになる。

奈良朝貴族と唐の浄土教家

奈良時代の末期、文人貴族として高名な石上宅嗣《いそのかみのやかつぐ》（七二九〜七八一）は、天平宝字五年（七六一）に遣唐副使に任じられてこれを辞し、自宅を寺として仏法僧に帰依し、『三蔵讃頌《さんぞうさんじゅ》』を書いて唐に送った。唐朝廷の内道場では飛錫《ひしゃく》等の僧がこれを見て感嘆し、『念仏三《ねんぶつざん》昧宝王論《まいほうおうろん》』の著者である飛錫は、『念仏五更讃《ねんぶつごこうさん》』を作って宅嗣に送り返した。その詞《ことば》は雅やかでうるわしく、人々はみな尊んで戴いたという（『日本高僧伝要文抄』）。飛錫（生没年不詳）の『念仏三昧宝王論』は、仏道修行法としてのさまざまな三昧（心を集中して静めること。そこから正しい智恵が起る。）の中で、念仏三昧が最勝のものであるとして念仏と禅の双修を説いている。その中で飛錫は、梵語の南無は唐語では帰命《きみょう》、阿弥陀は無量寿であり、自分は出入りする息を念珠として、行住坐臥に南無阿弥陀仏の名号を称えていると述べている。

飛錫は天宝年間（七四二〜七五五）のはじめには、終南大師《しゅうなんだいし》とも称された善導が百年前に籠って浄土教を大成した長安南方三〇キロの終南山《しゅうなんざん》に住しており、善導流の念仏者であった。そして空也もまた、彼の『念仏三昧宝王論』をどこかで学んでいたに違いないのである。一遍（一二三九〜八九）が遊行に携えていた空也の「文」には、「任口称三昧（口称にまかせたる三昧）」、「息精即念珠（息精《いき》はすなわち念珠）」の言葉があり、空也はこの書からも念仏を学んでいたことは明らかである。

宅嗣が贈られた『念仏五更讃』は現在は失われているが、平安時代中期の興福寺学僧永超《えいちょう》（一〇一四～九五）が、寛治《かんじ》八年（一〇九四）に現存の経論章疏《しょうそ》の題名を集成した『東域伝灯目録《とういきでんとうもくろく》』には、『念仏三昧宝王論』と並んで『五更念仏讃』の名が記載されている。ただ、延暦二四年（八〇五）に帰国した最澄《さいちょう》が唐から持ち帰った経論の目録である『伝教大師将来越州録《でんぎょうたいししょうらいえっしゅうろく》』にも、『五更讃念仏一巻』の記録があり、『永超録』がいずれの系統の書を指しているのかは不明としなければならない。

その内容を推測すれば、五更念仏とは、日没時から一昼夜を六時に分けて念仏を繰り返す六時念仏の第五、日の出の午前六時頃の晨朝《じんじょう》時の念仏を指すと考えられる。善導の『往生礼讃偈』は『六時《ろくじ》礼讃《らいさん》』とも呼ばれ、日没・初夜・中夜・後夜《ごや》・晨朝・日中の六つの時刻にあわせて、まず「至心帰《ししんき》命《みょう》礼西方阿弥陀仏《らいさいほうあみだぶつ》」と唱えて阿弥陀仏を礼拝し、短い讃偈を唱えたうえで、「願共諸衆生《がんぐしょしゅじょう》　往生安《おうじょうあん》楽国《らくこく》（願わくはもろもろの衆生とともに　安楽国に往生せん）」と結ぶ礼讃を数十回くり返すものである。

その第五番目の「旦起時《たんきじ》（晨朝）礼《らい》」は、隋の彦琮《げんそう》の『願往生礼讃偈』から構成されている。それは、さきの聖武天皇の『宸翰雑集《しんかんざっしゅう》』にあった彦琮の浄土詩三二首の中から、善導が二〇首を抜き出してとりまとめ（『武内義雄全集第十巻』角川書店）たものである。善導の『往生礼讃偈』を見るかぎり、六時を通じて「南無阿弥陀仏」と端的に称える箇所はない。その一方で善導は『礼讃偈』の前文の中で、「名号を称えること少くとも十声一声等ならば、さだめて往生することができよう」とも述べている。『念仏五更讃』を作った飛錫が、出入りする息を念珠として常に名号を称えていたということからすれば、かりにそれが善導の『礼讃偈』「旦起時礼」から修文されたものであったとしても、その中に「南無阿弥陀仏」の称名が無かったとも言いきれまい。

石上宅嗣は正三位大納言まで昇った官人であるが、旧宅を航海の安全を祈って阿閦寺《あしゅくじ》とし、書庫を芸亭《うんてい》と名づけて一般に公開した。彼は芸亭の東北に方丈の室を建て、六時に心を安らげ、また『念仏五更讃』はくり返し披閲して、人々を発心させたという（『日本高僧伝要文抄』「芸亭居士伝」）。『続日本紀』巻三六に載る彼の卒伝《しゅつでん》には、公開された芸亭の規則が引用してあり、それは「庶《ねが》わくは……異代《いだい》に来たらん者は、塵労《じんろう》を超出し、覚地《かくち》に帰せん」で結ばれている（天応元年六月二十四日条）。

往生に必要な行業と称名念仏

死者への追善であれ自己の滅後往生であれ、飛鳥時代から奈良時代末までの僅かな記録の上で見られたかぎり、往生浄土祈願の行為はほとんど造寺・造仏・写経・法会や悔過を含む誦経・知識結縁等の修諸功徳であった。僧尼によって口に唱えられた念仏にしても、その内容は庶民には理解できない陀羅尼・呪文の類であった。『阿弥陀経』に説かれているように、少しばかりの善根や功徳の因縁だけでは、極楽に往生することはできないと信じられていたのである。

智光においてはじめて、「南無阿弥陀仏」という名号を口に称える口念の念仏が、観念の念仏をする力のない凡夫のために認められた。しかしそれは念仏の中では次元の低いものであり、死に臨むまで常に念じ続けるべきものという。そして智光自身は、極楽世界を描き出した曼荼羅《まんだら》を前に観想の念仏を実践し、ついに往生を遂げたと伝えられている（『日本往生極楽記』）。

一方、凡夫の世界に日常接しながら資料に書き残されることのない沙弥・聖の民間教化の実践の中で、しかしながら口念の念仏が布教された例は空也以前にはないとされている（伊藤唯真『聖仏教史の研究』上、法藏館、一九九五）。平安末期の安元《あんげん》元年（一一七五）に成立した『行基年譜』には、奈良時代以前に三七歳の行基が新羅国大臣の恵基《えき》とともに阿弥陀仏を申して諸国を遊行したと記されているが（『続々群書類従』）、これを事実として裏付けるものは見出せない。

前章でも見たように、「南無阿弥陀仏」と口に称えれば極楽に往生できるという経説は浄土三部経の中では最後にできた『観無量寿経』の、それも最も低いレベルの下品《げぼん》の悪人往生の段にはじめて説かれている。このような、正統的な仏教の尊い教えの中では下劣な教えと見られても不思議でない仏説に対して、この時代の学解の僧等がその意義を認識することはなく、また実践の世界にあった沙弥・聖達には、これが知られることすらなかったのであろう。それは、飛鳥時代から将来され書写されている善導の『観経疏』『往生礼讃偈』等に関しても同様で、空也の称名の系譜をさぐる点検は、さらに次の平安時代初期を対象として継続しなければならない。

2　平安時代初期の浄土教と称名の念仏

はるかな虚空・極楽へのあこがれ

八世紀の末、都が奈良から京都に遷って平安時代が始まってまもない延暦《えんりゃく》一七年（七九八）八月に、南都東大寺に新しく北阿弥陀堂が建立された。それは故従五位上石田女王《いわたのおおきみ》の極楽往生の遺願をついで、天武《てんむ》天皇の皇子長《なが》親王の末裔と考えられる文室真人《ふんやのまひと》長谷《はせ》・宮守《みやもり》等が寄進したもので、そこには阿弥陀三尊像や一切経とともに、仏堂維持の資糧として水田六十町も施入された。東大寺に残されたその願文には、次のような言葉が見られる（『東大寺要録』四）。

極楽浄刹《じょうせつ》（土）は、量等虚空《りょうとうこくう》（はるか虚空に等しく）にして、浄過三界《じょうかさんがい》（浄らかにして迷いとくるしみの三界を超越している）なり。

これは明らかに世親『浄土論』の願生偈《がんしょうげ》、極楽世界の相《すがた》を観ずるに「勝㆓過せり三界の道に㆒、究竟して如し㆓虚空の㆒」の文から採られたものであろう。そして願文はさらに、阿弥陀仏は衆生を極楽国に導くものであるから、「よく徳号（名号）を聞く者は、すなわち重い煩悩を滅し、相好を念ずる者は、往生せざるはなし」と続き、寄進の功徳によって、代々の亡親が速やかに極楽浄土に往生して菩提涅槃の証果を得、あまねく衆生もまた共に覚りの道に達するように願っている。故人とこれを追善する人々に共通に極楽往生の強い祈願があり、名号の功徳も理解されていたことが知られる。

平安初期の漢学者で詩人として著名な島田忠臣《しまだのただおみ》（八二八〜八九二）の詩集『田氏家集《でんしかしゅう》』には、「西方の幀《てい》（掛軸）を拝し奉り、よって詩をもって浄土の意《こころ》を讃《たた》える」と題して、「我もまた阿弥陀仏の弟子となり、他生《たしょう》には（極楽に）往《ゆ》きて最中央に詣《もう》でん」と、死後には極楽に往生して阿弥陀仏に見《まみ》えたいと述べている（『群書類従』文筆部）。菅原道真の義父にあたる彼の私邸には阿弥陀浄土の変相図が飾られ、往生祈願の念仏が日夜行われていたことが想像されるのである。

『日本霊異記』の浄土信仰

平安時代の初期に、薬師寺の僧景戒《けいかい》（生没年不詳、延暦一四年、七九五に伝燈住位僧に補任）によって書かれたわが国最初の仏教説話集『日本霊異記《にほんりょういき》』三巻は、仏教の説く因果応報の理が現実に働いている事例を挙げて信仰を勧め、非道を戒しめている。景戒はもと非公認の出家者である私度僧《しどそう》であったといい、一一九篇の説話には地方的・在野的な話題が豊富に含まれ、この時代までの庶民信仰の実状をうかがう貴重な資料となっている。中には阿弥陀仏について述べられている例が六つだけあるが、景戒自身も晩年には往生極楽の願望を抱いていたと考えられる。下巻の序の中で彼は、「庶《ねが》わくは、地を掃《はら》いて共に極楽に生まれ、巣を傾けて同じく天上の宝堂に住まん」と述べ、下巻末尾には、「われ、聞く所に従って口伝を選び、善悪を類別し、霊奇を録す。願わくはこの福《さいわい》をもって群迷（迷える衆生）に施し、共に西方の安楽国に生れん」と結んでいる。

その上巻第二二には、文武《もんむ》天皇四年（七〇〇）に没した元興寺《がんごうじ》の入唐僧道昭《どうしょう》の往生について、次のように記している。

> 命終わる時に臨み、洗浴して衣をかえ、西に向いて端坐す。光明室に遍《あまね》し。……良久《ややひさし》くして光、西を指して飛びゆく。弟子等驚き怪しまざるなし。大徳《だいとこ》、西面して端坐し、応《こころ》よく卆《みまか》りぬ。定めて知りぬ、必ず極楽浄土に生れしと。

元興寺の禅院に住んでいた道昭の死について、『続日本紀』が歴史的事実として記すところは、次のとおりである。

たちまちにして香気、房より出づ。諸《もろもろ》の弟子、驚き怪しび、就《ゆ》きて和尚《わじょう》に謁《まみ》ゆるに、縄床《じょうしょう》に端坐して、気意《いき》あることなし。時に七十有《あまり》二。

これにくらべて『霊異記』の文は、一六〇年後の慶滋保胤のわが国はじめての往生伝、『日本往生極楽記』に見られる往生の記述そのものである。そして「定めて知りぬ、必ず極楽浄土に生まれしと」と認識したのは、伝承の形をとりながら、実は景戒自身であったはずである。そもそも、説話は民衆に語り読ませる性格のものである以上、道昭のような高僧は没後には当然極楽往生したであろうとする認識は、説話をきく受容者にも共通にあったということであろう。

同じ上巻の第三三では、ある妻が亡夫のため阿弥陀仏の画像を図絵供養したところ、それは火災に遭っても焼けないという異表《いひょう》をしめしたという。所は河内国石川郡《かわちのくにいしかわのこおり》。現在の大阪府南河内地方で、古くから渡来系の人が多く住み、仏教も早く普及していた。そこに八多寺《はた》があって、阿弥陀仏の画像があるという。その由来について、里人のいうところは次のとおりである。昔、この近くに賢い妻がいて、夫の死に際してこの画像を作ることを願った。貧しいため長年実現できず、秋になると落穂を拾い集め、やがて画師に頼んで画像を画いてもらった。画師も共感して色あざやかな仏画が完成したので、寺の金堂に飾って常に祈願していた。後に盗人が火を放って堂は焼けたが、仏画だけはそのまま残った。景戒はいう。仏たちがこの妻を助けたのであろうか、それは信心の致すところで、理屈をこえている。

ここに出てくる河内の八多寺とは、あるいはかの智光が一時住していた八田寺《はたでら》ではなかろうかと思われる。智光も同じ南河内の安宿郡《あすかべ》の出身で、俗姓は鋤田連《すきだのむらじ》。元興寺で三論を学んだ後、河内の鋤田寺・八田寺にも住したという。それは景戒が話を聞いた時より、おそらく四、五〇年前のことであろう。「はた」姓には渡来系の秦をはじめ、八田・八多・八太・羽田・波多など多様な用字例がある。そして何よりも、智光曼荼羅によって極楽浄土を観想し往生を遂げたと伝えられる智光の浄土信仰は、その実践において景戒が記録した河内八多寺の寡婦のそれに近い。この妻もまた阿弥陀仏画像の前で、亡夫とともにおのれの極楽往生をも祈願していたことは間違いなかろう。恵隠による『無量寿経』講経から二百年近くたった平安時代初期までに、浄土信仰は次第に日本人の心の中にはっきりした後世《ごせ》安心《あんじん》の祈願として定着しつつあった。

平安新仏教と浄土信仰

一〇世紀以降の平安時代中期に顕在化してくる浄土信仰の大きなうねりは、そのような二百年にわたる受容の継承・発展という基盤に加えて、古代律令制的な身分秩序の崩壊と中央貴族社会における熾烈な権力闘争、新しい地方支配勢力の台頭と農民の逃亡・浮浪化等の、政治社会的変貌にも対応するものであった。その中で仏教にも、鎮護国家的役割から、個人の現世利益と後世安楽を保証する機能が切実に求められていく。天台宗・真言宗のいわゆる平安新仏教は、護国と福利群生を二大理念として権力との密着を強める一方、現実には密教的な私的祈禱と来世欣求の浄土教によってそのような個人救済の要請にもこたえ、南都旧仏教に対抗する勢力に成長していく。

浄土教についてはとりわけ、比叡山を本拠とする天台宗の中から「山の念仏」と呼ばれる独自の浄土教が成立し、「天台宗が浄土教発達上の主流として、その地位を明確にしていった（井上光貞『日本浄土教成立史の研究』）」といわれる。以下には、一〇世紀半ばの京の市中に「南無阿弥陀仏」と称える称名念仏を弘めた空也浄土教が、はたしてこの「山の念仏」から発生したものであろうかという問題意識をふまえながら、体制化・貴族化していった顕密仏教における空也以前の浄土信仰の展開を、手短かに概観していくことにしたい。

大乗菩薩思想と天台浄土教

日本天台の開祖最澄（七六七～八二二）は一九歳で東大寺受戒の後、ひとり比叡山に入り、自らの大僧としての正しい生き方を求めて樹下石上の修行生活に入った。その時の決意を五か条の『願文』に記し、その第五には、

修する所の功徳は、ひとり己《おの》れの身に受けず、普ねく有識《うしき》に廻施《えせ》せん

と、自利利他の大乗菩薩行の実践を誓う（『原典日本仏教の思想　最澄』岩波書店）。そして入唐求法《にっとうぐほう》を経て天台法華宗《てんだいほっけしゅう》を開き、法華一乗《ほっけいちじょう》（声聞《しょうもん》・縁覚《えんがく》・菩薩《ぼさつ》の三乗《さんじょう》の教えは仮りの方便であり、すべての者が等し

く仏になれる一乗こそ『法華経』の真実の教えである）の思想によって、鎮護国家、利楽有情の布教を進める。その過程で、陸奥国会津の法相宗徳一《とくいつ》との間に、宗の存立をかけた三一権実論争《さんいちごんじつろんそう》を行う。

三乗方便一乗真実の思想に立つ最澄に対して、徳一は三乗の差別があるのが真実で、また有情の中には仏になる資質のない無性《むしょう》の者があり、『法華経』の一乗の教えは、いずれとも素質の定まらない不定性《ふじょうしょう》の衆生を導くための方便である（三乗真実一乗方便）という法相の五性格別《ごしょうかくべつ》の思想によって、著作を通して烈しい論争を長期に闘わした。その中で最澄が著した『守護国界章《しゅごこっかいしょう》』巻下の第十末には、「麁食者《そじきしゃ》（粗末な食事をする者から転じて、教門を生半可に理解する者、徳一を指す）が無性に墜ちるのを恐れる。南無阿弥陀仏（『伝教大師全集』二）」と、唐突に名号が記されている。これはもちろん念仏ではないが、最澄が言葉として名号を身近に使うことがあったという例証にはなろう。

最澄は南都仏教で用いられていた小乗仏教以来の複雑な具足戒《ぐそくかい》に対して、大乗菩薩僧の受持すべき三聚浄戒《さんじゅじょうかい》（戒律を守る・善を修する・有情を利益《りやく》する）を内容とする簡明な菩薩戒《ぼさつかい》を導入した。その授戒の作法を定めた『授菩薩戒儀《じゅぼさつかいぎ》』では、受戒した僧は以後は一切の衆生を利益するとともに、命終したら共に極楽国の阿弥陀仏前に生まれ、ここで悟りを開いて大神通力を得、その後に各地に遊歴して自ら修行し他を化導することを発願することと定めている。

天台宗と浄土教の関係の基本にはこのような、菩薩僧が極楽に往生して悟りを開き（往相《おうそう》）、神通力を得てふたたび娑婆世界《しゃばせかい》に還って衆生を救おう（還相《げんそう》）という、大乗菩薩志向が潜在的にあり、それは空也の時期以降にも、彼の弟子といわれ遁世して『十願発心記《じゅうがんほっしんぎ》』を書く千観《せんかん》や、『往生要集』を著す源信に顕著にあらわれている。

山の念仏のはじまり

天台宗の比叡山で「山の念仏」が成立した源も、最澄にあった。最澄は天台僧の修行課程として顕教の止観業《しかんごう》と密教の遮那業《しゃなごう》を分け、止観業では智顗《ちぎ》の『摩訶止観《まかしかん》』による四種三昧《ししゅざんまい》を修習させることとした（『山家学生式《さんげがくしょうしき》』「八条式」）。四種三昧とは常坐《じょうざ》・常行《じょうぎょう》・半行半坐《はんぎょうはんざ》（法華）・非行非坐《ひぎょうひざ》三昧の四種の行法で、最澄の生前には智顗の重んじた半行半坐三昧を修する法華堂だけが、弘仁《こうにん》二年（八一一）に建てられた（『叡岳要記』）。常行三昧は阿弥陀仏像を中央に祀った堂内で、九〇日間たえず阿弥陀仏名を唱えながら仏像の周囲をまわって歩き、念念に阿弥陀仏を念じながらもその念を超越して、空・涅槃《ねはん》の悟りを開こうという行法である。ふつう、この常行三昧から円仁《えんにん》によって「山の念仏」が始められたと説明されるが、円仁が始めたのは中国の法照《ほっしょう》が創始した五会《ごえ》念仏《ねんぶつ》の影響を受けた、独自の念仏三昧であった。

第三世天台座主の円仁（七九四～八六四）は承和《じょうわ》一四年（八四七）に一〇年間の入唐求法の旅から帰国した後、仁寿《にんじゅ》元年（八五一）に、法照が五台山ではじめた五会念仏の法を移して、比叡山で念仏三昧を始修した。法照は唐の大暦《だいれき》五年（七七〇）に五台山に登って文殊・普賢両菩薩から親しく念仏の法を授けられたといい、ここに竹林寺《ちくりんじ》を建てて五会念仏を弘め（『宋高僧伝』二一）、善導の生れかわり（後善導）とたたえられた。五会念仏とは、近代音楽におけるドレミソラの五音に相当する五種の調子に従って、「南無阿弥陀仏」または「阿弥陀仏」の名号ないし仏名を唱え、また讃偈の誦唱を集団で行うものである。法照は、この念仏三昧は天台の教理にいう、この世界のすべてがそのまま真実のあらわれである（諸法実相《しょほうじっそう》）と悟る中道の正しい観法に相応するもので、凡夫が極楽に往生して菩薩の位に入る最勝の功徳ある法であると主張している（『浄土五会念仏略法事儀讃』『大正蔵』四七）。

円仁は唐留学の間、その著『入唐求法巡礼行記《にっとうぐほうじゅんれいこうき》』によれば、五台山竹林寺《ごだいさんちくりんじ》を訪れて念仏供養の法会に参じ、また長安では滞在した資聖寺《しせいじ》で、法照の高弟である鏡霜《きょうそう》による阿弥陀浄土念仏の三日間の伝道に接している。円仁の入唐の主な目的は、師の最澄が創めた日本天台が円教《えんぎょう》（まどかで完全な教え＝天台）・禅・戒律・密教の四宗を総合したものであった中でも、特に戒律と密教に関してさらに知識と行法を深めようとするものであったが、そのかたわら、当時の中国で盛んに行われていた浄土教に接し、これに関心を持ったことは疑いない。

長安で同行の弟子惟暁《ゆいぎょう》が病没した際には、資聖寺の七僧が墓前で阿弥陀仏の名号を唱え、また知玄《ちげん》大徳（八一一～八八三）を四十九日までの七日毎の追善法要に招いている。知玄には『大無量寿経疏《しょ》』の著があり、臨終には、「屍《しかばね》は棄てて半ばは魚に、半ばは鳥獣に施せ。吾《われ》は久しく（前から）西方浄土に（往生すると）きめた日がある。この通りだ」といって、顔を西に向けて逝去したといわれる（『宋高僧伝』六）。円仁が入唐によって将来した経論等の中には、五会念仏の儀軌《ぎき》である法照の『浄土五会念仏略法事儀讃《じょうどごえねんぶつりゃくほうじぎさん》』とともに、法照がこの書を書いた場所である長安章敬寺《しょうけいじ》の沙門弘素《しゃもんこうそ》の『念仏讃』があり、さらに帰国にあたって資聖寺の都維那《ついな》僧（寺務担当）から贈られた涅槃浄土の壇龕《だんがん》（白檀で造られた仏龕）と、新羅人で唐の高官であった人物から贈られた西方浄土壇龕が含まれている（『入唐新求聖教目録』）。

円仁は帰国後に比叡山内に常行三昧堂《じょうぎょうざんまいどう》を建て、五台山念仏三昧の法を弟子達に伝えて、仁寿元年に弥陀念仏をはじめて修した（『叡岳要記』上）。そして円仁の死の翌年の貞観《じょうがん》七年（八六五）には、弟子の相応《そうおう》が師の遺言に従って、のちに「山の念仏」と呼ばれる不断念仏をはじめて修している。

不断念仏

不断念仏は円仁の制定した法式（儀軌）によって行われたと考えられるが、常行堂の中央には金色の阿弥陀仏像が安置され、僧等は八月一一日から一七日の夜まで七日七夜、仏の周囲を回って休むことなく念仏を唱えた。『空也上人誄』の撰者 源　為憲《みなもとのためのり》が永観《えいかん》二年（九八四）に著した『三宝絵《さんぼうえ》』の中の「比叡《ひえ》の不断念仏」には、始修一二〇年後の「山の念仏」の姿が次のように記されている。

身は常に仏を回る。身の罪こと〴〵くうせぬらん。口には常に経を唱う。口のとが皆きえぬらん。阿弥陀経云《いわく》。若《もしは》一日若二日若三日乃至《ないし》七日一心不乱。臨終の時に心顛倒《てんどう》せずして。即極楽に坐《うま》る。七日をかぎれる事は。此経によて也。

この時代には相応のはじめた比叡山東塔《とうとう》の常行三昧堂に加えて、西塔《さいとう》と横川《よかわ》をあわせた三塔で修せられるようになっていた。しかし不断念仏の中味については、この『三宝絵』にも「経を唱う」と一部ふれられてはいるが、あまり明らかではない。

円仁は帰国翌年に、最澄がすでに建立していた法華堂における法華三昧の儀軌として、『法華懺法《ほっけせんぼう》』

延暦寺西塔・常行堂（滋賀県大津市）

を撰した（『慈覚大師伝』）。また五台山念仏三昧の法によってはじめて修した、本来は常行三昧であるべき念仏三昧のための儀軌として、彼は恐らく『阿弥陀懺法《あみだせんぽう》』を撰したものと考えられる。しかしそれは現存せず、比叡山には円仁が撰したものといわれ、不断念仏の儀軌であったと想定される『例時《れいじ》作法《さほう》』が今に伝来している（『大正蔵』七七）。これによって不断念仏の法儀を推定すれば、おおよそ次のとおりである。

まず道場に釈迦・阿弥陀如来、観音・勢至菩薩等を奉請《ほうせい》（お招ねき）して、「南無阿弥陀仏《なもあびたふ》　阿弥陀仏《あびたふ》　阿弥陀仏《あびたふ》」と、通常仏教語に用いられている呉音訓《ごおんよ》みではなく漢音訓みによって甲念仏《かんねんぶつ》を高い調子で唱え、『仏説阿弥陀経《ふっせつあびたけい》』を漢音で読誦する。終ったところで再び甲念仏を唱え、次いで合殺《かっさつ》というしめくくりで「阿弥陀仏《あびたふ》」の仏名を高い声で一一回唱え、一句ごとに散花を行う。次に念仏の大《だい》衆《しゅ》が滅後に極楽往生して阿弥陀仏にまみえたいと願う廻向文《えこうもん》を唱えたあとに、「阿弥陀仏《あびたふ》」を九回唱える九声念仏《きゅうせいねんぶつ》を行う。最後は罪を懺悔し浄処に生まれ無上菩提を成就したいと願う大懺悔《おおいさんげ》を述べ、さらに後代に付加されたという五念門の偈頌があって、次の願偈で終る。

願共諸衆生　往生安楽国（願わくは　諸《もろもろ》の衆生と共に　安楽国に往生せん）
願共諸衆生　値遇弥陀尊（願わくは　諸《もろもろ》の衆生と共に　弥陀尊に値遇《ちぐう》せん）

このような比叡山の法儀としての念仏が一般の庶民にどこまで弘まり、その往生の願望にどのようにこたえ得たのであろうか。例えば、空也の死後三十年あまりに書かれた『源氏物語』の「御法《みのり》の巻」には、紫の上の死去を悲しむ夕霧の大将の様子を描いて、

堪えがたく、悲しければ、「人目には、さしも見えじ」と、つつみて、「阿弥陀仏《あびたふう》、〳〵」と、ひき給う数珠のかずに紛らわしてぞ、涙の玉をば、もて消ち給いける

という文章がある。夕霧が山の念仏に唱えられる「あびたふ」の称名をかりて、紫の上の菩提を祈っていたのではなかろうかと想像される。

また『栄花物語《えいがものがたり》』「うたがひ」の巻には藤原道長（九六六～一〇二七）の一年間の仏事への結縁のさまが『三宝絵』の月々の催事に準じて述べられ、八月の山の念仏には、「公《おおやけ》のまつりごと、私の御いとなみを除きて籠り在《おわ》しまして、やがて御修法《みずほう》行わせ給」と書かれている。岩波の『日本古典文学大系』本の注記は、この記述を史実と対比して検証し、道長は寛弘《かんこう》元年（一〇〇四）八月一七日早朝に登山して院源僧都《いんげんそうず》の房に到り、午後に入堂していることを、『御堂関白記《みどうかんぱくき》』から明らかにしている。

当時の道長は三九歳の左大臣、院源は後に天台座主となり晩年は西塔北尾谷に隠棲しているため、道長の入堂したのは西塔の常行三昧堂であったと考えられる。

これらから考えられるのは、山の念仏に直接結縁できるのは有力貴族等の限られた人々であったのではないかということである。しかし、空也没後百年に近い延久《えんきゅう》二年（一〇七〇）に大江匡房《おおえのまさふさ》が撰した『石清水不断念仏縁起《いわしみずふだんねんぶつえんぎ》』には、「山上の諸院でこの三昧を修してすでに二百年余年、結縁の人幾万ともしれず」と記されている。『三宝絵』が冷泉《れいぜい》天皇の息女尊子《そんし》内親王のために書かれたとはいえ、年中の仏教行事の一つとして挙げているところからみても、山の念仏は里の世俗にも知られた極楽往生の仏業であったのであろう。

極楽往生と即身成仏
――山の念仏の性格

最澄は天台の四種三昧の修行を諸弟子に個別に命じ、円仁には堂坐三昧を担当させた（『叡岳要記』上）。そして円仁が帰国後に行ったのは、常行三昧堂を建てて、五会念仏の法をとり入れた念仏三昧をここで行ったことである。九十日間坐禅を行う一行三昧とも呼ばれる常坐三昧はもとより、阿弥陀仏を悟りに達するためのよすがとする常行三昧も、諸法実相・中道の正観《しょうかん》を達成するための聖道門の修行法である。円仁はこれを採らず、不断念仏を行うことを本願とした。

円仁が叡山に導入した五会念仏による念仏三昧が、自他の往生浄土を祈願する行儀であったことは疑いない。しかし聖道門天台宗の比叡山にあって、天台大師智顗《ちぎ》の説いた『摩訶止観《まかしかん》』の教えに相矛盾しない位相において、また最澄の求めた『授菩薩戒儀《じゅぼさつかいぎ》』における往相と還相の広願《こうがん》に合致する範囲において「山の念仏」が施行されるのでなければ、それは山内に受け容れられることはあり得なかったであろう。他力易行の往生業をそのまま山内で行うことは許されないことで、少くとも自力作善《じりきさぜん》の色彩を保つことは不可欠である。

天台宗では空也の時代から以降、慈覚《じかく》大師円仁《えんにん》の系統をつぐ延暦寺の山門派と、第五世座主智証《ちしょう》大師円珍《えんちん》の系統をつぐ園城寺《おんじょうじ》の寺門派に分れて対立抗争を深めるが、その源は最澄の時代から存在していたといわれる。佐伯有清《さえきありきよ》氏は円珍（八一四～八九一）が渡唐中の夢に、円仁の座主任命について右大臣藤原良房《ふじわらのよしふさ》に意見を聞かれ、これに賛意を表しつつ、「おそらく寺衆を統摂する場合に、心をゆるめることができない」と答えたということが円珍の『感夢記《かんむき》』に書かれており、当時の延暦寺内部がかならずしも平穏でなかったと推定している（『円仁』吉川弘文館、一九八九年）。事実、円珍は円仁の座主就任後の天安《てんあん》二年（八五八）に帰国するが、翌年山を下りて大津の園城寺に入り、ここが永く円仁の山門・慈覚派に対立する寺門・智証派の拠点に発展する基礎を据えた。円仁の後の座主にはその弟子の安慧《あんね》（八六四～八六八在位）が就いた後を円珍が襲い、百年後に慈覚派で弥陀念仏の一門とされる良源《りょうげん》（九一二～九八五）が第一八世の座主につくまでの一四人の座主のうち、智証派が八人慈覚派が六人という拮抗が続いた。

島地大等《しまじだいとう》はその『天台教学史』の中で、円仁の念仏は天台の理観《りかん》（真如の理を観ずる）念仏・善導流念仏・密教的念仏・引声《いんぜい》（五会）念仏等の複雑な内容を含むとして、その臨終の様子を例証とする一方、円仁と同門の第一世座主義真《ぎしん》の弟子である円珍には、念仏に関して伝えるべきものはないと述べている。『慈覚大師伝』によれば、円仁は臨終に弟子達に仏号を百遍ずつ誦念《ずねん》させたが、その仏は毘《び》盧遮那《るしゃな》・釈迦・弥陀・普賢・文殊・観音・弥勒という多勢の仏菩薩であった。そして最後には房に移って、自ら阿弥陀仏を念じて弟子もこれに同じ、手に印契を結び口に真言を誦して還化したという（『続群書類従』伝二一二）。彼が最後に阿弥陀仏を念じたのが、称名を意味するかどうかは不明である。

天台宗と浄土念仏との関係については、この娑婆世界において修行によって悟りを開いて聖者になろう（此土入聖《しどにっしょう》）という自力聖道の立場と、阿弥陀仏の慈悲の力をかりて浄土往生して悟りの世界に入ろう（彼土入証《ひどにっしょう》）という他力浄土門の基本的な相違を、どう乗りこえるかという問題を忘れるわけにはいかない。聖道門密教の真言宗を開いた空海（七七四〜八三五）は『即心成仏義《そくしんじょうぶつぎ》』を書いて、顕教の三劫成仏《さんごうじょうぶつ》（悟りを開いて成仏するまでには三劫という無限の長時間の修行が必要）の説に対して、真言密教の修法によれば速疾に衆生が本来具えている仏の法心《ほっしん》（真理そのもの）が顕現して、この身そのままで仏に成ると説いた。

天台宗の最澄も『法華秀句《ほっけしゅうく》』の中で、『法華経』「提婆達多品《だいばだったほん》」にある有名な竜女成仏《りゅうにょじょうぶつ》（八才の竜女が仏の教えを受けて刹那の間に悟りを得て仏に成った）の説話をうけて、「妙法経の力、即身に成仏せしむ」と書いている（『伝教大師全集』三）。円仁の弟子安然《あんねん》（八四一〜八八九）の『即心義私記《そくしんぎしき》』には、師の円仁の言葉として、「諸《もろもろ》の文はみな煩悩即菩提《ぼんのうそくぼだい》　生死即涅槃《しょうじそくねはん》といっている。もしこの智を得れば、すなわち身を捨てず身を受けず、即身に成仏するなり」（『大日本仏教全書』二四）と記されている。煩悩も悟りも、あるがままの実相・真如として異なるものではなく、我々の生死は、そのあるがままにおいて煩悩を超脱した涅槃である。その悟りを得れば、天台大師のいう諸法実相（すべてはそのままで真実なる相《すがた》のあらわれである）の中道の理にかない、不生不滅の真如実相の中で生死を超越する。

これが天台の正統的な思想とすべきものであろう。一方の「山の念仏」は、円仁の入唐求法の中の経験から採用された利楽有情の方便としての往生行儀でありつつ、天台的な懺悔滅罪と実相正観の念仏という性格を、一二〇年後に源信が『往生要集』を著すまで持続していくものであった。

山の念仏のひろがり

円仁は仁寿《にんじゅ》元年（八五一）の念仏三昧始行の一三年後の貞観六年（八六四）に没するが、「山の念仏」としての不断念仏はようやくその翌年に、円仁の遺命として弟子の相応《そうおう》（八三一～九一八）によって始められた。そして空也生誕より一〇年前の寛平《かんぴょう》五年（八九三）には、第十世座主で円仁・円珍の両者に師事した増命《ぞうみょう》（八四三～九二七）によって、叡山の西塔《さいとう》にも常行堂が建てられ、翌年からここでも不断念仏が始まった。さらに空也と同世代の第一八世座主良源《りょうげん》（九一三～九八五）は、空也の晩年にあたる康保《こうほう》五年（九六八）に本拠とした円仁の故地横川《よかわ》にも常行堂を建て（『叡岳要記』）、以来叡山三塔で不断念仏が修されるようになった。

不断念仏のおもな指導者たちは、いずれも往生者として認められている。空也一六歳時の延喜《えんぎ》一八年（九一八）に没した相応の伝記、『天台南山無動寺建立和尚伝《てんだいなんざんむどうじこんりゅうわじょうでん》』にはその臨終について、「香を焼き花を散らし、西方に向いて弥陀の名号を唱え、翌日の夜半に、右脇を下に臥して入滅した」と書かれている（『群書類従』六九）。またその九年後の延長五年（九二七）に没した増命の往生については、慶滋保胤の『日本往生極楽記』に「西方を礼拝し、阿弥陀仏を念ず」と記されている。そして空也より一三年後に亡くなる良源の場合は、『慈恵大僧正伝《じえだいそうじょうでん》』によれば顔を西に向けて合掌し、「命終の後は願わくは必ず極楽世界に往生せん」と誓い、「口に弥陀を念じ、心に実相を観じて」入滅したと伝えられている（『群書類従』六九）。このうち良源は別として、空也が天慶《てんぎょう》元年に還京する以前に没している相応と増命の臨終の「唱弥陀名号」「念阿弥陀仏」の念仏の中に、「南無」と阿弥陀仏に帰命《きみょう》した空也の称名念仏の先例を認めることができるかどうかについては、なお円仁の場合と同様の疑問が残るといわざるを得ない。「南無」とは帰命・敬礼《きょうらい》・信従などと漢訳し、誠心に仏に帰順して信を捧げる祈りの言葉である。「南無阿弥陀仏」の称名念仏は、己れのはからいを捨てた、阿弥陀仏の救いに対する真実の信心に裏付けられてはじめて、往生の正しい行となるものである。

山口光円氏は『天台浄土教史』の中で、「現行の『例時作法』は正しく慈覚大師以来の常行三昧である」と述べつつ、その中で中心となる『阿弥陀経《あびたけい》』の漢音で読誦する読経の前後に、「南無阿弥陀《なもあびた》仏《ふ》　阿弥陀仏《あびたふ》　阿弥陀仏《あびたふ》」と二回唱えられる甲念仏《かんねんぶつ》の唱え方については、一八世紀江戸時代の天明《てんめい》年間に百如慈芳《ひゃくにょじほう》が筆録した『慈覚大師例時作法念仏口決《くけつ》』の説を紹介している。それによれば、最初に衆主《しゅしゅ》（主唱者）が「南無帰命《なもきめい》」と唱え、ついで「阿弥陀仏《あびたふ》」と漢音で唱える。これに続いて結衆《けつじゅう》（同声者）が「阿弥陀仏《あびたふ》　阿弥陀仏《あびたふ》」と二回発声することとされている。つまり『例時作法』に従っての「山の念仏」から、「南無阿弥陀仏《なむあみだぶつ》」の称名が直接に由来したとは考え難いのである。

これまで、比叡山の「山の念仏」を下界に下ろして、「里の念仏」としたのが空也であると言われていた。五来重《ごらいしげる》氏によればその「山の念仏」は、「諸法実相を体験」するために「専門の僧侶のみがするもので、庶民に無縁だった（『空也の寺六波羅蜜寺』淡交社、一九六九年）」のである。両者の関係については佐藤哲英《さとうてつえい》氏もまた『叡山浄土教の研究』の中で、「空也以前においては一部の僧侶と少数の貴族のあいだに信仰されてきた念仏が、空也の出現によって都鄙《とひ》の庶民の間に弘通《ぐつう》される道が開けてきた」、「天台止観の流れをくんだ観念念仏を、直截簡明な口称念仏として民衆の手にわたしたところに、空也念仏の特色がある」と述べ、「念仏庶民化の先駆をなした空也の業蹟」を高く評価しつつ、空也の念仏の独自性を認めている。

『往生伝』と説話性

慶滋保胤《よししげのやすたね》の『日本往生極楽記』（永観《えいかん》二年、九八四頃成立）をはじめとして、平安時代に書かれた往生伝は『法華経』信者や観音信者等と並んで、阿弥陀仏を対象とする念仏者の極楽往生の伝を多く記している。その往生業《おうじょうごう》としての念仏のうち、「阿弥陀仏の名を唱えた」と伝えるものについては、空也が弘めた称名を既知のものとする撰者の意識を背景として叙述されている傾向に注意しなければならない。例えば保胤は『極楽記』に、比叡山で相応が円仁の遺命によって不断念仏を始修した翌年の貞観《じょうがん》八年（八六六）に没したという播磨国賀古《はりまのくにかこ》の沙弥教信《きょうしん》について、「一生の間、弥陀の号を称《な》えて昼夜休まず」であり、その雇い主から「阿弥陀丸《あみだまろ》」と呼ばれていたと書いている。そして教信の往生業は、摂津の勝尾寺座主《かつおじざす》であった勝如《しょうにょ》の十余年の言語禁断の無言の行に勝るものと位置づけられている。周知のようにこの教信は念仏者の理想像として、後の永観《えいかん》や親鸞・一遍に極めて重視されている。

一八歳以後は毎日一万遍の念仏を唱えていたという平安末期の永観（一〇三三～一一一一）は、東山の禅林寺《ぜんりんじ》を拠点として浄土教の民間布教につとめ、七一歳で著した『往生拾因《おうじょうじゅういん》』の中で、一たび南無阿弥陀仏と称えれば、ただちに広大無尽の善根を成じて必ず往生することができると、空也の市中の歌とまったく同じ称名念仏のすすめを行っている。また法然がこの六五年後に専修念仏に回心《えしん》する契機になったという善導《ぜんどう》の『観経疏《かんぎょうしょ》』の念仏正定業《ねんぶつしょうじょうごう》説を引用して、称名念仏こそ阿弥陀仏の本願にかなうものと説いている。その中で、称名すれば往生できるという証拠の第一に沙弥教信を挙げ、詳しく教信と勝如の交渉を紹介した上で、「教信とはこれ誰ぞ。何ぞ励《はげ》まざらんや」と念仏をすすめている（『大正蔵』八四）。

また親鸞（一一七三〜一二六二）の曾孫《ひまご》で本願寺の創立者である覚如《かくにょ》（一二七〇〜一三五一）の著した『改邪鈔《かいじゃしょう》』は、親鸞の常の言葉として、「われはこれ賀古の教信沙弥の定《じょう》なり」と、親鸞が『往生拾因』の記述によって教信の行業に感じ、自分もその通りであると常々言っていたと伝えている（『真宗聖教全書』三）。一遍（一二三九〜八九）も死の三年前に四天王寺から播磨書写山《しょしゃざん》への遊行の途中、加古の教信寺に参詣し、「教信上人のとどめ給《たまう》」として一夜とどまり、入滅一か月前にも教信寺の因幡《いな》野《の》で臨終したいと述べている（『一遍聖絵』九・十）。

しかし、「口に常に阿弥陀仏を称え」「世に阿弥陀聖と号《な》づけ」られたと、保胤が同じ『極楽記』に記している空也より一〇六年前に没した教信が、実は「一生の間」空也と同一の往生業の実践者であったということは、保胤自身が空也以前には「道場聚落に念仏三昧を修すること希有なりき」と認めているように、説話的創作の世界以外には考えられないことである。『六波羅蜜寺縁起』の撰者でもある三善為康が『後拾遺往生伝』の中で、教信の妻を三十年の連れそいと記しているのに従えば、教信の一生の念仏はおそくとも円仁帰朝の一一年前、空海の没した翌年の承和三年（八三六）には始まっていたということになる。平林盛得《ひらばやしもりとく》氏はこの教信の往生伝を「説話とすべき往生譚」とし、「空也登場の天慶から『極楽記』撰述の寛和ころまで四、五十年の差がある。この間に『極楽記』に採録された口称念仏優位の思想をもつ教信譚が設立したのであろう（「沙弥教信説話の変貌」『聖と説話の史的研究』吉川弘文館、一九八一年）」と推論している。その「説話の変貌」には『空也上人誄』を閲読し、『極楽記』に「空也伝」を書いている保胤自身が関与し、むしろ創作していたのではないかと思われる。

平林氏の考証は、平安時代浄土教の成立に関して極めて重要な問題を提示しているにもかかわらず、これに関説した論は寡聞にして知らない。しかし冷静に歴史の流れに注目するなら、永観・親鸞・一遍の教信信仰は誤った情報を信じたことによるものであったわけである。これらの念仏の祖師達が評価した称名念仏の先駆的実践は、まさに空也において行われたのである。ただ、保胤が叙述した教信の最後の状景は、壮烈であり印象強いものであった。教信は自らの骸《むくろ》を庵の前に放置させて、群がる犬に食べさせたと書かれている。それは法隆寺の玉虫厨子に描かれている捨身飼虎の、釈迦前生の尊い求道の情景と同じで、これが永観等に感銘を与えたとすれば、それは保胤の文筆の力である。しかし保胤がこの創話の実例とすべき百数十年前の市巷の称名念仏が実際にはまったくあり得なかったことは、この章で上来見てきた経緯からも断言できることで、歴史上の真実としては、永観等の念仏の先駆者に対する尊崇は、空也に向けてなされるのが正しかったのであり、これを直覚的に理解したのはただ一遍ひとりであった。

史書にみる念仏のすがた

往生伝に限界があるとすれば、客観的に史実を記録する建前の史書の中には、空也以前の平安期の念仏の事例は、どのように記されているのであろうか。

天安《てんあん》二年（八五八）九月七日に崩御《ほうぎょ》された文徳《もんとく》天皇の葬には、四十九日の間に広隆寺《こうりゅうじ》僧等四〇人の僧が「転経念仏《てんぎょうねんぶつ》」し、二〇人の沙弥が山陵で昼夜に大仏頂三昧《だいぶっちょうざんまい》を修したという（『三代実録』二）。当時の広隆寺別当は空海の弟子道昌《どうしょう》（七九八～八七五）であり、「転経念仏」は真言密教の経典または『法華経』等の読経を指すと考えられる。沙弥の修した大仏頂三昧は、空海が将来した『大仏頂《だいぶっちょう》陀羅《だら》尼《に》』という長文の陀羅尼の読誦で、魔障《ましょう》を調伏《ちょうぶく》して生死《しょうじ》の世界を脱却する功徳ある修法《すほう》である。また貞観《じょうがん》九年（八六七）十月十日に没した右大臣藤原良相《ふじわらのよしみ》の卆伝《しゅつでん》は、平素小堂に仏像を安置して「観音名号」を誦していたが、臨終には西に向い、手に阿弥陀根本印を結んで亡くなったという（『三代実録』一四）。臨終の念仏については書かれていないが、『無量寿如来観行供養儀軌《むりょうじゅにょらいかんぎょうくようぎき》』に説かれている阿弥陀の「大呪《だいじゅ》（十甘露明《じっかんろみょう》）」または「小呪《しょうじゅ》」等の陀羅尼が唱えられていたとも考えられる。

一〇年後の元慶《がんぎょう》元年（八七七）十一月三日に没した参議大江音人《おおえのおとんど》は、「合掌して西方に向い、「仏《ぶっ》頂尊勝《ちょうそんしょう》陀羅尼《だらに》」を七遍誦して息絶えた（『扶桑略記』二〇）と記されている。「仏頂尊勝陀羅尼」は毎日これを二一遍誦すれば、罪を滅し福を増し命終の後は極楽国に生まれるという陀羅尼である。空也二八歳の延長《えんちょう》八年（九三〇）九月二九日に醍醐《だいご》上皇が臨終の受戒のあとで没した際にも、宮中で二〇人の僧が昼は『法華経』を読み、夕刻から念仏を行ったが、それは「尊勝陀羅尼」の念誦であったと、子息の重明《しげあきら》親王はその日記『吏部王記《りほうおうき》』に記載している。その年十月十一日に行われた醍醐上皇の山陵での葬送にも、醍醐寺《だいごじ》・勧修寺《かんじゅじ》の僧が念仏を奉仕しているが（『吏部王記』）、その念仏の内容も同様であったと考えられる。

これらの記録を一見する限り、臨終の念仏において密教の陀羅尼が重んじられ、修法を行う専門の僧侶が死にゆく者の滅罪成仏を祈願するという図式が多い。元慶四年（八八〇）十二月四日に崩じた清和太上天皇《せいわだいじょうてんのう》の場合も、臨終には近侍する僧等に命じて「金剛輪陀羅尼《こんごうりんだらに》」を誦させ、死後の十一日から四十九日忌までは五〇人の僧によって、昼は『法華経』を読誦させ、夜は「光明真言《こうみょうしんごん》」を誦させた（『三代実録』三八）。「金剛輪陀羅尼」とは「密教の陀羅尼」という意味で内容を特定できないが、「光明真言」は大日如来の威神力《いじんりき》によって無明《むみょう》煩悩を破り、地獄の苦を免れて浄土に生まれるという功徳のある二七字の陀羅尼である。平安中期に源信等による往生結社二十五三昧会《にじゅうござんまいえ》で結衆《けつじゅう》の死に際する供養に用いられる等、次第に盛んに用いられるようになって、現在でも死者の成仏を祈って唱えられている。そして平安期にあって「念仏」といわれた往生行儀の多くの例が、このような密教陀羅尼の読誦であったことは銘記すべきことで、阿弥陀仏を対象とする各種の阿弥陀呪《あみだのじゅ》もまた、当時の往生祈願の念仏に用いられていた陀羅尼であった。

史書におけるこれらの例では、臨終行儀としての念仏は記録されているが往生伝のような往生の状景描写はない。ただ、延暦《えんりゃく》二三年（八〇四）五月一八日に没した法相宗の善謝《ぜんしゃ》の場合は、「遂に極楽に生れたり。同法(僧の仲間)の夢に入れり(『日本後紀』一二)」と、第三者の夢見を往生の証しとしており、この記述は保胤の『極楽記』にそのまま転載されている。承和《じょうわ》元年(八三四)に没した元興寺法相宗の護命《ごみょう》の場合は、ある僧が護命の僧院を尋ねたところ、「微細な音声《おんじょう》が僧院の中からほのかに聞こえてきた。極楽に迎えようとする天人の楽というべきものだ(『続日本後紀』)と記されている。これも『極楽記』より百数十年前に国史書に記された、原初的な往生伝であった。

元興寺三論宗

この時代の史書の中で、明確に浄土教的な念仏が記録されている例は管見ではただ一つ、仁和《にんな》二年(八八六)七月二二日に没した元興寺《がんごうじ》三論宗の律師隆海《りゅうかい》の場合である。その臨終は、「西方に向って阿弥陀仏を観念し、十念を経るごとに竜樹《りゅうじゅ》菩薩・羅什《らじゅう》三蔵の弥陀讃を誦し、命終までその声は絶えず(『三代実録』四九)」であったと記されている。ここに書かれている「十念」は「十回の観念」であるが、それが阿弥陀仏の身相についての十回の観想をいうのか、または十回の称名を意味するのか、さらには観想と称名を同時に行ったのか、いずれとも断定はできない。隆海がかの智光の浄土教につながる立場であり漁師の家の出自であったことから、もし自らを劣機と自覚していた場合は、十回口念の称名を行っていたと考えることができる。竜樹造鳩摩羅什《くまらじゅう》訳の弥陀讃とは、『十住毘婆沙論《じゅうじゅうびばしゃろん》』「易行品《いぎょうほん》」にある三二偈の阿弥陀仏讃偈であろう。それは、「阿弥陀仏の本願は、もし人が我を念じ、我が名を称え、自ら帰依するなら、必ずこの上ない菩提《さとり》を得ることができるというものである。だから常に(阿弥陀仏を)憶念《おくねん》すべきである」という説に立って、阿弥陀仏を称賛する偈頌《げじゅ》である。

智光曼荼羅（元興寺蔵）

その阿弥陀仏の本願とは、「至心《ししん》に信楽《しんぎょう》して、極楽に生まれようと十念までも念ずるものは、必ず往生させよう」という、『無量寿経』第一八願の念仏本願にあたると解されている。『三代実録』は隆海の往生業を「観念」と記しているが、隆海が臨終に弥陀讃の口誦と交互に修した十念はやはりこの一八願の念仏で、それは阿弥陀仏に帰依してその名を称える「南無阿弥陀仏」の十称であったのではないかと考えられる。

奈良時代の智光は、元興寺の自房に極楽浄土の曼荼羅《まんだら》を描かせて、観想の念仏を行って往生したと伝えられる（『日本往生極楽記』）が、観想（心念）の力のない者も口念によって、専心に常に阿弥陀仏の名号を称えれば往生できると説いていた（『無量寿経論釈』恵谷隆戒『浄土教の新研究』）。彼の浄土信仰は以後も元興寺に受け継がれ、その住房は平安時代末期には往生院《おうじょういん》または極楽房《ごくらくぼう》と呼ばれて、念仏聖が止住して弥陀念仏が行われていた（『後拾遺往生伝』二十）。智光より約百年後に元興寺で活躍し律師に補された隆海もまた、元興寺三論宗に流れる浄土念仏の実践者であり、その念仏は智光より一歩進んだ称名の念仏を含むものであったと考えられる。

沙弥教信に傾倒した平安後期の三論浄土家永観の場合も、隆海より二百余年後、空也より一三〇年後に生まれて、一八歳以後は毎日一万遍の称名念仏を行い、当時三論宗の本拠であった東大寺から山城光明山《こうみょうざん》の別所に入り、四〇歳までここで念仏を修して東山の禅林寺《ぜんりんじ》に入っている。彼は善導の『観経疏《かんぎょうしょ》』によって称名正定業《しょうみょうしょうじょうごう》の信を深めて『往生拾因《おうじょうじゅういん》』を著し、その一世代後の珍海（一〇九一～一一五二）も善導を学んで保延《ほうえん》五年（一一三九）に『決定往生集《けつじょうおうじょうしゅう》』を撰している。そして比叡山に学んだ法然が善導の『観経疏』によって専修念仏に開眼したのも、これら南都の三論浄土教の影響を受けてのものであった。

法相浄土教

南都ではさらに、藤原氏の氏寺である興福寺を中心とする法相浄土教の伝統も、空也念仏との関係で留意しておかなければならない。天平七年（七三五）に一八年間の入唐の末帰国して、五千余巻の経論を将来した玄昉《げんぼう》（?～七四六）の法流に、『無量寿経賛鈔《むりょうじゅきょうさんしょう》』を書いた秋篠寺僧正善珠《ぜんじゅ》（七二三～七九七）がおり、その同世代には栄華を好まず、閑居して菩提を祈ったというさきの往生者善謝《ぜんしゃ》があった。また善珠の弟子であったという興福寺の昌海《しょうかい》は、『阿弥陀悔過《あみだけか》』のほか『西方念仏集《さいほうねんぶつしゅう》』『往生集』などを著述したといわれる。

興福寺には法華寺と一対となって、光明皇后の追善と阿弥陀仏礼拝の法会を中世まで継続した背景もあり、阿弥陀三尊像や阿弥陀浄土画像が伝承され、東大寺と並んでここでも阿弥陀悔過の儀式が行われていたと想定されている（井上光貞『日本浄土教成立史の研究』）。これらの平安時代初期における南都浄土教の極楽往生祈願の行業の中に、空也が平安京の市中で人々に唱導した称名念仏の起源を求められるのかどうか。すくなくとも称名念仏が顕在化して、往生祈願の人々に影響を及ぼしていたという姿は認められず、そこから空也の称名が成立したという明証は発見できない。

仏名会

空也以前における「南無阿弥陀仏」の称名念仏をさぐる最後の試みとして、仏の名号を唱えて滅罪と菩提を祈る仏名会《ぶつみょうえ》についてみておきたい。

『空也上人誄』の撰者である源為憲が永観二年（九八四）に著した『三宝絵《さんぼうえ》』には、一二月の宮中の行事として仏名会が紹介されている。それは、諸仏の名を受持読誦する者は、現世安穏と諸難遠離の功徳を得るという『仏名経』を僧が読誦する法会で、近江国比良山《ひらさん》中でこの経による礼懺《らいさん》を修していた西大寺法相宗の静安《じょうあん》（七九〇〜八四四）が仁明《にんみょう》天皇に召されて、宮中の清涼殿《せいりょうでん》で承和《じょうわ》五年（八三八）一二月一五日から三日三夜の間、初めて行われた（『続日本後紀』）。はじめは一万三千の仏名を三日間かけて読んでいたが、空也一五歳の延喜一八年（九一八）から、過去・現在・未来各千仏の『三千仏名経』が用いられるようになり、一二月一九日の一日に行われる例となった。

過去の千仏名を唱えるに先立つ経文には、「この功徳をもって、願わくは六道の一切の衆生とともに、みな無量寿仏国に生まれん（『過去荘厳劫千仏名経』『大正蔵』一四）」という誓願があり、最後に未来の千仏名を唱え終った際にも再び、「この功徳をもって願わくは一切五道の衆生とともに、その無常なる者は無量寿仏国に生まれ、大誓願を立ててもろもろの衆生をことごとくかの国に生れしめ、智恵と弁才を阿弥陀仏と等しくせん（『未来星宿劫千仏名経』『大正蔵』一四）と誓願する趣旨となっている。

どうしても悟りをひらけない無性《むしょう》の者を想定する法相宗の立場から、地獄・餓鬼・畜生・修羅・人・天の六道のうち最下の地獄にある者は、そのままでは往生の利益に預かれないという思想であろうか。

ここで唱えられる三千の仏名の中で阿弥陀仏に関しては、その異名である「南無無量光仏《なむむりょうこうぶつ》」という呼称によるものが過去仏として六回、未来仏として九回あり、同じく異名の「南無無量寿仏《なむむりょうじゅぶつ》」が未来仏として一回あるが、「南無阿弥陀仏」は一度も称えられない。しかし前後の願文の意趣からみて、三千の仏名はこれを唱える功徳によって過去には自他の罪障を滅却し、現在には安穏と除災、そして未来へは総じて一切衆生の極楽往生に向けられるものであったと理解することができよう。そこではまず自他の往生を実現し、そこで悟りと神通力を得て還相《げんそう》の往生により、この世の有情を極楽に往生させようという、法相宗に特徴的な無住処涅槃《むじゅうしょねはん》（悟った後でも衆生救済のため迷いの世界で活動する）の思想が見られることも興味深い。

仏名会は天皇が主導して、鎮護国家とは関係のない私的な浄土信仰の儀礼として平安前期に行われ、やがて中宮や東宮、さらには地方諸国の仏名会も修されるようになった。重明《しげあきら》親王の『吏部王記《りほうおうき》』延長《えんちょう》四年（九二六）一二月一九日条には、

夜、御仏名例の如し。群臣称名の後、内蔵《うちつくら》は衝重《ついがさね》（料理・食器を盛る）を設《もう》く。酒いまだふたたび巡らざるに、公卿等、みな罷《まか》り出ず

と記され（『史料纂集』）、仏名会では修法の僧とともに、列席の者も仏名を称えていたことがわかる。読誦された事例は不詳であるが、隋の開皇《かいこう》二年（五八二）に那連提耶舎《なれんだいやしゃ》の漢訳した類似経の『仏説百仏名経』には、百の仏名の二一番目に「南無阿弥陀仏」が載っており（『大正蔵』一四）、これら諸仏の名号を受持読誦等によって供養する者は無量無辺の功徳を得て、菩提を成ずることができると説いている。また六世紀に北魏《ほくぎ》の菩提流支《ぼだいるし》が漢訳した『仏名経』では、一万以上におよぶ十方諸仏の名を唱えるが、その中で「南無阿弥陀仏」を三回、「南無無量光仏」が二回、「南無無量寿仏」が一回唱えられることになっている（同）。これらから独一に「南無阿弥陀仏」と極楽往生を祈願する念仏が成立したかどうかはまったく不明であるが、『仏名経』の礼懺は「南無」と諸仏に帰命して仏の名を唱え、その功徳加護によって未来には阿弥陀仏の極楽への往生を祈るという形式で、往生浄土のための称名念仏に接続する一段階前の法儀の性格を具えたものであったと考えられる。

聖の活動と念仏

『空也上人誄』が記しているように、空也は天慶元年（九三八）以来平安京に還り、市中に称名の念仏を説いて市聖《いちのひじり》・阿弥陀聖と呼ばれた。聖とは本来「神の声を聞きうる人（白川静『字通』）」で、「霊魂を司《つかさど》る宗教的霊能者《れいのうしゃ》（伊藤唯真『聖仏教史の研究』）」とも位置づけられるが、要は「仏の教えを人々に伝える尊崇すべき者」で、空也の場合は特に「民間伝道者として念仏をひろめた」ことが基本といえよう。

律令制度のもとでは、得度出家して僧尼となるには官の許可が必要で、これを経ない出家は私度《しど》として禁じられていた。また官許を得て得度・受戒した僧尼についても、「僧尼令《そうにりょう》」によって寺院外での教化活動は厳しく制約され、寺院外に道場を建てて人を集めて教化したり、午後におよんで托鉢したりしてはならず、山中修行にも官の許可が必要であった。そのように規制されて寺院に配属され、鎮護国家・利楽有情という世俗的祈願の手段とされた官許の大僧は、当然のこととして国家・貴族とは別の庶民個人に対する教化を実践する立場にはなかった。

村里を巡って庶民の現世安穏と治病除災・死霊鎮送・滅後往生等の祈願にこたえる教化活動は、実体として、沙弥《しゃみ》・優婆塞《うばそく》・験者《げんざ》（修験者）などと呼称された民間伝道者の役割であった。奈良時代からも在俗の篤信者を官に推挙して、それを得度させようとする優婆塞貢進《うばそくこうしん》がしばしば行われ、また読経や誦経の能力のある私度僧にも、公の試験を経て得度を認めるなど、民間仏教者の布教活動の拡大に伴って、律令的僧尼規制は次第に緩められていった。

しかしその中にあっても、『法華経』の読誦や観音信仰・地蔵信仰などによる後世安楽の祈願が民間レベルで拡大されていったが、阿弥陀仏の極楽国への往生を庶民でもたやすくかなえられるという福音を説いた沙弥・聖等の例を空也以前に見出すことは困難である。『日本霊異記』上巻には、時代は明らかでないが河内の沙弥尼《しゃみに》が、知識勧進によって父母・衆生・国王・仏法僧の四恩の為に、地獄等の六道の図を書写して寺に納めたところ、これを盗賊に盗まれ、たまたま放生《ほうじょう》（生き物を放ち生かす仏事）のために難波に行き、動物の鳴き声のする竹籠を買い求めた縁で盗まれた絵をとり戻した話が載っている。六道絵《ろくどうえ》は古くは仏名会において用いられた地獄変相図（経文に説かれた地獄の相を絵に変えた図）で、これを供養する背景には地獄の穢土を厭い極楽浄土を欣求する願いがあった。しかしその欣求をはっきりした往生祈願の形で表明する称名念仏の行儀は、まだこの時代には共有されるには至っていない。伊藤唯真《いとうゆいしん》氏は端的に、「阿弥陀聖の呼称は空也に始まる」とし、「念仏を以って民衆を積極的に勧化した例を、空也以前に見出すことはできない（『聖仏教史の研究』）」と述べている。

以上、空也以前のわが国の浄土教の受容と普及の流れを概観した中で、「南無阿弥陀仏」と名号を称えて端的に極楽国への往生を祈願する念仏の例は、隆海や石上宅嗣等の場合に可能性として推定された以外には、まったく発見することができなかった。そのような歴史的背景の中で、確信をもって「南無阿弥陀仏」と称える称名の念仏を市中に勧めた空也が、どのようにして育ち学び、苦の世俗を救う易行の念仏の教えを体得して聖としての民衆教化の業を行ったのか、以下には、まず基本資料である『空也上人誄《るい》』について確認した上で、その経緯を具体的に追い求めて行くことにしたい。

第三章　『空也上人誄』

1　『誄』の成り立ちと評価

誄としのびごと

一〇世紀半ばに活躍した念仏聖の先駆者である空也に関しては、その民間伝道者としての位置からして、同時代的な史料は極めて乏しい。わずかにその生涯の後半、叡山での得度受戒以降に貴族層との接触が増えたことを背景に、その活動の断片的な記録が史書に残され、また念仏結社勧学会《かんがくえ》の活動を進めた文人貴族との交渉を通して、その没後に貴重な『空也上人誄《るい》』が遺され、さらにわが国はじめての往生伝である『日本往生極楽記』にも、その略伝が記録された。

『空也上人誄』を書いたのは、当時最高の国立教育機関であった大学寮の紀伝道《きでんどう》（文章道《もんじょうどう》と呼ばれる場合も多い）の学生《がくしょう》、源為憲《みなもとのためのり》（九四一～一〇一一）である。為憲は光孝源氏《こうこうげんじ》の流れ、筑前守忠幹《ちくぜんのかみただもと》の子で天慶《てんぎょう》四年（九四一）に生まれ、『誄』を書いたのは空也が没した天禄《てんろく》三年（九七二）中と考えられるので、当時三二歳であったことになる。彼はその後まもなく式部省の省試に合格して文章生《もんじょうしょう》（進士《し》）となり、以降蔵人《くろうど》・式部丞《しきぶのじょう》・美濃守《みののかみ》等を経て、伊賀守《いがのかみ》在任中の寛弘《かんこう》八年（一〇一一）に七一歳で亡くなり、極位《ごくい》（到達した最高の官位）は上国の国守に相当する従五位下《じゅごいげ》であった。詩文の才に秀でる一方、仏教への信も篤く、慶滋保胤《よししげのやすたね》（九三四頃～一〇〇二）等文章道学生と天台僧各二〇人によって康保《こうほう》元年（九六四）から始まる勧学会に参加し、『法華経賦《ほけきょうふ》』や仏教説話集『三宝絵《さんぼうえ》』も著している。

一方、彼の先輩に当る慶滋保胤は、のちに『往生要集』著者の源信《げんしん》と深く交って出家するが、『今昔物語集』には空也の弟子と伝えられ、空也没後一二年の永観《えいかん》二年（九八四）頃に『日本往生極楽記』を著し、その中に空也の伝を書いてその念仏普及の業績を高く評価している。

「誄」は「しのびごと」とも呼ばれ、亡くなった人の業績と遺徳を讃えてその霊前に捧げる言葉である。六世紀梁《りょう》代に書かれた中国最古の文学論である劉勰《りゅうきょう》の『文心雕龍《ぶんしんちょうりょう》』には、「誄とは累《るい》なり。その徳業を累《かさ》ねて、これを不朽に旌《あらわ》すなり」と定義されている。その形式は伝記である「序」文と、四言に成句した「誄」本文（偶数句に韻を踏む）から成っており、梁の昭明太子《しょうめいたいし》によって編撰され、わが国の大学寮でも教科書として三史（『史記《しき》』『漢書《かんじょ》』『後漢書《ごかんじょ》』）とともに学ばれた『文選《もんぜん》』にも、文章の一形式として誄の部があり、官職を辞して田園に隠れた高徳の詩人陶淵明《とうえんめい》（三六五～四二七）を哀悼する「陶徴士誄幷序《とうちょうしるいならびにじょ》」など、八編の誄文が載っている。また、中国唐代の僧道宣《どうせん》（五九六～六六七）が七世紀に編著しわが国にも奈良時代には伝来している『広弘明集《こうぐみょうしゅう》』にも、中国文学史上最初の法《ほっ》師誄《しるい》である僧肇《そうじょう》（三八四〜四一四）による「鳩摩羅什法師誄《くまらじゅうほっしるい》」など、七篇の法師誄が遺されている。

そのような中国の誄に対して、わが国では古墳時代後期の敏達《びたつ》天皇一四年（五八五）、亡くなった天皇の殯宮《もがりのみや》（本葬の前に亡骸《なきがら》を仮に祭る宮）を大和の広瀬に造り、蘇我馬子《そがのうまこ》と物部守屋《もののべのもりや》が誄《しのびごと》を奉った（『日本書紀』二十）のを初例として、以後しばしば史書に事例が記録されている。それは死亡した貴人の柩《ひつぎ》の前で、祝詞《のりと》に用いられる宣命体《せんみょうたい》の大和言葉《やまとことば》で死者の生前の徳をたたえ、その霊に捧げる「しのびごと」である。そして中国の誄の形式によるわが国古代の作例としては、『空也上人誄』のほかには唯一つ、藤原鎌足《ふじわらのかまたり》（六一四〜六六九）の長子で、はじめて『無量寿経』を講経した恵隠《えおん》の弟子といわれ、一一歳で入唐留学し帰国後二三歳で没した僧定恵《じょうえ》（六四三〜六六五）の誄が、天智《てんじ》天皇四年（六六五）に高麗《こま》僧道賢《どうけん》によって書かれ、奈良時代以前の代表的な藤原氏の伝記を集めた『藤氏家伝《とうしかでん》』の中に遺されている。

『誄』はいつ書かれたか

平安時代の代表的な漢詩文を集めた『本朝文粋《ほんちょうもんずい》』には、故人追悼の文としてその菩提を祈る追修願文《ついしゅがんもん》が一五例、追善供養のための諷誦文《ふじゅもん》が五例あり、死後四二日目に読まれたものが一、四十九日忌が一六、一周忌が一、それ以後が二となっている。そして四十九日忌に読まれた一六例中には、慶滋保胤等の為憲と勧学会で同志であった文人貴族の作文《さくもん》が八例ある。

誄はもともと、故人の霊前に捧げられる「しのびごと」である。仏教の思想では、人は解脱しない限り輪廻《りんね》の生死をくり返し、死の瞬間（死有《しう》）から次の生存（生有《しょうう》）に至るまでの中間（中有《ちゅうう》・中陰《ちゅういん》）の期間は、通常四十九日間と考えられている。人が死んで四十九日たてば、本来は次の新しい生存を獲得するわけであるが、日本仏教では亡魂がこの日から仏になる（成仏《じょうぶつ》する）と教えられている。

慶滋保胤が寛和《かんな》元年（九八五）に、二〇歳で没した冷泉《れいぜい》天皇皇女（女二の宮）尊子内親王《そんしないしんのう》の四十九日忌のために作文した『追修願文』でも、「定《さだ》んで知りぬ、中有を経ずして、直《じき》に西方《さいほう》に至りぬと。……今日の善業《ぜんごう》は、上は則ち新仏瓔珞《ようらく》（玉をつないだ首飾り）の末光を増加し、下はしばらく群生輪廻《ぐんしょうりんね》の苦縁を解脱せん（『本朝文粋』十四）」と、四十九日忌にはすでに故人は成仏していると明確に述べている。この前年の永観《えいかん》二年（九八四）に、この尊子内親王のために当時参河権守《みかわのごんのかみ》であった四四歳の源為憲は『三宝絵』を書き、その序文で、自らは「老いて法《のり》の門に入りて九《ここのつ》の品《しな》の蓮《はちす》を願」い、内親王のためには「丁寧《ねんごろ》に功徳の林の事の葉を書き集め……後の世にも引導《みちび》かれ奉らん」と、自他の往生を願っていた。

空也が没したのは、『誄』が記すように天禄《てんろく》三年（九七二）の九月十一日である。しかし、源為憲がその『誄』をいつ書いたかは、どこにも記録されてない。彼が異例の『誄』を書いた動機には、当然みずからにも空也の死を悼む強い気持があったであろうが、何よりも勧学会の同志の中に、空也の死を悼み彼等の文筆の業《わざ》としてその伝を残そうとする熱意があったということであろう。

為憲は勧学会のはじめからの結衆《けつじゅう》であり、康保《こうほう》元年三月の勧学会の発足そのものが、前年八月に鴨川西岸で盛大に催された空也の大般若経供養会の影響を受けたものと考えられる。その供養会で読み上げられた「願文」を撰したのも、文章得業生《もんじょうとくごうしょう》（秀才）として保胤、為憲等の先輩格の三善導統《みよしのみちむね》であった。これらの文人達は、天台僧と合同の勧学会の活動を進める一方で、市中に大きな反響を呼

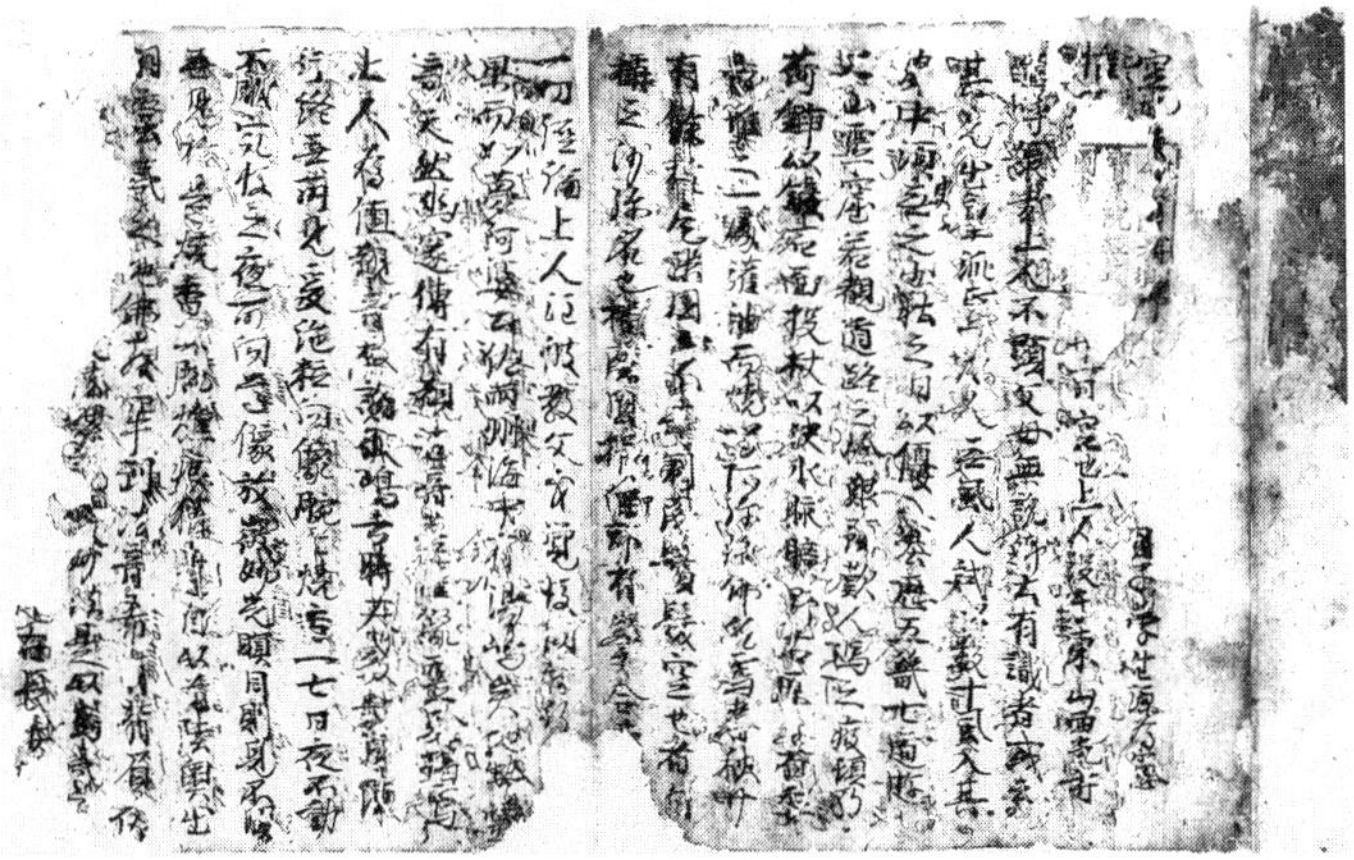

『空也誄』（名古屋市大須観音宝生院蔵）

んでいる空也の念仏勧化に強い関心と共感を持っていたであろう。その空也の死に直面し、彼等はその知識と文才を生かして、中国法師誄の伝統につながりわが国では稀有な誄という特別な文章形式を採用し、空也の入滅を有徳《うとく》有験《うげん》の聖の往生伝として記録しかつ悼み、これを哀悼の場で読み上げることによって、彼等自らに欣求浄土の志を勧進したものと考えられる。その集団の中で為憲が執筆者となったのは、康保元年九月の第二回勧学会の記録作成を彼が担当しているような綿密な文才を、文章道の仲間からも認められた結果であろう。

　その『誄』が書かれた時期については、これまで空也の「一周忌に際して」とする想定が通例であった。しかし、上来述べてきたような誄本来の性格と当時の追修願文等の事例からみて、それは空也の死後四十九日にあたる天禄三年十月二十九日より以前であったとするのが正しいと考えられる。

『誄』の頭初に、作者名として「国子学生《こくしがくしょう》源為憲」と記されていることを手掛かりに、速水《はやみ》侑《たすく》氏は為憲が大学寮の学生であった時期の下限を、天禄三年十一月一日から翌年正月二十七日までの間であり、この間に為憲は式部省の省試に合格して文章生《もんじょうしょう》（進士《しんし》）となっていることを挙証したうえで、『誄』は空也の「四十九日忌に際して書かれたと考えるのが最も妥当」とされている（「源為憲の世界」『奈良・平安仏教の展開』吉川弘文館、二〇〇六年）。しかしその論は、従来の一周忌説を明確に否定はするが、積極的に「四十九日忌に際して」書かれたと証明するものではない。

誄では保守的な形式が重んじられるが、その序文と本文には、通例「嗚呼《ああ》哀哉《かなしいかな》」の慣用句が数回用いられる。例えば「鳩摩羅什法師誄」では五回、同時代の謝霊運《しゃれいうん》の「盧山慧遠法師誄《ろざんえおんほっしるい》」では四回、そして『空也上人誄』でも五回この句が記されている。為憲や保胤の文人としての見識と類文の作例から考えれば、故人が成仏したという四十九日忌に「嗚呼《ああ》哀哉《かなしいかな》」と繰り返す誄を、その仏前に捧げるということは考えられない。『誄』が書かれたのは、空也が没した天禄三年（九七二）九月十一日から後、四十九日目となる十月二十九日より前であったと考えられる。

『空也上人誄』は見苦しいか

空也の死に接して、その業績の顕彰に積極的にかかわりたいと考えた勧学会の文人達をいわば代表する立場で、為憲は『礼記《らいき》』以来の「賤《せん》は貴《き》を誄せず、幼《よう》は長《ちょう》に誄せず」という伝統にそむくことを弁明しながら、おそらく早早の間に『誄』を作文したであろう。このため空也の遺弟子を西光寺《さいこうじ》に訪ね、また空也の撰した法会願文・善知識文《ぜんちしきもん》（信者に寄進を募る文）数十数を集め、その蓄懐に感歎して『誄』を書いたと述べている。その序にあたる伝記部分には一、七五六字が用いられ、誄本文の韻文はその一三分の一、四言三四句の一三六字から成っている。

平安末期に藤原実兼《ふじわらのさねかね》が記録した『江談抄《ごうだんしょう》』には、空也入滅時に一八歳で、後に勧学会に加わりまた文章博士《もんじょうはかせ》にもなった大江以言《おおえのもちとき》（九五五〜一〇一〇）の、「為憲はよく文章を知っている者だが、空也聖人《しょうにん》誄は甚だ見苦しいものである。誄ではない。伝記である」という言葉が記されている。たしかに、「鳩摩羅什法師誄」では序文四五八字に対して誄辞は一・三倍の五九六字、「廬山慧遠法師誄」では一六一字の序に対して二・七倍の四三六字で誄辞が綴られ、いずれも韻文で書かれた誄辞が中心的な叙述となっている。『空也上人誄』の本文が序文の一三分の一というのは、特異とされてもやむをえない。

その文章について速水侑氏は、「三四句から成る誄は、さすが為憲が修辞の限りを尽くして空也追慕の情を賦した名文である（同前）」と評価されるが、中国文学者の福井佳夫《ふくいよしお》氏は、「内容的に言えば、その序文を要約しただけの」「付録の如き韻文」と批評している（「源為憲「空也誄」の文章について」『中京国文学』十、一九九〇年）。短い韻文の中に叙事の長文の序を要約した結果、誄本文が一見して死者に対する悲嘆の叙情にやや乏しいものとなっていると解された故であろう。しかし為憲は端的に空也の生涯を要約する中で、

剋㆓念極楽㆒　唱㆓弥陀名㆒　念を極楽に剋《き》め　弥陀の名を唱う

求二索般若一　同二常啼情一　般若を求索《ぐさく》し　常啼《じょうたい》と情《こころ》を同じくす

という空也仏教の核心を適確に表現しており、単純な形式的判断から一概に「見苦しい」と決めつけるのには、疑問もある。

伝記としての『誄』の限界

速水氏はまた、「序の部分も往生者の伝として読むならば、数々の苦修練行《くしゅうれんぎょう》と奇瑞《きずい》霊応《れいおう》を通じて空也の偉大さを叙し、当時の勧学会衆たちの空也観に十分に応え得たであろう（同前）」と認めている。山林苦行の験者《げんざ》が尊ばれ、霊験《れいげん》が信じられた平安中前期において、往生者の著例とすべき空也のために特別に作文された『誄』が、そのような超人的な聖者の伝記としての性格を持つものとして評価されるのは、一応もっとものことと思われる。そして『誄』のそのような性格には、為憲に空也の生前の情報を提供した遺弟子の中で、すでに空也の事績に関する霊異譚《りょういたん》的な伝承形成が行われていたことも想像される。

しかし一方、為憲が『誄』の中で空也の行った宗教的・社会的実践を呪術宗教的性格のものとしてしか捉えられず、例えば『大般若経供養会願文』を作誄に利用しながらも、そこに示された空也の宗教的立場や『大般若経』に対する空也の思い等についてはまったく言及せずに、ただ長谷寺の帰りに地中から水晶の軸を掘り出したり、供養会に文殊菩薩が来て飯を食べた等の霊異譚を語っているのである。さらに為憲は『誄』の中に、空也が平安京の東市《ひがしのいち》の門に卒塔婆一基を建て、獄囚が涙を流したと記しながら、後に藤原公任《ふじわらのきんとう》が『拾遺抄《しゅういしょう》』に拾遺した空也易行念仏の最大の福音である「一たびも」の歌については、何もふれていない。空也の仏教思想を読みとろうとするとき、『誄』には決定的な欠陥があると言わなければならない。つまり為憲は『誄』本文に端的に空也仏教の核心を叙しながら、その意義を具体的に納得させる叙事に意をまったく用いていないのである。

短時日での作誄に制約があったであろうことは否定できない。しかしそれ以上に、為憲には、木下文彦氏が指摘されるように、「空也とは明らかに異なる宗教的立場に立って（「源為憲と『空也誄』」『仏教史研究』二三、一九八六）」『誄』を書いたという側面があったことは事実であろう。為憲が仏教信仰者でありつつ文人官僚として身を処していく立場は、他の勧学会参加の文章道学生と同列である。そこでは、「一切衆生を諸仏の知見に入らしむるは、法華経に先ずるはなし。故に心を起して合掌し、その句偈を講ず」るという『法華経』の信仰と、「無量の罪障を減して極楽世界に生ずるには、弥陀仏に勝るものなし。故に口を開き声を揚げて、その名号を唱え（慶滋保胤「禅林寺での勧学会における詩序」『本朝文粋』十）」るという浄土信仰が同居していた。

しかしその後、保胤が浄土信仰に強く傾斜し、『日本往生極楽記』を書いた五〇歳すぎに出家したのにくらべれば、国司としての立身の途を積極的に求め、七一歳で没するまで伊賀守であった為憲の仏教信仰の深さには当然限界があり、その中味も『法華経賦』を書き『三宝絵』の中でも多く天台宗・『法華経』に関説しているように、念仏往生の浄土信仰が特段に強くあったとは考えられない。また同じ念仏往生の世界においても、天台の「山の念仏」が荘重な堂内の儀式として、『阿弥陀経《あびたけい》』が重々しく読誦され懺悔と念仏がくり返される行儀とくらべて、猥雑な市中で一たびだけ称えられる称名に価値を認め難かったとしても、むしろそれが当時の知識人の常識であったとすべきであろう。その結果として為憲が市井の聖空也を讃歎する方法としてとられたのが、奇瑞霊応の多用ということであった。小原仁《おはらまさし》氏もまた、「すでに空也の宗教活動に対する神秘化が幾重にも施されていることは驚くばかりである（『文人貴族の系譜』吉川弘文館、一九八四）」と指摘している。

『誄』が空也に共感する文人貴族等の意向を背景に為憲によって作られ、類例のない伝記資料として遺された価値を充分認めつつ、同時に、先駆的な念仏者としての空也の思想とその行業の真実の意義については、『誄』との対比において、『大般若経供養会願文』をはじめとする諸史料や伝説および歴史状況等を客観的に点検しながら、総合的に追求していかなければならない。

2 『空也上人誄』の復元

『空也上人誄』の校訂

現存する『誄』の原本は、名古屋市真福寺《しんぷくじ》に所蔵される鎌倉時代末期写本の『空也誄』（重要文化財、七九頁）である。もとは冊子であった由であるが、現在は一巻に軸装されており、その末尾には次の後書きが付いている。

天治二年初冬月廿五日書写一校畢　惟西　文句狼籍也以他本可校

『誄』ができてから一五三年たった平安末期の天治《てんじ》二年（一一二五）に、惟西《いさい》なる僧が原本の文句が乱れているままに書写し、これをそのまま鎌倉時代末期に、別人によって写しとられたものと考えられる。それには虫喰いや破損によって判読できない字句が、国文学研究資料館が翻刻した『真福寺善本《しんぷくじぜんぽん》叢刊《そうかん》』の「伝記験記集《でんきげんきしゅう》」（臨川書店、二〇〇四）でも九四字あり、さらに個々の文字の読解に関しても、疑問の余地が多い。同一の惟西原本から書写・刊行された『続群書類従』所収の流布本は、さらに文章の一部が前後に錯乱するなど、真福寺本よりはるかに問題の多い資料であるが、共通に表題は『空也誄』となっている。

従来の主な翻刻の例は、堀一郎『空也』（吉川弘文館、一九六三）、東京大学史料編纂所『大日本史料』第一篇之十四（一九六五）、三間重敏《みましげとし》「『空也上人誄』の校訂及び訓読と校訂に関する私見」（『南都仏教』四二、一九七九）、および右の国文学研究資料館本の四つといってよかろう。著者も先年の学位論文『空也上人の研究　その行業と思想』（法藏館、二〇〇二）の中で、各本や『六波羅蜜寺縁起』の宮内庁書陵部蔵本（重要文化財、写真）、前田育徳会尊経閣《そんけいかく》文庫蔵本の『日本往生極楽記』その他の史料を比較校訂して、全文の復元を行った。本書ではその後刊行された国文学研究資料館本および再度の真福寺での原本調査の結果、新たに三か所一二文字の訂正を行い、著者としての最終版としたい（これに加点したものを巻末資料1として付載）。なお、次章以下の本文に使用する訓読文については、適当と考えられる古訓をとりながらも、通行の文字と現代かな遣いによって、読み易い表現につとめた。

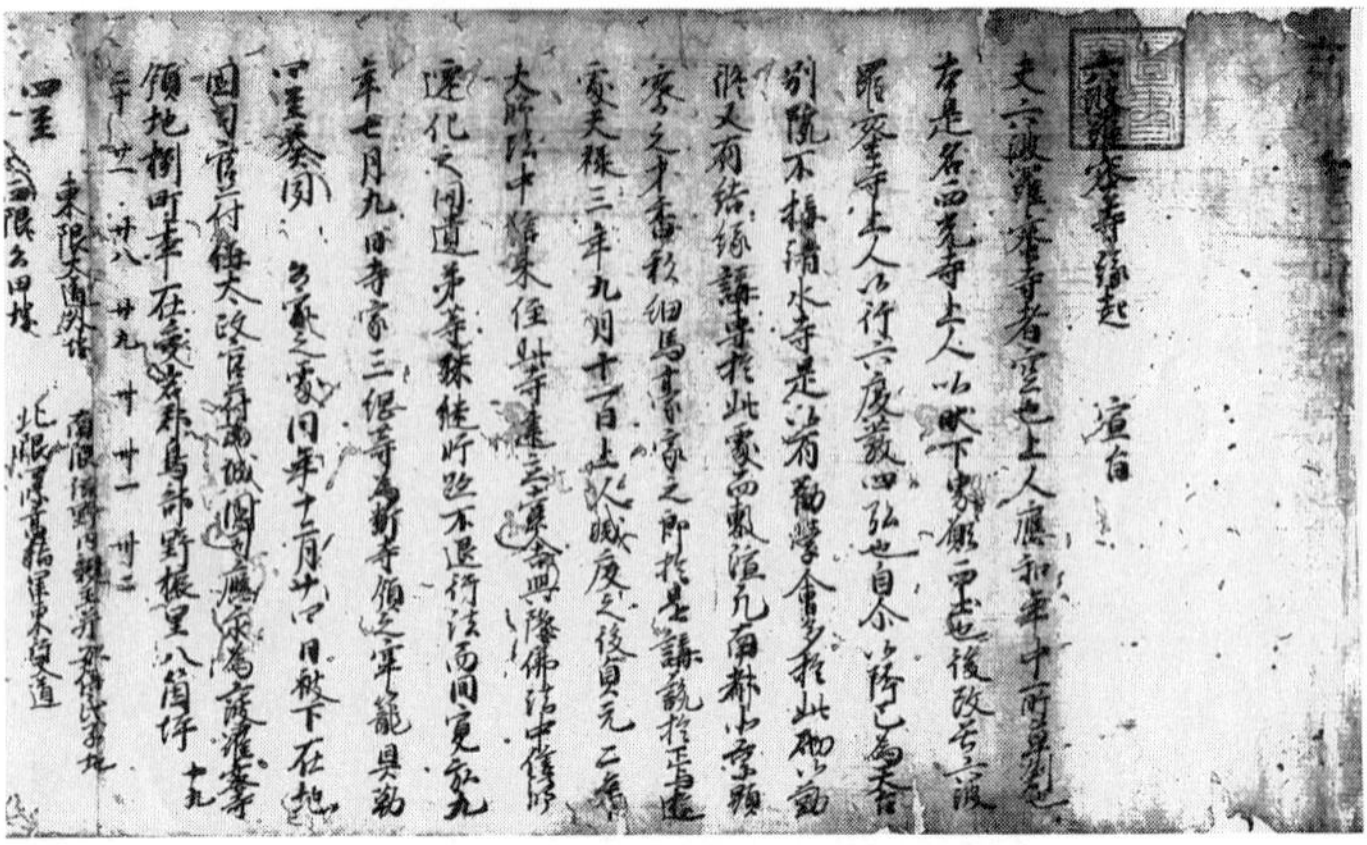

『六波羅蜜寺縁起』（宮内庁書陵部蔵）

表題について

『誄』の表題については、従来真福寺本や『続群書類従』の流布本の表記のとおり『空也誄』と理解されてきた。しかしその表記は、伝来転写の過程で「上人」が省略されたものとすべきで、故人の徳を讃えて霊前に弔意を表す誄が、故人を呼び捨てにする非礼を犯すことは考えられない。三間重敏氏も主張されるように、本来「法師誄《ほっしるい》」の伝統に従って書かれたもので『空也上人誄』の呼称が正しいと考えられる。為憲と同じく勧学会衆であった大江以言の言葉にも『空也聖人《しょうにん》誄』とあり、塙保己一《はなわほきいち》（一七四六～一八二一）の和学講談所《わがくこうだんじょ》旧蔵の「門外不出」と墨書された『続群書類従目録』（静嘉堂文庫所蔵）にも、『空也上人誄』と明記されている。また真福寺の巻子本を納める箱の表書きも、昭和二八年に文化財保護法によって修理を終わったとする田山方南氏によって、「空也上人誄一巻」と墨書されている。『誄』の文中でもすべて「空也上人」「上人」の尊称が用いられ、三善道統の供養会願文の表題も『為二空也上人一供二養金字大般若経一願文』である。

空也の名の読み方

空也の名は、彼が二十余歳で尾張国分寺で出家したときに自ら称した沙弥《しゃみ》名である。沙弥とは見習僧で、本来は正式な僧を目指す二〇歳未満の出家者をいうが、当時は僧尼令《そうにりょう》によって統制された官許の得度出家の手続きを経ない民間の出家者の呼称でもあった。そして、彼が自らの沙弥名に仏教の根本概念である「空」を選び、叡山受戒後も与えられた「光勝《こうしょう》」の大僧名を用いることなくこれにこだわったのは、真実の仏の教えを求めた真摯な気持に立ってのことと考えられる。その空也の名の読み方について、中世以来「こうや」と読まれた例も伝えられており、「くうや」という読みといずれが正しいのかについてなお混乱が残っている。

岩波の『広辞苑』は「くうや。こうやとも」と記し、同じく『日本古典文学大辞典』は「こうや。くうやとも」としている。小学館の『日本国語大辞典』もまた「くうや。こうやとも」である。吉川弘文館の『国史大辞典』は「くうや」であるが、山川出版社の『日本史広辞典』では「くうや。こうやとも」となっている。そのような混乱の原因は、昭和初期から戦後にかけて書かれた数人の著名な学者の書中に、「こうやが正しい」と主張されていたことにある。中でも堀一郎氏はその著『空也』（吉川弘文館、一九六三年）の中でその主張の根拠を、空也と同時代人である慶滋保胤の『日本往生極楽記』は「弘也」と記しており、鎌倉時代の仏教史書『元亨釈書《げんこうしゃくしょ》』にも「空也《こうや》」と仮名が振られているとしている。また橋川正氏は、「空の正しい漢音はコウで、これをクウとするのは慣用によるに過ぎ」ない（「空也上人光勝」『歴史地理』五〇―三、一九二七年）とされた。そのほか、『七十一番職人尽歌合《しょくにんづくしうたあわせ》』や『饅重屋本節用集《まんじゅうやぼんせつようしゅう》』などの室町時代の諸本にも「こうや」とあるという指摘も、堀一郎氏や辻善之助氏（『日本仏教史』一、岩波書店、一九四四）によってなされている。

この問題について著者は別の機会に論じているので（『空也上人の研究』法藏館、二〇〇二。「空也の名および出家について」『日本宗教史研究』七―一、二〇〇三）、ここでは「くうやが正しい」とする結論だけを要約して記しておきたい。

第一に、『日本往生極楽記』の数多い伝本のうち、「弘也」と表記されているのは江戸時代に書写・刊行された三本であり、そのうちの一本が『続群書類従』伝部に採録されて、流布本となっている。しかし鎌倉時代に書写された最古の前田育徳会尊経閣文庫蔵本および天理図書館蔵本は、いずれも「空也」表記であり、『誄』をはじめとする平安時代以降の史料からみても、本来はこれが正しい表記であることに疑いの余地はない。

第二に『元亨釈書』の振り仮名については、著者の虎関師錬《こかんしれん》（一二七八～一三四六）の自筆本（京都東福寺蔵）を含めて、南北朝時代に刊行された五山版本には「空也」に振り仮名はない。ただ宮内庁書陵部に伝来する五山版の一本に、室町時代の読者と考えられる学僧が二か所に「コウヤ」の振り仮名をつけ、これが『国史大系』（吉川弘文館、一九三〇年）に原本として採用され刊行流布している。このことは、室町時代に空也を「こうや」と呼んだ人物がいたことの例証にはなっても、本来「こうや」が正しい」という証拠になるものではない。

第三に「空」の読みは、古来仏教語の訓読に通例用いられている呉音《ごおん》では「くう」、平安時代頃から導入された漢音《かんおん》では「こう」である。僧名を漢音で読むのが正しいという一般論は、漢音の本場である唐の長安に留学した空海の例をあげるまでもなく、誤りである。空也の大般若経供養会で読み上げられた「願文」が『本朝文粋』巻十三に収められているが、鎌倉幕府の執権であった北条時頼《ほうじょうときより》（一二二七〜六三、時宗の父）が清原教隆《きよはらののりたか》に加点させた相州御本《そうしゅうごほん》を、建治《けんじ》二年（一二七六）に書写した身《み》延山久遠寺《のぶさんくおんじ》蔵本では、別の箇所で「謹空《コウ》」など「空《コウ》」の振り仮名が三例見られるにもかかわらず、「願文」中の「空也上人」「空也」に振り仮名はなく、鎌倉時代にも「くうや」と読まれていたことを証明している。

第四に、平安時代末期成立の仏教説話集『打聞集《うちぎきしゅう》』の中に空也を「公野聖」と表記している例があり、また鎌倉時代初期の『古今著聞集《ここんちょもんじゅう》』には「公也上人」と記されている一例がある。「公」は呉音では「く」、漢音では「こう」であるが、古語としては公事《くじ》・公界《くがい》・公家《くげ》・公人《くにん》・公文《くもん》など呉音読みが多く、「公野聖」も当時としては「く（う）やひじり」「公也上人」は「く（う）やしょうにん」と読まれていた可能性が高く、これらは「こうや」よみの例証とはならないと考えられる。

第五に、室町時代以降には「こうや」と読まれた例が『七十一番職人尽歌合』『饅重屋本節用集』、さらには観世流の謡曲『空也《こうや》』『愛宕空也《あたごこうや》』など、いくつか見られることも事実である。それらは中世に「こうや」と読まれた事例があったことを証明しているが、一〇世紀前半の延喜《えんぎ》末年から延長《えんちょう》初年の古代に、彼が仏教を根本思想に立ちかえって学ぼうと志ざして自らに命名した「空也」の読み方が、本来「こうやが正しい」と主張する根拠になるものではない。

それでは何故、中世以降に一部で「こうや」読みが行われたのであろうか。その理由は推察するほかないが、空也の影響をうけた民間の念仏聖・空也聖の活動が、中世において高野山を拠点に勧進と念仏普及の活動を広めた高野聖《こうやひじり》と交流が進んだ結果、空也聖＝高野聖の観念が生じ、「空也」を「こうや」と呼ぶ民間の念仏者が一部に現れたのであろう。その由来がどのようなものであったとしても、「こうや」は歴史の一側面に派生した俗称にすぎない。

第四章　生涯と行業

沙弥《しゃみ》として般若の仏智を求め、苦しむ庶民の魂をその仏智と極楽往生の安心《あんじん》によって救おうと、市中にはじめて称名の念仏を説いた空也の生涯と行業については、基本的に源 為憲《みなもとのためのり》の『空也上人誄《るい》』の記述を追いながら見ていくことが適当と考えられる。その進行にしたがって生涯を、出家と遍歴求道の時代、市中に仏事をすすめる市聖《いちのひじり》・阿弥陀聖《あみだひじり》の時代、比叡山での受戒から東山の道場を拠点とするさまざまな仏事を展開する時代、のちに六波羅蜜寺となる西光寺の開創と晩年、そして七十歳での入滅とその後の話題の五つに分け、『誄』の記述にあわせて、関連する史料・説話・文学その他さまざまな情報を発掘してこれを補いつつ、空也の生涯とその行業の実像を求めていくことにしたい。

1　出家と遍歴求道

大学寮文章道《もんじょうどう》の学生《がくしょう》（国子学生《こくしがくしょう》）であった三二歳の源為憲《みなもとのためのり》が書いた『空也上人誄』の、生涯と行業等の伝を記す長文の序は、次の文章から始まっている。

生まれた年

これ天禄《てんろく》三年九月十一日、空也上人、東山の西光寺《さいこうじ》に没せり。嗚呼《ああ》哀しいかな。

序文の末尾と誄本文の最後には、空也の行年が七十歳と記されているため、彼が生まれたのは天禄三年（九七二）より六九年前の延喜《えんぎ》三年（九〇三）ということになる。『誄』は続けて、空也の出自等について次のように述べている。

上人、父母を顕《あらわ》さず、郷土を説くことなし。有識《ゆうそく》の者あるいは云《いわ》く、その先《せん》は皇派《こうは》に出ずると。人となり虱《しらみ》なし。人、試《こころ》みに数十の虱をもって、その懐中に入るるに、須臾《しばらく》してこれ無し。

空也は出自についても出身地についても、何も語らなかったという。為憲は『誄』を書くにあたって西光寺を訪ね、空也が遺した弟子達に空也に関するさまざまな聞きとりを行っている。その上で右の文を書いているわけであるから、父母・郷土を明らかにしなかったのは、生前の空也の持ちつづけていた意思によるものであろう。慶滋保胤《よししげのやすたね》の『日本往生極楽記』では、この部分は「父母を言わず、亡命して世にあり。あるいは云《いわ》く、潢流《こうりゅう》より出ずると」と記している。この「亡命して世にあり」とは、名前を戸籍から脱して自由に世を送ったということを意味している。その空也について有識者の中には、皇室の系統の出身であるという者がいたという。

空也が生まれた延喜三年は、平安京に新都が開かれてから一〇九年後、一九歳の醍醐《だいご》天皇は即位して六年目に入っていた。平安時代末期に書かれている『日本紀略《にほんきりゃく》』から、この年の出来事を拾い出してみると、まず正月の一四日には、天皇が宮中で男踏歌《おとことうか》をご覧になっている。これは殿上人等が宮中から諸院・宮家などを巡って、足を踏みならして歌い舞う集団的な舞踏で、曲は雅楽の催馬楽《さいばら》が用いられ、男女が隔年の一月一四日に行うものであった。二二日には内裏《だいり》の仁寿殿《じじゅうでん》で内宴があり、「残雪、梅に宿る」の課題で詩がよまれた。その翌月の二五日には、大宰権師《だざいのごんのそち》菅原道真《すがわらのみちざね》が西府《さいふ》（大宰府）で薨じたと記されている。右大臣であった道真は政敵の左大臣藤原時平《ふじわらのときひら》等の政略によって、二年前の一月に大宰府に左遷されていたが、平安京に残した遺愛の梅を思いながら、失意の中に五九歳でこの日に世を去った。

この年の七月七日には降雨を祈って十社で祈禱が行われ、翌八日には天皇みずから、このための読経を行っている。月末の二四日には降雨の止むことを二社に祈っているところから、この間に大雨が続いたものとみられる。八月五日には内裏の綾綺殿《りょうきでん》で相撲が催され、天皇はこの日に勧修寺《かんじゅじ》に百七人の僧を請じて、母の宇多《うだ》皇后胤子《いんし》の菩提のために震筆の『法華経』を供養している。そして十一月二十日には後に皇后となる女御藤原穏子《にょうごふじわらのおんし》が、天皇の第二皇子保明《やすあきら》親王を出産した。『誄』が空也は皇室の出身であるという有識者もいたと記しているところから、後に空也を醍醐天皇の皇子であるとする説も現れてくるが、もちろん史書にそのような記録はない。おおむね天下泰平とみえる年であったが、実際には数年前から京畿に郡盗が横行して人家を焼き人を殺したため、宮都守衛の軍隊である左右の衛門府《えもんふ》・兵衛府《ひょうえふ》の官人を毎夜京内に巡察させており、東国では運送業者の集団である僦馬《しゅうば》の党が群盗となって悪事を働くため、各関所の往還を規制したり推問追捕使《すいもんついぶし》を派遣したりしていた。そのような時代に、何処とも知られず、また父母の名も知られずに、空也はこの世に生をうけたのであった。

空也皇胤説

空也が醍醐天皇（八八五〜九三〇）の皇子であったという説の最初は、空也没後二五〇年の鎌倉時代初期の承久《じょうきゅう》四年（一二二二）に、摂政九条良経《せっしょうくじょうよしつね》の子慶政《けいせい》が書いた説話集『閑居友《かんきょのとも》』である。そこでは、「伝には延喜御門《えんぎのみかど》の御子《みこ》ともいい」とされているが、慶政が空也の伝記を見ているとすれば、それは時代的にみて『誄』または『極楽記』であったとすべきで、醍醐皇子説は空也が生まれた時代の天皇の名を取って、慶政によって形成されているように見える。西行に仮託された著者不明の説話集『選集抄《せんじゅうしょう》』は、『閑居友』の影響を強くうけてその数十年後に書かれているが、そこでは空也は「延喜第五の皇子とも申す」と、醍醐天皇の第五皇子とされている。以降、江戸時代の『空也上人絵詞伝』（一七八二年）までに第二皇子、第三皇子、第五皇子の説がさまざまな

諸書における出自の扱い

年代	書名	不言父母・郷土	皇胤説	醍醐天皇皇子説	常康親王王子説
973	空也上人誄	○	或曰　○		
985	日本往生極楽記	○	或云　○		
1094	扶桑略記	○	或云　○		
1122	六波羅蜜寺縁起	○	人以為○		
1134	打聞集		人ハ申○		
1210	宇治拾遺物語		人ハ申○		
1222	閑居友			伝ニハ○トモ	
1250	撰集抄			○第五皇子	
1322	元亨釈書	○			
1352～72	帝王編年記			○	
1363	浄土真宗付法伝			○第三皇子	
1380頃	尊卑分脈				○
1407～46	三国伝記			○	
1416	浄土三国仏祖伝			○第三皇子	
1426	本朝皇胤紹運録				○
1432頃	謡曲空也			○第二皇子	
1453～55	東野州聞書				○
1548	浄土源流図			○第三皇子	
1664	扶桑隠逸伝			○	
1680	諸門跡譜				○
1687	東国高僧伝	○			
1702	本朝高僧伝			○	或曰○
1703	円光大師行状図	○		○第五皇子	○
1782	空也上人絵詞伝			○第二皇子	
1857	系図纂要				光勝○
1906以前	大日本史				光勝○

（出典：石井義長『空也上人の研究　その行業と思想』法蔵館　2002）

書に現われてくる。史書の中にその正解を発見することは不可能であるが、かりに醍醐天皇皇子説に立てば、皇族の系譜を集成した洞院満季《とういんみつすえ》の『本朝皇胤紹運録《ほんちょうこういんしょううんろく》』（『群書類従』伝部）に載る朱雀《すざく》・村上《むらかみ》両天皇を含む一九名の皇子等の年齢順からみて、第二ないし第四皇子説には矛盾がない。

いま一つの皇胤説は、空也を仁明《にんみょう》天皇（八一〇〜八五〇）の第八男子常康《つねやす》親王の王子とする説で、これをはじめて主張したのは、南北朝時代に洞院公定《とういんきんさだ》の原撰によって成立した『尊卑分脈《そんぴぶんみゃく》』で、空也の没後四百年あまりの時代である。この説は、後に南北朝の抗争を北朝側から統一に導いた後小松《ごこまつ》上皇の命によって編纂された『本朝皇胤紹運録』に継承され、明治三六年（一九〇六）以前に完成した『大日本史』に至るまで受け継がれている。しかし『紹運録』が記しているように、常康親王は空也出生三四年前の貞観《じょうがん》一一年（八六九）に没しており、この説が成り立つ根拠はまったくない。

そのような常康親王説が南北朝時代の末期に突然浮上してきた理由を想像すれば、「南北朝の動乱により社会秩序が破壊されたため、家柄を正そうとする動機が」編者の意図であった（『日本古典文学大辞典』）とされる『尊卑分脈』において、南朝後醍醐天皇のイメージにつながる醍醐天皇説がしりぞけられたためであろう。常康親王の名が採られたのは、空也が一時雲林院《うりんいん》に住んでいたという説話が、平安時代後期の『法華修法一百座聞書抄《ほっけしゅほういっぴゃくざききがきしょう》』をはじめ『発心集』『古事談』『元亨釈書』に書かれており、常康親王もまた雲林院の地を父の仁明天皇から賜って雲林院宮《うりんいんのみや》と号していた縁由によるものであろう。

もともと為憲・保胤は「あるいは云《いわ》く」として皇胤説を示唆していただけで、『誄』の霊異譚的な潤色以上に現実的根拠のある言及かどうかはわからない。この言葉が時代を経るにつれて何等かの事実を裏付けるもののように扱われてきた経緯には、やはり飛躍があるというべきであろう。しかし為憲等が皇胤説にあえてふれている背景には、空也の不惜身命の求道と献身的な衆生勧化の姿の中に、そのような想定を引き起こすに足る高貴な風格が認められたためであろう。その点にこそ出自の問題をこえた、空也に対する真実の評価を置くべきであると考えられる。

まがった臂

『誄』は幼少期の空也について何もふれていない。説話化された伝承の中でこれを語る唯一の資料が、空也が藤原伊尹《ふじわらのこれただ》を蔵人所《くろうどどころ》に訪ね、そこでのちに天台座主となる余慶僧正《よけいそうじょう》（九一九～九七）に会い、まがっていた自分の臂《かいな》（肩から臂《ひじ》までの腕）を祈禱によって直してもらったという話である。これを最初に伝えているのは、著者不明で長承《ちょうしょう》三年（一一三四）の古写本が伝わる『打聞集《うちぎきしゅう》』で、のちに『宇治拾遺物語《うじしゅういものがたり》』『元亨釈書』等にも継承されている。『打聞集』二六では、「僧正いわく。その臂は何して切られたのですか。聖《ひじり》いわく。母が嫉み物（くやしがること）して、子供の時、片足をとって投げられて、地に落ちて切ったと聞いています。幼い時なので覚えていません」と記されている。余慶は、「あなたは貴い聖です。種姓《しゅしょう》も天皇の御子《みこ》と人は言っています。それはまことに恐れ多いことです」といって、その場で一時間ばかり加持祈禱したところ、曲っていた臂がぱたっと延ばせたという。

これを空也が説話によって事実から離陸させられた、つまり通常の人間を超えた世界の人物であると示すための創作と見る文学研究者もいるが（飯田勇「空也聖の折れた臂」都立大学『人文学報』二四三）、この段の説話全体の周辺には、東市《ひがしのいち》の門に八尺の石の卒都婆を空也が建てた等の歴史的事実に整合する部分があり、一概には否定しきれない興味ある話と考えられる。

利生遊歴の優婆塞

『誄』は空也の「少壮の日」について、在俗の仏教信者である優婆塞《うばそく》として各地を遊歴したと、次のように記述している。

少壮の日、優婆塞《うばそく》をもって、五畿七道を歴《めぐ》り、名山霊窟《れいくつ》に遊ぶ。もし道路の嶮艱《けんかん》を観《み》、人馬の疲頓《ひとん》の歎きに預《かかわ》れば、乃《すなわ》ち鍤《すき》を荷《にな》いてもって石面を鏟《けづ》り、杖を投じてもって水脈を決す。曠野古原《こうやこげん》に、委骸《いがい》ある毎《ごと》に、これを一処に堆《つ》み、油を灌《そそ》ぎて焼き、阿弥陀仏の名を唱《とな》う。

この段には、空也が若少の時代にかの行基（六六八～七四九）を思わせる社会事業的な、利生《りしょう》の行動を行っていたことが述べられており、『日本往生極楽記』では保胤はこれに、「橋のない所には橋を造った」と加えている。

優婆塞《うばそく》とは在俗の男の仏教信者で、仏法僧に帰依する三帰《さんき》と不殺生《ふせっしょう》・不偸盗《ふちゅうとう》・不邪婬《ふじゃいん》・不妄語《ふもうご》・不《ふ》飲酒《おんじゅ》の五戒《ごかい》を守る人である。女の場合は優婆夷《うばい》であわせて在家の二衆といい、本来は仏教の僧団を経済的に支えるとともに、出家者である僧尼から教えを受ける者達であった。

八世紀半ばの奈良時代から行なわれていた僧尼に関する規則である僧尼令《そうにりょう》では、国から得度出家を評された正規の僧尼には、もともと寺院外での布教は原則として禁止されていた。民間に仏教を説いていたのは在家の優婆塞・優婆夷であり、私的に出家した見習いの僧尼としての沙弥《しゃみ》・沙弥尼《しゃみに》達であった。『日本霊異記』では、修験の代表的な行者とされている役行者《えんのぎょうじゃ》を役優婆塞《えんのうばそく》と呼んでおり（上二八）、元興寺の道場法師《どうじょうほっし》は、はじめ元興寺に童子として入り、その力量を認められて優婆塞となり、さらに功を積んで得度を許されて僧となり法師と呼ばれた（上三）という。また、千手観音の陀羅尼を呪する京の優婆塞は、加賀国の山林で修行して「我は俗人にあらず」といっていたところ、浮浪人を取り締る役人の長《おさ》に「汝は浮浪人《うかれびと》なり、何ぞ調《つき》をいださざる」と脱税をとがめられて、「何の故にか、大乗を持《じ》する我を打ち辱《はずか》しむる。験徳《げんとく》あり、示さん」といって験力《げんりき》を示し、長を死に到らしめた（下一四）と記されている。『霊異記』を見るだけでも、優婆塞（夷）には三宝を信敬《しんぎょう》して常に般若心経を唱えていた者（中一九）、山寺に住んで弟子をとっていた者（中一三）など、民間に仏教を信奉しながら生を送っていたさまざまな姿が見られる。空也も二〇歳を過ぎて出家して沙弥となるが、律令制的な仏教の保護の対象外として位置づけられた私的な沙弥・優婆塞たちこそ、構造的にみてもわが国の民間仏教の開拓者なのであった。

民間仏教の世界で活躍した著名人である行基（六六八〜七四九）については、『続日本紀』に載る天平勝宝元年の卒伝《しゅつでん》には、「都鄙《とひ》を周遊して衆生を教化す。道俗慕いて追従する者、ややもすれば千をもって数う。……みずから弟子等を率いて、諸《もろもろ》の要害の処に橋を造り陂《つつみ》を築く。聞見《ききみ》ることの及ぶ所、咸《みな》来りて功を加え、日ならずして成る（巻一七）」と記されている。弱年の空也にそのような社会的影響力があったことは考えられず、『誄』が記す彼の事業は細々とした、自分ひとりの力で出来る範囲の仕事に、時としてこれを見聞きした周辺の人々が手をかしたという程度のものであったと思われる。石田瑞麿《いしだみずまろ》氏は、「空也の行動に感動し協力した人達を予想させる」(『浄土仏教の思想』六、講談社、一九九二)と述べているが、残念ながらその予想を裏付ける事実は何も発見できない。空也としてはまず自らの身命を挺して、人々の暮らしの周辺に小石で石塔を積み上げるような作善を重ねながら、仏教に主体的に自己を投入する求道の心を養っていた時代と考えられる。

阿弥陀仏の名を唱えた

『誄』がこの段で、空也が荒原に捨てられた遺骨を拾い集めて焼き、「阿弥陀仏の名を唱えた」と記していることは注目されている。石田氏も、「ここでもっとも注目されることは、かれがすでに念仏者だったことである」として、『六波羅蜜寺縁起』の記述も参照しながら、「天慶以前においてすでにかれが熱心な念仏者であったことを思わせる(同)」と述べている。空也没後一五〇年の平安末期に書かれた三善為康《みよしのためやす》の『縁起』のこの部分は、『弥陀の名号を唱えて廻向し、仏語法音をもって教化す」という表現である。『誄』がここでは「阿弥陀仏の名を唱う」と、天慶以後の市中の「南無阿弥陀仏と称えた」と明確に書き分けている言葉を、為康は不注意に混同してさらに廻向・教化等の言葉を加え文飾している。つまりこの時代の空也の浄土信仰を、『縁起』の表現から想定するのは誤りとしなければならない。

伊藤唯真《いとうゆいしん》氏は近著(『日本の名僧　空也』吉川弘文館、二〇〇五)の中でこの優婆塞空也の行動について、「遺棄するだけの庶民の葬法に……火葬をもちこんだ。そのとき阿弥陀仏の名が唱えられ、この葬法に死霊《しりょう》を鎮《しず》める宗教儀礼が付与されたのである」と解しておられる。しかし、空也がここで行っていたのははたして火葬なのだろうか、また宗教儀礼だったのであろうかという点については、素朴な疑問を持たざるを得ない。荒野に捨てられ、どこの誰のものとも知れない遺骸である。人目にむき出しにされ、犬や獣が喰い荒らした残骸かもしれないのである。これを痛ましく思って火で焼き灰として自然に返したのが、空也の一個の人間としてとらざるをえなかった行動であったのではなかろうか。その行為はたしかに死霊鎮送のものであり、唱えられた阿弥陀仏名がその心を示しているが、それは葬送の宗教儀礼と呼ぶような形のものであったとは考えられない。また、弱年の空也はこの後に沙弥出家して仏の道を求め、一切経披閲の研学の末にようやく、「南無阿弥陀仏と称えて、間髪を容れず」の称名念仏をつかみ取ったと考えるべきで、この段階で彼が唱えたのは、呪術的な簡単な陀羅尼か、「阿弥陀仏《あびたふ》」とくり返す「山の念仏」の影響を受けた阿弥陀仏の「唱名」であり、そのことを『誄』は記しているのだと考えられる。

空也がこの時代に五畿七道、つまり全国を遊歴して、どのような土地を訪れたかもまったくわからない。空也より一二歳年長で大般若経供養会にも列席している天台僧浄蔵《じょうぞう》（八九一〜九六四）も、年少から各地を遊歴修行して験力を具えたとされているが、『大法師浄蔵伝《だいほっしじょうぞうでん》』によれば一二歳で吉野や熊野に詣り、一三歳で独り稲荷山に入って難行苦行し、また紀伊・熊野に詣でて、さらに大峯山《おおみねさん》・葛《かつ》木山《らぎさん》・那智山《なちさん》等の遠方の極地で行かない所はないという驚くべき行動が記録されている（『続々群書類従』三）。それは時代は下るが平安末に『梁塵秘抄《りょうじんひしょう》』に集められた僧歌に、「聖《ひじり》の住所はどこどこぞ、大峯《おおみね》・葛城《かづらぎ》・石《いし》の槌《つち》、箕面《みのう》よ勝尾《かちう》よ、播磨《はりま》の書写《そさ》の山、南は熊野《くまの》の那智新宮《なちしんぐう》」と歌われているそのままの、聖の練行《れんぎょう》の地であった。

しかし空也の場合は、山林秘境に隠れて難行苦行したというよりは、庶民の生きる集落を歴遊して、その助けとなる奉仕を行いながら、彼等の生の苦難や魂の渇きを心に汲み取った修養の巡歴であったように考えられる。

諸国遊歴の中で、空也はおのれを仏門に投じ、仏の教えを自己と各地で見聞した庶民の生きる道しるべとする決心をした、つまり菩提心を発《おこ》した。しかし『誄』はそのような彼の発心には何もふれず、ただ彼の沙弥としての出家について次のように記している。

剃髪出家

春秋《しゅんじゅう》二十有余《ゆうよ》、尾張の国の国分寺に於いて、鬢髪《びんぱつ》を剃り落す。空也とは、自称の沙弥名なり。

世俗の家から出て仏門に入るのが出家で、得度ともいう。そのためには仏法僧の三宝に帰依して剃髪し、俗服を捨てて袈裟をつけ、見習僧である沙弥の場合は沙弥十戒を受戒する。それは生涯にわたって殺生せず、盗まず、婬事を行わず、嘘をつかず、酒を飲まず、さらに加えて歌舞をせず、決められた時以外に食時をせず、金銀宝物を持たず等の十の禁戒である（『沙弥十戒法幷威儀』『大正蔵』二四）。出家に際しては剃髪染衣《ていはつぜんね》のうえ、沙弥は十戒を守り、仏道を学んで悟りを開くことを、授戒師の前で誓う。

出家得度して僧尼となることは、戸籍から離れて租税の義務を免れることであったため、官の許可が必要とされていた。これを許されるのは毎年の定員を決められた年分度者《ねんぶんどしゃ》と、臨時に出家を許された臨時の度者で、所属する寺から国司《こくし》・治部省《じぶしょう》・太政官《だじょうかん》の間の手続きを経て度縁《どえん》という許可書が交付された。平安初期に最澄が天台宗を開いた延暦《えんりゃく》二五年（八〇六）の太政官符《だじょうかんぷ》では、年分度者の数は華厳・天台・律・三論・法相《ほっそう》の各宗あわせて一二名で、空海が亡くなる直前の承和《じょうわ》二年（八三五）には、真言宗にも三名の度者が認められた。

これに対して、空也が一二歳の延喜《えんぎ》一四年（九一四）に、浄蔵《じょうぞう》の父である参議の三善清行《みよしのきよゆき》が上表した『意見十二箇条』には、年分と臨時を合わせて一年の内に二、三百人が得度を許されており、その半分以上はよこしまな「邪濫《じゃらん》の輩《はい》」であると書かれている。そして諸国の百姓《はくせい》（皇族・奴婢《ぬひ》以外の国民）で課税を逃れて勝手に出家する者（自度または私度）が年を追って増え、天下の人民の三分の二は坊主頭の人間で、家に妻子を蓄え、口に腥《なまぐさ》い物を食べ、甚だしい者は集まって群盗となり、ひそかに贋金を造って天罰を恐れないと述べている（『本朝文粋』二）。清行の表現はあまりにも衝撃的であるが、官度の制はすでに乱れ、私度の沙弥が横行していたのは事実であろう。

尾張国分寺

『誄』は空也が沙弥出家した場所は尾張国の国分寺で、空也という沙弥名は自分で名のったという。清行は私度について、「私に自ら髪を落とし、みだりに法服を着る」者と書いているが、このような禁じられた行動を、いやしくも国分寺においてとることが出来たのであろうか。角田文衛《つのだふみえ》氏の「国分寺の寺院組織」（『国分寺の研究』上、京都考古学研究所、一九三八）から、当時の国分寺の実情を推定すると、次のようなことがわかる。国分寺には定員二〇人の住僧と上座《じょうざ》・寺主《じす》・都維那《ついな》（寺務担当）の三綱《さんごう》がおり、あるいは三綱が兼任する師僧としての講師《こうじ》・読師《どくじ》がいた。

ほかに沙弥・童子・優婆塞・奴婢があって、三綱・住僧は沙弥や童子を侍者とすることができた。童子は未成年の習業者で国郡の許可を得て国分寺に属し、師について所定の読経・誦経を修め、若干の年月を経た後に得度を許された。課税の義務が生じる一七歳に達すれば、本籍に帰るか出家しなければならない。出家して沙弥戒を受戒すれば沙弥となり、さらに修業を積んで国分寺僧の欠員を待って、国の許可を得て完全な戒である具足戒を受戒して、僧となることができた。これらを合わせて、国分寺には四、五十人の人々が住んでいたといわれる。そして角田氏は、あたかも空也が出家した「延喜・延長の頃は、国分寺の制が盛大を保ち得た最後の時であった」とされる。

角田氏の紹介された国分寺の内情と『誄』の記述をつきあわせて推察すれば、優婆塞として諸国を遊歴した空也は、何等かの縁によって尾張の国分寺に住み、そこで認められて出家者の第一段階である沙弥となることを許されたのではなかろうかと考えられる。優婆塞の時代からすでに戸籍を脱し、「亡命して世に在った（『極楽記』）」空也である。国分寺で沙弥として出家するについて、なんら官許の問題はなかったはずである。そしてここで沙弥となる儀式も、少なくとも一名の僧を現前伝戒師《げんぜんでんかいし》として、その前で沙弥十戒を受持することを誓約し、剃髪染衣することで終る。沙弥の名は、師僧から与えられるのが通常であろうが、自らの強い要望があればそのまま認められたということであろう。

尾張国分寺は本来は愛知県稲沢《いなざわ》市矢合《やわせ》の尾張国府趾近くに置かれていたが、これが火災により焼失したため、空也出家より四〇年ほど前の元慶《がんぎょう》八年（八八四）八月に、愛智郡《あいちこおり》にあった定額寺《じょうがくじ》の願興《がんごう》寺《じ》をその代りとされていた（『三大実録』四六、『日本紀略』前二十）。願興寺は怪力で知られた飛鳥寺《あすかでら》の道場法師《どうじょうほっし》が郷里に創建した寺と伝えられ（『国分寺の研究』上）、いつからか国家的保護を受ける定額寺と定められていた。尾張国分寺は後に尾張国分尼寺を転用して願興寺から移ったと水野柳太郎氏は想定しているが（『稲沢市史』）、それを裏付ける資料は空也の出家から六〇年以上たった永延《えいえん》二年（九八八）から寛弘《かんこう》元年（一〇〇四）までのものであり、空也出家の時の尾張国分寺は現在は元興寺と称している名古屋市中区正木町《まさきちょう》の願興寺の地にあったことに疑いない。そして古くは願興寺の本寺であったと考えられる奈良の元興寺は、三論宗と南寺系の法相宗を伝えているが、この寺がまだ飛鳥寺であった時代に住していた法相唯識初伝の道昭《どうしょう》（六二九〜七〇〇）は、道場法師より数十年後の人物であり、道場法師が住した頃の飛鳥寺は三論宗の法系であったと考えられる。

国分寺での修業

そのような尾張の願興寺で国分寺の沙弥として出家した空也が、そこでどのような修業を行ったかについても、角田氏の示す当時の国分寺一般の状況の中から想像するほかはない。角田氏は国分寺で読誦・転読された経について、護国経典である『金光明最勝王経《こんこうみょうさいしょうおうきょう》』をはじめ、『仁王般若経《にんのうはんにゃきょう》』『大般若経』『金剛般若経《こんごうはんにゃきょう》』『法華経』『維摩経《ゆいまぎょう》』等を挙げている。四月一五日から七月一五日まで三か月間集中的な修行を行う安居会《あんごえ》には、「延喜式」の規定によって『維摩経』と『最勝王経』が講読されていたという。空也が国分寺にどれ程の期間在住したかもまったく不明であるが、このような環境の中で空也は講経・誦経等の修業を受けたものと考えられる。

空也がここで自ら沙弥名として「空也」を選んだことは、どのような考えにもとづいてのことであろうか。石田瑞麿氏は『浄土仏教の思想』六「空也」（講談社）の中で神泉苑の老狐の話にふれながら、

「空也という沙弥名の意味するものは何か、興味をそそるものがある」と述べているが、それ以上の考察はされていない。空也が国分寺で安居会に加わり、『維摩経』の論議を聞いていたとすれば、その頭初にある「仏国品《ぶっこくほん》」の中で釈尊が説いている、「菩薩が衆生利益のために仏国をつくろうと願うのは、空のところではそれができないからである」という教えを聞き、その「願レ取二仏国一者非二於空一也」という経文を見ていたであろう（『大正蔵』一四、五三八上）。ここに空也の名の由来があるとするのが、一つの仮説である。

また元興寺で栄えた三論宗の基本書の一つである竜樹《りゅうじゅ》の『十二門論《じゅうにもんろん》』は、『中論《ちゅうろん》』への入門書の性格を持つ簡明な論書であるが、その最初の「観因縁品《かんいんねんぼん》」で大乗仏教の意義を説く中に、「大分の深義は所謂空也」と大乗仏教の甚深《じんじん》なる意義は、いわゆる「空」であると説いている（『大正蔵』三十、一五九下）。これを彼の命名の由来とするのが、第二の仮説であるが、この点については最後の第五章の中で再度ふれることにしたい。命名の由来はともかくとしても、彼は空の思想こそ最も重要な仏教の真理とさとり、「空也」の名を自らの沙弥名と定めることによって、菩薩の道を進もうと決心したものと考えられる。

そして彼はひとり、ここを出て播磨の山中の峯合寺に一切経を読むために赴く。国分寺が彼の求める仏教を学ぶ場としてふさわしくなかったことは、それが鎮護国家の祈願手段として官によって運営されたものであるという、仏教の本義に関わる異質性と、実態として三善清行が指弾するように、「国分寺僧の二十人は、みな恥知らずの者である。妻子を蓄えて家庭を営み、耕作につとめて商売を行っている」状況からして、明らかであった。空也は『維摩経』が説いているように、「空無を観じて大悲を捨てず」「衆生の病を知る故に無為に住せず」という利他の菩提心を胸にして、衆生の魂の救いとなる仏の教えを、一切経の中に自分で探し出そうと決心したに違いない。

そのような空也の内面の道心になんらふれることなく、『誄』の文章は、彼の続いての一切経閲読の籠山について、次のように記している。

一切経を読む

播磨《はりま》の国の揖保《いいほ》の郡《こおり》に峯合寺《みねあいでら》ありて、一切経論あり。上人、かの道場に住《すま》いて、披閲《ひえつ》すること数年《あまたのとし》なりき。もし疑滞《ぎたい》あれば、夢に金人《きんじん》ありて、常に文義《もんぎ》を教う。覚めて後に智行《ちこう》の倫《とも》に問うに、果して夢のごとし。

現在は兵庫県となっている古代の播磨国は、瀬戸内海や山陽道の交通にも恵まれ、早くから仏教が伝えられていた。『日本書紀』には、飛鳥時代の敏達《びだつ》天皇一三年（五八四）に蘇我馬子《そがのうまこ》が、百済から帰化した者の持つ弥勒の石像等を家の東に仏殿を造って祀り、四方に使を出して僧侶を探したところ、ただ播磨国に還俗した高麗僧の恵便《えべん》がおり、これを呼んで法師とし、司馬達《しばたっと》等の娘嶋《しま》等三人を出家させて尼として法会を行い、この前後にわが国で仏法がはじまったと書かれている（巻二十）。

空也が一切経を読むために数年間籠ったという峯合寺《みねあいでら》は、姫路市大市《おおいち》の峰相山《みねあいざん》（標高二三九メートル）中にあったと伝えられる峯相山鶏足寺《ほうそうざんけいそくじ》のことと考えられる（写真）。南北朝時代の貞和《じょうわ》四年（一三

峰相山（兵庫県姫路市）

四八）頃に書かれた地誌『峯相記《ぶしょうき》』は、峯合寺は飛鳥時代に新羅から渡来した王子によって創建されたものとして、奈良時代には金堂・講堂・法華堂・常行堂・一切経蔵・五重塔等を具え、僧房も三百あまりあったと述べている。九世紀半ば過ぎた頃から寺は衰えてきたが、「空也上人数年籠山して、金泥の法華経を、延長二年一二月二日施入す」とも書かれている（『大日本仏教全書』一一七）。これらの記述は創建説話をはじめ疑問の点が多いが、峯合寺に関説する古い資料はこれ以外に見つからない。

空也が数年籠山したということは、『誄』のほかにも『日本往生極楽記』や、建治《けんじ》元年（一二七五）に完成した承澄《じょうちょう》の『阿娑縛抄《あさばしょう》明匠等略伝《めいしょうとうりゃくでん》』にも書かれており、おそらくその知識が『峯相記』に生かされているのであろう。金泥の『法華経』を施入したという点は、『極楽記』は空也の大般若経書写供養の記事を載せていないため、あるいは『誄』または『明匠略伝』による類推か、あるいは創作であろう。弱年の空也に高価な金字経を施入する力があったとは、考え難いことである。延長二年（九二四）は空也の二二歳の時で、国分寺出家後まもなくということであり、国分寺での修業期間は想定されていないということであろうか。

峰相山は性空《しょうくう》（?～一〇〇七）が空也没後間もない時代に開いた書写山円教寺《しょしゃざんえんきょうじ》の西方約四キロの低山で、山頂の東南斜面には数段の平地があり、姫路市教育委員会の『姫路の文化財』は、そこに古瓦や礎石が散乱し、峰相山鶏足寺跡と想定されるとしている。そこに一切経蔵があったのであれば、やはり空也はこの山中の寺で数年の間、経文の研究を行ったのであったとすべきであろう。播磨国では、揖保郡《いいほぐん》にあったという大導寺《だいどうじ》と賀茂郡《かもぐん》の清妙寺《せいみょうじ》・観音寺が、承和《じょうわ》七年（八四〇）に天台別院とされており（『続日本後記』九）、また峰相山西方三キロの竜野市誉田町《たつのしほんだちょう》の観音堂には、もと鶏足寺にあったという九世紀末の十一面観音像が祀られている（『龍野市史』）。

峯合寺で学んだもの　空也が峯合寺に入ったのは、おそらく二〇代の前半の延長年間（九二三～九三〇）のことであろう。それから数年の間、彼がどのような経論を学んだであろうかということは、彼の以後の行業とそこから汲み取られる仏教思想を手がかりとして、推察するほかはない。経論を所蔵していたという点では、尾張国分寺も相当なものを具えていたであろう。そこに無かった経論を求めたのか、そこでは得られなかった個人的・集中的な経論披閲の場をここに求めたのか、その動機がいずれであったにせよ、この年代の数年間の没頭は、あたかも現代の大学院生に相当する集中的な研究期間であったはずである。以降の空也の行動は阿波湯島の観音堂参籠・奥羽巡錫《じゅんしゃく》を経て、三六歳での天慶元年の還京と市中念仏行、さらに一四年の歳月を投じての『大般若経』の書写供養と連らなっている。何よりも称名念仏の教えを学びとった場所としては、この峯合寺の期間をおいて考えられず、また『大般若経』の中でも「常啼菩薩品《じょうたいぼさつほん》」と「法涌菩薩品《ほうゆうぼさつほん》」の内容に関する精細な学習も、ここで行われていたとするが、尾張国分寺での修業と「空也」の沙弥命名との関連においても、納得できる推移であろう。

天慶元年の還京以後の空也の念仏について書かれている最も信頼すべき資料は、『誄』の「尋常《つね》の時、南無阿弥陀仏と称《とな》えて、間髪《かんぱつ》を容《い》れず」の文章と、これに対応する『極楽記』の「口に常に弥陀仏を唱う」、および「上人来りて後、自ら唱え他をして唱えしむ。その後世を挙げて念仏を事とせり」の記述、そしてさらに『拾遺抄《しゅういしょう》』に載る、「市門《いちかど》にかきつけて侍《はべ》りける　空也上人　一たびも南無阿弥陀仏という人の　蓮《はちす》のうえにのぼらぬはなし」という空也本人の歌である。これだけの資料から、そのような仏業の起こりと支えになる経論を、一切経の大量な経巻の中から想定することは冒険というほかないが、念仏者空也を理解するためには避けて通れない関門である。ここではあえて試論として、簡単な問題提示を行っておくことにしたい。

問題は二つあり、第一は「称南無阿弥陀仏」と明確に称名の念仏が選択されているが、阿弥陀仏の名号を口に称えれば往生できるという確信は、どのような経論の説によって獲得されたのであろうかという疑問である。第二はその称名が「一たび」で充分であるという、一念往生の信が確立されたことの由来である。往生業《おうじょうごう》としての称名の選択は、第二章で見たように空也以前には明確に見出し難いものであった。世上多く行われていた念仏の実体は、僧等による陀羅尼の誦唱であり、天台の「山の念仏」も僧侶と小数の貴族が結縁する実相観念と往生祈願の不分明な念仏であり、これに付加された口称《くしょう》も「阿弥陀仏《あびたふ》」と称えるものであった。三論宗の隆海《りゅうかい》の念仏は、智光《ちこう》が認めた劣機の者のための口念《こうねん》の例として認められる可能性があるが、それが多くの人々に影響を与える易行の念仏として行われた形跡はみえない。石上宅嗣《いそのかみのやかつぐ》が善導の影響を受けた飛錫《ひしゃく》に念仏の書を贈られて、かりに称名の念仏を行っていたとしても、それは限られた芸亭《うんてい》の中の私的な行為にすぎなかった。そしてこれまでの空也の修業においても、彼に念仏を伝えたとすべき師僧や法系はまったく見えず、願興寺に三論宗の伝統が存在していたかもしれないという憶測以外に、何の情報も得られない。

善導の念仏論書

仏経において称名の念仏を往生業とはっきり位置づけているのは、すでに述べたように『観無量寿経《かんむりょうじゅきょう》』の下品《げぼん》往生の段である。とくに下品下生《げぼんげしょう》では、臨終の極悪人に善知識が、「汝、もし念じることができないなら、まさに南無阿弥陀仏と称えなさい」と教えている。『無量寿経《むりょうじゅきょう》』で説かれている「乃至十念《ないしじゅうねん》（十念までも）」や「乃至一念《ないしいちねん》（一念だけでも）」という「念」の行為は、『観経《かんぎょう》』の教えをまって「十回の称名」「一回の称名だけでも」という、口に名号を称えることによって往生がかなえられるということになる。しかし『観経』を読む人はいくらでもいても、この極悪人の易行の往生業の意義を、念仏の実践の問題としてはじめて積極的に評価した念仏者は、中国唐代の善導《ぜんどう》（六一三〜六八一）であった。

空也が読んだといわれる一切経を、現行の『大正新脩大蔵経《たいしょうしんしゅうだいぞうきょう》』になぞらえて、極楽往生の浄土経論が載っている第一二・一四・二六・三七・四七各巻中の五九部ほどについて、そのような易行往生の教えを探してみると、曇鸞《どんらん》や善導と同世代の新羅元暁《がんぎょう》、善導の弟子の懐感《えかん》も目につくが、やはり善導の『観無量寿仏経疏《かんむりょうじゅぶっきょうしょ》（観経疏《かんぎょうしょ》）』がきわ立って明確に、そのような教理を説いている。そこではまず、自らを罪悪の生死《しょうじ》の中に流転して離脱する縁(解脱の悟り)が開けない凡夫であると自覚して、阿弥陀仏の本願はそのような衆生を受け入れて浄土に往生させてくれるものだと深く信ずべきであるという。そして、阿弥陀仏の本願のこころは衆生が一向に専ら名号を称えることにあり、上限は一生の間、下限は一日でも一回でも、一心に阿弥陀仏の名号を称えれば必ず往生できると説いている(『大正蔵』三七)。善導のこの教えは彼の『往生礼讃偈《おうじょうらいさんげ》』(同四七)の中でも、同様に明快であり、特にその中で念々の称名を生涯続ける人は十人が十人、百人が百人往生できるが、作善功徳《さぜんくどく》等によって往生を期する者は、百人のうちまれに一人か二人しか往生できないと主張している。

しかし善導のこれらの書が空也の時代に、この播磨の山岳寺院の一切経蔵の中にあり得たであろうか。飛鳥時代の斉明《さいめい》天皇七年(六六一)に唐留学から帰国した飛鳥寺《あすかでら》の道昭《どうしょう》(六二九〜七〇〇)は、善導の生存中にその『観経疏』『往生礼讃偈』等を持ち帰り、後に元興寺《がんごうじ》となる寺の禅院に収められたそれらの経論は、写経所によってしばしば写経され流布していた。それらが以後どのように流伝、研究されたかははっきりせず、智光《ちこう》の『無量寿経論釈』にも影響を与えていない(恵谷隆戒『浄土教の新研究』)。空也没後一三年に源信が著した『往生要集』でも、『往生礼讃偈』は一〇回ほど引用されているが、『観経疏』は四巻のうちの第一巻の「玄義分《げんぎぶん》」が一回引用されているだけである。

そのような流れの中で、二〇代半ばと想定される空也が峯合寺一切経蔵の中から、『観経疏』を探り当てたとすることはまず不可能に近い。『誄』には空也が経論の文の意味が理解できなかったとき、夢に金人(仏)が現れていつも教えてくれ、目覚めて学問の進んだ仲間に聞くと、はたして教えられたとおりであったと記されている。これによく似た状況を、善導は『観経疏』の末尾に述べている。善導は彼の説いた『観経』の要義が諸仏の願意にかなうものなら、夢の中で極楽の諸相を見せて頂きたいと至心に祈り、その夜に西方の空中にそのすべての姿を見ることができた。以後は毎夜夢の中に一人の僧が現れて、書き記すべき文を示してくれたという。この符合を偶然のものにすぎないと見るかどうか。『誄』のこの文章は為憲の霊異譚的な創作というよりも、生前に空也が弟子達に語っていたものを、為憲が聞きとって記したのであろう。いずれにせよ、これを空也が『観経疏』を見たとする証拠とはできまい。ただ大部で難解な『観経疏』と異なり、小部で念仏の儀軌として簡明・実践的に書かれている『往生礼讃偈』は、より広い流通が想定されるものであり、空也もまたこれを披閲していたことはほぼ確実と考えられる。

『念仏三昧宝王論』

石上宅嗣《いそのかみのやかつぐ》に『念仏五更讃《ねんぶつごこうさん》』を贈った唐の飛錫《ひしゃく》の著した『念仏三昧宝王論《ねんぶつざんまいほうおうろん》』も、空也が念仏学習の対象としたとすべき書である。飛錫（生没年不詳）は玄宗皇《げんそうこう》帝《てい》の天宝《てんぽう》三年（七四三）以降に、長安の千福寺《せんぷくじ》で天台の法華三昧を行い、晩年に終南山草堂寺《しゅうなんざんそうどうじ》でこの書を書いた（塚本善隆『唐中期の浄土教』法蔵館、一九七五）。その中でまず飛錫は、『法華経』は諸経の王であり、そこにある常不軽菩薩《じょうふきょうぼさつ》の心にあわせて念仏三昧を行えば、速やかに往生の善業を成就するといっている。『法華経』巻六の「常不軽菩薩品」によれば、その昔、大成国《たいじょうこく》に常不軽という比丘《びく》（僧）がいた。会う人ごとに、「私はあなた方を軽んじません。あなた方はみな菩薩の行《ぎょう》をして、まさに仏となるべき方です」といって礼拝した。人々の中には怒って罵詈《ののし》る者があり、あるいは杖《じょう》木《もく》・瓦石《がしゃく》をもって打ちたたく者があったが、常不軽は走り逃れて、また声高く同じことを叫んだ。常不軽比丘は『法華経』の教えを受持して、やがて菩薩となり、さらに諸《もろもろ》の善根を植えて仏になった。その常不軽とはまさに我（釈尊）であったのだと説かれている（『大正蔵』九）。

飛錫はこの経説を受けて、念仏者は召使いや群盗なども軽んじてはならない、あまねく一切の所縁のところで仏の道に出会うのだという。そして水路を舟に乗って進むような易行の行があり、阿弥陀仏の本願の力は、もし人が我が名を聞いて称念すれば、おのずから極楽に往生できるということで、それは舟が水を得、また順風にあって一挙に千里を行くようなものであると説き、自分は行生坐臥つねに出入する息を念珠として仏の名号を称えている。梵字の南無は唐音では帰命、阿弥陀とは無量寿のことである。ただの一念の念仏であっても、これを称えることによって善業を成就し、すぐさま極楽に往生できると述べている。飛錫はさらに天台的な無心念仏も説き、念はそのまま空であり（念即是空也）、空はそのまま念であって、念仏は中道の真理を明らかにすることであるといっている（『大正蔵』四七）。

後に見るように、鎌倉時代の一遍が所持していた空也の「文」には、ここに説かれている『念仏三昧宝王論』と『法華経』の言葉がいくつもとり上げられており、空也がそれらを学んだのも、この峯合寺の一切経蔵であったと想定される。さらに後々の空也の行業を考えると、『念仏三昧宝王論』は彼に大きな影響を与えていたものと思われる。

『法華経』の信仰の面では、『法華修法一百座聞書抄《ほっけしゅほういっぴゃくざききがきしょう》』の説話にあるように、空也は四十年来『法華経』を読み染《し》めた衣を松尾明神に奉ったとされるが、それが彼の東山移住以前の事とすれば、すでに十代の優婆塞の時代から彼は『法華経』の持経者であったということで、彼が飛錫に共鳴する理由となったであろう。また『宝王論』が群盗をも軽んじてはならないという教えは、『誄』が記す東市《ひがしのいち》の門に建てた卒都婆に獄囚が涙を流したという話、『極楽記』が記す空也と盗賊のかかわりの話等に、その影響を想定するのも自然のことである。『宝王論』はまた高声《こうしょう》に唱える念仏の功徳を説いているが、空也もまた市中で高声に念仏していたことは、法然の弟子の著名な唱導師聖覚《しょうどうしせいかく》が述べた、「空也上人の高声念仏は、聞名《もんみょう》の益《やく》をあまねくすれども、名号の徳をあらわさず（『法然上人絵伝』三六）」の言葉からも明らかである。

そして何よりも、『宝王論』が一念の称名念仏によってすぐさま極楽に往生できると断言し（これは善導の説に従っている）、それは舟が水路を行くように易行の行である（これは竜樹「易行品」の説である）と説いていることは、空也に凡愚庶民の魂の救いの教えとして、称名の念仏こそふさわしいものであるという発見の喜びを与えたのではなかろうかと考えられる。そのようにして、空也は峯合寺での数年間の集中的な経論閲読の間に、念仏の教えとあわせて『法華経』、『大般若経』、さらに湯島観音の祈願に用いたと考えられる『如意輪陀羅尼経《にょいりんだらにきょう》』等の教説を自学し、沙弥として庶民に仏の教えを説く道しるべを発見したのであった。

湯島観音参籠

峯合の山を下りた空也は、次いで紀伊水道の絶海の孤島湯島《ゆしま》に、観音菩薩像を祈りに訪れる。これについて『誄』は次のように記している。

阿波土佐両州の海中に、湯島あり。地勢霊奇にして、天然幽邃《ゆうすい》なり。観世音菩薩像ありて、霊験掲《あら》わると伝う。上人、観音に値《あ》わんとして、故《ことさら》にかの島に詣り、六時に恭敬《くぎょう》し、数月練《れん》行《ぎょう》するに、終《つい》に見るところなし。爰《ここ》に粒《りゅう》を絶ちて像に向い、腕上に焼香して、一七日《いちしち》夜、動かず眠らず。最後の夜、向う所の尊像、微妙《みみょう》の光を放てり。目を瞑《つむ》れば則ち見え、瞑《つむ》らざれば見ゆることなし。是《ここ》において焼香せる一腕には、焠痕《こがれあと》なお遺れり。

伊島（徳島県阿南市）

湯島は紀伊水道の絶海の孤島で、現在は徳島県阿南《あなん》市に属し伊《い》島《しま》という。島の南端に昔は温泉が出ていたため、湯島と呼ばれていた。四国からの航路は阿南市の蒲生田《がもうだ》岬の椿泊《つばきどまり》港から一〇キロ、四国最東端の離島である。周囲は約一二キロ、面積は一・六平方キロ、人口二〇〇人弱の漁業の島である。集落の周辺からは奈良・平安時代の土器片や和銅開珎《わどうかいちん》の古銭も出土し、その時代に海賊防備の城塞もあったといわれる（岡田一郎『伊島風土記』一九七六）。島の北端には卒塔婆崖《そとばがけ》と呼ばれる標高一二〇メートル程の岩山があり、今も山頂に観音堂がある（写真）。この崖の北・東面は海岸線まで切り立った断崖となっており、『誄』のいう「地勢霊奇、天然幽邃」の形容にまことにふさわしい情景である。島では、その昔空也が西北岸の「僧渡が浜《そうどはま》」から上陸してここに観音堂を建て、自ら十一面観音像を刻んで祀ったと伝えられ、この周辺は島の観音信仰の霊地となっていた。『伊島風土記』は、「昔はわざわざ本土から船をこいで観音詣りする人も多かった」と述べている。

空也が自ら刻んだと伝えられる像高七〇センチ程の十一面観音像が、現在は集落の中の補陀落山《ふだらくさん》松林寺《しょうりんじ》に祀られている。松林寺住職の山本正厳《やまもとしょうごん》氏はこの観音像について、「平安時代に補陀落山信仰を持った行者が、紀伊方面から身に携えて渡海して伊島に祀り、空也はここを観音の霊地と開いて、やはり紀伊方面から舟でこの島を訪れたのであろう」と推察している。

伊島・卒塔婆崖観音堂

観音への祈り

補陀落山は梵語《ぼんご》（サンスクリット）のポータラカ（potalaka）の音写で、インド南海岸にある聖地と信じられ、『華厳経』「入《にゅう》法界品《ほっかいほん》」では観音菩薩の住所とされている。平安時代から、わが国でも紀伊の那智、土佐の足摺岬《あしずりみさき》などがその霊地と信じられ、そこから南方の海に船出して補陀落山に詣でようという補陀落渡海《ふだらくとかい》が行われた。那智の浜の宮からは、貞観《じょうがん》一〇年（八六六）の慶隆《けいりゅう》上人をはじめとして江戸時代の享保《きょうほ》七年（一七二二）までに、二〇人の僧が渡海（入水往生《じゅすいおうじょう》）したといわれる。

鎌倉時代のはじめに、法然の専修念仏を批判する『興福寺奏状《こうふくじそうじょう》』を書いた笠置寺《かさぎでら》上人貞慶《じょうけい》（一一五五～一二一三）は、弥勒信仰とあわせて観音信仰者でもあったが、建仁《けんにん》元年（一二〇一）に撰した『観音講式《かんのんこうしき》』の末尾で、一人の補陀落渡海者について記している。空也の湯島参籠よりおよそ七〇年後のことであるが、長保《ちょうほう》三年（一〇〇一）八月一八日に阿波国の賀登《かとう》上人が補陀落山をめざして、一人の弟子とともに室戸岬《むろとみさき》から南海に向かって進発したといい、「昔の人の志願堅固なることかくのごとし。我等ぬくぬくとして勇なし。恥ずべし悲しむべし」と結んでいる（『大正蔵』八四）。

『観音講式』は観音菩薩の衆生に与える現世《げんぜ》の利益《りやく》と、来世《らいせ》には阿弥陀仏の弟子として衆生を極楽に迎えるという、現当二世《げんとうにせ》の利益を祈願して、『法華経』「観世音菩薩普門品《ふもんぼん》」の偈《げ》と、『如意輪陀羅《にょいりんだら》尼経《にきょう》』に説かれている観音大呪《かんのんだいじゅ》とを唱える観音講の法式であった。その祈願と誦呪によって、この現身のままで釈迦や弥勒・阿弥陀仏の浄土の状況を目にすることができるから、まだ往生できるほどの功徳のない者は先きに補陀落山に住むべきである。それはここから西南の大海の中にあり、娑婆にして娑婆にあらず、浄土にして浄土にあらず、凡夫のまことに生じ易いところで、観音は行者にすすめて「まさに我が浄国に生まれて、我と同じく菩薩行を修せん」と言ってくれるとしている。

菩提流支《ぼだいるし》の漢訳した『如意輪陀羅尼経《にょいりんだらにきょう》』は、「観自在菩薩根本陀羅尼《かんじざいぼさつこんぽんだらに》」という漢字で七八字、梵字で六六字の観音大呪と、漢字一五字の大心陀羅尼および九字の小呪を説き、行者が生身のままで現世に大功徳を受けようとするなら、昼夜に精進してこの陀羅尼を修すべきであるという。一日六時にこの呪（小呪であろう）を一千八十遍続けて唱えれば、過去の罪は自然に消滅し、観音の加護によって心に念ずる一切はことごとく成就するという。そして夢に観音菩薩が行者の前に現身を示して、「怖れることはない。汝の願い求める一切を汝に施そう。あるいは阿弥陀仏に見《まみ》えるとか、極楽世界を見るとか」。まさにこの人は死後に再び穢土に生まれることはなく、蓮花の上に化生《けしょう》して菩提《さとり》を開き、諸仏菩薩と同じところに住するであろうと説いている（『大正蔵』二〇）。

　空也が霊験あらたかな湯島の観音に「値《あ》わんとして」、わざわざ島に渡ってきたのは、ここを補陀落山と想定してのことであったであろう。そこで彼は六時に恭敬し、数月練行したという。それでも「見えるところなし」というのは、眼前に仏像はあっても観音菩薩は「見えない」ということである。つまりここで「見える」ということは、観音そのものに「まみえる」ということであろう。それは『如意輪陀羅尼経』が説いている、「夢に観世音菩薩が行者の前に現身を示す」ということと同一ではなかろうか。『誄』は空也が、『経』と同じく「六時に恭敬」礼拝して練行したという。従って『誄』が漠然と「数月練行」と記している空也の修法は、一日

如意輪観音像（大正蔵・図像３より）

の晨朝《じんじょう》・日中・日没・初夜・中夜・後夜《ごや》の六時に、それぞれ一千八十回如意輪観音の小呪を唱えるという苦行を、数か月続けたということであろう。

穀粒《こくりゅう》を絶ち腕上に香を焚いて七日七夜、不動不眠に祈ったというのも、厳しい精神集中によって観音陀羅尼呪の修法を達成して、現身の観音が夢の中に示現されることをひたすら祈ったということになる。果たして『誄』は、空也が瞑目すれば尊像が微妙の光を放つ姿が見え、目を開けば（目覚めれば）見えなかったと記している。『誄』のいう「微妙の光」は、『経』にいう蓮花上で大光明を放つ観音が、空也の瞑目の中に現身相として示現をされたことを象徴している。

『如意輪陀羅尼経《にょいりんだらにきょう》』の伝来については、奈良時代の写経所文書に、『如意輪経』『如意輪陀羅尼』の名が天平九年（七三七）以降しばしば見られ、光明皇太后の紫微中台《しびちゅうたい》から八田寺《はたでら》の智光《ちこう》に請経した正倉院文書にも、『陀羅尼集経《だらにじっきょう》』とともに『如意輪陀羅尼経』の名が記されていた。その「紫微中台請《せい》経文《きょうもん》」（『大日本古文書』一三）の日付けは天平勝宝《てんぴょうしょうほう》七年（七五五）八月二一日、鑑真《がんじん》が来日して東大寺に戒壇を建てた翌年、聖武太上《しょうむだいしょう》天皇の没する前年であった。

観音菩薩はもともと三三の姿に変身して衆生の根機に応じた自在な救いをもたらす菩薩であるが、そこから十一面観音、千手観音、不空羂索《ふくうけんさく》観音、如意輪観音等の密教的変化観音《へんげかんのん》が生まれ、それぞれ独自の陀羅尼の誦呪によってさまざまな功徳が祈願されるようになった。如意輪観音は、手に宝珠を持って衆生の祈願を意の如く満たし、また輪宝を持って法輪を転ずる（仏法を説く）菩薩である。すでに天平勝宝四年（七五二）に開眼供養された東大寺大仏殿の本尊盧舎那仏《るしゃなぶつ》の脇侍として、像高三丈の如意輪観音像が虚空蔵菩薩像と対置して祀られているが、さらに造東大寺司《ぞうとうだいしし》の支所である造石山寺《ぞういしやまでら》所《しょ》が天平宝字《てんぴょうほうじ》六年（七六二）に完成した石山寺の本堂には、丈六の如意輪観音像が本尊として祀られ、平安時代初期に聖宝《しょうぼう》（八三二～九〇九）が第一代座主となってここを密教寺院として以降、観音信仰の寺として広く信仰を集めていた。

平安時代後期の三井寺の行尊《ぎょうそん》（一〇五五～一一三五）の伝記『行尊伝』には「観音霊所三十三所巡礼記」があり、その内容には疑義も持たれているが（速水侑『観音信仰』塙選書一九七〇）、一番の長谷寺（十一面観音）から二二番石山寺（如意輪観音）、二六番六波羅蜜寺（十一面観音）等を経て、三三番の御室戸山《みむろとやま》千手堂（千手観音）までのうち、十一面観音と如意輪観音はともに六寺にあり、千手観音の一五寺に次いで多い（『寺門高僧伝記』四、『続群書類従』「釈家部」）。南北朝時代の悲劇の武将楠正《くすのきまさ》行《つら》の名とともに知られている吉野山の如意輪寺が、空也弱年の延喜《えんぎ》年間（九〇一～九二三）に真言宗の日蔵《にちぞう》上人によって開基されているのも、この時代の如意輪信仰の一例といえよう。

実のところ、空也の湯島観音への祈願が『如意輪陀羅尼経』による修行であろうことは、著書のまったく予想できなかったことであった。『誄』がここでの空也の修行について記している情報の源は、やはり生前の空也が弟子達に語っていた自己の体験の昔語りで、それを為憲が西光寺の遺弟子から聞きとって『誄』に記したものであろう。しかし空也が詣でたと伝えられる伊島に伝承されている観音像は、十一面観音であり、彼は後の天暦造像をはじめ、十一面観音と縁が深い。一方、『十一面神呪心経』をはじめ、さまざまな変化観音の念誦の儀軌を調べても、『誄』が記す空也のここでの練行の形に符合するものは、『如意輪陀羅尼経』だけである。この『経』と『誄』を対比させることによってはじめて、空也の練行の実像が見えてきたのである。為憲は『三宝絵』の中でも如意輪観音にまったくふれておらず、『誄』の記述が彼の作為であったとは考え難い。湯島観音が当時は如意輪観音であったのか、空也が十一面観音像の前で如意輪法を修したのか、疑問は残るとしなければならない。

空也の湯島観音参籠の動機について、石田瑞麿《いしだみずまろ》氏は「利他救済の観音の願いをみずからの願いとした空也が、その願いを全うしうることへの確信と実践の力とを身に得たいと考えて、その実証を現身の見仏に求めたに違いない（『浄土仏教の思想』六）」と述べていることに留意すべきであろう。『如意輪経』もまた、観音は行者に庇護の念を加えて、その至心に誦念祈願する一切の事業をことごとく成就させると説いている。空也は全身心を投入した数か月の練行によって、峯合寺の一切経披閲の中で築かれた自己の浄土信仰と常啼菩薩《じょうたいぼさつ》の菩提心を確信し、これを衆生済度に生かす実践について観音の信認を得た。彼はここで教化者としての自己を確立し、自信をもってただ一人、奥羽地方への遊化《ゆけ》巡錫《じゅんしゃく》の旅に立ったことであろう。

奥羽巡錫

教化者としてはじめて、陸奥《むつ》・出羽《でわ》の奥地に巡錫した空也について、『誄』はただ次の文を述べている。

自《みずか》ら以為《おもえらく》、陸奥出羽は蛮夷《ばんい》の地にして、仏教到ること罕《まれ》に、法音《ほうおん》あること希《すくな》しと。背に仏像を負い、経論を担《にな》い、便《すなわ》ち大法螺《だいほうら》を吹き、微妙の法を説く。是《ここ》をもって島夷《とうい》の俗、烏合《うごう》して真に帰せり。

『誄』の原文にはこの部分は欠字が多く、「仏像を負い、経論を担い」の箇所は三善為康《みよしのためやす》の『六波羅蜜寺縁起』の文章をとって補ってあるが、文言としては原態に即していると考える。それにしても天慶元年（九三八）に三六歳で空也が還京するまでの、おそらく三十代の数年間の僻地での布教の旅を記す文章は、この原文二行のほか何もないのである。以下には、当時の奥羽の仏教の状況や、はるか後代の伝承を手掛りに、彼の足跡を推察するしかない。

陸奥国は現在の福島・宮城・岩手・青森の四県と秋田県の一部、出羽国は秋田県の大部分と山形県の地域を含み、あわせて東北地方全体にわたる。北地として中央の政治・文化の及ぶことは遅く、奈良時代初期の八世紀はじめに国として体制が整えられてからも、たび重なる蝦夷《えみし》征討によって国域を北方に拡大させていった。特に奈良時代末から平安時代はじめの桓武《かんむ》天皇の時代（七八一〜八〇五）には、征夷大使《せいいたいし》・大将軍《だいしょうぐん》として藤原小黒麻呂《ふじわらのおぐろまろ》・大伴家持《おおとものやかもち》・紀古佐美《きのこさみ》・大伴弟麻呂《おおとものおとまろ》・坂上田村麻呂《さかのうえのたむらまろ》等が順次起用され、嵯峨《さが》天皇の弘仁《こうにん》二年（八一一）に文屋綿麻呂《ふんやのわたまろ》が征討に成果を挙げて以降は、元慶《がんぎょう》二年（八七八）に出羽の俘囚《ふしゅう》（帰化した蝦夷）の反乱によって秋田城が焼かれた元慶《がんぎょう》の乱《らん》のほかは、大規模な征夷の闘争はほぼ終息した。この間には、新しく律令制度に組み入れられた地域に坂東《ばんどう》諸国の民を移住させ、また俘囚や新羅からの渡来人に口分田《くぶんでん》を与えて入植させるなど、融和と一体化の策も施されていた。

奈良時代の天平一三年（七四一）の詔による国分寺・国分尼寺の全国的な建立に際して、陸奥国分二寺は現在の仙台市内に、出羽国分二寺は山形県の酒田市周辺に建立された。国分寺には講師《こうじ》・読師《どくじ》以下二十名の僧が、国分尼寺にも十名の尼僧が置かれて、国の仏事祈願と地域への教化も行われていた。そして平安時代に入ると、法相宗の徳一《とくいつ》（生没年不詳）が陸奥国会津郡に恵日寺《えにちじ》や勝常寺《しょうじょうじ》を建て、下野国（栃木県）出身の天台宗第三代座主円仁《えんにん》（七九四〜八六四）が陸奥に霊山寺《りょうせんじ》、出羽に立石寺《りっしゃくじ》を開いたとされ、円仁の弟子の安恵《あんね》は承和《じょうわ》一一年（八四四）に出羽国の講師となって天台宗を弘めるなど、この地への布教が進められた状況がみえる。

地方豪族の建てた私寺等を国が指定して一定の保護を与える定額寺《じょうがくじ》も、出羽国では貞観《じょうがん》七年（八六五）の観音寺、同八年の瑜伽寺《ゆがじ》、同九年の長安寺、斉衡《さいこう》三年（八五六）の法隆寺の例があり、陸奥国では天長《てんちょう》七年（八三〇）の菩提寺《ぼだいじ》、貞観九年（八六七）年の霊山寺《りょうせんじ》の例があり、元慶《がんぎょう》五年（八八一）には弘隆寺《こうりゅうじ》が天台別院とされている。これらの底辺には、一定の仏教の普及があったと考えるべきであろう。しかしまた、貞観一五年（八七三）に陸奥国分寺に五大菩薩像を造立することを求めた陸奥国の上申書は、「俘夷《ふい》（帰属した蝦夷《えみし》）が国府の地にいっぱいいて、ややもすれば反乱しようとするので、役人も庶民もこれを恐れること虎狼《ころう》を見るがごとくである。望むらくは五大菩薩像を造って国分寺に安置し、蛮夷の野心をしずめたい（『三代実録』二四）」と述べており、この地での仏教に期待された役割が端的に示されている。

空也が還京してから一〇数年後の、天暦《てんりゃく》年間（九四七〜九五七）に書かれたと推定される

『僧妙達蘇生注記《そうみょうたつそせいちゅうき》』は、出羽国龍華寺《りゅうげじ》の天台僧妙達《みょうたつ》が天暦年間に病なく入滅し、閻魔《えんま》王宮に往って王から日本国の衆生数十名の善悪の所行とその果報を聞かせてもらい、蘇生して王の話を書きとめたと伝えられる書である。そのうち、陸奥国の大目《だいもく》（大国の四等官、従八位上）壬生良門《みぶよしかど》は、『法華経』千部を金泥《こんでい》で書写させた力により、一六大国の王に生まれ変る者であるといい、行方《なめかた》郡の郡寺の僧真義《しんぎ》は一生の間『法華経』を受持読誦した力により、弥勒菩薩の兜率天《とそつてん》に生まれるという。出羽国では、田川郡の大領《だいりょう》（郡長）大荒木景見《おおあらきかげみ》は五丈の御堂を建てて阿弥陀三尊を安置した善力によって、舎衛《しゃえい》国《こく》の王になるという。また田川郡竹沢寺の規真《きしん》は一生の間草食をして五穀を絶ち、これを他に施した力によって兜率《とそつ》の内院《ないいん》に生まれるであろうという（『続々群書類従』一六）。

菅原征子《すがわらゆきこ》氏は、この「蘇生譚《そせいたん》」からみた一〇世紀における東国の仏教について総括して、在俗信者の功徳作善は写経・造塔造寺・造仏像が多く、写経では『法華経』が最も多く、『大般若経六百巻』がこれに次いでいることを示している。また妙達の注目した在俗の信者は、郡司や国府の官人を中心とする裕福な在地支配層であり、空也と違って、彼は地位も財力もない庶民には、特に関心を持つことは皆無であったとしている（『日本仏教の史的展開』塙書房、一九九七）。菅原氏がまた、当時の東国では阿弥陀浄土の信仰はごくまれであったが、人々が自分や身近な人々の死後を真剣に考えていたという事実が、妙達の仏教伝道の機縁として生かされているとされていることは、空也の勧化を考えるについても示唆的と思われる。

都から蛮夷の地とされた陸奥・出羽の奥地に向う空也の旅は、現在では想像もできない厳しい長旅であったと考えられる。あたかも彼の巡錫のころ、延長五年（九二七）に完成された「延喜式《えんぎしき》」によれば、地方から都へ租《そ》・調《ちょう》を運ぶための行程は、陸奥国府からは上りが五〇日で下りが二五日、出羽国からは上りが四七日で、下りは二四日または海路で五二日と定められている。空也の旅が京畿の地から何日をかけ、どの地でどれだけの期間教化を行ったのか、知る手掛かりはまったくないが、それは山に伏し野に宿り、群盗をおそれ野獣を避ける行旅であったに違いない。空也の念仏教化の伝説を伝える福島県の会津地方への行路を想定すれば、平安京から「山の道」といわれた古代の東山道《とうさんどう》を近江・美濃・信濃・上野《こうづけ》・下野《しもつけ》とたどり、白河関《しらかわのせき》を越えて陸奥国に入り、「延喜式」に定める雄野《おの》（表郷村）・松田（東村）・磐瀬《いわせ》（須賀川市）・葦屋《あしや》（郡山市）等の各駅を経て、北上して会津盆地に入るものであったと考えられる。しかし平安時代の初期からも、会津から阿賀野川を西に下って越後国に出て、北陸道によって京と往来する道も利用されていたといわれる。

『誄』は空也が「背に仏像を負い、経論を担」っていたと記しているが、それは聖《ひじり》としての遊行の一つの定型なのであろう。仏像であれば当然小さなもので、仏龕《ぶつがん》に収められた小型の携帯用のものか、懸《か》け仏《ぼとけ》のような軽量の押出仏《おしだしぶつ》や塼仏《せんぶつ》、あるいは説教に用いる絵解きの仏画などであったかもしれない。仏は阿弥陀仏または観音の像であったろう。肩に担った経論は「微妙の法を説く」ための説法に用いられ、また空也自身の遊行の心を支えるものでもあったであろう。石田瑞麿氏は、「それが浄土の教えであることは、まぎれもないところである（石田氏『浄土仏教の思想』5、講談社）」とされるが、それに加えて『法華経』や『大般若経』からその要文を空也が書き写して、所持していたかも知れない。

『誄』がここで、空也が「大法螺《だいほうら》を吹」いたと書いていることを、「法螺《（ほら）》を吹いて念仏勧進していた（井上光貞『日生浄土教成立史の研究』）」と否定的に理解している例もあるが、「法螺《ほうら》を吹く」とは仏の説法の盛んな様子を、巻具の端に笛をつけた楽器である螺《ら》を吹くのにたとえた讃辞である。例えば『法華経』の最初の「序品《じょほん》」でも、仏がこれから説法されるであろうということを文殊菩薩が述べて、「大法の雨を雨《ふ》らし、大法の螺《ら》を吹き、大法の鼓《つづみ》を撃《う》ち、大法の義を演《の》べるであろう」（「雨大法雨。吹大法螺。撃大法鼓。演大法義」『大正蔵』九）と言っている。石田氏が『誄』の表現について、「空也が教化のために身命を抛った懸命な姿を想像することができる（石田氏、同）といわれていることこそ、正しい解釈としなければならない。さらに『誄』が、「是《ここ》をもって、島夷《とうい》の俗、烏合《うごう》して真に帰せり」と続ける言葉からは、奥羽の庶民が空也の教化に集って、口を揃えて「南無阿弥陀仏」と念仏を称える風景を、想像すべきであろう。

鎌倉時代の一遍（一二三九〜八九）は、共に念仏遊行する時衆《じしゅう》のために、阿弥陀仏の仏徳を表す十二光明《こうみょう》の名称によって、一二種の遊行携帯の道具を定めている。それは、一引入《ひきいれ》（飯椀《めしわん》）、二箸筒《はしづつ》、三阿弥衣《あみぎぬ》（麻衣）、四袈裟《けさ》、五帷《かたびら》（夏衣）、六手巾《しゅきん》、七帯、八紙衣《かみこ》（かみごろも）、九念珠《ねんじゅ》、十衣《ころも》、十一足駄《あしだ》（下駄《げた》）、十二頭巾《ずきん》の一二道具であった。遊行の信仰と生活の知恵によって、携行に労の少ない最小限の必要具と定められたものであり、空也の場合にも類推できる部分があると考えられる。ここでは飲食《おんじき》の品は、遊行の所々で供養を受けるという前提であろう。空也の場合は、沙弥としての頭陀行《ずだぎょう》（托鉢行《たくはつぎょう》）の一つである常乞食行《じょうこつじきぎょう》に徹したものであったと考えられる。

会津八葉寺　東北の地に千余年前の空也の教化の跡を具体的に探ろうとすれば、この地域に残された後代の空也伝説を手掛かりに検討するほかはない。まず考えるべき事例は、徳一《とくいつ》の建立した恵日寺《えにちじ》の西方五キロにあり、同じく西方一〇キロにある勝常寺《しょうじょうじ》との中間にあたる会津八葉寺《はちようじ》（福島県河沼郡河東町冬木沢）の伝承である。ここでは現在も空也が伝えたという念仏踊りが八月に行われているが、江戸時代の寛文《かんぶん》年間（一六六一〜一六七三）に書かれた『新編会津風土記《しんぺんあいづふどき》』は、空也にかかわる八葉寺の伝承について次のように記している。

縁起を案ずるに、当寺は空也の開基である。
空也は、奥羽二州は辺地で仏教の至ること少いため、自ら仏像と経巻を負い……この地に至り、康保《こうほう》元年に一伽藍を創め、携え来たるところの弥陀の像を安置し、八葉寺と名づけた。かくして空也はここに住し……天禄《てんろく》三年九月十一日、浄衣《じょうえ》をつけ、香炉《こうろ》を執《と》り、弟子に告げて曰《いわ》く、無量の聖衆来迎《しょうじゅらいごう》して天に満てりと。遂に気絶ゆ、時に年七十年なりしとぞ……空也滅後の法系詳《つまびらか》ならず。（『新編会津風土記』四、歴史春秋社）

康保元年（九六四）には空也はすでに六二歳で、自分の創建した東山の西光寺に住しており、没したのもこの寺であることは、『誄』が記すとおりである。『風土記』の伝承をそのまま信じることはできない。そしてこの記事は、康保元年に空也がここに八葉寺を建てたという部分を除くと、すべては鎌倉時代末期の元亨《げんこう》二年（一三二二）に虎関師錬《こかんしれん》の書いた『元亨釈書《げんこうしゃくしょ》』の「釈光勝《しゃくこうしょう》（空也の僧名）伝」によっていることは明らかである。『元亨釈書』も不思議なことに、空也の奥羽巡錫の時期を、応和《おうわ》三年（九六三）の大般若経供養会の後のことと記しているのである。『会津風土記』に見られる説話の創作は、空也の念仏を継いで各地で活動を行っていた阿弥陀聖である、空也念仏の行者によってなされたものであろう。

現在京都市中京区にある極楽院空也堂は、八葉寺と同じく今でも空也念仏踊りを毎年一一月に行っているが、そのはじめは洛北の鞍馬にあったと伝え、貞享《じょうきょう》三年（一六八六）に黒川道祐《くろかわどうゆう》の著した山城国の地誌『雍州府志《ようしゅうふし》』四には、次のようなことが記されている（原漢文）。

伝えるところでは、空也上人が洛北の貴布弥《きふね》に住んで夜々念仏を修していたとき、毎夜一匹の鹿が来て鳴き、上人はその声を愛していたが、ある夜から声が聞こえなくなった。訪ねてきた武士の平定盛《たいらのさだもり》が昨夜鹿を射殺したというのをきき、上人は悲しんでその皮を裘《かわごろも》とし、角を杖の頭に挿《さ》してこれを遺愛の物とした。定盛は後悔し髪を剃って上人の弟子となり、その一統はいまは竹の枝で瓢箪を叩き念仏する鉢叩《はちたた》きとなって、空也堂を継いでいる。（『増補京都叢書』三）

ここに記されている空也が鹿皮の衣に鹿角《わさづの》を杖とした風貌は、いうまでもなく一三世紀はじめに造られた六波羅蜜寺の空也上人像を想起させる。空也像の衣は布で、鹿皮ではないといわれるが、一二世紀末に成立した『梁塵秘抄《りょうじんひしょう》』の僧歌には、「聖《ひじり》の好む物、木の節鹿角《ふしわさづの》鹿の皮、蓑笠錫杖《みのかさしゃくじょう》云々」とあり、それらが風俗と認められて伝説の形成に寄与していたことは明らかであろう。

『雍州府志』は空也の奥羽行について何も記していないが、そのほぼ百年後の天明《てんめい》二年（一七八二）に、空也堂第七六世住職の真誉浄阿《しんよじょうあ》によって刊行された『空也上人絵詞伝《えことばでん》』は、このような空也堂の伝承を空也の奥羽巡錫につなげて、次のように記している。

上人、出羽奥州二ヶ国は夷《えびす》の国、仏教いたる事まれなり。上人是を憐《あわれ》み、かしこに行《ゆき》、念仏を弘めんと思召《おぼしめし》、……康保《こうほう》二年霜月《しもつき》十三日に平安城を出て、出羽奥州に到り説法念仏をすゝめ給えば、教にしたがう者数をしらず。時に天禄《てんろく》三年九月十一日、奥州会津黒川にて臨終……、御年七拾歳御入滅なり。則《すなわち》八葉寺に葬り（『大日本史料』第一篇之十四）

このような空也堂系の伝承はおそらく、『元亨釈書』の鎌倉末期には成立していたと考えるべきであろう。

堀一郎氏は空也堂が応仁の乱で焼ける前は、櫛笥《くしげ》道場・三条道場として時宗に属していたと指摘している（『空也』吉川弘文館、一九六三）。一遍は弘安《こうあん》七年（一二八四）の夏、空也の遺跡である京都七条の市屋道場で踊り念仏を「ひさしく」行っている。そして鎌倉時代末期以降には時宗の寺が京都にも建てられるようになったといわれ、市屋道場から発生したという時宗市屋派も成立してくる。そのような鎌倉末期の時代に空也堂系の伝承は成立し、それが空也念仏僧の地方布教の中で会津の地にもたらされたのであろう。

現在は真言宗に属している八葉寺の境内には、阿弥陀堂や空也上人像を安置する開山堂があり、空也の墓と称する空也塚や空也が掘ったとする空也水（井戸）もあり、毎年八月五日に開山堂の前で空也念仏踊りが行われている（写真）。これらの中世以降の伝承を、千年前の空也の直接の巡錫の跡とすることはできないが、この地方には空也の時代に継続する仏教伝道の歴史が残されていることも事実と考えられる。八葉寺から西へ徳一の建てた勝常寺《しょうじょうじ》を経て、会津平野を一〇キロあまり行った会津板下《あいづばんげ》町の岡の麓に、立木《たちき》観音で知られる恵隆寺《えりゅうじ》があり、寺伝では大同《だいどう》三年（八〇八）に坂上田村麻呂の援助をうけて徳一が再建したという。これについて山内為之輔《やまのうちためのすけ》氏は、「円融《えんゆう》天皇の天延《てんえん》三年（九七五）に宗覚《そうかく》が恵隆寺の僧となった。宗覚は空也上人の徒弟と言われる（『石塔山恵隆寺考』）」と述べている。天延三年は空也が奥羽にいたであ

会津八葉寺　空也念仏踊り

ろう時より四〇年程の後で、年代的にも妥当である。また八葉寺のある河東町《かわひがし》は律令時代に会津郡の郡衙《ぐんが》が置かれた所であり、承徳《しょうとく》元年（一〇九七）に良忍《りょうにん》の弟子浄縁《じょうえん》が融通念仏《ゆうづうねんぶつ》を伝えて融通寺《ゆうづうじ》を建てたのも、八葉寺の東方八〇メートルの地である。『新編会津風土記』は、この近在の地名や橋の名等に残された空也伝説を、いくつも記録している。

会津大寺恵日寺

最澄と一乗・三乗の権実《ごんじつ》論争を行った法相宗の徳一《とくいつ》（生没年不詳）は、平安時代初期に陸奥国会津郡に入り磐梯山《ばんだいさん》西南麓に恵日寺《えにちじ》を、その西方一〇キロの地に勝常寺《しょうじょうじ》を建てるなど、空海からも陸奥の菩薩と呼ばれる布教を行った。鎌倉時代の正嘉《しょうか》元年（一二五七）に常陸《ひたち》国の僧住信《じゅうしん》が著した『私聚百因縁集《しじゅひゃくいんねんしゅう》』は、恵日寺はもとは清水寺《きよみずでら》の名であり、大同《だいどう》元年（八〇六）の建立と記している（『大日本仏教全書』一四八）。徳一はこの『百因縁集』を含めて鎌倉時代から、天平宝字《てんぴょうほうじ》八年（七六四）に誅殺された恵美押勝《えみのおしかつ》、つまり藤原仲麻呂《ふじわらのなかまろ》の子といわれているが、出自は明らかでない。東大寺で受戒し、興福寺の修円《しゅうえん》に法相教学を学んだのち、南都僧侶の奢侈をきらって若くして東国に移り、粗食と粗衣に甘んじて法を説いたという（『元亨釈書』四）。高橋富雄氏は徳一が東国に下ったのは延暦末年か大同の初年（八〇六）で、年令は二六、七歳、東国での最初の事業は清水寺（恵日寺）と長谷寺（いわき市）の建立であったとされる（『徳一と最澄』中公新書）。

京都東山の『清水寺縁起』によれば、坂上田村麻呂は征夷大将軍として東国に発つ前に、氏寺である清水寺に詣でて戦陣の加護を祈り、凱旋して延暦一七年（七九八）に伽藍を建てて十一面観音の本尊像を安置、征夷の加護のために地蔵菩薩像を造って勝軍《しょうぐん》と名づけ、毘沙門天《びしゃもんてん》像を造って勝敵《しょうてき》と名づけたという。そして『縁起』は大同二年（八〇七）にも田村麻呂の旧邸を移して伽藍を造り広げたと記している（『大日本仏教全書』三、鈴木学術財団）。『百因縁集』はこの時期に徳一も、会津の地に清水寺を建てたというわけである。

恵日寺に残る鎌倉末〜南北朝期成立の境内古絵図では、中央に薬師如来を祀る金堂があり、その右手には観音堂が、また境内の子寺としても観音寺が描かれている。さらに本寺地区の東方二キロの磐梯山寄りの山麓には一〇世紀のものとされる観音寺地区の遺跡があり、五間×四間の本堂跡と三間×三間の三重塔跡が確認されている。史蹟恵日寺跡の調査にあたった濱島正士《はましままさし》氏は、その遺跡がきわめて広い範囲に及んでおり、「広く会津地方に仏教を弘めるための本拠地として建てられたといえよう（『慧日寺を考える』磐梯町教育委員会、一九九七）」と述べている。それは高橋富雄氏が、最澄や空海と教理的論争を試みた徳一の本領を学僧ではなく、化主《けす》（教化者）としてこの地の民衆に接して菩薩と呼ばれたところにあるとする見解と対応している。

徳一が恵日寺で没したのが高橋氏のいわれるように承和《じょうわ》九年（八四二）であるなら、それは空也がこの地に巡錫したであろう時期より約九〇年前のことである。恵日寺は会津大寺とも呼ばれて会津四郡をその寺領とし、平安時代後期には天台宗に変って末期から衰退に向かうが、盛時には寺僧三百、僧兵数千、子院三千八百余坊、数里の間堂塔が軒を連ねていたという（『慧日寺年表』慧日寺資料館）。空也が八葉寺の地を訪れていたとすれば、それは恵日寺の一院というような位置関係にあったことになる。

後に空也がそこで入滅したというように伝承が歪められているとはいえ、八葉寺を中心に空也の奥羽での巡錫の縁由がさまざまに語り継がれてきたことは、やはり然るべき古代の根拠から出発しているのであろう。『空也上人誄』によれば、空也が一四年来の勧進によって書写供養した金字の『大般若経』六〇〇巻は、彼の没後には清水寺の塔院に納められていたといい、また彼が奥羽から還京してまず訪れたのも東山の清水寺であったという伝承もある。徳一が、坂上田村麻呂が武力によって征圧した北地の人々に仏教信仰による救いをもたらそうとしたように、空也もまたこの地の庶民に、清水寺と名づけられていたという会津大寺の仏教圏を足掛かりとしながら、独自の念仏の布教を試みたものと考えられる。

奥羽布教の限界

化主としての徳一は、おもに薬師如来と観音菩薩を本尊として陸奥・常陸《ひたち》両国に多数の寺を建立し、その現世的功徳と霊験によってこの地の民衆の信仰を集めた。彼が恵日寺の西方一〇キロの地に建てた勝常寺は、九世紀前半に造られたと認められる国宝の薬師三尊像をはじめ、聖観音・地蔵・十一面観音等の仏像群を今に伝えており、徳一によるこの地での教化の強力な影響力を想像させる。これと対比して、空也のこの地での念仏勧化の跡を想像させるものは、八葉寺に変形して復元された踊り念仏が唯一のものであるといっていい。空也の説いた念仏は、ただ阿弥陀仏の名号を称えることによって、その極楽浄土に往生して仏になろうという易行の教えであり、それは当時の日本社会の中では、万人個々の平等な魂の救済をめざすとび抜けて革新的な仏教であった。わが国で古来想定されていた死後の黄泉《よみ》の国は、人間界とは山・海によって隔てられ、あるいは暗い地下にあるという忌わしい穢《けが》れの世界であった。陸奥・出羽の地域において、そのような民俗的な死後の観念に浸された人々にとって、あるいはまた因果応報によって、人は閻魔王《えんまおう》の前で生前の造寺造仏等の作善のみによって判決されるという伝統仏教の知識を受け入れはじめたばかりの人々にとって、空也の教えは容易に信じ難いものであったのは当然である。

空也が奥羽地方を巡歴中であったと考えられる承平《しょうへい》五年（九三五）二月、平将門《たいらのまさかど》が陸奥の隣国で伯父の常陸大掾《ひたちのだいじょう》（国の第三等官）平国香《たいらのくにか》等を殺害し、以後五年間東国を戦乱に巻き込む将門《まさかど》の乱《らん》が始まった。その中間にあたる天慶《てんぎょう》元年（九三八）の彼の還京を促した大きな理由が、この戦乱であったと考えられる。それまでの彼の奥羽巡錫はおそらく数年間にわたり、行路の途次に彼は各地で念仏の唱導を行うに並行して、優婆塞時代に行ったように道路を補修し、井戸を掘り、橋を架け、委骸を供養しながら、庶民に仏教の福音を伝えようと懸命の努力を続けた。しかし共同社会的な土着信仰の強い辺境の庶民に、彼の革新的な念仏がどれだけ浸透したかは疑問であり、彼の還京はその布教の限界を示すものでもあったと考えざるをえない。

愛宕の聖

『誄』は陸奥・出羽巡錫の記述に続けて、空也が天慶元年（九三八）以来平安京に還って市中に念仏を弘めたと記している。しかし空也三三歳の承平五年（九三五）にはじまった将門の乱の推移からみても、承平八年の五月に改元された天慶までには若干の空白があるように思われる。そして鎌倉時代に成立した『閑居友《かんきょのとも》』等の説話には、空也が京に現れる以前に山中で修行していたことを記すものがあり、時期は不明であるが、場所はいずれも洛北の愛宕山《あたごやま》周辺のこととしている。その一つが、紫式部が『源氏物語』宇治十帖の中の「東屋《あずまや》」の巻で書いた「愛宕《あたご》の聖《ひじり》」を、三百年以上も後の従二位左中将の国学者、四辻善成《よつつじよしなり》が『河海抄《かかいしょう》』で「空也上人の事か」と註釈しているることで、それはあくまでも創作とその解釈の世界のことではある。

「東屋」では、源氏の子として育てられた二六歳の右大将薫《かおる》が、叔父の宇治八の宮が侍女中将の君に生ませた浮舟《うきふね》への恋の仲立ちを、八の宮家に仕える弁《べん》の尼《あま》に依頼し、尼がその使いに宇治から京に出ることをためらうのに対して、次のような会話でその尻を押している。

愛宕の聖だに、時にしたがいては、出でずやはありける。深き誓いを破りて、人の願いを満《み》て給《たま》はんこそ、尊《とうと》からめ

この部分について、南北朝時代の貞和《じょうわ》初年（一三六二〜六八）に『源氏』の注釈書として書かれた『河海抄』の中で、善成は次のように記している。

愛宕の聖とは空也上人の事か。かの山の縁起にいわく、空也上人、清水寺において誓願を発《おこ》していわく。念仏の行、いずれの所にしてか慈尊《じそん》（弥勒菩薩）の出世にいたるまで相続する霊地たるべきと祈念せられけるに、観音告げ給わく。愛宕山月輪寺《つきのわでら》はこれ補陀落山《ふだらくさん》に同じき浄土なり、魔界跡を断ち聖衆影向《しょうじゅようごう》の所なり、かの所においてこの行を始むるべし（『増補京都叢書』七『山城名勝志』）

愛宕の聖を空也に比定する善成が証拠として示したのが、愛宕山中腹の東北部にある月輪寺の古縁起で、そこには空也が清水寺の観音のお告げに従って愛宕山に上り、多年練行した後に洛中に念仏の行を弘めて、諸人を度《ど》したと記されているという（写真）。

江戸時代の正徳《しょうとく》元年（一七一一）に書かれた大島武好《おおしまたけよし》の『山城名勝志《やましろめいしょうし》』には、右の古縁起の話の続きとして、空也が山中で修行中に不思議の化女《けにょ》が来て、「上人の誦経の軸の中に必ず仏舎利《ぶっしゃり》がありますから私に下さい」といって姿を隠した。果たして舎利を得たので三日後に現れた化女に授けたところ、「私は山中の寒蟬《ひぐらし》の瀧の竜女《りゅうにょ》です。仏舎利を頂いて熱風に身を焼かれるなどの竜《りゅう》身《じん》の三熱苦《さんねつく》を免れることができました。何をお礼にいたしましょうか」といわれ、空也は水のない山中に水の出るようにと告げたところ、竜女はたちまち山の石を割って水が出るようにした。その水は今でも尽きることがないと記されている。ここに素材を提供している古縁起から室町時代に創作されたのが、観世信光《かんぜのぶみつ》（一四三五～一五一六）の夢幻能『愛宕空也《あたごこうや》』である。

愛宕山月輪寺（京都市右京区）

これらとの関連を想像させる史料が、『本朝世紀《ほんちょうせいき》』天慶二年閏《うるう》七月一日条の、「修行僧空也、坐禅練行の事、委《くわ》しくは伝に載れり。文殊の化身云々」という記事である。これを書いた藤原通憲《ふじわらのみちのり》（?～一一五九）は平安末期の官人学者で、依用したとする「伝」も未詳であるため、「天慶二年」という記述を含めて、すべて正しい情報といえるか疑問の余地はあろう。「文殊の化身」とまで評される坐禅練行は、愛宕の山中での集中的な修行であったように思われるが、あるいは平安京の市の中で乞食行の一方で、決然として坐禅行の姿を人々に示し、それ故にこそ「文殊の化身」と人々の噂に伝えられたということかもしれない。

名古屋市真福寺《しんぷくじ》に蔵される『空也誄』は、鎌倉末期の写本とされているが、その奥書の末尾には別筆で、「愛宕山東面の月輪寺の毎月十五日の念仏は、上人が始めたものである」と付記されている。これは江戸時代の『空也上人絵詞伝《えことばでん》』に描かれている、愛宕山上の道俗とともに空也が『法華経』を誦し、念仏を共に称える風景に通じる情報であろう。月輪寺には若年の修行中といわれる空也上人の念仏遊行像が伝来しており、口から阿弥陀仏の小像六体を左右二列に分けて吐き出している。そして麓に近い谷川には『山城名勝志』に記された寒蟬《ひぐらし》の瀧が、念仏修行者の行場として今もあって空也瀧と呼ばれているが、それは「坐禅練行」の地にふさわしい山中の霊気をただよわせている。

山中ものさわがし

この山中のことと考えられる空也の行状が、承久《じょうきゅう》四年（一二二二）に慶政《けいせい》の著した『閑居友《かんきょのとも》』に、「空也上人、あなものさわがしやとわびたまう事」として、次のように記されている。（『続群書類従』九五四より口語訳）

昔、空也上人が山中におられたが、いつも「ああ物さわがしい」とおっしゃっていたので、大勢の弟子達もつつしんでいたところ、ある時かき消すように姿が見えなくなった。探しても見つからないので、そのうちに弟子達は散り去ってしまった。ある弟子が用事があって市に来てみると、汚い薦《こも》をめぐらした中に空也上人がいて、その前には頂きものの食物などを並べていた。弟子が問うと、空也は「元のところでは弟子達をはぐくもうと思いめぐらし、心のうちは物さわがしかったが、この市の中では心の散ることもなく、一向にすばらしい。仏を観念するにふさわしい所で、心は静かでいられる」といわれたので、弟子も涙を流したという。

慶政はこの文に続けて、「空也上人の事、伝には延喜御門《えんぎのみかど》（醍醐天皇）の御子《みこ》ともいい、また水の流れより出《い》でき給える化人《けにん》なりとも侍《はべる》めり。そのふるまい、まことにあわれにありがたく侍《はべる》」と記している。これは空也醍醐天皇皇子説の初出である。

『閑居友』の物語は、その二〇数年後に書かれた『撰集抄《せんじゅうしょう》』の中で、「されば、空也上人も、まちの住居《すまい》はこころすむと侍り……我はまことの心にしづまりて、ふかく他の爲にあけくれ法をとき給へりける、げに貴くぞ侍る」と受けとめられている。さらに五〇年ばかり後に無住道暁《むじゅうどうぎょう》（一二二六〜一三一二）の著した『雑談集《ぞうだんしゅう》』では、「空也上人、四条の町におわして、念仏して静かなる所と申されけるとかや。深山に入り籠る人は小隠《しょういん》なり。これ聖人なり」と、白楽天の「大隠は朝市に隠《かく》る」の言葉をふまえて、空也を評価している。それは江戸初期の石井元政の『扶桑隠逸伝《ふそういんいつでん》』にも継承され、「市中は無事にして、一盂《う》（深い皿）にておのずから足れり」といい、また「空也が徒衆を避けたのは、まことに空也らしい」として、隠逸者の先達と認めている。

これらはいわば説話化された伝承である。しかし空也の山中での修行と、「苦の世俗」（『誄』）の待つ市中への転進の経緯と心情を、伝記以上にあざやかに描いている側面も認めていいのではなかろうか。また『閑居友』が記す空也の「観念たよりあり、心しずかなり」の言葉は、空也に口称《くしょう》の称名とともに、阿弥陀仏の極楽浄土を心想に描き念ずる観念の念仏の側面もあったことを示し、それは後に『誄』が市中での空也が阿弥陀仏を観想して歌をよんだと述べているところに契合している。そして一遍が弘安《こうあん》七年（一二八四）に空也の遺跡である東市の市屋道場で踊り念仏を行った際に口ずさんだとして、『一遍聖絵《いっぺんひじりえ》』に書きとめられた空也の「文」（原漢文）の、

名を求め衆を願いとすれば、心身疲れ、
功を積み善を修せんとすれば、希望《けもう》多し。
如《し》かず、孤独にして境界なきには、
如《し》かず、称名して万事を抛《なげう》たんには。

という言葉には、慶政の伝えた説話そのままの空也の心情が吐露されており、むしろ説話はこの文から潤色されたのではないかと想われるほどである。

このような状況において、三十代半ばまでの遍歴と求道の時代を終え、市聖《いちひじり》としての空也の平安

京の市中《いちなか》での念仏勧化が始まる。

2　阿弥陀聖の市中勧化

平安京

『空也上人誄』は、遍歴求道の前半生を終えた三六歳の空也が、「天慶《てんぎょう》元年（九三八）以来、還《かえ》りて長安に在《あ》り」と記している。その平安京は一四四年前の延暦《えんりゃく》一三年（七九四）に、中国唐の長安城を範として桓武《かんむ》天皇の構想によって造られ、東西と北方に山の峰がつらなり、東西の端は南北に流れる鴨川と桂川にはさまれた、山河襟帯《さんがきんたい》（山河に取り囲まれた要害）の都であった。東西と南北それぞれ約五キロの方形の区画の中央北部には、皇居と中央政庁を集めた大内裏《だいだいり》がおかれ、それから南限の羅城門《らじょうもん》にいたる朱雀大路《すざくおおじ》の左右が、東の左京と西の右京に二分された。その中は碁盤型に整然と区画され、内裏に近い北部には親王・諸王・大官等の第《てい》が広大な敷地にいとなまれ、さらに中下級の官人・貴族の邸宅から、その家人《けにん》や百姓《はくせい》といわれた農・工・商の庶民の住居が続き、それぞれの南部の七条大路に接して、市民生活の資を供給する東西の市《いち》が公設されていた（図）。

都として構想された平安京には、中央行政組織の整備や政治経済活動の発展に伴って次第に人口が集中し、市中の治安維持のために弘仁《こうにん》六年（八一五）には検非違使《けびいし》が設置され、左右両京の行政を担う京職《きょうしき》は道路清掃や汚物管理も行い、その下には市を管理する東西の市司《いちのつかさ》も置かれていた。人口の集中は大量の消費とともに、汚物・死骸等の大量発生ももたらし、疫病《えやみ》（悪性の流行病）の発生は

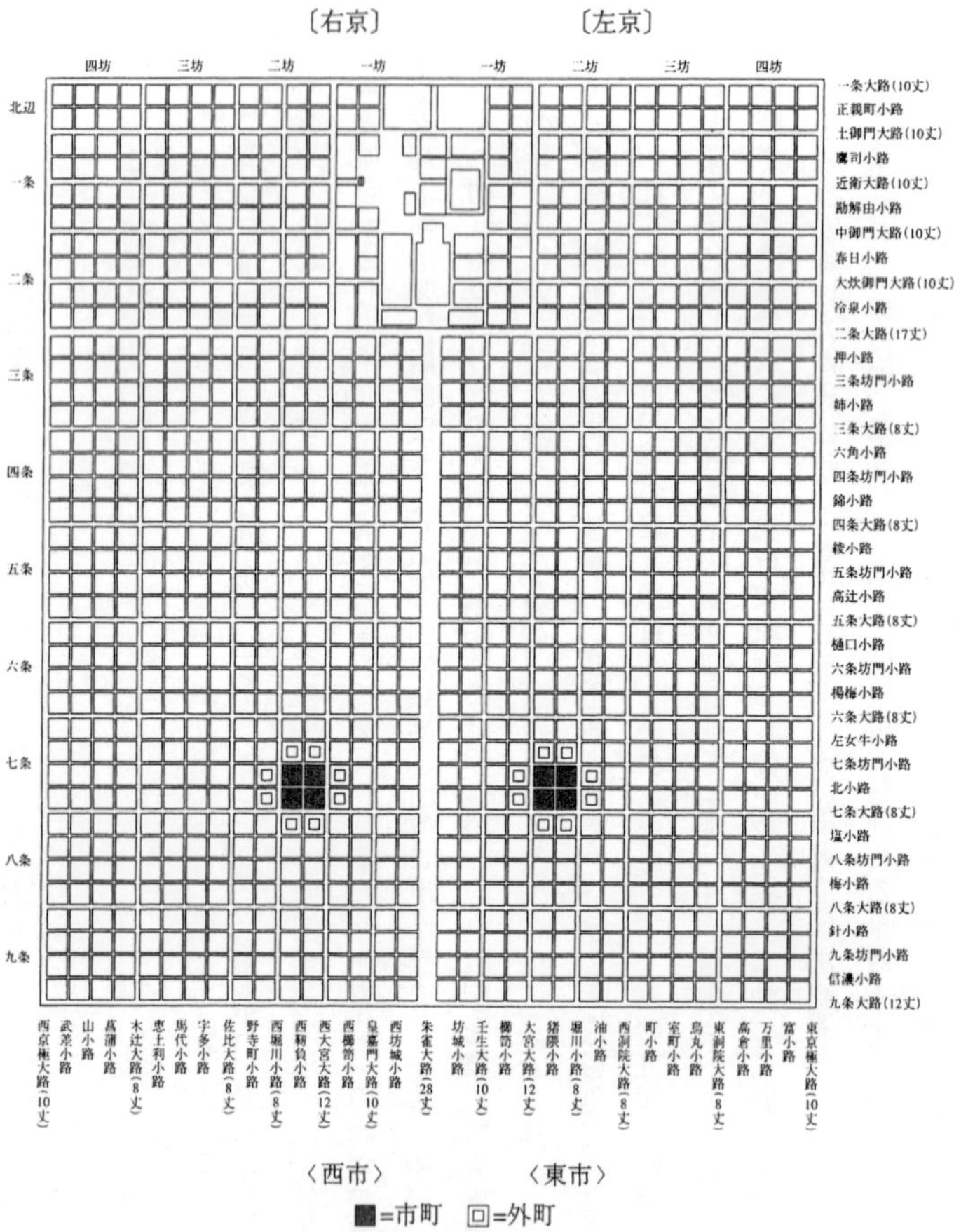

平安京条坊図と東・西市の位置
(『平安時代史事典』(角川書店)にもとづき作成)

しばしばであった。それは疫病の神のもたらすものと信じられ、死霊《しりょう》・生霊《しょうりょう》などの物《も》の怪《け》が怖れられ、死や血の穢れが忌避された。その中で上下の人々に呪術的な観念が肥大化し、高僧による密教の修法《すほう》から山中修行の験者《げんざ》による呪験《じゅげん》・調伏《ちょうぶく》などが尊ばれた。

貞観《じょうがん》五年（八六三）五月に清和《せいわ》天皇の勅によって始められた神泉苑《しんせんえん》の御霊会《ごりょうえ》は、「近年疫病が頻発して死者が多いのは御霊の災い」であるとして、かつて権力争いの犠牲とされた桓武天皇の同母弟早良《さわら》親王や、冤罪で伊豆に配流の途中で絶命した橘逸勢《たちばなのはやなり》等の死霊を慰めるために行われたものであった。そこでは『金光明経《こんこうみょうきょう》』と『般若心経《はんにゃしんぎょう》』が講読され、雅楽寮の楽人の演奏によって天皇に近侍する児童や良家の子弟が舞を舞い、さらに相撲・騎射・走馬・遊芸なども行われ、四方の門は開放されて市民に自由に観覧させるという、さながら平安京始まって以来の一大祭典で（『三代実録』七）、以後疫病の流行等に際して各地で行われるようになった。

空也が還った天慶元年の平安京は、三年前に東国の常陸で始まった平将門《たいらのまさかど》の乱、二年前に西国の伊予で始まった藤原純友《ふじわらすみとも》の乱の報が断続的に届き、朝廷は追捕使《ついぶし》を任命して追討の軍を派遣し、また京の内外の社寺に賊の平定を祈る祈願・祈禱の使を送るなど、混乱と不安につつまれていた。加えて四月から地震が六月まで続発し、大雨のため鴨川が氾濫して多数の人家が流失するなどの災害も続出、それらの災厄を避けるため承平《しょうへい》八年五月末に改元して、天慶《てんぎょう》と改められた年であった。しかし改元の後も地震や水害は続き、貴賤上下の市民に不安な情勢は一向に改まらず、その中で人々はかり立てられるように神仏に救いと安心を求めた。

藤原通憲《ふじわらのみちのり》（信西《しんぜい》）の『本朝世紀《ほんちょうせいき》』天慶元年九月二日の条には、この頃京中に祀られた異様な岐《ちまたの》神《かみ》について、次のように記されている。

近日、東西両京の四つ辻に木を刻んだ神像が向い合って安置されている。男像は頭に冠をのせて赤く塗られ、相対して女像が立ち、それぞれの臍《へそ》の下には男根と女陰が刻まれている。児童らはふざけて丁寧に礼拝し、幣帛を捧げたり香花を供えている。これを岐神《ちまたのかみ》とか、御霊《ごりょう》とか称しているが、何のしるしかわからない。人々もあやしんでいる。

疫病や災害を避けようとして国が行った御霊会に対して、こちらは庶民の自然発生的な発想によって、同様な鎮災の呪法をより直接的に行っている。

鳥越憲三郎《とりごえけんざぶろう》氏は弥生人の先祖を倭人といい、これに属する中国雲南省から南方に住むアカ族に伝わる悪霊除けの風習を紹介しているが、それは稲作の始まる時期に村の入口と出口に木の門を建て、門柱の根元にヤダ・ミダと呼ぶ男女二体の先祖像を置くものという。像は自然木の股木で作り、股にはそれぞれの性器が彫られ、村に侵入する邪霊を駆逐する呪具とされる（『古代朝鮮と倭族』中公新書）。岐神もまた、不穏な平安京の市巷に突然浮上した、同系統の民俗的呪術であり、邪霊の侵入を除く塞《さい》の神の一種であったと考えられよう。

そのような天慶元年の平安京に還ってきた空也の市中勧化のはじめについて、『誄』は次のような事がらを記している。

平安京の市

その始め、市店に乞食《こつじき》し、もし得《う》るところあれば、みな仏事を作《な》し、復《ま》た貧患《ひんかん》に与う。故に俗は市《いちの》聖《ひじり》と号《なづ》けり。また尋常《つね》の時、南無阿弥陀仏と称《とな》えて、間髪《かんはつ》を容《い》れず。天下また呼んで阿弥陀聖《あみだひじり》となせり。是《ここ》において東西二京の、水《み》処《ず》なき処に井を鑿《うが》てり。いま往々号《なづ》けて、阿弥陀井となすは是《これ》なり。

源 為憲《みなもとのためのり》の文章はここでも空也の行業《ぎょうごう》の外面だけを述べて、その心については何もふれていない。三善為康《みよしのためやす》の『六波羅蜜寺縁起』では、『誄』の「市店に乞食し」の部分を「市店に隠跡して乞食し」という言葉で、『閑居友』が述べている「あやしの薦《こも》ひき廻したる中に」あって、「観念たよりあり、心しづかなり」と言ったという空也の風情をわずかにしのばせている。そして『撰集抄』が記していたように、「我はまことの心にしづまりて、ふかく他のためにあけくれ法を説」いた空也の外面に現れた部分のみが、『誄』に記された彼の行業であった。それは、不安な日常生活に悩み苦しむ人々を念仏の教えによって何としても救おうという強い決意を秘めて、あえて閑適の山中から騒々しい市中に居を移した空也の、歴史的な念仏勧化のはじめの姿であった。

平安京の東西の市《いち》は、延暦一三年（七九四）一〇月二二日の遷都に先立って、七月一日に長岡京の東西の市人を新都の店舎に移して発足しており、都市の生活を支える基盤としてそれが不可欠のものであったことを示している。東市《ひがしのいち》は東西に走る七条大路《しちじょうおおじ》と、南北の猪隈小路《いのくまこうじ》が交差する地点の北側に四町の市町、周辺に八町の外町が置かれ、朱雀大路《すざくおおじ》の反対側に相対して西市《にしのいち》が設けられた。『延喜式《えんぎしき》』では東市に五一店、西市に三三店が置かれ、米・塩・油・魚・糸・針など一七種の生活必需品は東西共通に売られたが、次第に西の右京が荒廃していくのを防ぐため、承和《じょうわ》二年（八三五）からは綿・木綿・麦・馬など三四種は東市だけ、絹・麻・土器・未醤《みそ》・牛など一六種は西市だけの独自の商品とされた。

しかし西の右京が低湿地という地形的な条件等から早くも九世紀半ば頃から衰退に向い、公設の市としての役割は次第に東市だけが果たすようになっていた。時代は四〇年ほど後の天元《てんげん》五年（九八二）に、『日本往生極楽記』の著者である慶滋保胤《よししげのやすたね》は『池亭記《ちていき》』の中で、「西京《せいけい》は人家漸く稀にして、ほとんど幽墟《ゆうきょ》にちかし。人は去ることありて来ることなし。屋《いえ》は壊《やぶ》ることありて造ることなし」と、右京の衰退を記している（『本朝文粋』一二）。醍醐《だいご》天皇の皇子で安和《あんな》の変《へん》に大宰府に左遷された源《みなもとの》高明《たかあきら》（九一四～九八二）の『西宮記《さいきゅうき》』は、空也の時代より少し後のことと思われるが、東西の市で毎年五月と一二月に罪人に首枷《くびかせ》を着ける着鈦政《ちゃくだのまつりごと》について、「先例は上《かみ》一五日は東市で行い、下《しも》の一五日は西市で行うのであるが、年来東西（西市か）はすべて人無きによって、ただ東市においてこれを行う」と記している（『西宮記』一三、『改定史籍集覧』一八）。

市《いち》は平安京を管轄する地方官である左右の京職《きょうしき》の下位官、東西の市司《いちのつかさ》が管理する公設の市場で、市店の人々は毎年戸籍に登録し、地代を官に納め、店には名札を立てて店名を示し、決められた商品以外を扱うことは許されなかった。市民生活を支える商品販売の活動は保護されたが、人々が集まり行きかう巷として、市中での治安を乱す行動は市司の役人や検非違使によって厳しく阻止されていた。すでに遷都二年後の延暦一五年（七九六）七月には、越前国の出身で越優婆夷《こしのうばい》と呼ばれていた女が、市店で妄《みだ》りに罪福《ざいふく》を説いて百姓《はくせい》を眩惑《げんわく》させたという罪で、本国に送り返されるということもあった（『日本後記』五）。

それは奈良時代に定められた『僧尼令《そうにりょう》』の第五条で定める、僧尼が寺院外で別に道場を立て、衆を集めて教化し、また妄りに罪福を説く者はみな還俗させるという禁制に準じる統制であったと同時に、市の秩序を維持するという行政的な処罰であった。越優婆夷が説いた罪福が何であったか、その場所が西か東かなどは不明であるが、空也が念仏を説いた市が東市《ひがしのいち》であったことは、当時の状況や、次に『誄』が記す卒塔婆建立の場所から明らかである。

市の聖

『誄』は平安京に還った当座の空也が、「市店に乞食《こつじき》し、もし得るところあれば、みな仏事を作《な》し、また貧患に与う。故に俗は市聖《いちのひじり》と号《なづ》けり」であったという。乞食は沙弥としての空也が奥羽巡錫から続けて行った頭陀行であり、その場が人々で賑わう東市の店々であったということになる。在家から食を乞い求めて自らの生命を維持し、その布施者に仏法と僧を支える功徳を施すという托鉢の行で、空也は得たものを資として仏事を行い、また貧者や病者に与えたという。そこで行った仏事は、自他とともに称える念仏行であり、また『誄』がこれ以後に記しているように、次第に随順する人々を増やして知識を勧進し、造塔・造仏へと発展していく仏事を視野に入れての表現であろう。そのような空也の行動の積み上げの上に、やがて人々が彼を「市聖」と呼ぶようになったのはごく自然の成り行きであったと考えられる。

聖《ひじり》とはまず民間教化者であり、予言・治病・除災・鎮魂などの卓越した能力によって庶民を導く者であった。無一物の乞食沙弥としての空也は、凡下《ぼんげ》悪人にも後世《ごせ》の救いとなる易行の念仏を説き、ひたすら利他の行を進める中で、おのずから周囲に「聖」としての尊敬を集めていったのであろう。その歴史的社会的背景について井上光貞氏は、この時代における僧尼令的仏教統制の解体と律令的農村の変貌によってもたらされた、民衆教化者の活動の自由化と布教対象の変質が聖の宗教活動に好都合な環境を作り出したとして、これを象徴するごときできごととして空也聖の登場をあげ、「単に念仏聖の台頭という面ばかりではなくて、民間布教者の活動が史上に力強く登場した歴史を示すものとして一層注意に値する（『日本浄土教成立史の研究』）」と認めている。

民間布教者である空也の活動が「史上に力強く登場した」と評価される実体は、東市での細々とした一個の乞食沙弥の活動が、やがて人々の共感と支持を拡げて市町には彼の開基した市堂が建てられ、東山には知識勧進によって壮麗な仏像群が造立され、鴨川原では「天下の壮観」といわれた金字大般若経供養会が行われるなど、「世を挙げて念仏を事とする」に至った彼の生涯の仏道を通じての業績であろう。同様に、『誄』は空也への世人の「市聖」「阿弥陀聖」の称号を還京の記事の頭初に記しているが、そのような「聖」としての評価は、彼の営々と積み上げていった業績の上におのずから与えられ、定着していったものと考えるべきであろう。

市聖空也のいま一つの行業として、『誄』は彼が水の不便な所に井戸を掘り、それは今も阿弥陀井として東西二京のところどころにあると記している。優婆塞として各地を巡っていた少壮の時代にも、彼は「杖を投じて、もって水脈を決」して、利生のため井戸を掘る活動も行っていた。源為憲がここで空也の掘った阿弥陀井が往々にして見られると述べているのは、それだけ空也の社会奉仕的な活動の跡が、同時代の平安京の中に目に見える形で存在していたということであろう。行基の場合と同様に考えることは無理であろうが、彼の行動にも協力し参加する人々があったことが想像される。平安京は度々洪水に見舞われた反面、日照りが続けば水不足の悩みも深刻であった。雨乞いのための請雨《しょうう》の祈禱も、天長元年（八二四）六月に空海が大内裏《だいだいり》の南の神泉苑《しんせんえん》で、善女竜王《ぜんにょりゅうおう》を勧請《かんじょう》して修法を行い、その功によって少僧都に任じられ（『日本高僧伝要文抄』）て以来、干害の度に催されていた。

その平安京の中に空也が掘った阿弥陀井の趾を見つけることはできないが、第一章でもふれたように、南都興福寺に彼の掘った井戸が平安時代の末期にも清涼な水を湛えていたという記録があり、これについては後に空也と興福寺とのかかわりに関して、まとめて見ることにしたい。

阿弥陀聖

『誄』は市聖空也が同時に、「尋常《つね》の時、南無阿弥陀仏と称《とな》えて、間髪《かんはつ》を容《い》れず。天下また呼んで阿弥陀聖となせり」であったというが、この一行は『誄』が書き残したもっとも重要な記録であるといってもよかろう。この点にこそ、鴨長明が「我が国の念仏の祖師と申すべし」と述べた、阿弥陀聖の始祖としての空也の本領があった。

「南無」とは、唐の飛錫《ひしゃく》が説いていたように「帰命《きみょう》」であり、阿弥陀仏に「帰依する」という願生《がんしょう》者《しゃ》の発願《ほつがん》の表明である。続けて「阿弥陀仏」と仏名を称える「南無阿弥陀仏」は、「阿弥陀仏に帰依し奉る」という言葉の中に往生への願いと行を含み（願行具足《がんぎょうぐそく》）、これを名号《みょうごう》という。名号《みょうごう》を称えることは、阿弥陀仏の慈悲を仰ぎ、その極楽浄土に往生することを願う浄土教のもっとも基本的な行儀であり、今日では念仏といえば称名を指すという理解が一般である。しかし第二章で見たように、智《ち》光《こう》においても口称《くしょう》の念仏は無力者の次善の念仏であり、心に阿弥陀仏の仏身と仏智を念ずる心念（観念）より劣ったものとされていた。空也より九歳年少の叡山浄土家良源《りょうげん》（九一二～八五）もまた、阿弥陀仏が仏になる前の法蔵比丘《ほうぞうびく》の時に立てた四八の本願のうち、臨終には聖衆《しょうじゅ》の来迎《らいごう》にあずかる第一九願の修諸功徳《しゅうしょくどく》の往生のほうが、往生者が深妙《じんみょう》の菩提心を持つものとして、第一八願の念仏往生より一段と高く評価している（『極楽浄土九品往生義』）。

そして法然（一一三三～一二一二）が善導《ぜんどう》の『観経疏《かんぎょうしょ》』の、「一心に弥陀の名号を専念して、行住坐臥、時節の久近《くごん》を問わず、念念に捨てざる者は、これを正定之業《しょうじょうのごう》と名づく。かの仏願に順ずるが故に（『大正蔵』三七・二七二中）」という、称名の念仏こそ阿弥陀仏の本願にかなう最も正しい行であるという説によって、平安時代末の承安《しょうあん》五年（一一七五）に専修念仏に回心《えしん》した以後でも、これを異端とする批判は止むことがなかった。元久《げんきゅう》二年（一二〇五）に興福寺の衆徒が専修念仏の停止《ちょうじ》を官に求めた「興福寺奏状《こうふくじそうじょう》」の中で、起草者の貞慶《じょうけい》（一一五五～一二一二）は、「口に名号を唱うるは、観にあらず、定《じょう》にあらず、これ念仏の中の麁《そ》なり浅《せん》なり」として、「観念をもって本《もと》とし、下《しも》口称におよび、多念をもって先として、十念を捨てず」と、観想の念仏や口念であれば多念を優位とする思想を変えていない（『続・日本仏教の思想』3「鎌倉旧仏教」岩波書店）。

念仏往生の教理を大成した善導は、実践的な行儀の書として撰した『往生礼讃偈《おうじょうらいさんげ》』の中で、念仏を行うにあたって実行すべき四つの修法を勧めている。その一は恭敬修《くぎょうしゅ》で阿弥陀仏を恭敬礼拝すること、その二は無余修《むよしゅ》で専ら阿弥陀仏名を称えること、その三は無間修《むけんしゅ》で念念に継続して他の業をまじえないこと、その四は長時修《ちょうじしゅ》で生涯を期限として中止しないことの四修《ししゅ》である。そして、阿弥陀仏は衆生を憐れんで名号の専称を勧め、称名は易しい故に継続すれば往生することができ、上限は一生涯、下限は一声でも称名すれば、阿弥陀仏の本願の力によってたやすく往生でき、念々に継続して臨終まで念仏する者は十人が十人、百人が百人往生できると断言している（『大正蔵』四七）。既述のように『往生礼讃偈』は、飛鳥時代の入唐僧道昭《どうしょう》が善導の在世中にわが国に将来して写経所でしばしば写経されており、空也が峯合寺の一切経蔵でこれを学んだことによって、「間髪を容」れない市中における彼の念仏行が形成されたとするのが、もっとも自然な推移であったと考えられる。

同時に、既述した飛錫《ひしゃく》の『念仏三昧宝王論《ねんぶつざんまいほうおうろん》』でも、飛錫は自分の口から出入する息を念珠として、行住坐臥つねに呼吸に随って名号を称え、寝る時は口中に仏を含ませて休み、覚めればまた続けたので、夢の中で必ず阿弥陀仏に見《まみ》えることができたと述べている。一方でまた、一念で往定は決定《けつじょう》し、一念の称名で宿業の罪を滅ぼし、臂を曲げる短い時間の間に極楽に登ることができるから、どうして十念まで称える必要があろうかともいっている（『大正蔵』四七・一三八中）。前述のように、空也が峯合寺で飛錫の『宝王論』を学び、以後の行業に大きな影響を受けていることは疑いない。

天慶の時代に『誄』が証言したような念仏を空也が実践し得たということは、彼が想像を絶する集中と直観によって称名の意義を独自に覚り、いくつかの経論によってこれを検証・吟味して、確信に深めていたからこそ可能であったのだと考えられる。彼の行業と浄土の経論を整合的に統合して理解しようとすれば、市中の阿弥陀聖の念仏を支えた教えは、右の二書から導き出されたとしか考えられず、それは後にみる一遍の持文であった「空也の文」が証明している。まったく無師独悟の経歴の中から、絶えず口に「南無阿弥陀仏」と称え、人々にもその易行の念仏を勧めた空也を、世の人々は「阿弥陀聖」と呼んだという。伊藤唯真氏の言われるように、念仏によって民衆を勧化した例は空也以前には見出せないのであり（『聖仏教史の研究』上、法藏館）、「阿弥陀聖」という呼称は空也にはじまり、これを歴史に証言したのが為憲の書いたさきの『誄』の文章だったのである。

市中《いちなか》の空也において、市聖と阿弥陀聖の両面はおのずから一体のものであったが、『誄』はその空也が市の門に一基の卒塔婆を建てたことについて、次のように記している。

囚門の卒塔婆

その年、東都の囚門《しゅうもん》に、卒塔婆《そとば》一基を建てたり。尊像は眩《まばゆ》く耀《かがや》きて満月のごとく、宝鐸《ほうたく》は錚鏦《そうそう》として風に鳴る。若干の囚徒、みな涙を垂れて曰《いわ》く、図《はか》らずも尊容《そんよう》を瞻《み》て法音を聴く、善《よ》きかな抜苦《ばっく》の因を得たりと。

「その年」が、天慶元年以後のいつの年であったかはわらかない。『六波羅蜜寺縁起』では、ただ「又」と記している。平安末期成立の『打聞集』には、「公野聖《くやひじり》は東市門《ひがしのいちかど》に八尺の石の卒塔婆を建てた。盗人に鉗《かなき》をはかせる所だから、その罪を滅しようとして建てたのだ」と記され、さらにその五〇年後の寿永《じゅえい》二年（一一八三）に顕昭《けんしょう》の書いた『拾遺抄註《しゅういしょうちゅう》』には、「市門は七条猪隈である。市まつりのある所である。著鈦祭《ちゃくだのまつり》である。その市に石の卒塔婆がある。空也上人がたてたものである」と記されている。一介の乞食沙弥が、市司《いちのつかさ》の管理する市の門前にそのような塔を建てることができるまでには、何年かの市中での活動が評価された後のこととすべきであろう。また『誄』は何も記していないが、この場合も建立の費用を調達するため、後にしばしば行ったような知識勧進の形がとられたものであろう。

市は京職《きょうしき》に直属する市司《いちのつかさ》によって管理された公的な市庭《いちば》であったと同時に、囚獄と刑場の機能も具えていた。『延喜式《えんぎしき》』二九の「刑部省《ぎょうぶしょう》」の規定では、刑を宣告された罪人は囚人や獄舎を管理する囚獄司《しゅうごくし》に渡され、罪の軽重に従って左右の獄または市で刑の執行を行うと定められていた。執行の日には刑部省の官人の下、囚獄司の官人と物部丁《もののべのてい》（武器を持って獄を守り、刑の執行にもあたる）が市司に行き、市の人々を呼び集めて市司の南門に並び、集った人々に刑の執行を見させた。これは律による刑罰のうちの笞《ち》・杖《じょう》・徒《ず》・流《る》の四刑の場合であるが、極刑の死刑も同様に市司の南門前で執行される定めであった（『新訂増補国史大系』二六）。

ただし石井良助氏は、「刑種としての死刑は、かつて廃止されたことはないのであるが嵯峨《さが》天皇の弘仁《こうにん》元年（八一〇）に藤原仲成《ふじわらのなかなり》が誅《ちゅう》された後は、朝廷ではたとえ死刑と判決されても、別勅をもって一等を減じて、遠流《おんる》に処する旨の慣例を生じ、後白河天皇の保元《ほうげん》元年（一一五六）に藤原通憲《ふじわらのみちのり》の請により、源為義《みなもとのためよし》等にこれを科すまで、二十六代三四六年間、実際上、死刑が執行されることがなかった（『日本刑事法史』創文社、一九八六）といわれる。それはおもに怨霊の怖れからであったとされるが、この間でも下級の者で死刑に処せられた例はあるともいわれる。

『打聞集』が東市門を「盗人に鉗《かなき》をはかせる所」、『拾遺抄註』が「著鈦祭《ちゃくだのまつり》」の行われるところと述べているのは、毎年五月と一二月に東西の市で行われる検非違使《けびいし》の儀式である著鈦政《ちゃくだのまつりごと》を指している。それは市政《いちのまつりごと》とも呼ばれ、徒《ず》刑の未決囚に判決を言い渡し、放火・私鋳銭《しちゅうせん》・強姦等の罪人には鉄の足枷《あしかせ》である鈦《だ》を著け、その他の雑罪犯には木製の首枷《くびかせ》である盤枷《ばんか》をつけて服役させるもので、同時に笞《ち》・杖《じょう》罪の刑の執行や、既決囚の釈放も行われ、それを人々に見物させて見せしめとするものであった。西市の衰退のため十世紀末には東市だけで行われるようになるが、空也の時代には東西両市で、『西宮記《さいきゅうき》』が記していたように五月と一二月の前半は東市で、後半は西市で行われていたものと考えられる。

平安京の東市《ひがしのいち》は現在の下京区七条堀川、竜谷大学の地域にあったが、林屋辰三郎氏は中公文庫の『町家』の中に、鎌倉時代の正応《しょうおう》五年（一二九二）以前に書かれたという「東市町正応五年前図《ひがしのいちまちしょうおうごねんまえのず》」を載せている。そこには、文治《ぶんじ》元年（一一八五）に壇ノ浦に入水した平清盛《たいらのきよもり》の妻二位殿《にいどの》の宿所や、治承《じしょう》四年（一一七九）に没している長男重盛《しげもり》の館《やかた》も図示されていて、実際には平安時代末期の東市の

町図を示しているものと解される。この図から平安末期の東市を再現しようとすれば、次頁の図を想定することができよう。（図）

ここには、市司の官衙である市舎《いちや》の東に、空也上人開基という市堂《いちどう》が示されており、その南西の外町にには空也が建てたところの石の卒塔婆が、いずれもまだあると示されている。

塔を建てることの功徳について『仏説造塔延命功徳経《ぶっせつぞうとうえんめいくどくきょう》』では、釈尊が長生きと菩提《さとり》のための最上の福を修めようとするなら、塔を造るにまさるものはないと説き、造塔の功徳は一切の衆生を愍《あわ》れみ救い、諸《もろもろ》の天神・善神が常に来て、影の形に随うごとくに守護してくれると説いている（『大正蔵』一九）。空也が獄舎の門でもあった市の門に卒塔婆を建てたのも、そのような造塔の功徳を獄囚や市に集う人々に施そうとする菩提心による行動であったと考えられる。

さらに『法華経』も受持していた空也としては、その「如来神力品《にょらいじんりきほん》」にあるように、修行する林中・樹下・僧房・山谷には塔を建てて供養すべきである。なぜならそこは即ち道場であり、諸仏はそこで法輪を転じ、そこで涅槃に入るのだ、という教えを守ろうとしたとも考えられる。一遍所持の空也の「文」も、口称三昧の市中を「これ道場」と述べている。

『誄』は空也が建てた卒塔婆には、仏像が刻まれていて満月のように輝やき、宝鐸は風に揺られてちんちんと鳴り、囚徒はみな「思いがけず仏の姿を拝し、仏の教えを聴いて、地獄に堕ちる苦しみを免れる善因を受けることができた」と、涙を流して感激したと記している。この卒塔婆の形態は平安後期に描かれた『餓鬼草紙《がきそうし》』の図（四頁）から想像するのが適当であろう。しかしこの卒塔婆の姿を

「東市町正応五年前図」
（林屋辰三郎著『町屋』より想定した平安末期の東市図）

見ただけで涙を流すほどの感激が、追いつめられた立場にあったとはいえ、果たして獄囚に感じられたのであろうか。

一念往生の救いの教え

空也の入滅から二四、五年後の長徳《ちょうとく》二〜三年（九九六〜九九七）頃に成立したという藤原公任《ふじわらのきんとう》（九六六〜一〇四一）の私撰和歌集『拾遺抄《しゅういしょう》』の巻十雑部下には、次のように空也の和歌一首が載せられている（『群書類従』巻一四六）。

市門にかきつけて侍ける　空也上人

一たびも南無阿弥陀仏という人の　蓮《はちす》のうえにのぼらぬはなし

空也入滅時に七歳であった公任は、空也の大般若経供養会に当時最高位の左大臣として結縁している実頼《さねより》の孫に当るが、平安末期まで存在していた空也の建てた石塔を実際に見る機会があり、そこに書き彫られていたこの歌をみて、『拾遺抄』の中に書きとめたのであろう。

『誄』の撰者となった源為憲は空也の同時代人として、この空也の歌を見聞する機会がなかったとはむしろ考え難い。しかし彼には、この歌に説かれている浄土教のもっとも重要な易行往生の要義について理解できなかったのか、あるいは「一念往生」の念仏を「麁《そ》なり、浅なり」と考えたのであろうか。この点は為憲と勧学会の同志であった慶滋保胤の場合も同類の趣がある。漢詩文の才に秀で和歌は生涯に四首しか詠んでいない（増田繁夫「慶滋保胤伝攷」）という保胤は、『日本往生極楽記』の序文にみずから、「口に名号を唱え、心に相好を観じ、行往坐臥暫くも忘れず」と、善導のいう長時修の念仏を告白している。六波羅蜜寺の供花会《くげえ》で、『法華経』の「一たび南無仏と称せば、みなすでに仏道を成ぜり」という偈について詠んだ詩の序でも、せっかく「一称」の意義を説いている経説に満足せずに、「自分は一心に余心なく、千唱また万唱する。この凡身を脱して覚りの位に登るに、何の疑いあろうか」と述べている（『本朝文粋』十）。彼が草した往生結社「横川首楞厳院《よかわしゅりょうごんいん》二十五三昧」の『起請文《きしょうもん》』にも、結衆《けつじゅう》が毎月一五日に念仏三昧を修するにあたって、まず『阿弥陀経』を六回読誦し、称名を百回行い、さらに礼拝の偈を唱える儀式となっている（『大正蔵』八四）。下品下生の悪人が臨終の一回の称名で極楽に救いとられようとするごときの念仏は、彼等の美学とは相応しなかったのであろう。

そのような自力《じりき》的修善を往生には必要とする考えは、保胤と交わりの深い源信僧都の場合はさらに著しい。彼が保胤の『起清文』を定式化《じょうしき》した『二十五三昧式』では、毎月一五日に行う念仏三昧で読誦する『阿弥陀経』は倍の一二回となり、称名はなんと二千余回と定められている（『大正蔵』同）。この結社の結衆の没年や経歴を記した『楞厳院二十五三昧結衆過去帳《りょうごんいんにじゅうござんまいけつじゅうかこちょう》』によれば、源信が七十二歳の長和《ちょうわ》二年（一〇一三）に書いた願文の中で、生前に修したとする行法は念仏二億九千万回、読誦した大乗経は五万五千五百巻、尊勝陀羅尼《そんしょうだらに》等の大呪の念誦が百万回、その他造像・写経・布施等の多数の作善を記している（平林盛徳『慶滋保胤と浄土思想』吉川弘文館、二〇〇一）。源信は『往生要集』の中でも、阿弥陀仏の相好（すぐれた姿）を観念（心の中に思いえがく）するのが正しい念仏であるが、それができない者は一心に称念すべきであり、それは念々に想い続けて寝ても覚めても忘れてはいけないと述べ、さらに『観経』下品下生の「具足十念、称南無阿弥陀仏」の経説についても、五逆罪の悪人は十念の称名によっても往生できるかどうか不定《ふじょう》（決まっていない）であり、ただの一念ではけっして往生できないと説いているのである（『大正蔵』八四）。

功徳作善を重ねてもなお、阿弥陀仏の極楽世界に往生するのは至難と考えられていた時代である。しかしそのような作善や常念によって、はたして何人の庶民が往生の願いを叶えられるというのであろうか。専修念仏をはじめた法然より二三〇年も早い一〇世紀半ばの平安時代に空也が東市で説いたのは、男でも女でも、賢人でも愚人でも、善悪貴賤老少を問わず、誰でも、一度だけでも南無阿弥陀仏と名号を称えれば、極楽の蓮の花の台《うてな》の上に往生できるという確信であった。既成仏教の救いの手の外に放置されていた凡下造悪の庶民にとって、このような空也の教えは暗夜の灯明のようにその心を照らし、それ故にこそ保胤が「世を挙げて念仏を事とした」という、小人愚女までもの念仏の普及が実現した。これこそが、「すべての人は成仏できる」という大乗仏教の真実の教えであるとすべきであろう。そして空也のこの歌こそ、日本浄土教の長い歴史の中でも画期的な、金字塔というべき易行往生の教えであるといわなければならない。

地獄は必定と恐れていた市獄の獄囚が、抜苦の因を得たとして涙を流したのは、まさにこの歌の教えに救いを与えられ、また空也から念仏の勧めを受けたからに違いない。それこそが獄囚の心にしみ透った、本当の「法音」であった。『法然上人行状絵図』第二七には、平家追討に軍功をあげ、一の谷の戦では平家の公達《きんだち》一六歳の敦盛《あつもり》の首を取った鎌倉武士の熊谷次郎直実《くまがいのじろうなおざね》が、出家して蓮生《れんせい》と名のり、法然の庵室に後世菩提の事をたずねた話が記されている。蓮生は法然の、「罪の軽重《きょうじゅう》をいはず、ただ念仏だにも申せば往生するなり、別の様《よう》なし」という教えを聞いてさめざめと泣いたという。その理由を法然に問われた蓮生は、「手足をも切り命をも捨ててこそ、後生《ごしょう》は助かるとおっしゃるだろうと思っていましたのに、ただ念仏だけでも申せば、容易に往生するぞと、お教え頂いて、あまりにうれしく泣けてくるのです」と答えたという（岩波文庫本・上）。念仏往生の究極の教えが、罪深い造悪の者の魂をいっきに救ったという風景は、二百年の時代を超えてまったく同一であった。

熊谷直実が一の谷で敦盛を討取った前年の寿永《じゅえい》二年（一一八三）に、歌人で厳密な註釈・実証の学者とされる顕昭《けんしょう》の著した『拾遺抄註』は、さきにも一部を引用したが、空也の市門の歌について次のように註釈している（『群書類従』巻二八九）。

市門《いちかど》とは七条猪隈《いのくま》である。七条町というのは誤である。市屋があり、市の祭りのある所である。著鈦祭《ちゃくだのまつり》である。夏冬二度ある。その市で盗人を訊問し、犯人は罰する。あまねく市で人が見て懲《こ》りるようにするためという。その小路の末を、古くは市門といった。今は北小路と名づけている。その市に石の卒塔婆がある。空也上人が建てたものである。その卒塔婆にこの歌を書き付けた。

この記述は、「東市町正応五年前図」とほぼ同時代の東市の現状を説明していると考えられる。いずれも、東市の市舎の南にあたる七条猪隈の外町に接して、空也が建てた石の卒塔婆が「ある」と証言している。

これより四〇年ほど後に書かれている慶政《けいせい》の『閑居友』は、さきに空也が山中から市に出て、「あやしの薦《こも》ひき廻したる中に」「心しずかなり」としていたという文に続けて、

そのあととかや北小路の猪隈に、石の卒塔婆の侍《はべる》めるは。いにしへはそこになん市の立ちけるに侍。或はその卒塔婆は玄昉法師のために。空也上人の立て給へりけるとも申《もうす》にや

と記している（『群書類従』巻九五四）。

文中の「玄昉法師」は玄昉《げんぼう》法師の誤りと思われるが、鎌倉初期の貞応《じょうおう》元年（一二二二）に完成した慶政の文は、源平の動乱を経た後の東市の跡に空也の卒塔婆が現存していたのかどうかは、すでにあいまいな表現となっている。

公任《きんとう》によって『拾遺抄』に拾遺された空也の「一《ひと》たびも」の歌は、寛弘《かんこう》三年（一〇〇六）頃に『拾遺抄』を増補して撰集された勅選集『拾遺和歌集』に収載され、平安末期の藤原清輔《ふじわらのきよすけ》の歌学書『奥《おう》義抄《ぎしょう》』や『袋草紙《ふくろそうし》』にも、「賢き聖とても捨てず」と頭書して挙げられている。空也入滅二百年あまりの後、鹿ケ谷《ししがたに》での平家追討の謀議が露見して俊寛《しゅんかん》とともに鬼界ケ島《きかいがしま》に流され、翌年に許されて帰京した平康頼《たいらのやすより》が建久九年（一一九八）に著した法談書『宝物集《ほうぶつしゅう》』もまた、極楽往生をすすめる和歌

としてまず空也のこの歌を紹介している。さらに鎌倉中期の建長六年（一二五四）に橘成季《たちばなのなりすえ》の撰した『古今著聞集《ここんちょもんじゅう》』では、「空也上人念仏三昧を弘むる事」という表題で、「市の柱にかきつけ給《たまい》ける」の前書きとともにこの歌を示し、その「化度《けど》衆生の方便」によって「道俗男女普ねく称名を専《もっぱら》にしけり」と述べている（『日本古典文学大系』84・岩波書店）。

平安末期に後白河上皇が撰した今様《いまよう》の集成、『梁塵秘抄《りょうじんひしょう》』の中の仏歌には、

阿弥陀仏《ほとけ》の誓願《せいがん》ぞ、返すぐ〵も頼もしき、一度御名《ひとたびみな》を称《とな》うれば、仏に成るとぞ説い給う

という歌と、同趣旨の

弥陀の誓いぞ頼もしき、十悪五逆《じゅうあくごぎゃく》の人なれど、一度御名《ひとたびみな》を称《とな》うれば、来迎引接《らいごういんじょう》疑わず

の二歌が並んで載せられている。白拍子《しらびょうし》や遊女のはやり歌の中にも、空也の歌の一念往生の信が、しっかりと受け継がれているのを見ることができる。

神泉苑の老狐

市聖空也は、市中に乞食して得るものがあれば仏事をなし、また貧者や病人に与えたというが、『誄』はその一つの例を、霊異譚《りょういたん》的に次のように記している。

昔、神泉苑《しんせんえん》の北門の外に、一病女あり。年邁《ゆ》き色衰えたり。上人愍《あわれ》びて、晨昏《あしたゆうべ》に問訊《といとぶら》う。袖《しゅう》中《ちゅう》に筐《かご》を提げ、その欲《ほっ》する所に随って、自ら葷腥《なまぐさきもの》を買い、これに与う。養育すること二月、病女は蘇息《よみがえ》れり。爰《ここ》に婦《め》反覆《はんぷく》し、言うこと能《あた》わざるに似たり。上人語って曰く、何《いか》なる情《こころ》なるやと。婦答う、精気撥塞《ひらきふさが》り、羨《ねが》わくは交接《まじわり》を得んと。上人、食頃《しばらく》思慮し、遂に心に許すの色あり。病女歎じて曰く、吾はこれ神泉苑の老狐、上人は眞《まこと》の聖人《せいじん》なりと。急《すみやか》に見えず。臥《ふ》せる所の薦席《むしろ》も、忽然として又滅す。

神泉苑（京都市中京区）

この話の前半は、第一章でもふれたように市聖の日常の利生《りしょう》の行動であったと考えられるが、後半の非現実的な創話は、三善為康の『六波羅蜜寺縁起』では、「すなわち知る、文殊等の菩薩来りて、上人の心行《しんぎょう》を試みたると」と付言して、これに信仰上の現実性を与えようと二重に潤色されている。

平安京の大内裏造営の際に南側に開設された神泉苑は、東西二町南北四町の広大な庭園で、二条大路に面して北門が、三条大路に面して南門があり、西側には二つ、東側にも三つの門があった。苑の中央には中島のある直径一八〇メートルの大池があって、北側には正殿や釣殿《つりどの》、南側には築山や馬場があった。

初期には天皇の園遊の地として用いられたが、やがて請雨《しょうう》の修法の場となり、御霊会《ごりょうえ》も行われ、天皇臨席のもとでの七月七日の相撲《すまい》、九月九日の菊花宴《きっかのうたげ》など、さまざまな催しの場ともなっていた。その神泉苑も、九世紀末の宇多《うだ》天皇の時代には苑内に繁殖著しい鹿や鳥を山野に放したことがあり、平安中期には雑草が生い茂り、狐狸の棲家となっていたといわれる。

南部の七条二坊の東市から、神泉苑の北門までは約三キロの距離がある。そこに朝夕に二か月の間、毎日病人の栄養となる食物を届けるのは、かなりの努力が必要であったろう。加えて食肉は、大乗仏教の修行者が守るべき梵網菩薩戒《ぼんもうぼさつかい》の四十八の軽垢罪《きょうくざい》の第三の禁戒である。そして一切の婬事《いんじ》は、犯せば僧団から追放されるという十重禁戒の第三にあたっており（『大正蔵』二四）、沙弥の立場にあった空也としても、その守るべき沙弥十戒には同じ禁戒がある。『誄』はこの話の中で、市聖空也が利生のための行動において、破戒をおそれなかったということを述べていることになる。

石田瑞麿《いしだみずまろ》氏はこれについて、「空也がそなえた慈悲救済の菩薩精神を高く評価しようとして生まれた説話であろう。……ここには慈悲のためとあれば、女の欲情をもあえて満たしてやろうとする、犯《ぼん》戒《かい》を恐れない姿勢が語られているわけで、空也という沙弥名の意味するものは何か、興味をそそるものがある（『浄土仏教の思想』六、講談社）」と述べている。従来この種の伝説によって、空也本人について奇瑞霊応《きずいれいおう》の世界に生きた験者《げんざ》と規定する見方が多いが、それは説話的修飾を事実と同一視する錯誤とのそしりを免れまい。聖としての教化利生の行動自体を、その具体的な状況に応じて客観視し、その心情を菩提心の次元で冷静に推認することが重要であろう。空也がその菩提心の根底に据えていたのは、みずからの沙弥名に用いている「空」の諦観であり、それゆえにこそ、執らわれることのない自在な慈悲行を実践することができたのだと考えられる。『誄』がこの話の中で、「吾はこれ神泉苑の老狐」と言って忽然と姿消したと述べている点が、文人としての為憲の創話であって、そのほかの事実描写は、市聖の日常の行動の一例を描いたものにすぎない。

しかし為憲のそのような創作的表現によって、石田氏の認めるような空也の慈悲心が強調され、印象的に造型されていることも事実であろう。それは『維摩経《ゆいまぎょう》』「仏道品」が、「菩薩は道ならぬ行いをしてこそ、仏道に通達することができる。湿地の汚泥《おでい》の中に蓮華《けんげ》が咲くように、煩悩《ぼんのう》の泥中《でいちゅう》にこそ衆生があって、仏法を成り立たせるのである（『大正蔵』一四）」と説いている次元において、空也の菩提心を納得させる、効果的な説話証言となっていると見ることも可能であろう。『一遍上人語録』巻下には、一遍が「空也の釈によれば、智者の逆罪《ぎゃくざい》は変じて成仏の直道《じきどう》となり、愚者の勤行《ごんぎょう》はあまれば三途《さんず》の因業《いんごう》となるといっている」と記録されている。空也は自らを智者ということはなかったと思われるが、彼の犯戒と見える行動も利他行という菩薩行の次元で判断すれば、成仏に直結する道であったとすべきであろう。

なお蛇足ながら、為憲が市聖の慈悲行をやや変則的に描いたこの挿話は、禅の一つの公案を想起させる。空也の没後であるが、中国宋代の一三世紀に禅の五つの語録を整理してまとめた『五燈会元《ごとうえげん》』には、「婆子焼庵《ばすしょうあん》」という一話がある。昔、老婆が一人の庵主《あんじゅ》（庵の主である修行者）を二〇年の間供養していた。日ごろ若い娘に給仕させていたが、ある日、娘を庵主に抱きつかせて「さあ、どうされますか」と問わせた。庵主は曰く、「枯木《こぼく》、寒巌《かんがん》に倚《よ》りて、三冬《さんとう》、暖気《だんき》なし」と。娘の報告を聞いた老婆は、「二〇年間、俗物を供養してしまった」といって、庵主を追い出し、庵を焼いたという。「枯木」と「三冬（冬の三か月）」は、煩悩を滅した心とその不動な相、「暖気」は煩悩に動かされる心を示していよう。

禅宗ではこの公案は、真実の修行は単なる欲求の抑制ではなく、自己の本来の面目を明らめるべきことを示すもの（『禅学大辞典』大修館）とされている。つまり自己に本来具わっている仏性《ぶっしょう》に目覚め、その執らわれることのない働きを他に対しても活かさねばならない。それは『臨済録《りんざいろく》』にいう、「随所に主と作《な》れば、立処《りっしょ》、みな真なり」であり、堕地獄の罪業すら、「おのずから解脱《げだつ》の大海となる」世界である。室町時代の臨済僧一休は、『狂雲集《きょううんしゅう》』の中でこの公案に賦して、

今夜美人、もし我を約せば、枯楊《こよう》春に老いて、さらに稊《ひこばえ》を生ぜん

と、自らは老木の柳ながら、陽春にふれるなら、若芽を萠え出《いだ》すであろうといっている。

南都興福寺

空也が南都興福寺に井戸を掘って、それが阿弥陀井と呼ばれていたということを記録しているのは、大江親通《おおえのちかみち》（?〜一一五一）が平安末期の嘉承《かしょう》元年（一一〇六）と保延《ほうえん》六年（一一四〇）に南都巡礼を行ったときの記録、『七大寺巡礼私記』である。親通は『本朝新修往生伝《ほんちょうしんしゅうおうじょうでん》』に、毎日六万遍弥陀を称念していた往生者として載せられているが、『巡礼私記』の興福寺の

条には、寺内に浄名院《じょうみょういん》があって空也聖人が住んでいた旧跡であり、その西側には空也聖人の掘り給うところの阿弥陀井があり、その水は清涼水のごとく、今も十方に分けて汲まれていると記されている（『校刊美術史料』寺院篇上、中央公論美術出版）。浄名院は興福寺南大門の前にある猿沢池の東の別所にあり、西隣には玄昉僧正《げんぼうそうじょう》（？～七四六）が住んだ旧跡であるという菩提院があるとも註している。

興福寺菩提院（奈良市菩提町）

別所とは寺域内の空地に遁世僧や聖が在住して修行、教化を行うようになった区域で、十一世紀前半ごろから記録に現れるようになり、そこでは迎講《むかえこう》や不断念仏《ふだんねんぶつ》などの宗教活動によって在地の人々への教化・結縁が行われたり、僧俗の終焉《しゅうえん》の場としての往生院《おうじょういん》を備えたりするものがあったといわれる。元興寺文化財研究所の『日本浄土曼荼羅の研究』は、浄名院・菩提院がここで別所とされている点について、「ここが空也の伝説をもつ念仏聖の集まるところであったようである。実はこの場所が元興寺の智光の住房の近傍であったことは注目される」と述べている。元興寺の智光の僧房から興福寺浄名院までは、二、三百メートルほどの近距離と推定される。

慶滋保胤は空也没後一二年後の永観二年（九八四）頃に書いた『日本往生極楽記』に、奈良時代の元興寺僧の智光《ちこう》と頼光《らいこう》の往生伝を載せている。そこでは智光が夢の中で、朋友の頼光が長年のあいだ行住座臥に阿弥陀仏と浄土を観想した功徳で極楽往生したことを知り、共に仏の前に詣って仏の手の中に浄土の相《すがた》を示してもらい、夢さめてその相を画工に描かせ、一生これを観想して往生を遂げたと記している。その智光の旧房は親通の時代には極楽房《ごくらくぼう》と呼ばれ、極楽浄土を描いた智光曼荼羅《ちこうまんだら》が安置され、百か日念仏講なども行われていた。親通は初回の南都巡礼に先だって、七大寺に関する情報を調べて『七大寺日記』という覚え書を書いているが、そこには元興寺の極楽房について、「智光頼光両聖人の共に往生せる房なり。その房に智光が所現の浄土の相を図写せる極楽曼荼羅あり。もっとも拝見すべし」と、期待をこめて記している。しかし残念ながら巡礼後の記録である『七大寺巡礼私記』には、「極楽房の事、前に出せるによって略し了《おわ》る」とだけ書かれ、前出の文らしきものは見出せない(『校刊美術史料』寺院篇上)。

三善為康の『後拾遺往生伝《ごしゅういおうじょうでん》』巻上は、極楽房の百か日の念仏講に加わっていた念仏上人で、興福寺竜華院《りゅうげいん》中の往生院と呼ばれた房に住んでいた往生者の伝を記している。往生院は極楽房の傍らにあり、その百日念仏の一員であった念仏上人は、親通の二度の南都行の中間にあたる保安《ほうあん》元年(一一二〇)十月十五日に、極楽房の念仏を終えて往生院の自房に帰り、西に向って禅定に入るごとくにして往生したという(『続・日本仏教の思想』1、岩波書店)。同じ『後拾遺往生伝』の巻中にも、興福寺荘厳院《しょうごんいん》の童子であった忠犬丸《ちゅうけんまる》が、壮年におよんで道心をおこして出家して願西《がんさい》と名のり、飛鳥寺の側に草廬を結んでひとえに念仏を唱えていたという。飛鳥寺は元興寺の古名で願西が念仏行を行ったのも極楽房の近傍と考えられるが、彼もまた親通の第一回の南都行の四年後の天永《てんえい》元年(一一一〇)七月十五日に、沐浴して紙の法服を着け、西に向って端坐して念仏を唱え、眠るごとく終焉したという（『同』）。

『元興寺編年史料』によれば、鎌倉初期の建久《けんきゅう》八年（一一九七）六月二九日に極楽房本堂の入口の上の横梁に墨書された銘文には、百日念仏の日課は四月一四日から三十日までの一七日、五月一日から月末までの三十日、六月も同じく三十日、七月一日から二八日までの二八日の間、続けて行われることとされている。また同日付の「百日講追修善根式《ついしゅうぜんごんしき》」によれば、百人を結衆《けつじゅう》として講を行う堂には阿弥陀如来と二十五菩薩の図像を祀り、八名経《はちみょうきょう》・阿弥陀経・法華経の経典を奉書し供養することとされている。またこの前後の時代には、極楽房に百日念仏講の料として水田等が寄進された例が多数見られる（『元興寺編年史料』上・中、吉川弘文館、一九六三年）。

当時において、智光の浄土教につながる念仏往生の信仰が元興寺極楽房に色濃く継承され、その念仏活動は興福寺の別所に住する念仏聖たちとも一体的に実践されていたことが想定される。空也が興福寺の別所にある浄名院に住んでいたのは、奈良時代の智光から親通が南都に巡礼した平安末期までの、まさしく中間にあたっている。鎌倉時代の浄土宗師からも三論浄土教の系統といわれる空也は、そのような南都浄土教の伝統と何等かのかかわりを、やはり持っていたのであろうと考えられる。

大江親通は『七大寺巡礼私記』の中で、興福寺の寺地は亀の甲のように高く、井戸を掘っても水に乏しく、昔から春日野の流水を寺中に引き入れて用いていたが、旱魃の時には水が枯れたと記している。空也が掘ったといわれる阿弥陀井は、往時は興福寺の境内であったにしても、三条大路を越えて南に低い土地にあり、御蓋山《みかさのやま》の麓から西に下って猿沢池に至る流水を受ける谷地の北辺にあった。親通が見た通り清涼な湧水を「十方に分けて汲むことができた」のであれば、掘抜井戸などの湧出水の井戸で高度な技術によって構築された、かなりの規模のものであろう。石田瑞麿氏のいわれるように、「空也の行為に感動し協力した人たち」の力を集めて完成したものであり、おそらくその人たちは空也の念仏勧化を受け、自らも念仏者として集団を形成しつつあった南都の人々であったと思われる。浄名院は室町時代の一五世紀末に破損のため取り壊されて（『大乗院寺社雑事記』）現在は跡形もなく、阿弥陀井の跡も見ることはできないが、西隣の菩提院は現在も大御堂《おおみどう》として、猿沢池の東に存続している。

観想の念仏を学ぶ

これも『誄』には何事も書かれず、説話の世界で伝えられていることであるが、鎌倉時代の『撰集抄《せんじゅうしょう》』には、空也が興福寺の空晴僧都《くうせいそうず》（八七八～九五七）に法《ほう》文《もん》を聞くために興福寺を訪れた話が載っている。空晴は法相宗の興福寺にあって、玄昉《げんぼう》の弟子で『無量寿経賛鈔《むりょうじゅきょうさんしょう》』の著作もある善珠《ぜんじゅ》や、その弟子で『阿弥陀悔過《あみだけか》』も書いている昌海《しょうかい》の法相浄土教の系統にも学んだ学僧で、のちに興福寺の別当となる。空晴には有力な弟子が多くいた中で、応和《おうわ》三年（九六三）八月二三日に空也が大般若経供養会を行った翌々日、宮中で叡山天台僧と南都の代表が五日間の宗論を闘わした最終日に、衆生の中には成仏できない者もいるという法相宗の立場で、皆《かい》成仏《じょうぶつ》思想の天台宗良源《りょうげん》の説を論難した仲算《ちゅうざん》（九三五～九七六）がいた。仲算はのちに西大寺別当となるが、その仲算がまた幼くて空晴の所に住んでいた時、空也が空晴に法文の事を質問しに訪れたという。

空晴が外出中ときいた空也は、仲算がひとりでいることを憐んで、「あの碁盤とりていませよ、碁うちてみせ奉らん」といったので、仲算が碁盤を持とうとして持ち上げられないのをみて、空也が「さらば、この念珠を盤の上に置きたまえ」といったので、そのようにすると、念珠は碁盤をまとって空也の前に運んできたと伝えているという。もちろん念珠と碁盤の話は説話的な創作であろう。『撰集抄』はその後に、空也は醍醐天皇の第五皇子ともいわれるとして、「かように悟《さとり》を開き給う人の前には、心なき念珠までもその徳をあらわす事、不思議にしも侍らじかし」と結んでいる。

『元亨釈書《げんこうしゃくしょ》』が、仲算が空晴の下に入ったのは六、七歳のこととしているのに従えば、それは天慶三、四年（九四〇～九四一）で空晴は六三、四歳、かりに空也に会った時をその二年後の仲算八、九歳の時とすれば、時は天慶五、六年、空也は四〇または四一歳の時となる。空晴はすでに六〇代半ばで、やがて興福寺一門を背負って立つ立場であった。そしてこの時、空也はその昔玄昉が住んでいた菩提院の東隣にあった浄名院に止宿し、阿弥陀井を掘り、改めて経論の研鑽を行って空晴を訪ねたということになる。

玄昉は天平七年（七三五）に在唐一八年の留学の後、経論五千余巻を携えて帰国し、これを太政官に献上し（『扶尋略記』六）それは後に興福寺唐院に納められたという。その唐院の所在地は、浄名院の北三、四百メートルの地にあった。さらに空也よりほぼ百年後に浄名院の隣の萱房《かやぼう》に住んだ永超《えいちょう》（一〇一四～九五）は、興福寺内の文庫にあった善導の『観経疏』『往生礼讃偈』『浄土法事讃』等の書名を、寛治《かんじ》八年（一〇九四）にまとめた『東域伝灯目録《とういきでんとうもくろく》』の中に記録している。つまり、空也が経論のことで教えを乞うために玄昉の四代目の弟子である空晴を興福寺に訪ねたということは、空也と二百年前の玄昉をなんらかの意味で結びつける縁因であり得たと同時に、空也と法相浄土教との接触および善導の著作への接近を可能とするものであったと想像されるのである。

先にもふれたように、慶政《けいせい》の『閑居友《かんきょのとも》』は市門の卒塔婆について、「あるいはそのそとばは、玄昉法師のために空也上人のたて給へりけると申《もうす》にや」と記されている。この書が書かれた鎌倉時代のはじめ（承久《しょうきゅう》四年、一二二二）には、すでに伝聞と推測の霧の中の情報となっているが、その上の推測をあえて重ねれば、空也は興福寺に残された玄昉将来の経論披閲の恩沢に感謝の意をこめて、市門に石塔を建ててそこに「一たびも」の歌を掲げたと考えることができるかもしれない。

また『誄』が記している以後の空也の行動には、阿弥陀仏に祈って極楽世界を観想し、阿弥陀仏の極楽浄土や観音菩薩の補陀落山浄土の変相図を図絵するなど、興福寺の法相浄土教に奈良時代から伝わる伝統的な観想を重視する往生祈願に類似する行業が現れてくる。関白藤原忠平《ふじわらのただひら》（八八〇〜九四九）の日記を長男実頼《さねより》が抄録した『貞信公記抄《ていしんこうきしょう》』には、空也が阿弥陀浄土変等を図絵供養する天慶七年（九四四）の翌八年八月一八日に、「山階寺《やましなでら》の九品往生図を、善蔵《ぜんぞう》の許《もと》から送らせる」とあり、九月二二日は「西方浄土を図《うつ》し始める。仏師は定豊《じょうほう》」と記されている（『大日本古記録』）。山階寺は興福寺の古名で、九品浄土図は当然『観無量寿経』による変相図である。興福寺では昌海の『阿弥陀悔過』の儀による法会も行われていた筈で、末寺である当麻寺《たいまでら》には平安時代初期に唐から将来された当麻曼荼羅《たいままんだら》が伝来しているが、それは善導が住した長安実際寺《じっさいじ》の浄土院に飾られていた、善導の『観経疏』によって構図された観経曼荼羅の正統を継ぐ「精絶な巨作（『太田英蔵染織史著作集』上、文化出版局、一九八六）」であったという。善導自身も生涯に『阿弥陀経』十万巻を写経し、浄土変相図二百鋪を画いたと伝えられている（『往生西方浄土瑞応伝』）。当麻寺・興福寺―阿弥陀浄土変―善導『観経疏』の間には、現在では見失われている浄土信仰の連鎖が実在したわけであり、空也の興福寺での研学は、この連鎖が彼につながることによって、次の東市市堂《いちどう》における彼の観想的な浄土祈願の行業を導き出したものと想定される。

空也の建てた市堂

平安時代末期の東市町を図示していると想定される「東市町正応五年前図《ひがしのいちまちしょうおうごねんまえのず》」には、空也上人が立てた石の卒塔婆とともに、市司《いちのつかさ》が置かれた東市の中心部に空也上人を開基とする市堂《いちどう》があることが示されている（一五六頁）。『空也上人誄』の記述は、はじめに天禄三年に空也が東山の西光寺で没したことを記し、天慶元年に京に還ってはじめのうちは市中で乞食したという以外に、彼が平安京の中で住んだ場所を何も述べていない。しかしこの図からみて、またこの図より百年ほど後の弘安七年（一二八四）に、一遍が「空也上人の遺跡」とする市屋に道場を設けて踊り念仏を行っていることからも、空也の東市での念仏勧化は、やがて市の中心に市堂を建てて人々と共に極楽往生を祈願する形にまで成長していたことが推定される。その推定を裏付ける空也の一つの仏事について、『誄』は神泉苑の老狐の話に次いで、以下のように述べている。

始めて本尊弥陀如来を祝《いの》り、当来生《とうらい》るるところの土《くに》を見んと欲《ねが》う。その夜の夢に極楽界に到り、蓮華上に坐す。国土の荘厳なること、経の説くと同じなりき。覚《さ》めて後随喜《ずいき》し、すなわち誦《よ》みて曰く、

ごくらくははるけきほどときぎしかど　つとめていたるところなりけり

聞く者、称歎す。

空也が本尊である阿弥陀仏をはじめて祈ったということは、その前に市堂が建てられ、その本尊として阿弥陀仏の像が祀られたという前提のうえの行動であろう。

空也は後年東山の地に西光寺を建て、それは彼の没後五年に六波羅蜜寺と名前を変えて現在まで続いているが、それ以外に彼が勧化の拠点として建立したと信ずべき寺はない。当時までは、南都の平城京で諸大寺の勢威が国政に弊害をもたらした反省から、平安京内には官寺である東寺と西寺が南辺の九条に置かれていただけで、一般の寺院の建立は禁じられていた。宮中の御修法《みしほ》を修する真言院《しんごんいん》も、承和《じょうわ》元年（八三四）にはじめて内裏の朝堂院《ちょうどういん》の北に建てられ、朝廷における正月の重要行事である御斎会《ごさいえ》も、朝堂である大極殿《だいごくでん》で行われていた。

公的な市の中心にあり、市の長官である市正《いちのかみ》以下の役所である市司《いちのつかさ》の町内に、空也が念仏のための市堂を建てることが許されたということは、極めて例外的な、特別のことであったと考えられる。市聖としての空也の念仏勧化に、獄囚の涙に見られるような市の官民の強い支持が得られたことによって、はじめて実現したことと考えるべきであろう。

松尾大社神輿の空也像

市姫神社

同時に、「正応五年前図」には市堂に向い合う形で、市姫《いちひめ》大明神社が記されていることも注目される。平安京の東西の市には、遷都翌年の延暦一四年（七九五）に宗像神《むなかたしん》を祀って、これを市姫神社と号していた（『山城名跡巡行志』一）。筑紫の宗像神社は古くから海上守護の神として崇められていたが、山城・丹波地方を開発した渡来系の秦《はた》氏は、洛西に宗像神の市杵島姫命《いちきしまひめのみこと》を勧請し、地主神の大山咋命《おおやまくいのみこと》とあわせて祀る松尾大社《まつおたいしゃ》を、大同《だいどう》元年（七〇一）に桂川の西岸、嵐山の南麓の現在地に建立していた。その市杵島姫命を市の守護神として祀ったのが市姫神社である。毎年旧暦の三月から四月にかけて行われる松尾祭では、松尾大社の七領の神輿が三月の渡御祭《とぎょさい》に桂川を渡って京内に入り、うち五領は西市の市姫社趾と想定される西七条御旅所《おたびしょ》に三週間滞在し、四月の還御祭《かんぎょさい》に松尾の本宮に還御するというように、市姫社と松尾大社とは密接な関係にあった。

現在もその神輿の一領の担い棒の先端の金具には、鹿《わさ》杖《づの》を持った空也の像が彫られており（写真）、松尾大社で九月に行われる八朔祭《はっさくさい》には、平安時代に空也が神前ではじめて行ったと伝える六斎念仏《ろくさいねんぶつ》が、今でも氏子によって奉納されている。

六波羅蜜寺境内には鎮守神として松尾神社が今も祀られているが、それは江戸時代の『都名所図会《みやこめいしょずえ》』にも開山空也堂と並んで描かれており、恐らく空也が西光寺を開創した当初から勧請されていたもので、東市の市堂で活躍した空也と市姫社との密接な関係の名残りを示すものと考えられる。江戸時代前期の文人北村季吟《きたむらきぎん》（一六二四〜一七〇五）が、貞享《じょうきょう》元年（一六八四）に書いた京都の地誌『菟芸泥赴《つぎねふ》』の六波羅蜜寺の項には、「本堂の東に鎮守松尾大明神の社あり。この神をば鎮守とせらる、故は、松尾の所にある鎮守の北に空也の影《えい》あり（『増補京都叢書』八）」と記されている。しかし松尾大社は明治維新後の神仏分祀《しんぶつぶんし》によって神宮寺の諸建物が撤去され、現在の境内の摂社・末社に江戸時代にあったという空也の影像《えいぞう》は残されていない。この伝承もまた、空也の市堂の念仏が市姫社の信仰と相い補う形で、市の人々に受け入れられていたことの痕跡であろう。

「正応五年前図」の百年ほど後に、東市趾の情景を南北を逆にして絵に描いたものが、『一遍聖絵』第七の弘安七年（一二八四）に空也の遺跡市屋道場で行われた踊り念仏の図（一七八頁）である。百年間の動乱の時代変化を写して、市司や市堂の姿は見えないが、市堂の趾をしのばせるような五輪塔と卒塔婆を立てた一画があり、また一遍が臨時に建てた踊り屋の手前左手には、市姫神社の鳥居が描かれている。

ここで一遍等の時衆が行っている念仏は、躍動的な踊り念仏の導入など形こそ変わってはいるが、空也が同じ場所で三百数十年前に市の人々と称えていた念仏と一脈通じる、極楽往生への民衆の祈願を示しているといえよう。

極楽はつとめていたるところなり

『誄』の文章に戻って、空也が祈った本尊は阿弥陀仏の画像であったのではなかろうかと思われる。木像にせよ金銅像にせよ、彫刻された本尊仏を造立するには、それだけの知識勧進等の事業と荘厳安置する堂舎が必要であるが、『誄』がそれについて何も記していないのは、この本尊を市堂に具えるについての特記すべき伝承はなかった故かと考えられる。その本尊の前で空也が往生すべき極楽国を見ようと願って祈ったところ、その夜の夢に自分が極楽に行って蓮の花の上に坐し、『無量寿経』に説かれているのと同じ極楽世界の荘厳な情景をみて、覚めて後に喜びに浸って歌を詠み、それをきいた人々は称歎したという。おそらく興福寺から帰った天慶五、六年、空也の四〇歳ごろのことと考えられる。

『観無量寿経』はその序説の中で、釈尊が韋提希夫人《いだいけぶにん》に、「汝、今知るやいなや。阿弥陀仏はここを去ること遠からず。汝、まさに念を繫《か》けて、かの国を諦観《たいかん》すべし。浄業《じょうごう》を成《じょう》ぜんためなり」と説いている。『無量寿経』では西方十万億の国土を過ぎた彼方にあるという阿弥陀仏の極楽世界を、「ここを去ること遠からず」として心想中にあきらかに見るのが観想であり、それは往生極楽のための浄業を達成することであった。空也が法文を学びに訪れた興福寺の経蔵には、『東域伝灯目録《いきでんとうもくろく》』によれば善導の『観経疏』『往生礼讃偈』『観念法門』等があったわけであるが、その『往生礼讃偈』第六の「日中時礼《にっちゅうじらい》」の第十の讃偈は、次のようなものである（原漢文、読み下し）。

『一遍聖絵』市屋道場踊り念仏の図（東京国立博物館蔵）

南無、至心に帰命《きみょう》して、西方の阿弥陀仏を礼《らい》し
たてまつる。
弥陀の身心は法界《ほっかい》に遍《あまね》くして、衆生の心想の
中に影を現す。
この故に汝に勧む、常に観察《かんざつ》せよ。
心によって想を起こして、眞《まこと》の容《すがた》を表すべし。
眞の容の宝像は、華座《けざ》に臨《のぞ》めり。
心を開いてかの国の荘厳《しょうごん》を見るに、宝樹《ほうじゅ》に三
尊の華《け》は遍く満ち、
風に鈴の楽《ね》の響くこと、経文と同じなり。
願わくは諸《もろもろ》の衆生と共に、安楽国《あんらくこく》に往生せん。

衆生を救済しようと願う阿弥陀仏の仏身と慈悲心は、この世界にあまねく存在して、衆生の心の中に真実の相《すがた》を現す。だから常に観察しなさい。阿弥陀仏の宝像は蓮華の花の台《うてな》に坐し、極楽世界の荘厳な相は、経文に説かれているのと同じで

あるという。

空也の夢想は、このような善導の浄土観察のすすめに符合した観想の念仏であったと考えられる。それは『梁塵秘抄《りょうじんひしょう》』の法文歌《ほうもんのうた》が、

仏は常にいませども　現《うつつ》ならぬぞあわれなる　人の音せぬ暁に　ほのかに夢に見えたまう

と歌っているのと同じく、夢の中の現実の仏世界であった。また同じく極楽歌は、

極楽世界は一処《ひとところ》　勤《つとめ》なければ程遠し　我等が心の愚《おろか》にて　近くを遠しと思うなり

と、我等が念仏を称えているこの娑婆がすなわち極楽であると、空也の歌と同一の趣意を歌いあげている。それは以後に天台宗で説かれるような、「己れの心が阿弥陀仏であり、ただ己れの心がそのまま浄土である」という己心弥陀《こしんみだ》・唯心浄土《ゆいしんじょうど》の説に一見似ているように見えるが、阿弥陀仏の救済を願ってひたすら念仏につとめるという他力の祈願において、本質的に正反対の安心《あんじん》である。空也における念仏の安心は、念仏の中にそのまま安心がすでに与えられているという意味において、念念臨終《ねんねんりんじゅう》・念念往生《ねんねんおうじょう》といっていた一遍の念仏と同質のものであった。

空也のこの歌について、『誄』より三十数年後に編集された花山法皇の撰かとされる『拾遺和歌集《しゅういわかしゅう》』

は仙慶《せんけい》法師の作とし、平安末期の藤原清輔《ふじわらのきよすけ》の『袋草紙《ふくろそうし》』は千観内供《せんかんないぐ》の作としているが、いずれも誤伝であることは論をまたない。『拾遺抄』の撰者でもある藤原公任《ふじわらのきんとう》が、『拾遺和歌集』が編まれた五、六年後の寛弘《かんこう》八、九年（一〇一一～一二）に編著した『和漢朗詠集《わかんろうえいしゅう》』下の「仏事」の項には、この歌は作者名を記さずに村上天皇と最澄の歌の間に載せられている。公任は花山法皇等によって編まれた『拾遺和歌集』の作者名誤記の批判となることに配慮して、あえてそこに「空也上人」の名を記さなかっただけで、これを「空也の和歌ではないと断じ」ているわけではない。『梁塵秘抄』は『和漢朗詠集』と同様にこれを最澄の和歌と並べて、いずれも作者名なしに巻二の巻末に載せているが、それはこの和歌が今様《いまよう》として、作者の個別性を超越して市井に歌われていたという事実を示している。鎌倉時代の始めに藤原俊成《ふじわらのとしなり》が撰した『千載和歌集《せんざいわかしゅ》』では、「題しらず　空也上人」として、この歌を俳諧の部の末尾に載せているが、それは「つとめて」を「早朝」の意味にとって、「遙かな遠方にも、朝早く行きついた事であるよ」という諧謔と解した結果であろう。

三善為康が保安《ほうあん》三年（一一二二）に書いた『六波羅蜜寺縁起』には、『誄』をほぼ全文引用しながら、この歌については『誄』とは漢字の用字をまったく変えて記載しているが、それは伝本の相違というよりは、為康の漢字を用いた和文表記上の趣味によるように思われる。比叡山の極楽房承澄《ごくらくぼうじょうちょう》が建治《けんじ》元年（一二七五）に完成した『阿娑縛抄明匠略伝《あさばしょうめいしょうりゃくでん》』の「空也上人伝」は、『誄』を要約して書かれているが、その中にも片仮名まじりの表記でこの歌が書き伝えられている。

「一《ひと》たびも」の歌については既に記したが、空也の第三の歌として、嘉禎《かてい》元年（一二三五）に藤原《ふじわらの》

定家《さだいえ》の撰した『新勅選和歌集《しんちょくせんわかしゅう》』の釈教歌《しゃっきょうか》の部には、

　はちすの露をよみ侍《はべり》ける　空也上人
有漏《うろ》の身は草葉にかゝる露なるを
　やがてはちすにやどらざり劔《けん》

が載っている。この歌の詠まれた時期や状況は不詳であるが、極楽往生の信によって無常観を超克する内容や、和歌としての詠調からみて、空也の作と納得できるものといえよう。この歌は江戸時代成立の法然の伝記『円光大師行状画図翼賛《えんこうだいしぎょうじょうがずよくさん》』には、『新古今集』に集録されているとして紹介されているが、それは撰者の同一性から生じた誤解であろう。また歌人としての空也の評については、鎌倉初期の建久《けんきゅう》九年（一一九八）に上覚《じょうかく》の撰した『和歌色葉集《わかいろはしゅう》』に、空也は名誉歌仙の僧七四人中の四五番目に挙げられている。

阿弥陀浄土変等の供養

公的な東市の中心に空也が市堂を建て、北小路を渡ったその南側には市姫神社があったということは、市の鎮守と市人の信仰のよりどころとして、神社と市堂が密接に連携して機能していたことを端的に示している。現在京都市下京区河原町通五条の南に移っている市比賣神社《いちひめじんじゃ》の由緒として伝えられるところでは、市場守護・女人守護の神徳があり、境内には天之真《あめのま》名井《ない》という神井があって、古来皇室で産湯《うぶゆ》に用いられ、また平安時代より皇室から庶民にまで、生後五十日には五十日餅《いかのもちい》（市餅）を授与していたとされる。このような神事に対比される市堂の仏事として、南無阿弥陀仏と称える念仏のほかにどのようなものが想定できるであろうか。

市堂で行われたであろう空也の本尊阿弥陀仏礼拝に続けて、『誄』は同じく市堂で行われたと考えられるいま一つの仏事について、次のように記している。

天慶《てんぎょう》七年夏、善知識《ぜんちしき》を唱《いざな》い、一榑《いっとう》の観音三十三身・阿弥陀浄土変一鋪《いっぽ》・補陀落山浄土《ふだらくせんじょうど》一鋪《いっぽ》を図絵《ずえ》す。荘厳《しょうごん》成りて、供養し畢《おわ》る。

天慶七年は空也の四二歳の年、興福寺から京に還って一、二年後のことと考えられるが、この仏事もまた、興福寺研学によって観想の念仏に傾斜した空也の仏業の性格を示していると同時に、この頃に市堂の活動が形を整え、人々への知識勧進によって、それが共同の祈願の場として荘厳されていった過程を示していると解すべきであろう。そこでは浄土往生への実践的な祈願が、阿弥陀仏やその分身としての観音菩薩と大衆を結びつける曼荼羅《まんだら》や変相図《へんそうず》の観想・礼拝を行儀として、空也の念仏勧化が組織づけられていった様相が示されている。また同時に、市中の仏堂として、その功徳にはおのずから現世利益の側面も強調され、観音三十三身はその面を代表するものであったと考えられる。

観音の三十三身は、『法華経』「観世音菩薩普門品《ふもんぼん》」に説かれている、観音が衆生救済のために変化《へんげ》して現れる三十三相の応現身《おうげんしん》をいう。観音菩薩はもし衆生が救いを求めて一心にその名を称えるなら、即座にその音声《おんじょう》を観じてすべての苦から解き放ってくれるとされ、衆生の願いに従って仏身・帝釈身《たいしゃくしん》・毘沙門身《びしゃもんしん》・長者身《ちょうじゃしん》・居士身《こじしん》・比丘身《びくしん》・比丘尼身《びくにしん》・天身《てんじん》・龍身《りゅうじん》等の三十三身に変身して現れるという。観音三十三身図はこれらの姿を『補陀落海会軌《ふだらくかいえき》』によって描いた曼荼羅（変相図）で、衆生のいかなる苦難の状況にも即時に発現される観音の万能の応現力を示すもので、その功徳の中心はおのずから現世的なものであった。

阿弥陀浄土変は奈良時代以降しばしば作られている極楽浄土の変相図で、空也が興福寺の「九品往生図」や当麻寺《たいまでら》の「当麻曼荼羅《たいままんだら》」を見ていたのであれば、市堂に飾ったのも『観無量寿経』の九品往生説によって、あるいは善導の『観経疏』の説によって作られたものであった可能性がある。平安初期に将来されたとされる「当麻曼荼羅」は、善導の『観経疏』に忠実に従って唐で作られたもので、中央の内陣には阿弥陀三尊の華座《けざ》を中心に壮麗な極楽浄土が描かれ、外陣《げじん》の左辺には「序分」として韋提希夫人《いだいけぶにん》の阿弥陀仏への帰依を、右辺には心統一して極楽浄土を観想する「定善《じょうぜん》」の一三図を示し、下辺には散乱心の凡夫でも往生できるという九品の「散善《さんぜん》」の往生を図絵し、機根の深い浅いにかかわらず、命終にあたってはひとしく阿弥陀仏の来迎《らいごう》と引接《いんじょう》にあずかることが示されている（河原由雄『浄土国』至文堂、一九八九）。空也が作らせたものがそのような『観経』系の阿弥陀浄土変であったのなら、その教えは市門に書きつけた「一たびも」の歌の趣旨と符合し、凡夫悪人にも往生の望みをいだかせるものとなった筈である。

補陀落山浄土もまた観音菩薩の住むという補陀落山浄土の姿を描く変相図で、密教経典である

『不空羂索神変眞言経《ふくうけんさくじんぺんしんごんきょう》』によって補陀落の宮殿・宝樹・宝池・菩薩・比丘等を描き、その前で不空羂索陀羅尼を唱えることで、現世では一切の災厄を除いて大いなる安楽をもたらし、死に臨んでは禅定に入るごとく苦なくして命終り、願いに随って諸仏の浄土に往生できるというものであった（『大正蔵』二〇）。

空也が東市の市人《いちびと》を中心とする多くの人々の知識勧進を集めて造ったこれらの浄土変想図は、のちに彼が造営する十一面観音像や、水晶の軸で装飾することに最後までこだわった金字大般若経の例からみても、すぐれた芸術的香気に満ちた絵図であったと思われる。そのような浄土図を荘厳して、これに結縁した人々を集めて行われた完成供養の法会は、市司のある東市の市堂において、半ば公的な位置づけのもとに盛大に催されたのであろう。その市堂は市と市人の安寧を守護する市姫神社の神事と並行して、阿弥陀仏と観音菩薩による現世利益と後世安楽の安心《あんじん》を市民にもたらす存在として受け入れられ、その中で続けられた「称南無阿弥陀仏」の空也の念仏は、やがて「世を挙げて」随順する人々を増やしていったと考えられる。

法華経の衣と松尾明神

東市の市堂を通して、空也が市姫神社とその本社的な関係にあった松尾大社とも近い関係にあったことを示す説話が、平安時代後期の天仁《てんにん》三年（一一一〇）二月二八日から百日間、さる内親王の発願で行われた『法華経』等の講経の記録、『法華修法一百座聞書抄《ほっけしゅほういっぴゃくざききがきしょう》』に伝えられている。講師は三井寺の香雲房《こううんぼう》阿闍梨《あじゃり》で、「法師品《ほっしほん》」の講説の中で述べられているが、要約すると次のような話である。

空也聖が雲林院《うりんいん》に住んでいた時、七月頃に京の町に用事があって、朝から大宮大路を南の方へ歩いていたところ、傍らの大垣のあたりに普通の者と思えない人物が、寒さに耐えかねた様子で立っていた。聖が不思議に思って立ちどまってたずねたところ、その人は、あなたは空也聖ではありませんか、私は松尾明神という者です。私の所には人々がお詣りに来て法施《ほうせ》（仏教を説き与えること）を下さるので、般若の衣《ころも》は持っていますが、法華経の衣がないので、私の心には妄想の嵐が激しく、煩悩の霜が厚く降りて、このように我慢できないほどです。どうか法華の衣の法施を与えて下さい、と言った。聖は大変気の毒に思い、私が着ている小袖《こそで》は汚く垢がついていますが、この四〇年ばかり朝夕にいつも法華経を読み込んだものですから、これを奉りましょうといって差し上げた。明神は喜んでこれを受け取り、今は法華経の衣を着ることができたので、悪業の霜も消え、煩悩の嵐も吹き止んで暖かくなりました。これより後は聖の仏道が成就されますまで、必ずお守り申し上げますと、聖を拝んで立ち去った（『大日本史料』第一篇之十四取意）。

空也の没後一四〇年に語られたこの話は、さらに一〇〇年後の鴨長明の『発心集』にも載せられ、これに長明の空也に対する所感が付けられて、「これをわが国の念仏の祖師と申すべし、即ち、法華経と念仏とを置いて、極楽の業として、往生を遂げ給えるよし、見えたり」と記している。空也が念仏と並んで『法華経』を深く信奉していたことを伝えており、それは後述する一遍所持の空也の「文」にも明示されている空也仏教の特徴であった。『法華経』「法師品」には、『法華経』を受持《じゅじ》・読《どく》誦《じゅ》・解説《げせつ》・書写《しょしゃ》し、この経巻を仏のように敬い視る者は、かつてすでに十万億の仏を供養した者であり、仏の所で大願を成就しているのであるが、衆生を愍《あわれ》むが故に人間に生まれてきて、人々を導くものであり、それは如来の使者であると説かれている（『大正蔵』九）。空也入滅の十数年後に慶滋保胤は、六波羅蜜寺の供花会《くげえ》で『法華経』の講経を聞いて詩を詠み、その序文で空也について、「如来の勅を奉じ、如来の使としてこの娑婆世界に来て、濁悪《じょくあく》の衆生を度するものではなかろうか（『本朝文粋』十）」と述べているが、空也が阿弥陀聖としてと同時に、『法華経』の持経者と受けとめられていたことも、彼に対する尊敬の一因であった。

大宮大路は、平安京の中央を南北に走る朱雀大路《すざくおおじ》より一坊（四町）東の幅一二丈（三六メートル）の大路で、その北限を東西に通る一条大路を抜けて洛北の北大路に出れば、そこに雲林院があった。雲林院から南下して一条大路に来れば、そこから二条大路までの一〇町の間は右手に大内裏《だいだいり》の大垣が続いていた。その辺りで空也は初秋七月のある朝、松尾明神に出合ったという話である。大宮大路の左右には築地《ついじ》が三尺、犬行《いぬゆき》が五尺、側溝が四尺それぞれあって、道幅は約二九メートルの大通りであるが、早朝で人通りはほとんどない情景が想定される。もちろん松尾の明神が老人の姿をして空也の前に現れたというのは、信仰上の創話にすぎないが、そのような説話が作られた背景には、市堂の市聖と市姫神社・松尾大社の明神という、東市における神仏の崇敬の一体性があったということであろう。

旧暦の三月から四月にかけて行われる松尾祭では、松尾大社の七領の神輿《みこし》が西七条の御旅所《おたびしょ》等に遷《せん》御《ぎょ》されるが、江戸時代中期の『年中行事大成』には次のような記述がある。（『日本の神々・神社と聖地』5、白水社、一九八六）。

行列の先駆《さきがけ》に榊《さかき》二本を持ち、その一つには翁《おきな》の仮面をつけ、一つには錦の袋をつける。その中は嫗《おうな》の仮面であるという。

この祭りで神輿の前を先き駆けする翁の仮面は、松尾明神の神体を形象化したものであろう。そして現在でも、それは「榊御面《さかきのおめん》」として稚子によって祭の先導に用いられており、その白いあご鬚を垂れた老翁の面容が、『聞書抄』にいう「例の人なんとはおぼえぬ人」の姿として、説話を生み出したものと考えられる（写真）。

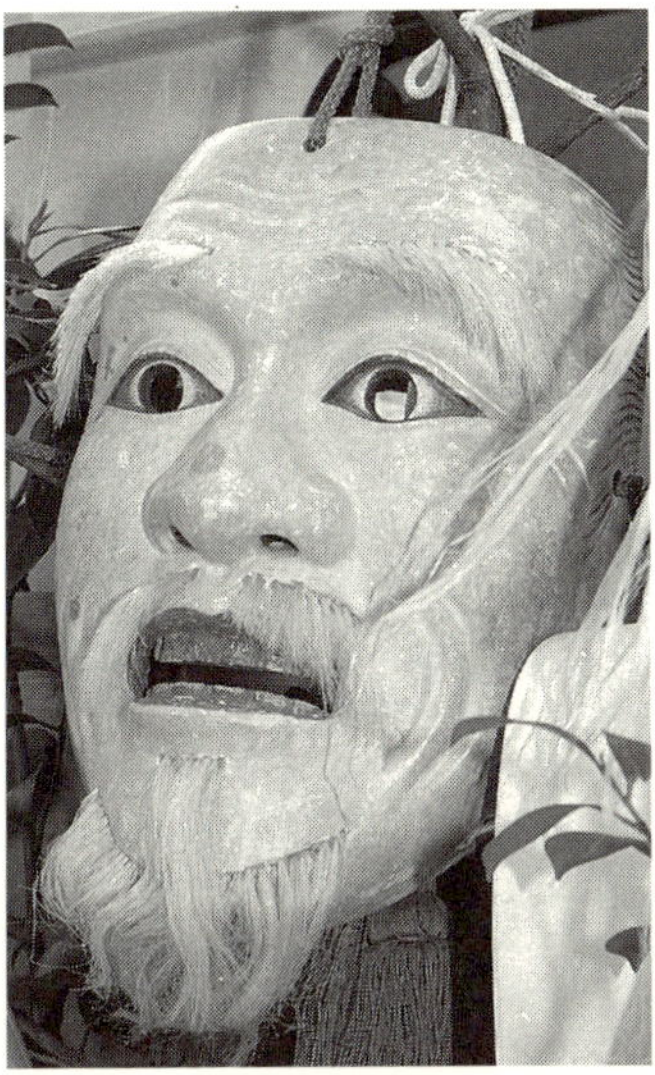

松尾祭翁の面

松尾祭は貞観《じょうがん》年中（八五九〜八七七）あるいは承和《じょうわ》四年（八三七）から始まったとされ、御輿が京中に滞在する御旅所《おたびしょ》も、遅くとも『法華百座聞書抄』と同時期の天仁二年（一一〇九）には存在したという。この松尾明神が空也の法華の衣を尊重したということは、市の安寧にかかわる松尾大社ないし市姫社において、市堂の空也聖の布教が評価されていた事実を象徴する説話と考えられる。また空也の側でも市姫社―松尾神を尊崇していたことは、現在の六波羅蜜寺にまで松尾社が鎮守神として祀り伝えられている事実が端的に証明している。

洛北の雲林院の地は、平安京の初め以来の遊猟地であったが、ここに淳和《じゅんな》天皇の離宮紫野院《むらさきのいん》が建てられて天長《てんちょう》九年(八三二)に雲林院の院号が撰ばれた。のちに仁明《にんみょう》天皇の皇子で空也の父にも擬せられる常康親王《つねやすしんのう》が父よりこの地を賜り、雲林院宮と号したが、親王は仁寿《にんじゅ》元年(八五一)に出家してここを寺としようとして果たさず、貞観一一年(八六九)に仁明天皇の従弟にあたる僧正遍照《へんじょう》にこれを託して没した。遍照は元慶《がんぎょう》八年(八八四)にこれを自ら創建した元慶寺《がんぎょうじ》の別院とし、以来雲林院は天台宗の一拠点となっていた。空也五一歳の天暦《てんりゃく》七年(九五三)二月には、村上天皇の勅願によってここに小多宝塔八基と仏像が造立され(『扶桑略記』二五)、空也の大般若経供養会に五か月先立つ応和《おうわ》三年(九六三)三月にも、雲林院で村上天皇の行幸のもとに、五仏像を安置する多宝塔の供養会が行われた(『同』二六)。さらに康保《こうほう》四年(九六七)に崩じた村上天皇の一周忌斎会も、空也六六歳の安和《あんな》元年五月にここで二百人の僧を請じて行われている(『日本紀略』後五)。そのように、天台寺院であり皇室の私寺に近い性格の雲林院であったが、空也の壮年時代の村上天皇の時代(九四六~九六七)には、貴族の私堂の建立も相次いだといわれる。

『栄華物語《えいがものがたり》』で知られる雲林院の菩提講《ぼだいこう》は、一般庶民も参加して念仏を唱え、ともに極楽往生を願うものであったが、これを始めたのは源信《げんしん》僧都(九四二~一〇一七)であったといわれ(『中右記』承徳二年五月一日条)、『今昔物語集』巻一五には、これを継いだとみられる出獄の罪人で、出家して僧となった聖人の話が伝えられている。空也入滅後まもない頃には、雲林院は庶民の出入り自由な寺院になっていたと考えられる。後に記すように応和三年の大般若経供養会の準備の段階で、空也は「一条の大殿」藤原伊尹《ふじわらのこれただ》を蔵人所《くろうどどころ》に訪れているが、伊尹はその翌年の康保元年(九六四)二月に参議の身分で雲林院の別当に補されている。空也もまた伊尹の父師輔《もろすけ》の兄弟である実頼《さねより》や師氏《もろうじ》との交渉があり、特に師氏とは「二世の契り」があったと『誄』は記している。そのような関係の中で、空也がなんらかの便宜のため一時雲林院またはその地の貴族の私寺に住んでいたとすることは、まったく不可能なこととはいえない。雲林院がこの頃から急速に庶民性を帯びて民間信仰の場となっていく過程の中で、ここに空也が住んでいたという説話が納得して受けとめられたということであろう。

空也の衣が「四〇余年」『法華経』を読み込んでいたものとされているが、大般若経供養会の後には、西光寺の創建とも関連して、空也は東山の地に住んでいたと考えられる。雲林院に事実住んでいたとすれば、その時期は空也五〇歳代の天暦末年から天徳・応和年間(九五二〜九六三)のころ、従って空也が『法華経』を読みはじめたのは一〇代の優婆塞《うばそく》の時代からであったということになる。

市聖と盗賊

『今昔物語集』に空也の弟子とも伝えられる文人貴族の慶滋保胤(?〜一〇〇二)は、『誄』をごく短く要約した内容の『日本往生極楽記』「空也伝」の中に、『誄』には書かれていない次のような挿話を記している。

一人の鍛冶工《かじのたくみ》、上人を過《よぎ》り、金を懐にして帰る。陳《の》べて曰く、日暮れて路遠く、怖畏《おそれ》なきに非ずと。上人教えて曰く、弥陀仏を念ずべしと。工人、中途に果して盗人に遇う。心に竊《ひそ》かに念仏すること、上人の言うごとくせり。盗人来り見て、市聖《いちのひじり》と称して去る。

鍛冶工はいうまでもなく金属を打ち鍛えて、さまざまな器具を作る職人である。平安初期には内裏の南西にあたる三条二坊に、宮内省木工寮《もくりょう》とかかわる木工町《もくまち》があり、木工・桧皮工・鍛冶工等の作業場や宿舎があったという。『延喜式』が定めている平安京の東西の市店が扱う商品のうち、この職業に関係のある物品は針が東西共通である以外は、太刀《たち》・兵具《ひょうぐ》・鞍《くら》・鐙《あぶみ》・鉄金具など、すべては東市《ひがしのいち》の市店の商品である。

一鍛冶工が「上人を過《よぎ》る」とは、どのような状況であろうか。この挿話の舞台は、空也が市の片隅に薦《こも》を引き廻して乞食する状態というよりは、すでに市司の近くに市堂を構えて念仏を勧化し、市人にも獄囚にも市聖の名と行業が知れ渡っていた状況を想定すべきであろう。盗人が京中に横行したことは殆んど日常的なことで、その標的は貴賤僧俗を問わなかった。空也に授戒する延昌《えんしょう》も「盗人のために陵辱され（『西宮記』）」、供養会で文殊菩薩をもてなす浄蔵《じょうぞう》も、八坂寺《やさかでら》で夜中に数十人の賊に襲われ、大声でこれを叱ったところ、群盗は咒縛《じゅばく》されて枯木のように体が動かなくなってしまい、夜が明けて浄蔵が縛を解くと、盗賊は礼をして去ったという（『元亨釈書』十）。宗教的権威をまったく無視した盗人が、相手を空也と認めて襲うことをやめたというのは、彼等が市聖空也を特別の眼で眺め、尊敬していたことを示している。

江戸時代に卍元師蛮《まんげんしばん》の著した『本朝高僧伝《ほんちょうこうそうでん》』も、「釈光勝《しゃくこうしょう》」としての空也について、次のような話を載せている。

空也が夜の帰りに盗賊に遇って、涙を流して泣いた。賊は「おのれ、沙門《しゃもん》（出家）と称しながら、何と思い切りの悪いことか」という。空也が、「君等は人間に生まれてきたというのに。私は君等のために泣いているのだ」というと、賊は空也と知って、相引きつれて逃げた。翌日、出家したばかりの六、七人が空也のところに来て涙を垂れていうには、「きのう、たまたま上人のおしえを聞き、感歎骨に徹し、夜中眠れませんでした。先非《せんぴ》を悔い、一同出家いたしました。まことに上人の御恩です（『大日本仏教全書』一〇三）。

この挿話もまた、空也の凡愚造悪の人々に対する化導感化の力量の大きさを、如実に示していると考えられる。

ただしこれに類する話は、鎌倉時代の建長《けんちょう》六年（一二五四）に橘成季《たちばなのなりすえ》の著した『古今著聞集《ここんちょもんじゅう》』巻一二の「偸盗《ちゅうとう》」の中にも、「澄憲法印《ちょうけんほういん》奈良坂の山賊を教化の事」という説話として書かれている。平治《へいじ》の乱《らん》（一一五九）に敗れて殺された信西入道《しんぜいにゅうどう》こと藤原通憲《ふじわらのみちのり》の子で、唱導《しょうどう》の説法の名手として知られた叡山の澄憲法印が、奈良の春日大社に招かれて説法供養して受けとった多額の布施を、京への帰途に奈良坂で待ちうけた山賊に奪われたとき、澄憲は得意の説法によって賊を改心させ、無事に自坊に帰ったところ、翌日に小童《こわらべ》が発心剃髪した三人の賊の髪を入れた袋を持参したという。

また『著聞集』より五〇年ほど後の延慶《えんきょう》元年（一三〇八）に完成した無住一円《むじゅういちえん》の『沙石集《しゃせきしゅう》』巻六にも、清水法師《きよみずほうし》または聖覚法印《せいかくほういん》を主人公とする「説教師盗賊に値《あい》たる事」という類話がある。聖覚は澄憲の子で、父を祖とする安居院《あぐい》流の説法の名手で安居院法印とも呼ばれ、天台僧ながら後に法然にも入門する著名人であった。これらの説話の流れをうけて、江戸時代に師蛮が主人公を空也に仮託したということも考えられる。その場合は、このような話が空也にいかにもふさわしいと判断されての、創話であったということであろう。

3　東山道場の仏事

叡山受戒

東市《ひがしのいち》の市聖《いちのひじり》として一〇年の間、既成教団に属することなく民間仏教者である沙弥《しゃみ》の立場で衆生済度の実践を行ってきた空也に、天台宗の比叡山延暦寺で得度受戒し、正式な大僧《たいそう》になるという事態が生まれた。それは空也四六歳の天暦《てんりゃく》二年（九四八）の事で、『空也上人誄』には次のように記されている。

天暦二年四月、天台山に登り、座主僧正法印和尚位延昌《ざすそうじょうほういんかしょういえんしょう》に従いて、之に師事す。僧正、その行相《ぎょうそう》に感じ、推して得度《とくど》せしむ。戒壇院《かいだんいん》に登り、大乗戒《だいじょうかい》を受けたり。度縁文《どえんもん》の名は光勝《こうしょう》と注すれども、然も沙弥の名を改めざりき。

得度とは剃髪出家して僧籍に入ることであり、その上で僧尼に課せられる戒律を受戒した者が僧（比丘《びく》）・尼（比丘尼《びくに》）となる。空也は二十余歳の時に尾張国分寺で剃髪出家したが、それは国に許されて僧籍を認められ、これを証明する度牒《どちょう》または度縁を交付されたものではなく、受戒の内容も見習僧のための沙弥十戒にすぎなかった。奈良時代の養老四年（七二〇）に得度僧に公《おおやけ》の証明書（公験《くげん》）を授ける制度ができて以来、それは度牒・度縁・告牒《こくちょう》ともいわれたが、平安初期の律令の施行細則である『延喜式《えんぎしき》』では度縁と呼ばれている。受戒した者に僧綱《そうごう》から与えられるのが戒牒《かいちょう》である。

比叡山天台宗の授戒の内容は、南都等で伝統的に用いられた比丘二五〇戒・比丘尼三四八戒の具足《ぐそく》戒《かい》（出家教団で定められたすべての戒条を守るもので大戒ともいう）ではなく、最澄が大乗菩薩僧が受持すべき戒律として定めた大乗戒である。それは戒律を守り悪をなさないという摂律儀戒《しょうりつぎかい》、進んで善を行うという摂善法戒《しょうぜんぽうかい》、衆生を教化してその利益《りやく》のためにつくすという摂衆生戒《しょうしゅじょうかい》の三つをあわせた三《さん》聚浄戒《じゅじょうかい》であり、その第一の摂律儀戒の細目が『梵網経《ぼんもうきょう》』に説かれる十重禁戒《じゅうじゅうきんかい》ならびに四十八軽《しじゅうはちきょう》戒《かい》である（『山家学生式』『授菩薩戒儀』）。

空也が師事した天台座主延昌《えんしょう》（八八〇〜九六四）は加賀の出身で父は猟師であったというが、叡山に登って顕密を双修し天慶九年（九四六）に座主についている。祈禱の験力《げんりき》を高く評価されたと同時に、浄土往生を祈願し往生を遂げたと伝えられている。『日本往生極楽記』には、彼は受戒以降は毎夜尊勝陀羅尼《そんしょうだらに》を百回唱え、毎月一五日には諸僧を招いて弥陀讃を唱え、浄土の因縁と『法華経』の奥義を対論させており、臨終に先立って弟子達に二一日間の不断念仏を修させ、予告どおりその満了の日に往生したと記されている。彼はまた比叡山の北方の山中に禅定のための道場を造り、そこに補陀《ふだ》落寺《らくじ》を建てて十一面観音像を造立供養し、また『法華経』や『涅槃経《ねはんぎょう》』の書写供養を行うなど、個人的に空也と類似の仏事も営んでいる。

空也に授戒して一一年後の天徳《てんとく》三年(九五九)に、八〇歳の延昌が補陀落寺に十一面観音等を供養した際の『願文』には、「九歳に及んで始めて叡山に登り、家を忘れて師に従い、道に服して志を守る。さらに幽閑の処を尋ねて禅定の居とせんと……山北の嶺に到って一道場を得たり。人烟の域を絶つの地、鳥の通路もまれな嶺にして、欣然として帰るを忘る」と幽閑の道場を見出した喜びを表白している(『門葉記』『大日本史料』第一篇之八)。その高潔な人格が偲ばれるといってよかろう。

延昌が空也の行業と徳性を評価して推せんして得度させたというのは、阿弥陀聖としての市堂の仏業に同じ願生者として同感し、これを大乗菩薩行の実践と認めて、戒壇院を預かる先達として空也に正式の僧の位置づけを与えようと配慮したということと考えられる。比叡山に大乗戒壇を設立しようとした最澄の願いは、南都の反対にあって生前には許されず、没後七日の弘仁《こうにん》一三年(八二二)六月一一日に許可され、翌年四月に一四名がはじめて大乗菩薩戒を受戒した。その四年後の天長《てんちょう》四年(八二七)には弟子の義真《ぎしん》によって、神聖な授戒の堂としての戒壇院が建立されている(写真)。

延暦寺の得度・受戒の時期等については、寛平《かんぴょう》七年（八九五）一〇月二八日の太政官符《だじょうかんぷ》（命令書）によって、年分《ねんぶん》の度者《どしゃ》と臨時の度者はともに得度と受戒を同じ年にあわせて行うこととし、二月以前に寺から太政官に対象者を申送《しんそう》し、これを許すむねの官符《かんぷ》の到達をまって四月一五日以前に受戒させ、一六日から共に集中的な修行である三か月間の夏安居《げあんご》に入るものとされていた（『類聚三代格』二）。この時の太政大臣は藤原忠平《ふじわらのただひら》であるが、延昌は忠平の第《てい》にはしばしば招かれて祈禱等を修している。延昌が忠平から空也を臨時の度者に推すことの許可を得るのに、何の支障もなかったであろう。忠平の日記『貞信公記抄《ていしんこうきしょう》』の天慶二年二月二日条にも、「阿闍梨《あじゃり》延昌に度者一人を施すこと、面前に告げる」とあるのは、同様の例であった。

延暦寺戒壇院（滋賀県大津市）

空也の得度の前月末、『日本紀略』の天暦二年三月二九日条には、「度縁の請印《せいいん》あり」と一言、度縁に太政官の公式許可の押印が求められていたことが記されており、その中には空也の名も含まれていたはずである。空也は「二十歳以上で才行を兼ね修め、僧たるに堪える者」という臨時の度者として、一〇名の年分の度者とともに四月一五日以前に叡山で得度と受戒の儀を終え、一六日から九〇日間の夏安居《げあんご》に入り、それが明けた解夏《かいげ》の七月一五日に法臘《ほうろう》（受戒後の年数）一を算したということであった。このとき四六歳の空也が七〇歳の九月に没した際に、『誄』が「春秋《しゅんじゅう》七十夏臈《げろう》二十五」と記しているのと、正確に符合している。

東山に移る

四六歳の空也は延暦寺で正式に得度受戒し、延昌から「光勝《こうしょう》」という大僧名を与えられたがこれを用いることなく、「空也」の沙弥名を生涯改めることがなかったという。「光勝」とは薬師如来の功徳を説く義浄《ぎじょう》訳の『薬師琉璃光七仏本願功徳経《やくしるりこうしちぶつほんがんくどくきょう》』に説かれている薬師如来の仏国の名で、玄奘《げんじょう》の異訳本では「浄瑠璃《じょうるり》」と呼ばれている。この経が説いている「如来定力《にょらいじょうりき》瑠璃光《るりこう》」という陀羅尼の功徳は、現世では無病長寿離苦等、来世には随意に諸仏の国に生まれて過去世を知る宿命智《しゅくみょうち》を得るというものである。

延暦寺は最澄が東大寺で受戒の後、延暦七年（七八八）に比叡山に登り、薬師如来像を刻んで小堂を建て一乗止観院と号したのに始まっており、現在も根本中堂には本尊として薬師如来が祀られている。その仏に因む戒名を空也に与えたということは、延昌としては特別な配慮であったろう。しかし空也としては、これを自らの僧名とするにふさわしくないと考えたというよりは、彼は自ら選びつけた「空也」の名を捨てることを拒否したというのが実相であろう。空の立場に立ちながら『維摩経』の説くような利他の菩薩行を実践するのが空也の本領であり、叡山受戒は空也に仏教者としての本質的な意義を積極的に認めさせるものではなかった。

ただ、以後の空也の行業に示されるより社会的顕在的な仏事を展開していく上で、叡山との信認の関係が力となったことは否定できないであろう。大般若経供養会に六百人の高僧が列席したということなどは、その例と考えられる。また貴族層との結縁が増えてくるのも、市獄に接した市堂の聖から、空也がいま一つ高い次元で社会の尊敬を集めていったことと対応しているであろう。その背景として、彼の活動の拠点はこの頃から鴨川を東に渡って、やがて六波羅の地に西光寺という空也念仏の道場を形作っていく方向に転じはじめたように感じられる。

想像をめぐらせば、延昌が空也を推して得度受戒させた動機の中には、耳目の集中する市堂での空也の念仏勧化の背景に法相興福寺系の影響を認め、これを排除して天台宗の下にとり込もうとする意向が含まれていたと見ることもできよう。法華一乗の天台宗延暦寺は、かねてから五性各別《ごしょうかくべつ》（衆生には五つの種性《しゅしょう》の別があり、中には成仏できない無種性《むしゅしょう》の者もいる）の思想に立つ法相宗の南都興福寺と対立し、空也の晩年頃から興福寺系の清水寺とも乱闘をくり返すようになる。また、延昌が座主の立場にある叡山が円仁以来の天台浄土教を伝承しながらも、それによって天下の衆生をあまねく済度するという大乗仏教本来の機能を充分に果たし得ず、山門と権門の間の狭い活動にとどまっていた状況の中に、市聖をとり込むことによってより幅広い浄土の教えを天台の傘の下に布教できると期待されたとも考えられる。しかしそのような期待を実現する条件はまだ山門に整っておらず、空也もまたその方向に自らの志を生かす道は開けていないことを自覚していたということであろう。応和三年（九六三）の大般若経供養会の翌年、これに影響されて文人貴族と天台僧による浄土願生《じょうどがんしょう》の勧学会《かんがくえ》が発足したのは、そのような延昌の期待の延長線上に、その没後二か月にしてようやく具体化された一つの現象であったと見ることができる。

天暦二年に受戒したとき、空也はまだ東市の市堂を拠点としていたと考えられる。この二年後に彼は十一面観音等の造像や大般若経六〇〇巻の書写供養のための勧進活動をはじめるが、観音像等は翌年に完成して彼が没した天禄《てんろく》三年（九七二）には東山の西光寺にあり、大般若経六〇〇巻はすでに清水寺の塔院にあった。そのような状況から推察すれば、この勧進活動の当初から空也の活動の拠点は、鴨川の東岸の六波羅の地に移っていたと考えられる。公的な市の中での道場の拡張や仏寺の創設は、当時にあってはまったく許されないことであり、そのような制約のない平安京外の東山辺に、空也は念仏の道場にふさわしい寺院の開創を希望し、このため大僧の資格が必要と判断された結果、延昌の推挙をうけての受戒が実現したと考えられる。東市の市堂が市に往来する人々に身近に念仏を勧める便宜に恵まれていた反面、公的な場として市堂の規模と活動にも制約があり、彼がそこに仏の道場として荘厳することができたのは、おそらく壁面にかけて礼拝する図像が限度だったのではないであろうか。彼が受戒以降に造立供養する仏像群の壮大な規模からみて、そのような本格的な仏像を祀り仏事を執行することのできる道場は、洛外に求めるほかなかったのであろう。

天台顕密仏教との一定の融和状況の中で、空也は疫病等の災厄の深刻化する天暦年間に、庶民の生死の問題と切実にかかわる葬送の鳥辺野《とりべの》に近い東山六波羅の地に、組織的な道場の仏事を主体とする新しい活動の拠点を移した。そして東市の市堂には、空也に共鳴した念仏行者の沙弥《しゃみ》・優婆塞《うばそく》たちが彼の行業を継いで市中の念仏勧化を続け、それらは次第に「念仏聖」「阿弥陀聖」として世上の活動を拡げつつ、平安末期の「正応五年前図」における「空也上人開基市堂」にまで、その活動の跡をとどめることになった。

十一面観音像の造立供養

鎌倉時代末に書かれた『元亨釈書《げんこうしゃくしょ》』の中で著者の虎関師錬《こかんしれん》は、「天暦五年には、平安京に疫病がはやり、死屍が相い枕するありさまであったので、空也はこれを憐んでみずから十一面観音像を刻んで祈ったところ、像ができ上ると疫病もやんだ」と記している（『新訂増補国史大系』31）。天暦四、五年の記録は史書に欠落しており、『元亨釈書』の記述を裏付けることができないが、『日本紀略《にほんきりゃく》』は空也受戒の前年、天暦元年（九四七）の記録の中に、六月から流行した疱瘡《ほうそう》（天然痘）の状況を記している。七月一四日の条には、朱雀上皇《すざくじょうこう》・中宮隠子《ちゅうぐうおんし》・太政大臣忠平《だじょうだいじんただひら》等の各第《てい》で名僧を招き、疱瘡を防ぐ祈願のため大般若経を転読させていることを記し、翌一五日には同じ目的のため、大内裏《だいだいり》の紫宸殿《ししいでん》・建礼門《けんれいもん》・朱雀門《すざくもん》の三か所で大祓《おおはら》いを行っている。

六月以来三〇歳以下の男女に小瘡《しょうそう》（できもの）を患う者が多く、その瘡はあるいは粟粒のごとく、あるいは豆粒のごとくであるという。前年に即位した村上天皇や、その兄で先帝の朱雀上皇も罹病し、わずか一五歳の女御藤原述子《にょうごふじわらのじゅっし》も疱瘡にかかって出産したため、のちに空也の大般若経供養に結縁する父の左大臣実頼《さねより》の東三条の第で十月に亡くなっている。疱瘡と赤痢の流行による市民の困窮のため、天皇からも東西二京にそれぞれ米百石と塩三十籠が賑給《しんごう》されているが、それはおそらく焼け石に水のようなものであったろう。以後も累年、旱害や暴風、鴨川の氾濫・火災等の災害が続いている。

受戒後の空也は東山の地を新しい拠点として、現在まで六波羅蜜寺に祀り伝えられている十一面観音像等の造立供養と、生涯最大の事業となる金字大般若経六〇〇巻の書写の事業を進めるが、それは死屍が野捨てにされた鴨川と葬送の地としての鳥辺野を結ぶ六波羅の地で、累々と屍を横たえる疫病や災害の犠牲者の霊を弔い、また明日の生命の不安におののく人々の現世の安寧を祈願する仏事であった。『誄』はこの時の彼の造像について、次のように記している。

（天暦）五年秋、貴賤に勧め、知識を唱《いざな》い、金色《こんじき》の一丈の観音像一体、六尺の梵王《ぼんのう》・帝釈《たいしゃく》・四天王像各一体を造る。今、西光寺に在り。

『誄』は例によってこの事業が行われた背景や、空也の心については何事も述べていない。さきの『元亨釈書』の記事をうけて、江戸時代に極楽院空也堂で作られた『空也上人絵詞伝《えことばでん》』は、次のような記述を行っている（『大日本史料』第一篇之一四）。

天暦五年、平安城悉《ことごと》く温病《おんびょう》をうけ、屍《しかばね》山のごとし、なげきかなしむ泪《なみだ》、海を傾くるがごとし、上人これを憐み給いて、祇園牛頭天王《ぎおんごずてんのう》へ御参籠ましまして御告《おつげ》をうけ、清水寺にして御長《おんたけ》一丈の十一面観音を自《みずから》ら作り、車に乗せて自《みずか》ら引廻し、御念仏を唱え、茶を煎じて茶筌《ちゃせん》にてふりたて、観世音に供し給いて、それを温病の人々にあたえ給えば、悉《ことごと》く病なおり侍《はべ》りぬ、上人念仏を勧め

唱えさせ給えば忽《たちまち》に病苦やみぬ、

『絵詞伝』の文章は、茶筌《ちゃせん》作りの職人集団が後世に空也念仏の行者として活動した空也堂の伝説によっており、事実と付会の境界は微妙である。祇園牛頭天王は現在は八坂神社《やさかじんじゃ》と改称されているが、空也の時代は感神院《かんしんいん》と号して疫病除けの神とされる牛頭天王を祀っていた。古くは南都興福寺を本寺としていたといわれるが、空也の時代には天台宗にとりこまれ、天徳三年《てんとく》（九五九）にも興福寺系の清水寺と乱闘事件を起こし、空也没後二年の天延《てんえん》二年（九七四）には延暦寺の別院となっている。その当時に空也が牛頭天王から清水寺での造像をすすめられることは、事実と考え難いことである。喫茶は中国渡来の団茶をすでに宇多法皇や菅原道真がたしなんでいたといわれるが（東野治之『遣唐使』岩波新書、二〇〇七年）、市井の空也聖が茶筌で立てるような事は考え難い。しかしここには、窮民の中に身を投じて行動する空也の姿を想起させる部分も含まれていると見られる。

「貴賤に勧め、知識を唱《いざな》う」という造像の手段は、市堂における阿弥陀浄土変相図の場合と同様で、空也の教化活動の特徴である勧進の形を示している。知識とは、本来は教えを説いて導く人で、それが転じて仏像や堂塔などを造営する際に財物を奉納してその完成に寄与する行為となり、有縁の人々に知識への参加を募ることを勧進といった。教団や大寺ないし有力な後援者を持たない民間の聖として、空也にあっては貴賤上下の幅広い人々に勧進して仏事を作《な》すことは、これに応じた人々に広く善根功徳を積ませ、仏道に縁をつなげる教化の必然的な方便であった。『日本霊異記』には、「仏菩薩を造る者は、西方無量寿浄土に生まれ」るという思想が述べられている（上・三〇）。単独では造仏する力のない庶民にとって、空也の造像勧進に結縁することは自らの極楽往生の道につながる、奇特な功徳ある作善と受けとめられたであろう。

十一面観音像等の造像の勧進と同時に始められた大般若経写経事業については、その供養会の『願文』に、「天暦四年九月より始めて、応和三年の今朝に至る。星霜《せいそう》十四たび廻《めぐ》る」とあり、観音像等の造立の勧進も同じ天暦四年九月に始められ、翌五年秋には完成したものであろう。そして空也は布教と勧進のために新しい東山の拠点と市中とを往復しながら、壮麗な仏像群を祀るべき道場の建設の事業もあわせて進め、天暦五年の秋にこれらの仏像を後に西光寺と呼ばれる六波羅の地に建立された道場に安置荘厳して、盛大な供養を行ったものと推定される。

現当二世利益の十一面観音

空也が貴賤に勧進して造った仏像について『誄』は、金色に彩られた高さ一丈（三メートル）の観音菩薩像一体と、六尺（一・八メートル）の梵天《ぼんてん》・帝釈天《たいしゃくてん》および四天王《してんのう》の護法の六天像であり、それらはいま西光寺にあると記している。西光寺の後身である六波羅蜜寺には現在、国宝に指定されている像高二メートル五九センチの本尊十一面観音立像（口絵）と、重要文化財に指定されている像高一メートル七〇〜八〇センチの持国天《じこくてん》・増長天《ぞうちょうてん》・広目天《こうもくてん》・多聞天《たもんてん》の四天王像があり、鎌倉時代に補作された増長天を除いた各像は、空也が天暦五年に造立し西光寺の道場に祀った仏像群そのままである。梵天と帝釈天は通例釈迦如来の脇士《わきじ》とされる護法の善神であるが、現在は失われている。

本尊十一面観音像は桧《ひのき》材の一木造《いちぼくづくり》りで、表面に漆《うるし》で金箔を貼りつめた漆箔《しっぱく》装の像容は、豊かな量感の体軀と軽やかな動感をもつ衣文《えもん》、威厳と優美さを具えた容顔と語りかけるような表情を示す両手など、衆生済度の深い慈悲を湛えた優作である。頭上の十面の菩薩小像の宝冠にはそれぞれ一体の化仏《けぶつ》が彫られ、頂上の一体の仏面像はその前に小化仏を侍らせている。

十一面観音の像容について説いている経は四つあり、①は北周の耶舎崛多《やしゃくった》訳の『仏説十一面観世《ぶっせつじゅういちめんかんぜ》音神呪経《おんしんじゅきょう》』、②は唐の不空《ふくう》訳の『十一面観自在菩薩心密言念誦儀軌経《じゅういちめんかんじざいぼさつしんみつごんねんじゅぎききょう》』で、入唐した真言宗の空海や天台宗の円仁《えんにん》・円珍《えんちん》が平安時代前期に将来している。③は唐の阿地瞿多《あじくた》訳の『陀羅尼集経《だらにじっきょう》』巻四にある「十一面観世音神呪経」で、奈良時代の智光《ちこう》が紫微中台《しびちゅうたい》の十一面悔過所《けかしょ》に写経のため提供していたものである。④は唐の玄奘《げんじょう》訳の『十一面神呪心経《じゅういちめんしんじゅしんぎょう》』で、これは円珍が将来している。このうち、頭上の十体の菩薩小像の宝冠正面につけられた化仏を「阿弥陀仏」としているのは①と③で、②は「化仏」、④は「仏身」としている。また十一面観音の左手は胸の辺に挙げて、①と③では蓮の花を挿した瓶を持ち、②と④ではただ蓮の花を持つこととされている。右手はいずれも下方に展《の》ばして①と③では瓔珞《ようらく》（玉を連ねた首飾り）を、②と④では念珠を持つ。

現在の六波羅蜜寺の十一面観音像の左右の手には、何の持物も残されていないが、副島弘道氏は「掌を立てて第一・三指を捻じた左手は水瓶を持つにはやや無理がありあるいは当初から水瓶をとっていなかったかとも思われる（「六波羅蜜寺の天暦造像と十世紀の造像工房」『美術史』一一三号）」とし、伊東史朗氏は「両手掌に釘孔が認められることから、右手で蓮華の茎を持ち、左手で数珠を執るという通行の像容だったことが推測できる（『平安時代彫刻史の研究』名古屋大学出版会、二〇〇〇）」と述べている。

伊藤氏の記述は右手と左手を逆にしているが、氏のいう「通行の像容」とは②または④のきまり（形制）によって制作されたものということになり、これにしたがえばこの像の頭上の十の小像の頭冠の化仏は、阿弥陀仏ではなかったということになる。しかしもともと、観音菩薩とは「顕教には阿弥陀の弟子とし、密教にはこれを阿弥陀の化身となし（『織田仏教大辞典』）」というもので、十一面観音はまさに密教の変化《へんげ》観音であった。『十一面儀軌《ぎき》』とも呼ばれる②によれば、もし衆生が十一面観音の密語（陀羅尼）を信受して憶念するなら、無病・財物獲得・脱水難・離火難・不受横死などの十種のすぐれた利益《りやく》を得、また臨終には諸仏に見《まみ》えて、地獄に堕《お》ちることなく、極楽に往生できるというなどの四種の功徳《くどく》が得られると説いている（『大正蔵』二〇）。それは現世利益《げんぜりやく》と後世安楽《ごせあんらく》という現当二世《げんとうにせ》の利益を衆生にもたらすという、観音菩薩のもっとも自在な抜苦与楽《ばっくよらく》の働きである。

十一面観音の信仰はわが国では早くから導入され、奈良時代にも造像や写経の例が多いが、密教が普及した平安時代初期からさらに弘く世に行われるようになり、承和《じょうわ》四年（八三七）二月二日の勅でも、「人を安穏にし、世を和楽させるに、十一面観音の秘密神呪の力に勝るものはない。よろしく五畿七道の諸国に告げて、浄行の僧七口を国分寺に請じ、七日間の日夜、十一面の法を修せよ（『続日本後紀』）」と命令されている。尾張国分寺で沙弥出家している空也が、疫病等の災厄に苦しむ京の貴賤上下の安穏のため十一面観音を中心とする造像を六波羅の地で行ったことは、そのような功徳利益を人々に実現させたいとする彼の菩薩行であった。

東山の道場

『空也上人絵詞伝』がこの十一面観音像について、空也が「清水寺にして……自ら作り」と記していることが、何等かの歴史的事実を示唆しているのであろうか。この像を制作した工房については副島弘道氏が、「十世紀初頭に主流であった真言宗東寺系工房の流れをくみ、その後南都との関係をさらに増していた一工房であった（副島氏、前掲書）」と述べ、その一工房の具体名は挙げていないが、四天王像を含めた仏像群の作風にみられる身体各部の自然な統一と節度ある的確な彫技、これによる上品な落ちつきの表現等の特徴から、「この工房こそ十世紀に彫刻の和様を完成した康尚《こうしょう》・定朝《じょうちょう》工房に直接連続する工房であったと考えたい（同）」と指摘していることが注目される。そして大般若経書写を含めて、空也の一連の事業の背景に清水寺と興福寺およびその外護者としての藤原貴族の支援を想定しているのも、納得できることである。

『誄』がただ「貴賤に勧め、知識を唱《いざな》う」と記していることの背景には、後々まで継続する写経事業におけると同じく、前々年の天暦三年に没している太政大臣藤原忠平《ふじわらのただひら》の遺子である左大臣実頼《さねより》や参議の師氏《もろうじ》、あるいは三年前に空也に授戒した天台座主延昌《えんしょう》に加えて、天暦三年に興福寺別当になっている空晴《くうせい》等の支援の姿が想定され、『絵詞伝』が述べているような十一面観音を本尊とする近隣の清水寺や、その本寺である興福寺等の大寺の具体的な援助があったと認めるべきであろう。特に、一連の造像が一年の短期間に完了したとみられることは、工房の選定や造像事業の円滑な推進に関して、これらから強い支援を得てはじめて可能であったと考えられる。そしてこれらの天暦仏像の高度な美的水準は、後に見る金字大般若経の装飾経巻の造営の場合と同じく、空也の高い審美眼と仏世界の荘厳に対する美的追求心の強さを明瞭に示している。

『誄』が「今、西光寺に在り」と記す十一面観音をはじめとする仏像群について、『元亨釈書《げんこうしゃくしょ》』は「洛東において、四衆《ししゅ》に勧めて一藍《いちらん》を創《はじ》め、六波羅蜜寺と号して、像を奉安せり」と記している。「四衆」とは、僧・尼と在家の男女の仏教信者であるが、六波羅蜜寺は、空也が開創した西光寺が彼の没後五年にして改名されて天台別院とされて以来の名である。これだけの仏像群が造られた以上、これを祀る寺院が建立されるのが当然という感覚が、東福寺の住職でもあった著者の虎関師錬《こかんしれん》にもあったのであろう。しかしここで「創め」られたという「一藍」の実体を記す史料は何もない。『六波羅蜜寺縁起』は、空也上人が「応和年中」に西光寺を草創し、没後に大法師中信《だいほっしちゅうしん》が来住して六波羅蜜寺と改号したと記しており、応和三年(九六三)に鴨川の西岸で催される大般若経供養会の前後に、西光寺は寺院として開創されたという認識である。

西光寺以前にも地蔵菩薩を安置した堂があったと伝えられる(『山州名跡志』)六波羅の地において、空也はこれらの仏像群の完成にあわせてこれを祀る仏殿を建て、現世の衆生の抜苦と来世往生の祈願を結縁の人々と行ったはずである。室町時代初期の『壒嚢鈔《あいのうしょう》』は、ここで空也は『十一面神呪経』の法を修して疫病を抑えたと記している。それは『十一面神呪心経』の現世利益の第一の功徳、「身に常に病なく」をまず期待したものであり、観音菩薩像を静処《じょうしょ》に清浄座《しょうじょうざ》を設けて、諸《もろもろ》の飯食《ぼんじき》を献じながら祈るべきものとされている。空也の祈願と功徳廻向はそのような現世の次元にとどまらず、『経』が続いて説いているような、「臨終には仏に見《まみ》えて地獄に堕ちることなく、極楽世界に生れることができる」という来世の安心までも、人々にもたらそうとするものであったと考えられる。十一面観音の信仰が、現世の災厄からの防護と同時に死後の安楽を約束するという点で阿弥陀仏の信仰と軌を一にするという点に、空也の衆生利益の菩提心がしばしば十一面観音の信仰に向けられたという事実の核心があった。その意味では十一面神呪の陀羅尼読誦は、空也において南無阿弥陀仏の称名念仏と同一の、衆生済度の菩薩行としての意味を内包していたものであり、仏像群を前にしてのその祈願の行儀は、これにふさわしい道場の室内でとり行われたのは当然であろう。

金字大般若経の書写供養

『誄』は空也四九歳の天暦五年（九五一）秋に、「貴賤に勧め、知識を唱《いざな》」って観音像等を造立したこととあわせて、次のように『大般若経』の書写のことを記している。

　金泥の大般若経一部六百巻を写す。今、清水寺の塔院に在り。

この写経事業は一三年後の応和《おうわ》三年（九六三）に完成し、鴨川の西岸に仮設の仏殿をしつらえて、六〇〇人の高僧を招いて盛大に供養会が催される。造像と並行したその写経供養こそ、空也七〇年の生涯の頂点を示す最大規模の事業であった。この事業もまた、疫病等の災厄から人々を守ろうとする慈悲心を出発点としているが、さらに『大般若経』が説いている「空」の仏智を人々に説き広めようとする明確な意図に導かれており、同時に阿弥陀仏を念じてもろもろの衆生とともに極楽往生を遂げようとする、空也の利益衆生の菩提心のもっとも総合的な表現であった。

応和三年の供養会において読み上げられた空也の『願文』には、この事業が天暦四年九月に始まり、八月二三日の供養会の当日朝まで一四年の星霜をかけたものであったことが述べられている。造像事業と同時に知識勧進をはじめ、疫病の蔓延する一年後の天暦五年に造像は完了し、写経事業はさらに一二年の歳月を要したというものであろう。

『大般若波羅蜜多経《だいはんにゃはらみったきょう》』六〇〇巻は、唐の玄奘三蔵《げんじょうさんぞう》が四年かけて漢訳した一切経中最大の経典で、仏の智恵（般若）を集大成したものとして尊ばれた。わが国の史料の初出は『続日本紀』の大宝《たいほう》三年（七〇三）三月十日条に、「四大寺に詔して、大般若経を読ましむ。一百人を度す」とあり、大安・薬師・元興・弘福《ぐふく》の四大寺において、前年一二月に没した持統太上天皇《じとうたいじょうてんのう》の追善のためと考えられる読誦を行わせ、百人を得度させている。それは玄奘の訳経が完了して四十年後のことであった。以降、奈良・平安・鎌倉各時代を通じて国土安泰・五穀豊穣・鎮災・追善・病気平癒等に有効な経典として、しばしば書写・読誦されている。

大般若経一部六〇〇巻の字数は約六百万字といい、これを書写するに要する料紙等について、天平十年（七三八）五月の正倉院文書（写経司解《げ》）では、準備された料紙が一万三百三十一枚、写経師二十人が一人一日四枚の書写を行い、これを六人の校生が十日一三枚の計算で綿密に校正し、約百三十日で完成したという計算であった（『大日本古文書』七）。これを金粉を膠《にかわ》で溶いた金泥《こんでい》で書写するために必要な金の量は、「金泥一両をもって二十八枚を写す」という基準で計算すれば、必要な金泥は三六九両、一両を十匁《もんめ》（三七・五グラム）として単純計算すれば、金の量は一三、八〇〇グラムあまりということになる。現在の金の時価を一グラム三千円とすれば約四千万円ほどとなるが、現在の価格で当時の貴重さの程度を量ることはできまい。

『大般若経』は完全な智恵である般若波羅蜜多を説く経典であるが、みずから、この経典を書写・読誦・受持・解脱することの功徳を説いており、第五五七巻「卒塔婆品《そとばほん》」では、四天王と帝釈天・梵天が釈尊にむかって、「もし善男子善女人が、般若波羅蜜多を至心に聴聞し、受持読誦し、また他のために書写し解脱するなら、我等の眷属《けんぞく》は常にこれに随って守護し、一切の災厄を防ぎます」と誓っている。空也が写経事業の頭初に行った造像の中で、十一面観音とともに造立した六体の護法の善神は、まさにこれから書写しようとする『大般若経』の護法神であり、それは同時に結縁して般若を聴聞・受持・書写・解脱しようとする、平安京の空也自身を含む善男子善女人を守護するための守護神でもあった。

同じ「卒塔婆品」は釈尊の言葉として、「この般若波羅蜜多を書写し、種々に荘厳して受持読誦し、また種々の花や灯明等をもって供養し讃歎する者は、すなわち仏の智恵と相好身（すぐれた相《すがた》の仏身）を供養する者である。なぜならば、仏の智恵と相好身は、みな般若波羅蜜多を根本としているからである（『大正蔵』七）」と説いている。

そのような『経』説を空也が尊重して、書写した『大般若経』の装飾荘厳に苦心した様子を、『誄』は霊異譚的に次のように述べている。

水晶の軸

水精《すいしょう》の軸は、土俗の造るところ沈《しず》まず。ここに上人、紙を染め金を研《とぎみが》けども、その軸を得ること難し。和州長谷寺に詣で、観音に白《もう》して言《もう》さく、水精の軸、願わくは仏子《ぶっし》に与えたまえと。言《もう》し竟《おわ》りて帰り去る。夜、添上郡《そうのかみのこおり》の勝部寺《かつべでら》の、住持僧の房に宿す。僧問うて云く、如来は住せず、何ぞ必ずしも往きて詣《もう》でんや。上人答えて曰く、釈迦は霊鷲山《りょうじゅせん》に在《ましま》し、観音は補陀落《ふだらく》に住したまう。仏の機縁、地の相応、昔より在り。住持曰く、聖《ひじり》、蓋《けだ》し何事を求むるや。上人曰く、大般若経を餝《かざ》らんがため、水精の軸を営《つくりいとなむ》なり。僧答う。昔、故老に聞くに、当寺を建立の本主《ほんす》、金泥をもって大般若経を字書せんとの願を発《おこ》し、且《しばら》く只だ軸を蓄え、その経に逮《およ》ばず。命終の時、石函に納めて、これを土中に埋め、誓いて言《いわ》く、我、人身を得て、当《まさ》にこの経を書すべしと。知らず、上人は願主の後身なるか。又知らず、願主は、上人の前身なるかと。共にその地を掘るに、果してこれを得たり。

空也が長谷寺に参詣した因縁で、水晶の軸を手にすることができたと『誄』が記していることは、彼が『大般若経』六〇〇巻の経巻の荘厳について並々ならぬ努力を行い、これを成し遂げるについて南都の寺院またはその外護者から大きな援助が得られたことを示唆していよう。

まず写経作業の最初には、原本となる六〇〇巻の経典を確保しなければならない。空也の場合は応和四年正月まで受戒の師延昌《えんしょう》が座主であった延暦寺や、天徳元年（九五七）まで空晴《くうせい》が別当であった興福寺の協力を得ることが可能であったと考えられる。そして写経作業に先立っては、楮《こうぞ》を漉《す》いた紙を紺の染料によって染色し、裏打ちをして界線を引いた料紙の用意も、一万枚をこえる量となれば簡単ではない。金粉を膠《にかわ》で溶《と》いた金泥《こんでい》を用いた書写も、専門の書生の手をかりなければならない。加えて数度の入念な校正、経師による成巻、表紙外題《げだい》の貼付、経巻を保護するための帙《ふみづつみ》の作成と経箱への分納など、多くの専門技術者による制作の段階がある。ここで空也が行ったのは、紺瑠璃《こんるり》の用紙に金泥の文字を綴り、その文字を猪の牙で磨いて光沢をつけ、各巻の軸先には水晶をはめ込み、それを雲母をちりばめた帙に収めるという華麗な装飾経の作成で、工程の終り近くに一二〇〇箇の水晶の軸が必要となった。これを職人に造らせたところ得心のいく出来映えでなかったので、空也は大和の長谷寺の十一面観音に参詣して、望ましい軸が得られるように祈ったという。その時期は事業の終りに近い、応和の年間（九六一―四）に入ろうとする頃と考えられる。

長谷寺は奈良時代から観音の霊地として知られ、本尊の十一面観音像は天平五年（七三三）に行基を導師として開眼供養されたと伝えている。奈良時代から東大寺の末寺となり、史上何回も火災に遭っているが、天慶七年（九四四）の正月にも堂舎、仏像ともに焼亡して、一年後に再建を終えている。この再建を援助したと考えられる本寺である東大寺の俗別当《ぞくべっとう》は、長谷寺炎上直後の天慶七年四月に右大臣に補され、八月に俗別当の兼務を再任された藤原実頼《ふじわらのさねより》（九〇〇～九七〇）であり、彼は後に空也の大般若経供養会にも当時最高位の左大臣として結縁し、これに臨席したと考えられる人物である。

空也よりほぼ三〇年後に平安京から長谷寺に参詣した例が、能書家として知られる藤原行成《ふじわらのゆきなり》（九七二～一〇二七）の『権記《ごんき》』に見られる。正暦《しょうりゃく》四年（九九三）正月の除目《じもく》で従四位下に叙された二二歳の行成は、その月の一一日に三条の第《てい》から六条の皇后宮に参じた上で夕刻に宇治に着き、一二日には宇治から奈良に着いて興福寺の房に泊った。一三日は奈良を発って長谷寺に参ってここに宿し、一四日は早朝に長谷寺を出て興福寺に戻り、午後にここを発して夕刻に宇治に着いている。直線距離にして往復一〇〇キロの行路を、一日平均二〇キロで五日かけて参詣したという例になるが、中間点としての奈良の位置が重要なことが判る。奈良での宿泊は、天皇や上皇では春日社や東大寺東南院が行在所《あんざいしょ》となり、藤原氏の貴族なら佐保殿《さほどの》の宿院や興福寺の一乗院・大乗院等、一般の旅人はもっぱら寺院が宿房として利用された。

隔夜寺（奈良市高畑町）

空也は長谷寺に祈っての帰り、大和国添上郡《そうのかみのこおり》の勝部《かつべ》寺に宿ったという。勝部寺については何の資料も発見できないが、添上郡は平城京の朱雀大路より東側の地域に当っており、興福寺周辺の一寺であったと想定される。現在も興福寺の南東にあたる奈良市高畑《たかばたけ》町の新薬師寺の末寺に隔夜寺《かくやじ》という小寺があり、堂内には長谷寺十一面観音の一〇分の一の模像である本尊と、空也上人像を安置している（写真）。古くは興福寺領で、中世以降ここから長谷寺まで一晩おきに（隔夜に）詣って修行する隔夜僧が寺を守っており（村井古道『奈良坊目拙解』）、その修行はかつて空也がここから長谷寺に参詣した徳を慕って行われたものと伝えられている。この地点は古くは客養寺《かくようじ》と呼ばれた寺院があったとされ、『誄』のいう「勝部寺」は、おそらくこの地にあった興福寺の一房であったと考えられる。

装飾経への結縁

勝部寺住僧の空也に対する第一問、『如来は住せず、何ぞ必ずしも往きて詣でんや』の含意は、一筋縄のものではない。『金剛般若経《こんごうはんにゃきょう》』には、「身相《しんそう》をもって如来を見ることを得《う》べからず……およそ有るところの相はみなこれ虚妄《こもう》なり。もし諸相《しょそう》は非相《ひそう》なりと見れば、すなわち如来を見る（『大正蔵』八）」とあり、固定的な実体のない空無我にして無常変遷のこの世において、仏・如来をも含めて、物や姿にとらわれることが虚妄として戒しめられている。竜《りゅう》樹《じゅ》の『中論《ちゅうろん》』「観如来品《かんにょらいほん》」もまた、

如来は形あるものにあらず、いずくにか如来あらんや。
如来は寂滅《じゃくめつ》の相にして、有ると分別《ふんべつ》するもまた非なり。

という偈を説いている（『大正蔵』三〇）。これらは禅の『臨済録《りんざいろく》』に、「仏に逢うては仏を殺し、祖に逢うては祖を殺し」、そこに至って「始めて解脱を得、物と拘《かかわ》らず、透脱《とうだつ》自在なり」と示している、

悟りの教えと共通している。

住僧の問いは、「如来は有無の現象を超えた涅槃《ねはん》の世界のものである。どうしてそこに往ってお詣りなどできるものか」という問題提起であろう。これに対する空也の答えは、経に説かれた諸仏の機縁を信じて随順すれば、そこにはおのずから救いがあるという信仰者の確信を述べたもので、住僧もただちに己れの高飛車な調子を捨てている。

『誄』は問答のすえ、「共にその地を掘るに、果してこれを得たり」と記しているが、はたして何処の地を掘ったのかは不明である。平安時代末の『打聞集《うちぎきしゅう》』は、空也の夢の中に僧が現れて、「汝、前《ぜん》生《しょう》にこの経を書き奉りしに、書きさして死せるなり、その軸の水精は奈羅坂《ならざか》にうづみたり、しか〴〵の所なり」と告げられ、夢から悟めて弟子達と共に鋤鍬《すきくわ》を持って奈良坂に行き、千二百個の八角形の水晶の軸を掘り出したと述べているが、その内容は奈良坂を仮想的に特定した以外には、『誄』から直接に説話として創作された以上のものとは考えられない。そして『誄』の霊異譚的な記述もまた、そのまま事実であったとは考え難い。

勝部寺がやはり興福寺にゆかりの寺であり、その住僧の協力によって水晶の軸が入手できたというのであれば、それは空也の写経事業の終盤に南都興福寺あるいはその檀越《だんおつ》の藤原貴族から、有力な支援が得られたことを示唆するものといえよう。実頼の同母弟である師氏《もろうじ》について『誄』は空也と「二世の契《ちぎり》」があったと記しているが、その背景にはこの事業に関する協力関係もあったのではないかと想像される。応和三年八月二三日に行われた大般若経供養会について、史書としての『日本紀略』

は「左大臣以下、天下の諸人の結縁する者多し」と、藤原実頼の名を特定できる官名を記録している。その実頼は前述のように天慶七年から九年の長谷寺再建事業に、本寺である東大寺の俗別当として総指揮をとっていたと考えられる。加えて、『誄』は空也が一四年来営々と書写荘厳した金字大般若経六〇〇巻は、空也の没後まもなくにはすでに興福寺の末寺であった清水寺の塔院に移っていたと記している。

この間の経緯について『誄』はただ、「貴賤に勧め、知識を唱《いざな》う」としか述べていないが、長谷寺―藤原氏―興福寺―清水寺の連鎖の中で、空也の天暦造像と大般若経書写供養の事業に対する、有力な結縁者の支援が存在したものと推定される。そのような背景があったからこそ、市井独一《どくいつ》の僧であった空也が、六〇〇人の高僧の列席のもとに「天下の壮観」とされた大般若経書写供養の盛会を、その完成した応和三年に開催することができたのであったと考えられる。

なお『誄』の原本である真福寺本と流布本の群書類従本はともに、空也の没後に金字大般若経が「清水寺塔院」ではなく「勝水寺塔院」にあると記している。しかしそれらの原本のさらに原本である天治《てんじ》二年（一一二五）書写本より三年前の保安《ほうあん》三年（一一二二）に、三善為康が『誄』をほぼ全文引用している『六波羅蜜寺縁起』は「清水寺塔院」と明記しており、ほぼ同時代の『打聞集』も同様である。「勝水寺」は、「文句狼籍なり」と自認している鎌倉時代書写の原本の、書誤と認められる。

清水寺

清水寺は興福寺の末寺であったが、現在は北法相宗《きたほうそうしゅう》の本山で、本尊は十一面千手観音である。『清水寺縁起』によれば、坂上田村麻呂《さかのうえのたむらまろ》の檀施により大同《だいどう》二年（八〇七）に伽藍を造営して創建され、弘仁《こうにん》八年（八一七）に鎮護国家の道場となり、皇室の帰依も深かった。承和《じょうわ》一四年（八四七）には三重塔が建立されたが、それは空也没後四年の天延《てんえん》四年（九七六）六月の大地震で倒壊した。その後も火災をくり返し、永万《えいまん》元年（一一六五）には興福寺末であるという理由によって、延暦寺宗徒の焼討ちに遭っている（『平家物語』「清水寺炎上」）。

空也が供養した金字大般若経六〇〇巻の行方は、そのような歴史の中で、所在を確認することは不可能である。それが清水寺塔院に納められた理由を推測すれば、清水寺十一面観音に対する空也の信仰のほか、書写事業の過程に清水寺の貢献があり、それは『空也上人絵詞伝』が天暦の十一面観音造像を「清水寺にして」空也が行ったと記している事情と、あるいは連動しているのかもしれない。『六波羅蜜寺縁起』は、空也没後五年にして西光寺が改名して天台別院となって以降、「清水寺と接せず」と記しており、空也の時代までは西光寺が清水寺と親しい関係にあったことを証言している。『誄』が空也の没後まもなく書かれていたことを考えれば、むしろ金字大般若経六〇〇巻は、空也の遺志によって積極的に清水寺塔院に納められていたとすべきであろう。

承和一四年に建立された清水寺の三重塔には、東方薬師、南方釈迦・西方阿弥陀・北方弥勒の四方仏が祀られており、空也が荘厳した金字大般若経を、みずから釈尊をはじめとする諸仏に奉ったということが考えられるであろう。天暦造像のうち、現在六波羅蜜寺に伝わらない梵天《ぼんてん》・帝釈天《たいしゃくてん》の二天像についても、その釈迦如来の脇士《わきじ》たる性格、および『大般若経』第五五七巻に説かれている般若波《はんにゃは》羅蜜多《らみった》の護法善神《ごほうぜんじん》という性格から、経巻とともに空也の意志によって清水寺に納められ、その四年後の震災によって経と運命を共にしていたと想像される。

『清水寺縁起』には、空也が還京した前年の承平《しょうへい》七年（九三七）に、清水寺の住侶慶兼《けいけん》が信濃国で修行中に大蛇の厄に遭い、清水寺塔院の大門に多聞天・持国天の二天を造立する大願を発して厄を免れ、帰京後に別当の康尚《こうしょう》がその話を聞いて随喜《ずいき》し、自ら二天像を刻んで塔院大門に奉祀したと記されている（『大日本仏教全書』八三、鈴木学術財団）。これはまた、現在の六波羅蜜寺には『大般若経』の護法善神でもある天暦造像の四天王像が遺されている理由を、示唆しているとも考えられる。いずれにせよ、空也が「胸臆《きょうおく》千万に緒《あま》る」の思いを抱いて供養した金字大般若経六〇〇巻が、その入滅後まもなくにはすでにその本願の道場から離れてしまっていたことについては、西光寺の消長とあわせて、空也仏教の性格とその社会的達成に関して考えさせられるものが深い。

蔵人所での依頼

大般若経供養会の前に、おそらく供養会の開催に関連した依頼のことがあって、空也が当時蔵人頭《くろうどのとう》を務めていたと考えられる藤原伊尹《これただ》を蔵人所《くろうどどころ》に訪ね、そこで天台僧余慶《よけい》に幼少の時に折って曲っていた臂《かいな》を、祈禱によって祈り直してもらった話については、すでにこの章のはじめにふれた。この話も『誄』や『極楽記』には載っていないが、初出の『打聞集《うちぎきしゅう》』をはじめ『宇治拾遺物語《うじしゅういものがたり》』『撰集抄《せんじゅうしょう》』その他、平安末期から鎌倉・室町時代の諸書に収録されており、史実としては慎重な判断が必要な側面を帯びつつ、空也と後の天台座主余慶との交渉や空也の弟子について等、興味ある素材をいくつか含んでいる。

平安時代末期の長承《ちょうしょう》三年（一一三四）以前に成立している著者不明の『打聞集』が伝えている話

の要点は、次のとおりである。

①昔、公野聖《くやひじり》が、依頼のことがあって一条の大殿《おおとの》（藤原伊尹《ふじわらのこれただ》）を訪ね、蔵人所《くろうどどころ》に上っていた。

②居合わせた余慶が空也の曲がった臂をみて、その場で祈禱によって祈りなおした。

③空也はお供の三人の若い聖のうち、起経《きぎょう》という聖をお礼に余慶にさし上げた。

このうち②については既に記したので、ここでは①と③について考えてみたい。

まず空也が応和三年（九六三）八月二三日に鴨川原で開いた金字大般若経供養会について、『日本紀略』は「内給所《ないきゅうどころ》より銭十貫文を給す。左大臣以下、天下の諸人、結縁する者多し。昼は経王《きょうおう》を講じ、夜に至って万灯会《まんとうえ》あり。」と記している。空也が蔵人所に参上したという異例の行動は、おそらく供養会がそのようにして開かれるための依頼をするためであって、その時期は応和三年の夏頃のことと考えられる。そして訪ねた場所については、『打聞集』は「一条の大殿《おおとの》（に）参《まいり》て蔵人所（に）居程《おるほど》」、『宇治拾遺物語』では「一条大臣殿《おとどどの》にまいりて、蔵人所に上《のぼり》ていたり」と記し、現行の注釈書はいずれも蔵人所を大臣家の機関と解釈している。

しかし嵯峨《さが》天皇の弘仁《こうにん》元年（八一〇）に令外官司《りょうげのかんのつかさ》として宮中に設けられた蔵人所が、院や摂関家にも設けられるようになったのは平安時代の中期以降で、中御門右大臣藤原宗忠《なかみかどうだいじんふじわらのむねただ》（一〇六二～一一四一）の『中右記《ちゅうゆうき》』嘉承《かしょう》元年（一一〇六）正月の記には、「およそ蔵人所は摂政の家礼なり。しかして前二条殿《さきのにじょうどの》ならびに故大殿二代関白の時、蔵人所を置かるるなり（『増補史料大成』）」とあり、大二条殿といわれた道長の子の関白藤原教通《ふじわらののりみち》（九九六〜一〇七五）や、後宇治殿《のちのうじどの》と呼ばれた道長の孫で摂政・関白の藤原師実《ふじわらのもろざね》（一〇四二〜一一〇一）の時代、具体的には、後三条上皇が白河天皇に譲位して関白教通の二条の第《てい》に入り、院蔵人所《いんのくろうどどころ》が設置された延久《えんきゅう》五年（一〇七三）一月以降のことと考えられる。したがって、もし空也が蔵人所に伊尹を訪ねたことが事実であれば、その場所は内裏《だいり》の清涼《せいりょう》殿《でん》の南にあった校書殿西廂《きょうしょでんにしびさし》の蔵人所、またはその西側にあった蔵人所町屋《まちや》であったはずである。

空也が訪ねたという一条摂政藤原伊尹《ふじわらのこれただ》（九二四〜九七二）は右大臣師輔《もろすけ》の長男で、天暦《てんりゃく》二年（九四八）に二五歳で蔵人になり、同九年（九五五）には三二歳で左近衛権中将《さこんえのごんのちゅうじょう》従四位下の地位で蔵人頭《くろうどのとう》、いわゆる頭の中将に上っている。この地位は以後も続き、彼が三七歳で参議《さんぎ》に昇任した天徳《てんとく》四年（九六〇）八月以後も、『職事補任《しきじぶにん》』には康保《こうほう》四年（九六七）まで二人制である蔵人頭の職には弁官《べんかん》（太政官局の事務官）の頭一人の名前しか見えず、伊尹は実質的に蔵人頭の職を続けていたと考えられる。

彼の弟で道長《みちなが》の父に当る兼家《かねいえ》について、鎌倉初期に慈円《じえん》の書いた『愚管抄《ぐかんしょう》』には、「兼家は押《お》し柄《がら》のかちたる人にて、蔵人の頭も中納言までかけておはしけり（『日本古典文学大系』八六）」と、押しの強い兼家は四一歳で参議をとび越えて正三位中納言となってまで、蔵人頭を続けていたと記している。その長兄である伊尹は天禄元年（九七〇）には四七歳で右大臣・摂政となって蔵人所別当を兼任し、翌々年の一一月、空也入滅の二か月後に四九歳で没している。空也が伊尹に会ったのは、伊尹が参議でありつつ蔵人頭の職責に当っていた時期と考えられる。

蔵人所が天皇の身辺の諸事や進奏《しんそう》・伝宣《でんせん》・除目《じもく》・諸節会《せちえ》儀式などを司《つかさ》どる役割を持っていたことから考えれば、空也が伊尹を訪ねた目的の依頼事は、供養会に対する諸卿《しょけい》の臨席を含む結縁についてのことであったと考えられる。その結果、供養会にはまず内給所《ないきゅうどころ》から銭十貫文が支給された。宮中の内給所は蔵人所が所轄し、内給とは、皇族・女房・宮中の使用人等の所得とするため、地方の国司等の給料の一部を収納したもので、内給所はその管理・出納を行い、蔵人頭はこれを監督・指示した。内給所からの支出は基本的に天皇の私的な出費であり、空也の供養会に対する十貫文の支給は、「村上天皇が私的に内給所の銭を空也に賜ったもの（尾上陽介「内給所について」『日本古代の法と社会』吉川弘文館、一九九五）」であった。これを実質的に決めたのが、蔵人頭の伊尹であったはずである。

供養会に関する『日本紀略』の「左大臣以下、天下の諸人、結縁する者多し」という記録に対応するのは、『誄』の「士庶雲集《ししょううんしゅう》し、冠蓋《かんがい》星と羅《つらな》る」の文である。高官の「冠《かんむり》」と牛車《ぎっしゃ》の車蓋《しゃがい》が星のごとくつらなった」というような、公卿《くぎょう》以下の供養会への列席を含む結縁の承認と手配が空也から伊尹に依頼され、伊尹はこれに協力すると同時に内給所からの天皇の支給を手配したのであろう。

『打聞集』が伝えている③の、空也が伴っていた三人の若い聖について、『宇治拾遺物語』は次のように記している。

一人は縄《なわ》をとりあつむる聖なり、道に落たるふるき縄をひろいて、壁つちにくわえて、古堂のやぶれたる壁を塗事《ぬること》をす。一人は瓜《うり》の皮をとりあつめて、水にあらいて獄衆にあたえけり。一人は反古《ほぐ》の落散たるをひろいあつめて紙にすきて経を書写したてまつる。

これは市聖《いちのひじり》としての空也とその同行者の、実際の行実をしのばせる記述であろう。その実体は、無一物《むいちもつ》の乞食沙弥が工夫と努力によって、ひたすら人々のために役立とうとつとめる行動であった。そして、ここに反古聖《ほぐのひじり》として述べられている弟子は余慶に与えられ、以後は園城寺《おんじょうじ》を中心に活躍する余慶について義観《ぎかん》と名のって修行を積み、阿闍梨《あじゃり》（法を伝える師僧）となる。義観は空也の入滅後にはその日常使用していた金鼓《こんぐ》と錫杖《しゃくじょう》を与えられ、これを晩年に藤原実頼の孫である右大臣実資《さねすけ》に贈っている。この説話には、相当の根拠があることが信じられるのである。

金字大般若経供養会

金字大般若経六〇〇巻の書写供養に関する『誄』の文章の後半は、その供養会の状況について、文章道学生《もんじょうどうがくしょう》である源為憲《みなもとのためのり》の作文《さくもん》の技巧をこらして、次のように述べている。

既にして紫磨《しま》の金字《こんじ》・水精《すいしょう》の軸・紺瑠璃《こんるり》の紙・雲母《きらら》の帙《ちつ》あり。十四年来《このかた》の、功力甫《こうりきはじめ》て就《な》りて、応和三年八月、恭敬《くぎょう》して供養す。広く会集《えしゅう》せしめ、普《あまね》く随喜《ずいき》せしめんが為に、王城の巽《たつみ》、鴨川の西に、荒原《こうげん》を卜《ぼく》して宝殿を造る。前には白鷺地《はくろち》の浪を写し、後には竹林苑《ちくりんえん》の風を模す。是《ここ》において士庶雲集《ししょううんしゅう》し、冠蓋《かんがい》星と羅《つらな》る。龍頭鷁首《りゅうとうげきしゅ》の舟は、経典を載せて迭《たが》いに近づき、翠管朱絃《すいかんしゅげん》の曲は、仏乗《ぶつじょう》を讃えて代るがわる奏《かな》でらる。凡《およ》そ天下の壮観なり。六百口《こう》の耆徳《きとく》を屈《くつ》して、その会衆《えしゅ》となし、少《しばら》くして中食《ちゅうじき》を飯《くらわ》し、労《ねぎらい》て百味を備う。

紺瑠璃の料紙に金泥で書いた経の文字は、猪《いのしし》の牙で磨いて膠《にかわ》を落とし、紫がかった黄金色に輝いている。奈良で入手した一二〇〇箇の水晶を経巻の両の軸先に飾り、六〇〇巻を納める帙《ふみづつみ》は雲母を帖って白く光を反射している。天暦四年九月から始めて一四年かけた知識勧進の成果が、いま眼前に美々しく荘厳されている。広和三年八月二三日の朝、鴨川西岸の河原には仮設の仏殿が建てられ、これから盛大な経供養の法会が始まろうとしている。おそらく仏殿には、六〇〇巻の装飾経を奉安する宝座が設けられ、さらに一二年前に完成されていた護法の善神、六尺の梵天と帝釈天および四天王の各像が、宝座を守護するように安置されていたであろう。

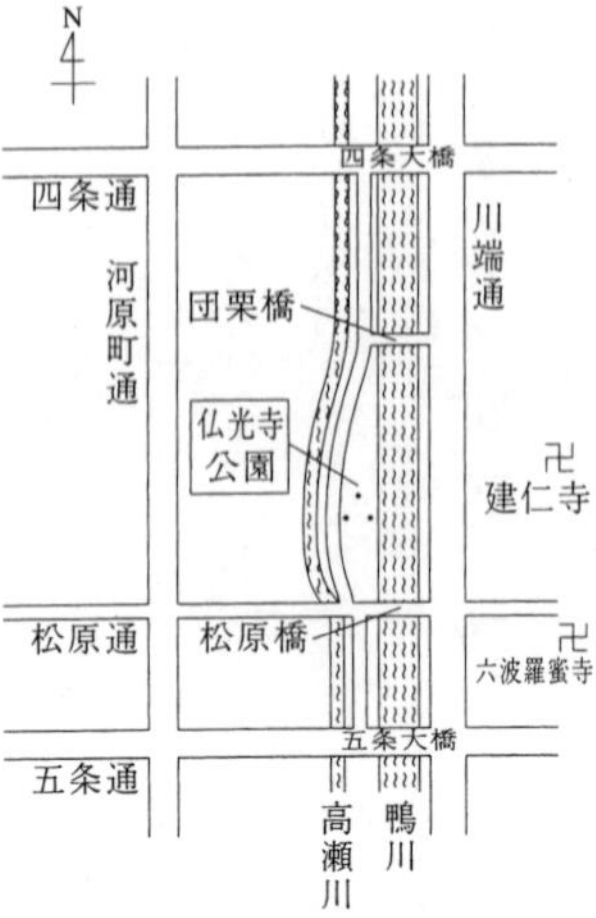

供養会関連地図

供養会が行われた場所について、『誄』は平安京の大内裏《だいだいり》の南東、鴨川の西の荒原と述べている。西光寺の後身である六波羅蜜寺は、現在は松原通と呼ばれている旧五条通を延長した南手、鴨川の東岸から少し東山に寄った地にある。おそらくこの地にあった空也の東山の道場から、護法の六善神は鴨川の西岸に移されて、その川原に仮設された仏殿に、経巻を載せる宝座を守護するように祀られたと考えられる。その場所は、現在は仏光寺公園となっている辺りであろう。（図）

この法会で読み上げられた『願文《がんもん》』の中で、空也は『大般若経』第三九八巻から四〇〇巻にかけて説かれている常啼菩薩《じょうたいぼさつ》の心にたって仏の智恵である般若を求め、その問いに答えて法涌菩薩《ほうゆうぼさつ》が説いた般若の教えを、彼もまた世の人々に開示して知らせたいと念願していたと述べている。法涌菩薩の住む東方の具妙香城《ぐみょうこうじょう》は、周囲に七重の濠をめぐらし、五百の庭苑を具え、各苑には五百の池があって四色の蓮華の花が咲いている。城中の七宝の台上には、法涌菩薩が昼夜三時に般若波羅蜜多《はんにゃはらみった》を説く獅子座《しざ》があり、その近くには七宝の大般若台があって、その上に宝石で荘厳された箱がある。ここを訪れた常啼菩薩に帝釈天は、この箱の中には般若波羅蜜多という無上の法があるのだが封印されており、法涌菩薩でなければ開けることはできないという（『大正蔵』六）。空也は鴨川原にこの具妙香城の大般若台を仮設して、これに書写荘厳した六〇〇巻の金字大般若経を奉安供養するという形式で、般若の教えを人々に知らしめようとしたに違いない。

供養会の会場の状況について、『誄』が「前には白鷺池《はくろち》の浪を写し」と記している部分は、供養会で読み上げられた『願文』では、「白浪石《はくろう》に咽《むせ》ぶの岸は、鷺池《ろち》に相同じ」と書かれている。つまり仮設の仏殿の前には、鴨川の川波が打ち寄せており、それは『大般若経』の第一六大会《だいえ》で釈尊の説法が行われた、王舎城《おうしゃじょう》（インド北部のラージギル）の竹林精舎《ちくりんしょうじゃ》の側の白鷺池を模したものというわけであった。また『誄』は対句として、「後には竹林苑の風を模す」と記しているが、『願文』では「青草《せいそう》煙を敷くの堤は、宛《あたか》も鷲嶺《じゅれい》の如し」と、同じく第一—六大会《だいえ》の行われた王舎城外の霊鷲山《りょうじゅせん》（鷲峯山）に、鴨川の防堤を例えている。つまりこの会場は、鴨川西岸の防堤と河流の中間の川原で行われた事が明白で、『六波羅蜜寺縁起』でも三善為康《みよしのためやす》は、「新たに砂塙《さかく》を払い、已《すで》に宝殿を造る」と表現している。

『誄』の記す「士庶《ししょ》雲集し、冠蓋《かんがい》星と羅《つらな》る」については前にもふれたが、この八月二三日は、五日間にわたって宮中で行われたかの応和《おうわ》の宗論《しゅうろん》の第三日目であった。それは村上天皇宸筆の『法華経』の完成を期に、南都各宗の代表と北嶺天台宗の学僧が交互に問者《もんじゃ》と導師《どうし》になって、清涼殿《せいりょうでん》中で『法華経』八巻とその開経《かいきょう》の『無量義経《むりょうぎきょう》』、結経《けっきょう》の『普賢観経《ふげんかんぎょう》』を、朝夕二座に分けて五日間講論するもので、特にすべての人は成仏できるとする一乗思想の天台側と、成仏できない人もいるという南都法相宗の対決が有名であった。宗論の日程ははじめ六月の予定が、再三の延引の結果として八月二一日から五日間に決まったという経緯があるが（平林盛得『聖と説話の史的研究』）、これに列席した朝廷貴族の名を、『仏法伝来次第《ぶっぽうでんらいしだい》』は初日の朝座についてだけ記録しており（『群書類従』七二六）、供養会の『願文』が功徳を受けるべき対象として挙げている「三台九棘《さんたいきゅうきょく》」、つまり当時の三大臣と大・中納言、参議の九卿《きゅうけい》あわせて一五人のうち、宗論に列席していたのは右大臣の藤原顕忠《ふじわらのあきただ》以下六名で、最高位の左大臣実頼など多数は列席していない。『日本紀略』の記す「左大臣以下、天下諸人の結縁する者多し」が、どれだけの公卿を指しているか不明であるが、「宗論」との競合関係からみても、左大臣藤原実頼・大納言源高明《みなもとのたかあきら》・中納言藤原師氏《ふじわらのもろうじ》・参議藤原伊尹など多くの公卿が出席可能であったはずで、それは村上「天皇の名のもとに銭十貫文が寄せられたことを奉告するため（東館紹見）」でもあった。『誄』が「およそ天下の壮観なり」と述べ『日本記略』もこれを記録しているということは、この盛会が後々まで京の話題となっていたというほどのものであったことを示している。

さらに『誄』が、「龍頭鷁首《りゅうとうげきしゅ》の舟は、経典を載せて迭《たが》いに近づき」と述べているのは、『大般若経』六〇〇巻の装飾経を龍と青鷺の頭を船首につけた華麗な舟に載せて、鴨川から仮の仏殿の宝座まで運び供えた会式の次第を表現しているのであろう。その龍頭の舟には唐楽《とうがく》の、鷁首の舟には高麗楽《こうらいがく》の楽人がそれぞれ乗り、仲秋のさわやかな陽光のもと、「翠管朱絃」の管弦の楽奏が交互に水面に響き渡る法会の状景であった。

この法会に招かれた高僧は、『大般若経』の巻数に同じ六〇〇名で、『願文』ではこれらは菩提心豊かにして、かつて釈迦の前身であった雪山童子《せっせんどうじ》が諸行無常の偈を学んだというヒマラヤの嶺から降り、また釈尊が『維摩経《ゆいまぎょう》』を説いた毘耶離《びやり》（ヴァイシャーリー）の菴羅樹園《あんらじゅえん》（マンゴーの林）からやってきたと表現されている。実際には延暦寺や興福寺、清水寺等の南都北嶺の僧達が中心となって、宮中の宗論での対立とは関係なく、仏教の根本義である般若・空の教義のもとに、一同に集会したというものであろう。それが市井の聖の呼びかけたものであったということは、宮中の宗論と対比して、日本仏教における教学的法理の実践的な有効性について、強烈な問題を提示する歴史的事実であった。

常啼菩薩の本誓

そもそも空也の大般若経書写供養の目的について、『誄』は何も記述していない。天暦四年の事業開始の動機に、疫病に苦しむ人々を救い犠牲者の菩提を祈ろうとする慈悲心があったことは当然として、以後一四年続く書写勧進の持続力は、容易なものでない。この供養会の『願文』は、後に文章博士《もんじょうはかせ》となる秀才の三善道統《みよしのみちむね》が空也の意向を受けて、作文の技巧をつくした駢儷体《べんれいたい》（対句を並べて音調を高め、故事を多用する文体）の美文で綴っているが、そこには空也のこの事業にかけた願意が、『大般若経』の経説と織りまぜるように交錯しながら、綿々と述べられている。その詳細については第五章でまとめて述べることとして、ここではまずこの写経供養にかけた空也の菩提心について、『願文』の文章からその大要を読みとっておきたい。

『願文』は天暦四年九月から始めた写経の目的を、まず「四恩六道《しおんろくどう》の成仏得果《じょうぶつとっか》の為の故に」と述べている。四恩とは天下・国王・師長・父母の四者の恩であるが、ここでは我々に恩沢を与えてくれるすべての衆生の成仏を祈るということであろう。六道もまた衆生が自ら作った業《ごう》によって輪廻転生《りんねてんしょう》する六種の世界で、地獄・餓鬼・畜生の三悪道《さんなくどう》と、修羅・人・天の三善道《さんぜんどう》である。後に源信（九四二〜一〇一七）が『往生要集』でいう「厭離穢土《おんりえど》」の穢土であり、食欲と性欲を代表とする煩悩《ぼんのう》の穢《けが》れから離れられない欲界《よくかい》である。源信はこの対極として極楽浄土を説明し欣求浄土《ごんぐじょうど》を勧めているが、阿弥陀聖空也はここでは仏になり悟りを開くことを念願している。もちろん成仏といい得果といっても、修行によって煩悩を滅して解脱する聖道門の得果もあれば、念仏して阿弥陀仏に祈り極楽に往生するという浄土門の成仏もあるが、その究極における衆生にとっての済度は同一である。民間仏教者としての空也が庶民の成仏のために求めた済度の道は、まだ専修念仏のように限定純粋化されたものではなかった。

『願文』は続けて、「応和《おうわ》三年の今朝《こんちょう》に至る。星霜《せいそう》十四たび廻《めぐ》り、胸憶《きょうおく》千万に緒《あま》る」という。一四年の歳月をかけてこの朝を迎えた空也の胸には、万感の想いがあった。そしてこの間においても、

「常啼大士《じょうたいだいじ》の本誓《ほんぜい》は、心に晨昏《あしたゆうべ》に懸《かか》り、法涌菩薩《ほうゆうぼさつ》の対揚《たいよう》は、思いを開示《かいじ》に寄す」であったと述べる。この一行こそ、空也が一四年のあいだ心魂をこめて『大般若経』六〇〇巻の書写供養の勧進を勧めてきた真実の目的を、端的に表明した言葉である。

「常啼大士」とは、『大般若経』の解説書である竜樹《りゅうじゅ》造鳩摩羅什《くまらじゅう》訳の『大智度論《だいちどろん》』九六によれば、衆生が悪世にあって貧窮・老病・憂苦に悩んでいるのを見て、これを悲しんで常に啼《な》いていた菩薩である。その「本誓」とは、『大般若経』第三九八巻に説かれているように、常啼菩薩が修行中に空中から聞こえてくる仏の、「汝、東に行くべし。決定《けつじょう》して甚深《じんじん》なる般若波羅蜜多《はんにゃはらみった》を聞くことを得《う》るであろう」と教える声に答えて、「我まさに教えに従わん。我まさに有情《うじょう》の為に大いなる智恵を開かん。我まさに一切如来のすぐれた法を集め、無上の正しい悟りに入らん（『大正蔵』六、一〇五九下）」と誓った言葉を指すものと解される。釈尊もまた同じ「常啼菩薩品」の中で、「もし菩薩が般若波羅蜜多を求めようとするなら、まさに常啼菩薩が求めたようにすべきである」と説いている。「般若波羅蜜多」とは、『大般若経』六〇〇巻が説いている仏教の最高の智恵であるが、一言でいえば「一切は空であると悟ることによって達成される完全な智恵」である。

「法涌菩薩」とは、同じく『大般若経』第三九八巻に説かれている常啼菩薩が訪ねようとする東方の具妙香城《ぐみょうこうじょう》の王で、城中の七宝台上の宝物で装飾された獅子座に上って、衆生のために甚深なる般若波羅蜜多を説く菩薩である。「対揚《たいよう》」とは、同じく第三九九巻の「法涌菩薩品」にある、常啼菩薩の問いに対して答えた法涌菩薩の教えである。そこでは、「一切のものは空なる本性のものであって、来ることもなく去ることもなく、想定することもできない。一切のものは空なる本性のものであるという真実が、即ち如来であり仏である。世界の相《すがた》はただ一つで、それは無相《むそう》ということである」と、完全な智恵である般若波羅蜜多が諄諄と説かれている（『大正蔵』六、一〇六七下〜一〇六八上）。

空也は『願文』の中で、このような常啼菩薩の本誓を自らの誓願として、これを一四年の星霜の中で朝夕に心に掛けていたと述べている。また法涌菩薩の教える「一切皆空《いっさいかいくう》」の悟りの般若波羅蜜多を、世の人々に教え示したいと念願していたともいっている。このような深い大乗菩薩の誓願を、これまで誰が市聖空也の心中に認得したであろうか。狂躁的とか、踊る宗教とか、民俗的呪術的念仏者などという従来の空也観が、いかに浅薄・無理解なものであったかは、歴然とした事実といわなければならない。

『願文』はまた、空也は自らに「一鉢《いっぱつ》の儲《たくわえ》もなく、ただ十方の志を唱《いざな》う」であったといい、「半《はん》銭《せん》の施すところ一粒《いちりゅう》の捨《しゃ》するところ、漸々《ぜんぜん》に力を合わし、微々《びび》に功を成せり」と、営々とした知識勧進の跡をふり返っている。そして自らもすでに年老いて、無上の果（解脱）を求めたいが、「彼を先として我を後とする思いをもって思いとし、他を利して己を忘るるの情《こころ》をもって情とし」、「貴賤上下、共に帰依を致し、供養を遂げ」たと、その心情を吐露している。それは「おのれいまだわたらざるさきに、一切衆生をわたさんと発願しいとなむなり（十二巻『正法眼蔵』「発菩提心」）」という、聖道禅門の道元の説そのままの利他忘己《りたもうこ》の菩提心である。『大般若経』第三九八巻には、常啼菩薩が空中の仏の声に随って東方に向おうとするとき、仏の声はさらに次のような諭しを常啼に与えている。

「般若波羅蜜多は、わが最勝の真実の善友である。汝も世利や名誉心のために法師に従ってはならない」。善友とすべき般若の核心である「空」を、彼はすでに沙弥名としておのれの身心に体得していた。仏道を求める者に対するこの不滅の諭しを、空也もまた生涯おのれの胸に深くうけとめていたと考えられるのである。

上品上生の往生祈願

一切衆生の「成仏得果」のために行われた空也の金字大般若経書写供養は、法涌菩薩の説いた般若波羅蜜多を人々に開示して仏の悟りの世界に導こうとしたと同時に、また阿弥陀聖にふさわしい念仏往生の祈願を含むものであった。供養会において行われた仏事について『誄』は何も記していないが、『願文』には次のように述べられている。

> 説法の後、更に夜漏《やろう》に臨んで、万灯会《まんとうえ》を設け、菩薩戒を修し、弥陀を専念して、永く極楽に帰せんとす。苦空《くくう》の音の伝うること、命命鳥《みょうみょうちょう》を聞くがごとく、禅波《ぜんぱ》は意を澄まして、上々の蓮《はちす》を開かんと欲す。

供養会に関する『日本紀略』の記事はその末尾に、「昼は経王《きょうおう》を講じ、夜に至って万灯会あり」と書かれている。『法華経』もみずからを「諸経之王」と称しているが（「法師品」）、右に述べたような趣旨と状景からは、この法会で講経されたのは当然『大般若経』であったと考えられる。その中でも法涌菩薩の対揚が空也の開示の眼目であった筈であるが、その思想はまた難解なものである。民間仏教的な法会の講説において、これを土庶にあまねく理解させ、それらの人々をただちに「得果」の世界に導き得るものとは、容易には考えられない。あるいは古来しばしば行われる転読《てんどく》の儀式によって、六〇〇人の請僧《しょうそう》が各巻を分担して転開したということもあり得たであろう。

夜に入って行われた万灯会は、現在も六波羅蜜寺の八月の行事として継承されている。仏寺に灯明を奉納する功徳として、『施灯功徳経《せとうくどくきょう》』は現世においては智恵・安穏・快楽などを得、命終の時には施灯の行為を想起して欣喜心《ごんぎしん》を生じ、死苦を免れると説いている（『大正蔵』一六）。仏寺に多数の灯火を献じた例は飛鳥時代から記録されているが、万灯会の言葉が用いられている例としては、天長六年（八二九）に七六歳で亡くなっている光仁《こうにん》天皇皇女の酒人内親王《さかひとないしんのう》が、晩年に東大寺で「万灯会」を行って来世の菩提を祈ったと『東大寺要録』に記されており、興福寺や金剛峯寺《こんごうぶじ》等でも行われていた。

供養会の来衆に菩薩戒を授けたというのも、夜に入ってからの念仏と一体の行儀であった。ここで授けられたのは、まず仏法僧に帰依するという三帰《さんき》と、在家・出家共通の戒とされる三聚浄戒《さんじゅじょうかい》、つまり摂律儀戒《しょうりつぎかい》・摂善法戒《しょうぜんぼうかい》・摂衆生戒《しょうしゅじょうかい》の三つの菩薩戒である。それは最澄の『授菩薩戒儀《じゅぼさつかいぎ》』に説くように、「この功徳をもって、願わくは諸《もろもろ》の衆生とともに、ひとしくこの身を捨て已《おわ》って、極楽界の弥陀仏の前に生まれ、正法《しょうぼう》を聴聞して無生忍《むしょうにん》を悟らん」という願いを共有するものであったと考えられる。無生忍とは、一切のものは不生不滅の空なるものであり、それがそのまま不変の真実相であると悟った心の安らぎをいう。

弥陀を専念したということは、端的にこの供養会のいま一つの中心的な仏事であった。阿弥陀聖として、市中において南無阿弥陀仏と称えて間髪を容れなかったという空也である。東市《ひがしのいち》の中で勧化したように、ここでも参集の人々とともに称えられた念仏の儀が、この盛儀の最後の頂点をなしたことであろう。加えて、そのような往生祈願の称名念仏のほかにも、空也は東市の市堂以来、おそらく集団で唱える阿弥陀仏の礼讃《らいさん》と往生祈願の讃偈《さんげ》の念仏も行っていたのではないかと考えられる。大谷大学図書館が所蔵する『浄土源流図《じょうどげんりゅうず》』には、法然の伝記に続けてその弟子の聖覚《せいかく》（一一六七〜一二三五）の言葉が記されており、法然上人は「迦才《かさい》の『浄土論』や空也上人の『十二光仏讃《じゅうにこうぶつさん》』、永観《えいかん》の『往生拾因《おうじょうじゅういん》』などは、三論宗の章疏《しょうそ》であって浄土宗のものではない」と語っていたと伝えており、法然に仮託されて浄土宗に伝えられている『浄土布薩式《じょうどふさつしき》』にも、同様の記述がある。この伝承が事実であれば、法然（一一三三〜一二一二）の時代には空也の著作として、阿弥陀仏の一二の光明の徳を讃えた讃偈が存在していたということである。

空也上人の『十二光仏讃』

『十二光仏讃』の内容を推測する手掛かりは、善導《ぜんどう》の『往生礼讃偈《おうじょうらいさんげ》』にある。『六時礼讃《ろくじらいさん》』とも呼ばれているその『讃偈』の第一時の「日没時礼《にちぼつじらい》」の頭初に、善導は『無量寿経』の経説にもとづく十二光仏の讃をおいている。それははじめの、

南無西方極楽世界無量光仏《なむさいほうごくらくせかいむりょうこうぶつ》　願わくは衆生と共にことごとく帰命《きみょう》せん　故にわれ頂礼《ちょうらい》してかの国に生れん

という初句から、以下同文で阿弥陀仏の無量無辺の功徳を表す徳号である無辺光《むへんこう》仏・無碍光《むげこう》仏・無対《むたい》光《こう》仏・炎王光《えんのうこう》仏・清浄光《しょうじょうこう》仏・難喜光《かんぎこう》仏・智恵光《ちえこう》仏・不断光《ふだんこう》仏・難思光《なんしこう》仏・無称光《むしょうこう》仏・超日月光《ちょうにちがっこう》仏と十二光仏名を唱え、最後に阿弥陀仏・観世音菩薩・大勢至菩薩の三尊名を唱えて、極楽往生を祈願する讃歎の念仏である（『大正蔵』四七）。多数の人々と共に唱えて盛儀を盛り上げるには、まことにふさわしい讃偈であったと考えられる。

なお十二光仏の讃偈は、「南無阿弥陀仏」の称名ではじまる曇鸞《どんらん》の『讃阿弥陀仏偈《さんあみだぶつげ》』でも冒頭に掲げられており、これを受けた親鸞（一一七三～一二六二）の『浄土和讃《じょうどわさん》』にも、独自な形でその頭初に置かれている。それは浄土往生を願う念仏者が、阿弥陀仏の智恵と慈悲に対する信心を深める讃歎の偈文であった。『栄花物語《えいがものがたり》』巻一八「たまのうてな」には、藤原道長《ふじわらのみちなが》が治安《ちあん》二年（一〇二二）七月に金堂供養を行った法成寺《ほうじょうじ》で、翌八月末のある日に「現世《げんぜ》めでたき尼」が阿弥陀堂の前で、「南無四十八願弥陀如来、南無因円果満《いんえんかまん》弥陀如来、南無無量光仏、南無無辺光仏、南無清浄光仏」と唱えたと記されている。その文は作者とされる赤染衛門《あかぞめえもん》の創作であろうが、空也没後五〇年頃の平安京貴族社会において、空也の『十二光仏讃』の断片が記憶されていた一例といえるかもしれない。

『願文』は右の段の仏事を述べた最後に、「禅波は意を澄まして、上々の蓮を開かんと欲す」と、座禅中に脳裡を横切る妄想を払い澄まして、上品上生の往生を遂げられることを願っている。『観無量寿経』の上品上生の経説では、真実の心の至誠心《しじょうしん》、深く信じる深心《じんしん》、善根功徳をふり向けて往生を願う廻向発願心《えこうほつがんしん》の三心《さんじん》をおこせば、必ず上品上生の往生ができるという。また三種の衆生も同様であるとして、一は慈《いつく》しみの心があって殺さず、諸《もろもろ》の戒行《かいぎょう》を具える者。二は大乗の経典を読誦する者。三は仏・法・僧・戒・布施・天の六つを念ずる六念《ろくねん》を修行する者である。空也の供養会ではまず、仏・法・僧・戒は菩薩戒の中で念じられている。布施は知識勧進の中ですでに達成されている。天には、『願文』が「皆《あまね》く勝業《しょうごう》をもって、先ずは神祇《じんぎ》に資《たす》」けると述べているように、この法会の功徳が廻向されている。『大般若経』を勧進供養し、菩薩戒を授け弥陀に専念する供養会の次第の中で、上品上生の往生の要件は周到に満足されていたのである。

このようにして、『大般若経』に説く般若波羅蜜多の仏智の開示とともに、上品上生の極楽往生を貴賤上下の人々に広く廻向しようとしたのがこの供養会の眼目であり、そこに仏教者としての空也の菩薩行の思想的な核心が示されている。慶滋保胤が『日本往生極楽記』の中で、空也が来《きた》って以後、「世を挙げて念仏を事となす。誠にこれ上人の化度衆生《けどしゅじょう》の力なり」と讃えている内実も、この供養会の盛儀に多くを負っているといえよう。

文殊菩薩の来臨

『誄』は供養会の仏事については何も記さず、記事の後段にまたもいわゆる霊異《りょうい》譚《たん》を載せている。前記の一部を再録しながら、その文章を次に掲げよう。

六百口《こう》の耆徳《きとく》を屈《くっ》して、その会衆《えしゅ》となし、少《しばら》くして中食《ちゅうじき》を飯《くらわ》し、労《ねぎらい》て百味を備う。八坂寺《やさかでら》の浄蔵大徳《じょうぞうだいとこ》、その中に有り。ここに乞食《こつじき》の比丘《びく》の、この会《え》に来《きた》る者、百をもって之を数う。浄蔵、一比丘を見て大いに驚けり。浄蔵は善相公《ぜんしょうこう》の第八の子にして、善く人を相《み》る。比丘の状貌《すがた》を見て、拝重《はいちょう》して之を敬い、引き入れて上座に坐せしむるに、詘《しりぞ》くところ無し。浄蔵、便《すなわ》ち得たるところの一鉢を与え、もって食せしむ。比丘言《ものい》わずして之を食す。その飯三四斗ばかりなり。重ねてまた飯を与うるに、また之を食す。浄蔵、完爾《かんじ》として謝して遣る。比丘去りて後、尽きしところの飯、故《もと》の如く在りき。浄蔵相《み》て曰く、文殊《もんじゅ》、空也の行《ぎょう》に感ぜしなりと。

百人の乞食比丘が来集したというのは、「普《あまね》く随喜《ずいき》せしめん」という供養会の性格のあらわれであろう。祇園八坂寺《ぎおんやさかでら》の浄蔵《じょうぞう》（八九一～九六四）は、『意見封事《いけんふうじ》十二箇条』の作者として知られる参議三善《みよしの》清行《きよゆき》の八男で、七歳で自ら求めて出家し、宇多《うだ》天皇の勅により叡山で受戒、安然《あんねん》の上足となって密教と悉曇《しったん》（梵字学）を学んだ。天慶《てんぎょう》三年（九四〇）には勅により将門《まさかど》の降伏を祈禱し、また八坂の塔が傾いたのを持念《じねん》によって直したとも伝えられる。石田瑞麿《いしだみずまろ》氏は「この話は浄蔵の霊威を借りて空也を讃えるもの」としており、為憲が文殊を来臨させたのはその趣旨であろう。

『文殊師利般涅槃経《もんじゅしりはつねはんぎょう》』によれば、「もし供養して福業を修せんと欲《ほっ》する者あれば、文殊は貧窮孤独《びんぐこどく》苦悩《のう》の衆生に化身して、行者の前に至る」といい、「もし文殊を礼拝供養する者は生生《しょうしょう》のところ恒《つね》に諸仏の家に生まれる」と、行者に功徳を積ませる文殊の菩薩行を説いている（『大正蔵』一四）。そのような布施の福徳を人々に勧める文殊会《もんじゅえ》の法会が、当時各地で七月八日に催されていたということが、源為憲が『誄』の一二年後に書いた『三宝絵《さんぼうえ》』の中で述べられている。そこでは、「京には司司《つかさつかさ》より米塩等をたまい、御子《みこ》達・上達部《かんだちめ》よりはじめて、百千《ももち》の司《つかさ》の人々に、銭をいださしむ。東寺《とうじ》・

西寺《さいじ》に分《わか》ちて諸《もろもろ》の乞者を集む。僧をもちて、まず三帰五戒を授《さず》け、薬師、文殊を唱えしむ。司 司《つかさつかさ》ひきいてこれを行う」と、皇子・公卿《くぎょう》以下の各役所の官人から銭貨を出捐させて、貧窮の市民に施しをしていたことが記されている。供養会で参集の人々に中食をもてなし、乞食比丘が多く来集したのには、そのような一面も認められたのであろう。

4 西光寺の開創と晩年

空也が六一歳の応和三年（九六三）八月に行った金字大般若経供養会に続いて、『空也上人誄』の記事は空也六六歳の「康保《こうほう》末年」（康保五年、九六八。八月一三日に安和《あんな》と改元）にとび、「西光寺の北門」での出来事を述べている。『誄』が頭初に「天禄《てんろく》三年九月十一日、空也上人、東山の西光寺に没せり」と記し、また天暦《てんりゃく》五年に完成した観音像等の仏像が入滅後の「今、西光寺に在り」と記している東山の西光寺は、供養会以降の五年の間に寺としての位置づけを得、開創されたということが示されている。

東山・西光寺

すでに天暦五年（九五一）秋の十一面観音像等の造立供養は、東山の道場で知識結縁《ちしきけちえん》の人々を集めて盛大に行われ、その道場は本尊である一丈の金色の観音像と、六尺の梵天《ぼんてん》・帝釈天《たいしゃくてん》・四天王の護法の六善神を祀る仏殿の形を成していたに違いない。『元亨釈書《げんこうしゃくしょ》』も、この年を六波羅蜜寺開創の時としている。しかし造像と同時に空也が始めた金字大般若経書写の完成には、さらに一二年の歳月が必要であった。この間、般若波羅蜜多の守護神である六善神は、いわば待機の形で道場にあったという側面をもっていた。そして完成した写経の供養はこの道場で行われることなく、鴨川西岸の仮設の仏殿で行われた。

その理由の一つは『誄』も述べているように、「広く会集《えしゅう》せしめ、普ねく随喜《ずいき》せしめんが為」には、京からの往来の便に恵まれた鴨川西岸が好都合と判断されたのであろう。そこが白露池《はくろち》を模し、竜頭鷁首《りゅうとうげきしゅ》の舟を用いた華麗な演出に適した地であったということもあろう。そもそも「天下の壮観」という晴がましい法会は、鳥辺野の葬送の地の近辺ではふさわしくなかった。そして今一つの理由として考えられるのは、六〇〇人の各宗の高僧をかりに僧階の高くない空也の寺に招いたとすれば、それが彼の受戒した天台宗の一寺となるのか、あるいは彼が造像・写経で援助を受けたであろう興福寺・清水寺の法相宗に属するのか、難しい問題の存するところであった。

応和三年八月の盛大な供養会が終了した後、六〇〇巻の装飾経が六善神とともに鴨川をわたって東山の道場に安置され、十一面観音を本尊とした仏殿を中心に、改めて寺としての備えが整えられたのであろう。以降、『六波羅蜜寺縁起』が「西光寺は空也上人が広和年中に草創した」と記しているように、翌年の七月一〇日に康保と改元されるまでの約一年の間の応和年中（九六三〜九六四）に、西光寺は貴賤上下の人々のさらなる援助と協力のもとで開創されたと考える。その場所は京の五条大路（現在の松原通り）を東に鴨川を渡った地の南方一帯で、現在の六波羅蜜寺の地を中心としているが、その寺域は『縁起』に載る寛弘《かんこう》九年（一〇一二）一二月一四日の太政官符《だじょうかんぷ》によれば、山城国愛宕郡鳥《あたぎのこおりとり》辺野《べの》振里《ふりさと》の八町（二万四千坪）にわたる広大なものであった。

西光寺から六波羅蜜寺への推移について、平安末期の保安《ほうあん》三年（一一二二）に三善為康《みよしのためやす》が撰述した『六波羅蜜寺縁起』は、次のように記している。

六波羅蜜寺（京都市東山区）

六波羅蜜寺は、空也上人が広和年中に草創した寺で、もとは西光寺と名づけられていた。上人が下界を厭《いと》い、西の土《くに》を願ったためである。上人が入滅した後、大法《だいほっ》師中信《しちゅうしん》がこの寺に来住し、専ら衆善《しゅぜん》を修し、兼ねて六度《ろくど》を行い、もとの名を改め六波羅蜜寺と号して天台別院となし、偏《ひとえ》に円宗《えんしゅう》の教法を伝えた（『大日本史料』第一篇之十四）

中信大法師がどのような僧であったかは、何も伝えられていない。しかし六度、つまり布施・持戒・忍辱・精進・禅定・智恵の六波羅蜜を行じてこれを寺名とし、ひたすら天台宗の円教を伝えたということは、当然彼が天台僧であったことを示しており、彼がここに来住したのは、空也が光勝《こうしょう》として延昌《えんしょう》の法系につらなるという法縁によるものであろう。当時の延暦寺座主は延昌と同じ慈覚派の良源《りょうげん》であり、中信も同系列の人物であったと考えられる。中信が来住したのは、『縁起』の中に記された宣旨《せんじ》（官命の伝達書）によれば貞元《じょうげん》二年（九七七）のことで、空也滅後五年にして西光寺は天台別院となって六波羅蜜寺と改名され、以後は清水寺と接触することはなくなったと記されている。

空也が開創した西光寺はその名のように、西方極楽国への往生祈願の志を中心として営まれた念仏の寺であった。しかし当時において、空也流の易行念仏によって既成仏教から独立した一寺を運営することには限界があったのであろう。また空也を支援した延昌、空晴、実頼、師氏等の有力者も、彼の没年までにはすべて他界している。彼が一四年のあいだ精魂こめて荘厳した金字大般若経は、『誄』が書かれた時点ですでに清水寺の塔院に施入され、おそらくそれと共に、梵天・帝釈天の二善神も塔院に移されていたと考えられる。その中でも中信が、『大般若経』の中でも菩薩の中心的修行法とされている六波羅蜜を新しい寺名に採っていることは、彼が空也の開創した寺において、その般若尊重の精神を受け継いだものということができよう。また後に見るように、六波羅蜜寺では以後にも念仏や市民の集うさまざまな講など、空也の市中勧化の仏事を継承する活動も続けられていくことになる。

禅林の霜

その西光寺に住む晩年の空也は、六一歳の時に催した供養会の『願文』でもすでに、「そもそも空也、齢《よわい》年を逐《お》って暮れ、身は雲と浮かぶ。禅林《ぜんりん》には霜を戴《いただ》き、煩悩の質はすでに老いたり」と述懐している。晩年は、念仏で結ばれた道俗にとりかこまれて、静かな精進の日々を送っていたと考えられる。供養会の翌年の広和四年（九六四）正月一五日には、彼に叡山で大乗菩薩戒を授けた天台座主の延昌が、八五歳で入滅している。延昌は前年の一二月二四日から弟子に命じて二一日間の不断念仏《ふだんねんぶつ》を修させ、かねての言葉どおりその結願《けちがん》の日に往生した（『日本往生極楽記』）。

その二か月後の三月一五日には、慶滋保胤《よししげのやすたね》等大学寮文章道《もんじょうどう》の学生《がくしょう》と天台僧各二〇人が叡山の西坂本の寺に集まり、『法華経』を講じてその中の一句を題に詩を詠み、また念仏を行って往生の善因を積もうとする勧学会《かんがくえ》が始まり、以後毎年三月と九月の一五日に行われるようになる（『扶桑略記』二六）。勧学会の結成には慶滋保胤のほか『誄』撰者となる源為憲《みなもとのためのり》も寄与しており、彼等は空也の供養会の『願文』を書いた三善道統《みよしのみちむね》が応和三年三月一九日に開いた「善秀才宅詩合《ぜんしゅうさいたくしあわせ》」でも共に参集していた。彼等による翌年三月の勧学会の発足は空也の供養会の影響とすべきであり、源為憲は同年九月の第二回勧学会の記録を書き残している。その参加者の天台僧の中には、空也と親しかった寺門派の余慶《よけい》の弟子である勝算《しょうさん》・聖感《しょうかん》・性高《しょうこう》・穆算《ぼくさん》の二〇歳代の僧四名の名も見える（後藤昭雄「勧学会記について」『平安朝漢文文献の研究』吉川弘文館、一九九三年）。

山門派良源《りょうげん》の弟子で当時二三歳であった源信《げんしん》（九四二〜一〇一七）の名は、この『勧学会記《かんがくえき》』の中には見えないが、鴨長明《かものちょうめい》の『発心集《ほっしんしゅう》』第七には、若き源信が晩年の空也に会ったという話が載っている。源信が空也を訪ね、年老いて徳高く、只人《ただびと》とも思われず貴《たっと》く見えたので、「極楽を願う心深く侍《はべ》り。往生は遂げ侍りなんや」と尋ねたところ、空也は「智恵・行徳《ぎょうとく》なくとも、穢土をいとい、浄土を願う志深くば、などか往生を遂げざらん」といったので、源信は「まことに理《ことわり》きわまり侍り」といって涙を流して合掌し、後に『往生要集』を撰したときにこの事を思って、厭離穢土《おんりえど》・欣求浄土《ごんくじょうど》を説いたという。

源信は一〇代で叡山横川《よかわ》に登り、良源の門に入って得度受戒し、天台の教学や因明《いんみょう》（仏教論理学）を学んで空也入滅翌年の天延《てんえん》元年（九七三）に、天台の広学竪義《こうがくりゅうぎ》（教義に関する試問への立論）に三二歳で及科する。彼が浄土教に関心を持ったのは、大和の当麻《たいま》の出身地や母親の影響も伝えられるが、四〇歳で観念の念仏書である『阿弥陀白毫観《あみだびゃくごうかん》』を著した頃から、慶滋保胤をはじめとする勧学会の人とも交わってのことであるといわれる（速水侑『源信』吉川弘文館）。したがって『発心集』のこの話が事実あったとすることは無理と考えられるが、堀一郎氏は、「果して事実であったかどうかの穿鑿《せんさく》よりも、空也の浄土教史上の地位に関する後世の認識を示す資料として興味がある（『空也』吉川弘文館）」と述べている。その「認識」とは、『発心集』がこの話の次に載せている空也が松尾明神に衣を奉った話の末尾に、「これを我が国の念仏の祖師と申すべし」と記している評価そのものである。その「認識」に立ってこの話は創作されたとすべきであろう。

蛇と錫杖

西光寺の地には開創以前から地蔵堂があったと伝えられ（『京都坊目誌』）、仏滅後五六億七千万年後の弥勒菩薩《みろくぼさつ》の成道《じょうどう》までの無仏《むぶつ》の世に、僧形《そうぎょう》をして六道の衆生を救うという地蔵菩薩の左手に宝珠《ほうしゅ》、右手に錫杖《しゃくじょう》を持つ姿は、当時の人々にとって西光寺の一つの印象を形作っていたと思われる。比丘僧が常に持たなければならない比丘一八物の一つである錫杖は、乞食遊行《こつじきゆぎょう》の際に毒蛇や害虫等を払い、行乞《ぎょうこつ》に布施の縁を結ぶ徳杖《とくじょう》とも智杖《ちじょう》とも呼ばれ、空也もまたこれを携行していた。『誄』は晩年の空也の一つの挿話を、次のように記している。

> 康保《こうほう》末年、西光寺の北門に、蛇の蛙を呑むあり。蛙大にして口破れたり。時に童《わらべ》、石を擿《ひ》きて打ち擲《な》ぐるに、敢《あえ》て捨て去らず。上人、此を顧《かえり》みて合掌し、誦《じゅ》して曰く、毒獣毒竜、毒虫の類、錫杖の声を聞きて、菩提心を発《おこ》せよ。然る後、錫杖を振ること二三声す。蛇、首を翹《あ》げて聴聞《ちょうもん》し、形、思惟《しゆい》するに似たり。遂に喉舌《こうぜつ》を開きて、もって之を吐く。蛇と蛙は相離れ、東に行き西に去る。

康保末年とは、八月一三日から安和《あんな》と改元される康保五年（九六八）、空也六六歳の時と考えられる。前年に村上天皇が没して病弱の冷泉《れいぜい》天皇が立ち、天台座主良源に治病の祈禱を受けていた。前に左大臣であった藤原実頼《さねより》も関白太政大臣と、位人臣を極めている。

西光寺の北門は、平安京の都心から現在は松原通りとなっている五条大路を東へ鴨川を渡った通りに面した正門で、西光寺はその南側の一帯にあった。八〇年あまり後のことであるが、永承《えいしょう》七年（一〇五二）に藤原道長の長子頼通《よりみち》が宇治平等院を建てるにあたって、地形上北に総門を建てるしかないのでその例を聞いたところ、弱冠一二歳の大江匡房《おおえのまさふさ》が、「我朝《わがちょう》には六波羅蜜寺、空也上人の寺、漢土には西明寺《さいみょうじ》」と立ちどころに答えたという（『壒嚢鈔《あいのうしょう》』）。西明寺は唐の長安に高宗《こうそう》の勅によって七世紀に建てられた大寺で、インドの祇園精舎《ぎおんしょうじゃ》に模して作られ、インドでの求法から帰国した玄奘《げんじょう》にこれを監督させたという。

その西光寺の北門前には、水路や草原などがあったのであろう。そこで蛇が口を開けて、大きな蛙を呑み込もうとしていた。童共が石を紐で結んで打ち投げて脅しても、蛇は蛙を口にくわえたまま逃げようとしない。これを見た空也は合掌し、誦文を唱えたという。空也が唱えた誦文は、おそらく天台の『法華懺法《ほっけせんぽう》』で誦される「九条錫杖《くじょうしゃくじょう》」の文からきていると考えられる。

比叡山では朝の勤行《ごんぎょう》に法華懺法、夕べには阿弥陀経を漢音で読誦する例時作法《れいじさほう》の念仏が行われていた。『梁塵秘抄《りょうじんひしょう》』の「法文歌《ほうもんのうた》」にある次の一首は、そのような山の朝夕の勤行を歌っている。

　山寺行《やまでらおこな》う聖《ひじり》こそ、あわれに尊《とうと》きものはあれ、行道引声阿弥陀経《ぎょうどういんぜいあびたけい》、あか月懺法《せんぼう》釈迦牟尼仏《せきやぼじふ》

叡山の法華懺法の儀軌は、円仁が帰朝して改訂したと考えられるものが『大正新脩大蔵経』七七巻に伝えられているが、その末尾に「新たにつけられたもの（『大蔵経全解説大事典』）」といわれる「九条錫杖」の誦文が載っている。その第七条の中に、「毒獣毒竜、毒虫の類、錫杖の声を聞いて、毒害を摧伏《さいふく》し、菩薩心を発《おこ》して、万行を具《つぶさ》に修し、速《すみや》かに菩提を証せよ」という句がある。空也も天暦二年に比叡山で受戒したとき、少なくとも四月一六日から六月一五日までの最初の夏安居《げあんご》は山上で修している筈である。そこで彼は法華懺法を修し、九条錫杖の文を記憶していたのであろう。『誄』に短縮して記述されているのは、空也が蛇に対して、修行して悟りを開くことまでは求めなかったとい

うことになる。

『誄』がこの段に記している空也の行動について、これを奇瑞霊異譚《きずいりょういたん》的に受けとめて空也を呪術的な宗教者と性格づける例が多い（例えば井上光貞氏も、「錫杖を振って蛇を折伏《しゃくぶく》した」「呪術宗教的性格を示している」とする『日本浄土教成立史の研究』）が、事実は、空也が蛙の命を哀れみ、錫杖の音で蛇を威嚇して獲物を吐き出させただけの話であろう。菩薩戒を説く『梵網経《ぼんもうきょう》』では、僧が衆生を教化しないのを軽垢罪《きょうくざい》（戒律に反する軽い罪）の一つとして、「もし一切の畜生をみれば、まさに心に念じて口に言うべし。汝これ畜生、菩薩心を発せよ」と戒めている（『大正蔵』二四）。また『観無量寿経《かんむりょうじゅきょう》』は上品上生の往生ができる衆生として、「慈心《じしん》にして殺さず、諸《もろもろ》の戒行《かいぎょう》を具《ぐ》す」者を挙げている。これを解説した善導の『観経疏《かんぎょうしょ》』は、「一切の生命において慈悲を起す者は、一切の衆生に寿命の安楽を施すものであり、それは最上のすぐれた戒律である（『大正蔵』三七）」と述べている。大般若経供養会で結縁の人々とともに上品上生の往生を願った空也は、「慈心にして殺さず」を信条としており、ここでの行動も、彼のすべての有情《うじょう》に対する慈悲心がおのずから発露《ほつろ》された菩薩行であった。

閻魔王宮に送った書状

空也が蛇の口から蛙を救った康保末年、藤原氏は氏長者《うじのちょうじゃ》の実頼《さねより》が関白太政大臣となったのをはじめ、末弟の師尹《もろただ》も右大臣となって、その摂関政治の盛期を迎えるが、政治も社会も不安な状況は変わらない。翌年の安和《あんな》二年（九六九）三月には、師尹が中心となって目の上の政敵左大臣源高明《みなもとのたかあきら》を大宰府に左遷させる安和の変を起こし、師尹はその後左大臣に上るが、半年ばかり後の十月には世を去る。この間に病弱の冷泉《れいぜい》天皇は同母弟で一一歳の円融《えんゆう》天皇に譲位し、

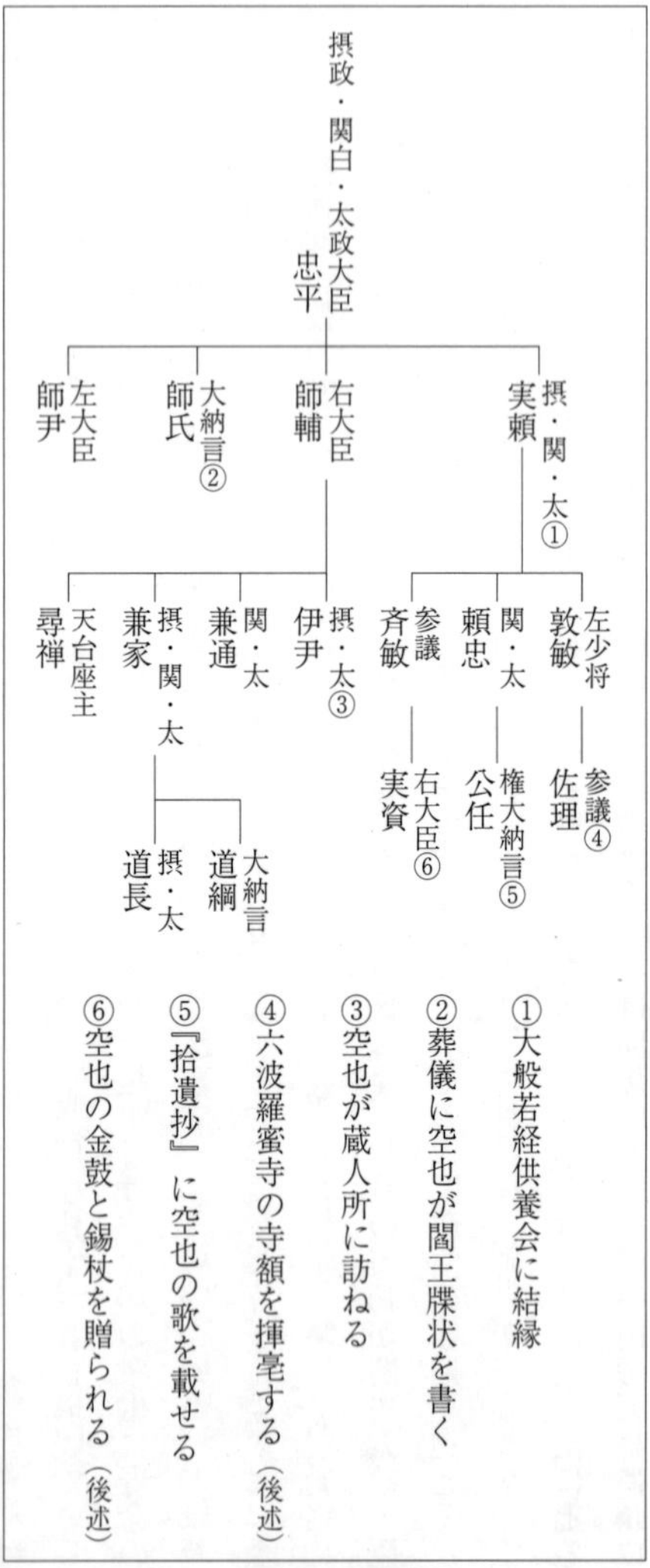

空也と藤原氏
（藤原忠平の主な子孫と空也との関係）

年少の天皇の大政統理を代行する摂政《せっしょう》に実頼が任じられた。その実頼も翌天禄元年（九七〇）五月に七一歳で没し、後任の摂政にはかつて蔵人所で空也に会った実頼の亡弟師輔《もろすけ》の長子伊尹《これただ》が就き、世代は一つ若返った。そして実頼・師輔の弟で師尹の兄の師氏《もろうじ》も、さらに二か月後の天禄元年七月に五八歳で没した。

『栄花物語』巻一の「月の宴《うてな》」は、「貞信《ていしん》公の御子《みこ》おとこ君《ぎみ》四ところおわしける。みなうせ給いぬ」

と、忠平《ただひら》の男子四人がこれで皆亡くなったと記すとともに、実頼の後任の伊尹について、「一条のおとど摂政の宣旨こうぶり給いて、一天下は我御こころにおわします」と、幼天皇の伯父・新皇太子の祖父である伊尹の権勢を述べている。そして『日本紀略』は師氏の死を、次のように歴史に記録している。

七月一四日、癸丑《みずのとうし》、大納言正三位皇太子傳《ふ》藤原朝臣師氏薨、年五十八

そして『誄』は、師氏の葬送にあたっての空也の行動を、次のように記述している。

大納言正三位陸奥州按察使《むつのくにのあぜち》藤原卿諱《けいいみな》は師氏、上人と二世の契《ちぎり》あり。権律師法橋上人位《ごんのりっしほっきょう》余慶《よけい》は、後に卿の師となる。天禄元年七月、卿薨じ、東山の阿《おか》に葬る。上人、紙を操《と》り筆を染め、牒《ふだ》を閻羅《えんら》王宮に送りて云く。瞻部州《せんぶしゅう》日本国大納言某甲《それがし》は、空也の檀越《だんおつ》なり。生死《しょうじ》限りありて、先に冥途《めいど》に赴《おもむ》く。魔王状を知り、もって優恤《ゆうじゅつ》せよと。権律師余慶をして棺櫬《ひつぎ》を迎えて之を読ましめ、訖《おわ》りて火をもって焼く。送喪《そうそう》の者、慨然《がいぜん》として色を変えたり。

藤原師氏は空也より一〇歳年少で、延喜《えんぎ》一三年に忠平の四男として生れ、蔵人頭を経て天慶七年に三二歳で参議に上り、伊予守を兼ねた。応和三年には中納言従三位左衛門督《さえもんのかみ》にあり、安和二年に五七

歳で権大納言《ごんだいなごん》に任ぜられたときは、春宮大夫《とうぐうだいぶ》と陸奥・出羽按察使を兼ね、その一一月には皇太子傳を兼ねていた。『誄』は師氏と空也の間には来世までの約束があったという。それは現世での親密な交友を、来世までも続けようということであろう。そのような盟約はふつう、短期の形式的な交友では成立しない。しかし両者の交友関係の具体的な内容を示す資料は何もない。

師氏は天慶七年から天暦二年まで伊予守を兼任し、安和元年から亡くなるまで二年間、陸奥・出羽按察使を兼ねていた。空也にも陸奥・出羽巡錫の経験があり、天徳年間（九五七〜九六一）には伊予松山の浄土寺に留錫《るしゃく》していたという伝説もある。しかしいずれも時期的に整合性がない上に、師氏は任地に赴くことのない遙任《ようにん》であったと考えられ、これらが両者を結びつけたということはできない。わずかに考えられることは、空也が知識勧進によって行った天暦造像と、金字大般若経書写供養ないしは西光寺の創建の事業に対して、実頼、師氏の兄弟が援助を与えたであろうこと、その中で比較的に身軽な行動が許されていた師氏が、空也と深い交わりを結ぶ結果となったのではなかろうかということである。あるいはさらに古く、空也が東市に市堂を建てた天慶年間、空也が四〇歳、師氏が三〇歳の前後から、空也の念仏勧化に対する師氏の支持があったかもしれない。

師氏の甥にあたる兼家《かねいえ》の妻で『かげろふ日記』の作者である道綱母は、『日記』の中に安和元年（九六八）九月の長谷寺参詣の記録を残しているが、帰途に宇治川で兼家の出迎えをうけ、精進落としの宴として川向うにあった師氏の宇治の院に渡り、そこで鯉、鱸《すずき》などの酒肴のもてなしを受けたことを記している。院に向かう兼家等が、「ろなう、ゐはむものぞ」（もちろん酔わされるだろうぞ）といって、酒呑む者を選んで同行させたというのも、師氏の人柄の一面を間接描写している。

師氏の亡くなる前年の安和二年三月に権律師に補された天台僧の余慶《よけい》は、空也と師氏の親しい関係の中で空也に導びかれて師氏の師となり、三者は共通の知友になったと考えられる。余慶（九一九〜九九二）は山門円仁派の良源に対して、寺門円珍派の中心として位置づけられながら、皇室や貴族の篤い尊敬を受けていた高僧であった。藤原忠平の子息の中でも、良源と深い交渉を持ち、子の尋禅《じんぜん》をその弟子として初の貴族出身の天台座主とした実力政治家の師輔に対して、穏健な実頼や師氏が余慶と交わり空也と親しかったというのも、一種自然な人間関係であった。

東山の阿

『誄』は師氏の葬送の地を、ただ「東山の阿《おか》」とだけ記している。阿とは鍵形に曲がった台地で、東山の阿としては、庶民の葬場でもあった六波羅（六原）の平地よりも東山の山裾に近接し、王公貴族の葬地であった鳥辺野《とりべの》からその南部の今熊野《いまくまの》・月輪《つきのわ》の一帯を想定すべきであろう。師氏の父藤原忠平は、延長三年（九三五）に東山月輪の地に法性寺《ほっしょうじ》を建立しており、天暦三年（九四九）八月一四日に没した彼の葬儀も、四日後の一八日に法性寺で行われた。その様子を記す忠平の娘婿である醍醐天皇皇子重明《しげあきら》親王の『吏部王記《りほうおうき》』によれば、忠平の子実頼左大臣、師輔右大臣をはじめ、多くの殿上人《てんじょうびと》が寺内に設けられた幄舎《あくしゃ》に並び、延暦寺座主延昌を呪願師《じゅがんし》、少僧都禅喜《ぜんき》を導師として一三人の僧が読経し、勅使から正一位と貞信公の諡《おくりな》が追贈されたという。

師氏より二か月早く没した兄実頼の葬儀もこの法性寺で行われ、自らが寺内に建立した東北院に埋葬されている。そして師氏の葬儀に空也の書状を読み上げた余慶自身も、一〇年後の天元三年（九八〇）には園城寺長吏《おんじょうじちょうり》から法性寺座主に任じられながら、叡山山門派の反対にあって座主の職を辞している。実頼の死後二か月でその後を追うように世を去った正三位大納言の師氏の葬儀もまた、現在は東福寺となっている藤原摂関家の家寺の法性寺で、故忠平一門の顕官貴族の列席のもとに厳粛にとり行われたと考えられる。

そのような列席者の前で、『誄』によれば、空也は亡くなった師氏が地獄に通じる冥途に赴むくことを前提に、その主宰者である閻魔大王に師氏を優遇してその罪を厳しくとがめないように依頼する書状を、棺の前で余慶に読み上げさせたという。そこには、一度でも南無阿弥陀仏と称える者は、必ず極楽に往生できると説いた空也の面影は失われている。大般若経供養会の『願文』には、「真如《しんにょ》と奈落《ならく》は、善悪の因縁にあり」と、来世に悟りの世界に往生するか地獄に堕ちるかは、生前に造る善悪の業因によると述べられている。また「所有《しょう》の群類《ぐんるい》には、五逆四重の罪を動かし、三悪八難の苦を免れしめん」と、一切の有情に、写経供養の功徳善因によってすべての罪を滅し、地獄の責苦を免れさせようと願っている。ここには因果応報の思想があり、悪業の報は堕地獄という当時の常識がある。供養会では、大乗経典の読誦・講経から菩薩戒の受戒や念仏等のもろもろの作善によって、ともどもに上品上生の往生を遂げようと祈られた。その結縁者の中には、二世を契った師氏も当然含まれていたであろう。にもかかわらず『誄』の記す師氏の葬送には、そのような善業の果報を期待できない者の場合における恣意的な優遇という、阿弥陀聖の行業としていささか得心のいかない側面が強調されている。

源為憲が『誄』にこの話題を書いたのは、西光寺のある六波羅の地域の性格と、冥途に関係が深いとして信仰されていた近接する珍皇寺《ちんこうじ》の説話に関わるのであろう。

冥途への通路

奈良時代に慶俊《けいしゅん》僧都によって開かれたと伝える珍皇寺は、檀越《だんおつ》であった小野　篁《おののたかむら》（八〇二～五二）によって伽藍が造営され、ここに閻魔堂が建立されたという。参議にまで昇進する篁は、昼は大内裏で宮仕えをし、夜は珍皇寺の閻魔堂から通って閻魔王宮に出仕する冥官《めいかん》でもあったといわれた。『今昔物語集』巻二十の四五には、小野篁は「閻魔王宮の臣として通う人なり」という次のような説話が載っている。

小野篁は、かつて遣唐副使に任命されて乗船を拒否した罪に問われたとき、助けてくれた藤原良相《ふじわらのよしみ》に恩義を感じていた。良相が死んで閻魔の王宮に連行されたとき、宮臣の居並ぶ中に篁がいて、閻魔王にこう言ったという。「この日本の大臣は心うるわしく、人の為によき者です。今度《こたび》の罪は私に免じて許してあげて下さい」。王はこれを聞いて、「それは極めて難しいことだが、お願いされるのだから許してあげよう」と答えたので、篁は獄卒に命じて良相を速かにこの世に帰させた。この事は自然に世の中にきこえて、「篁は閻魔王宮の臣として通う人なり」と人々は恐れ語り伝えた。

藤原良相（八一三～六七）が没したのは、篁の没後一二年の貞観《じょうがん》九年（八六七）のことで、篁が罪に問われたときは一九歳または二三歳、右大臣になったのも篁の没後五年のことであり、『今昔』の所伝はおかしい。『今昔』が、篁が罪に問われたとき宰相《さいしょう》（参議）としてとりなしをし、後に篁が宰相になったときには大臣になっていたと記す条件にかなう人物は、嵯峨《さが》天皇の皇后嘉智子《かちこ》の兄で篁が参議になった承和《じょうわ》一四年（八四七）の一二月に右大臣で没している橘　氏公《たちばなのうじきみ》（七八三〜八四七）である。小野篁に関するこのような説話がいつ頃形成されたかは不明で、為憲がこれを知っていたとすることはできないが、為憲が『誄』に書いた話は空也の閻王への牒状が、『今昔』の物語りにおける小野篁の王への陳情と同じ性格のものとして書かれ、言外に同様な王の赦免の言葉が期待されているように思われる。

同じ『今昔物語集』の巻一五〜四七には、悪業を造った者が最後に念仏を唱えて往生したという、次のような話が記されている。

殺生、放逸の限りをつくした悪人が、「罪を造った者は必ず地獄に堕ちる」と教えられて、これを虚言《そらごと》といって信ぜずに重い病になって死のうとするとき、目の前に地獄の迎えの火の車を見て恐れ悔い、僧が「弥陀の念仏を唱うれば、必ず極楽に往生するという事を信ぜよ」と教えるのに従って、「南無阿弥陀仏」と千回唱えたところ、火の車はたちまち消え、金色《こんじき》の大きな蓮華一葉《れんげいちよう》が眼前に見えた。

この話を『今昔』は、「ただ念仏を唱うべきなりとなん語り伝えたるとや」と結んでいる。師氏の亡くなった時からこの物語が書かれた時代までには一五〇年以上たっているが、この話の中の僧の教えは、阿弥陀聖空也が京の人々に説いた教えそのものである。空也が師氏の法性寺の葬儀に参列し、その儀式に天台僧余慶が重要な役割を果たしたことは自然のこととして受けとめられるが、『誄』の記すような閻魔王宮への書状を空也が書いていたということは、容易には信じ難い。

庶民の葬送の地として珍皇寺と共通の性格を持つ西光寺の寺主を、篁と同様に閻魔王に影響力のある人物として語るのは、当時としては極めて納得のいく話として受け止められたであろう。為憲は『誄』の中で市聖空也が東都の囚門に卒塔婆を建てたことを記しながら、そこに「一たびも」の歌を書きとめることがなかったと同様に、ここでも念仏の祖師空也の本来の面目はなんら示さず、「呪術宗教的性格が強調され（木下文彦「源為憲と『空也誄』」『仏教史研究』二二・二三）」ていると言わなければならない。また客観的にみても、藤原摂関家の私寺であり定額寺でもあった法性寺は、そこに奉仕する僧の地位が天台の山門派と寺門派の争奪の的でもあった。そのような権門の天台の寺で、高僧達の威信をかけた重要な儀式の中に、市聖の念仏がそのまま受け入れられることは不可能であった筈である。この話は『今昔物語集』巻二十の篁の説話と同様に、為憲の奇瑞霊異譚の作文の技巧を楽しむべき挿話ということであろう。

もし『誄』の文章が為憲の単なる創話でなかったとするなら、空也の閻魔への書状は、呪術的な密教修法に傾きすぎた大乗仏教の天台僧等に対する、空也の意図的な挑発であったと解釈するのが適当と思われる。ただ、『誄』のこの挿話は人々に好んで伝えられ、鎌倉時代の『古事談』や、室町時代の『三国伝記』、江戸時代の『空也上人絵詞伝』等にも載せられている。

なお、『かげろふ日記』の作者道綱母は、さきの長谷寺参詣の三年後、天禄二年（九七一）の七月に再び長谷詣でを行い、往路に故師氏の宇治院を訪ねている。その月が師氏の一周忌にあたることを思い、山荘に残された簾《すだれ》・網代《あじろ》の屛風《びょうぶ》・黒柿の骨に絹布をかけた几帳《きちょう》（目隠しの家具）などの好ましい調度を見ながらも、「ほどなく荒れにたるかな（没後一年というのに、早くも荒廃した景色が見えることだ）」という感想を綴っている。

5 阿弥陀聖の入滅とその後

西光寺での入滅

二世を契った藤原師氏《もろうじ》を東山の阿《おか》に葬送した二年後、阿弥陀聖空也もまた東山の西光寺でその七〇年の生涯を閉じる。源 為憲《みなもとのためのり》が書いた『空也上人誄』の最初の一行は、まさにその事実を記述していた。

惟《こ》れ天禄《てんろく》三年九月十一日、空也上人、東山の西光寺《さいこうじ》に没せり。嗚呼《ああ》哀しいかな。

『誄』の序文である空也の伝記は、この一行に続けて、上来見てきたような空也の生涯の行業《ぎょうごう》を綴り、最後にごく間接的な描写から始めて、空也の入滅を阿弥陀聖の極楽への往生として、誄文の誄本文に接続する調子をもって、次のように述べている。

西京《にしのきょう》に一老尼あり、前《さき》の大和介《やまとのすけ》従五位上伴朝臣典職《とものあそみのりもと》の前妻なり。弥陀仏を念じ、一生不退《ふたい》なり。上人と情好《よしみ》ありて、迭《たが》いに善友と称す。頃者《このころ》上人、納衣《のうえ》一領《りょう》を、尼をして之を縫わしむ。上人滅せんとする朝、尼、此の衣を齎《もた》らす。奴婢《ぬひ》に命じて曰く、吾が師、今日終るべし、咄《や》、汝速やかに授けよと。黒《くら》きに衡《むか》いて婢は帰り、報ずるに滅度をもってするに、尼、驚歎することなし。時の人、大いに奇とせり。

嗚呼《ああ》哀しいかな。春秋《しゅんじゅう》七十、夏臘《げろう》二十五。入滅の日、浴《ゆあみ》して浄衣《じょうえ》を着、香炉《こうろ》を擎《ささ》げて箕居《ききょ》し、西方に向いてもって瞑目《めいもく》す。当《まさ》に斯《こ》の時、音楽天より来《きた》り、異香《いこう》室より出ず。郷里の長幼、犇走《ほんそう》して房に到り、その端座《たんざ》して、気絶えて猶《なお》香炉を擎げるを見、長大息《ちょうたいそく》して曰く、呼嗟《ああ》天なり、嗚呼《ああ》哀しいかな。

西京に住んで空也と互いに善友と称していたという老尼については、『誄』が記す以外にわからない。この一〇年後の天元《てんげん》五年（九八二）に慶滋保胤が書いた『池亭記《ちていき》』には、「西京は人家漸く稀にして、殆《ほとんど》幽墟《ゆうきょ》に幾《ちか》し。人は去ること有りて来ること無し。その移徙《いし》するに処《ところ》なく、賤貧を憚《はばか》ること無き者はこれ居《お》り」と、次第に住む人も少なくなって廃《すた》れてきた西京の様子を述べている。老尼の生活にも、他に住居を移すこともできず、閑居を楽しむ中で念仏に余念がなかったという風情がしのばれる。

別れた夫が大伴典職《おおとものりもと》といい、もとは上国《じょうこく》であった大和国の介《すけ》（次官）であったというが、従五位上は大国《たいこく》の守《かみ》（長官）に相当する高位の位階であり、大和介（従六位上相当）の後にしかるべき官職について昇進していたと考えられる。召使いをたよりにつつましい余生を送っていた老尼が、阿弥陀仏を念じて一生不退であったということは、彼女が長年空也の念仏に帰依して浄土の信仰を深めていたことを示し、互いに善友と称したということは、極楽往生を願う念仏者として同行《どうぎょう》の意識を共有していたことを表している。

衲衣《のうえ》は僧の着る衣であるが、ここでは空也が死の近いことを自覚して、自らの死装束として善友に仕立てさせた白衣《びゃくえ》であったと思われる。西京のいずれかの老尼の家から空也のいた東山の西光寺までは、二時間もあれば行き着けると考えてよかろう。尼の家を朝に出た召使いの女が、帰ってきて空也の入滅を報告したのが夕闇のせまる頃であったということは、空也が晩秋九月の午後、日はすでに西に傾いていた時刻に入滅したということを推測させる。『誄』が天禄三年（九七二）に没した空也の行年をここに「七十」と記しているところから、空也の生まれたのは延喜《えんぎ》三年（九〇三）であったことが判明する。そして四六歳の天暦《てんりゃく》二年（九四八）に叡山受戒して以来の法臘《ほうろう》は、まさしく二五となる。

往生の伝記

空也の入滅の状況を記す『誄』の文章は、すでにわが国最初の往生伝とされる慶滋保胤の『日本往生極楽記』より一二年程早く、往生伝の先駆けとして述作されている。

それは『極楽記』の序文に保胤が述べているような、唐の迦才《かさい》の『浄土論』や、同じく文諗《ぶんしん》・少康《しょうこう》の『往生西方浄土瑞応伝《おうじょうさいほうじょうどずいおうでん》』に載る、往生者の伝の記述を参酌して書かれたものと考えられる。迦才の『浄土論』巻下の曇鸞《どんらん》の往生伝には、「沐浴《もくよく》して新たな浄衣を着《き》、手に香炉を執って、面《おもて》を西にして正坐」したとあり、五里の西方にあった尼寺にも、「空に微妙な音楽があって西から東に去るのが聞こえた（聖衆《しょうじゅ》の来迎《らいごう》を示す）」と記されており（『大正蔵』四七）、『誄』の記述によく似ている。異香についても、『瑞応伝』の観察使《かんざつし》韋之晋《いししん》伝に、「異香宅に満ち、内外みな聞く。祥瑞《しょうずい》、称《あ》げて説くべからず（『大正蔵』五一）」とあるように、しばしば往生の瑞兆として表現されている。迦才『浄土論』はすでに奈良時代の智光《ちこう》もその『無量寿経論釈《むりょうじゅきょうろんしゃく》』に援用しており、また『瑞応伝』は天台座主延昌《えんしょう》の命によって日延《にちえん》が天徳《てんとく》二年（九五八）に呉越《ごえつ》国から将来している。空也入滅の時点で為憲や保胤等の勧学会結衆《けつじゅう》は、これらを見ることは当然可能であった。

保胤の『極楽記』「空也伝」では、

> 上人、遷化《せんげ》の日、浄衣を着、香炉を擎《ささ》げ、西方を向いてもって端坐《たんざ》し、門弟子《もんていし》に語って曰く、多くの仏菩薩《ぶつぼさつ》、来迎引接《らいごういんじょう》すと。気絶《た》えての後、なお香炉を擎ぐ。この時、音楽空に聞こえ、香気室に満つ

と、『誄』の文章に「来迎引接」を加えて、これを上品上生の往生としている。来迎引接を記す往生伝の例は、迦才の『浄土論』でも主洪《しゅこう》法師の場合の、「西方浄土の化仏菩薩《けぶつぼさつ》の来迎するを見て、還《かえりみ》

て大衆《だいしゅ》に告ぐ、所期の境界の浄土の菩薩、今すでに来り至りぬと」などに見られる。さらに保胤はこの文末に、同書の他の四一例に見られない次のような異例の感懐を加え、また空也の念仏普及の業績に対する同時代人としての最高の評言を記述している。

嗚呼《ああ》上人、化縁《けえん》すでに尽きて、極楽に帰り去りぬ。天慶《てんぎょう》より以往《さきつかた》、道場聚落《じゅうらく》に、念仏三昧を修すること、希有《けう》なりき。いかに況《いわ》んや小人愚女、多くこれを忌《い》めり。上人来たりて後、自ら唱え、他をして之を唱えしむ。爾後世《そののち》を挙げて、念仏を事となす。誠にこれ上人の、化度《けど》衆生の力なり。

『空也上人誄』は空也の没後まもなく、勧学会の文人達を代表する形で源為憲によって書き上げられ、空也の入滅をいたむ人々による法会に文人達も臨席して、空也の霊前で読み上げられたものと考えられる。それから一二年ほどして書かれた慶滋保胤の『極楽記』「空也伝」は、『誄』には適切に表現されることのなかった空也の念仏先唱の意義を、改めて明確に同時代人として史上に証言する文章を残した。

ところで空也の往生を記した『誄』の中に、彼が臨終に念仏したと書かれてない点を、どのように理解すべきであろうか。為憲は後の誄本文の中でも、「念を極楽に剋《き》め、弥陀の名を唱う」と述べ、「涅槃の城に赴《おもむ》く」と、空也の念仏と極楽往生を記している。かつて市中で南無阿弥陀仏と称えて間髪を容れずであった空也が、善友であった西京の老尼と同じく、「阿弥陀仏を念じて、一生不退」であったことは疑いない。香炉を擎げて端坐瞑目した空也は、口中に無言で口念の称名を続け、心には、かつての市堂の夢に極楽界の蓮華上に坐したごとく、観念の念仏を行っていたに違いない。その空也の心中の世界を、為憲には記述することができなかったにすぎない。空也は臨終に念仏をしたと記されていないから、空也は「念仏往生人ではないのである」などという者もあるが、それは阿弥陀聖空也と往生浄土の真実義について正しい理解を持ち得ないものの愚論にすぎない。

西方十万億土のはるか彼方にあるという極楽への往生が真実であるとされるのは、人が信仰によって描き出した仮象を宗教的な真実と信認するということで、それが慈悲方便としての極楽往生の真実義である。空也は自ら念仏による往生極楽を信念して実践し、「口称にまかせたる三昧」の中で「夜夜に仏の来迎を待」つ安心を確証していた。そして遺弟子や為憲・保胤は念仏者である彼の往生を信仰上の事実として信認しているのであり、往生伝の定型的な表現によってはじめて往生が現実化するものでも何でもない。例えば、善導より先に没している迦才の『浄土論』に善導の往生記がないのは当然であるが、善導没後百年ほどに成立した『瑞応伝』に善導の念仏往生の描写がないからといって、彼を「念仏往生者ではない」などと言えるのであろうか。往生伝の記述の客観性に全幅の信をおけないことは、慶滋保胤自身がその『極楽記』の「教信伝」の創作で証明しているのである。

誄・しのびごと

空也の入滅往生までの生涯を記した『誄』の序文は、続いて韻文体の誄本文に入るに先立って、まず撰述の経緯と為憲の感懐を記している。第三章で述べたように、為憲は勧学会の同志に推される形で、空也の『誄』を作文する立場であったと考えられる。当時三二歳の文章道学生《もんじょうどうがくしょう》であった彼は、自らを賤《せん》（いやしい）・幼（妙年《みょうねん》）・凡夫とし、空也を貴（とうとい）・長・有徳《うとく》の上人として、「賤《いや》しきものは貴きものに誄せず、幼きものは長ぜるものに誄せざるは礼なり」という、『礼記《らいき》』曽子問篇《そうしもんへん》以来の礼儀にそむくことを恐れている。しかし恐らく仲間に推されて、為憲は空也の弟子を西光寺に尋ね、また空也の作った法会の願文・善知識文《ぜんちしきもん》数十枚を集めて平生の懐いを知り、称歎の心をもって、わが国に類例の殆どない四言三四句の誄文を綴っている。

夫《そ》れ賤《せん》は貴《き》を誄せず、幼《よう》は長《ちょう》を誄せず。僕者《ぼくは》凡夫にして、猶《なお》妙年なり。上人を誄するは、長を誄するの僭擅《せんせん》(1)なり。既にして古人の言あり。玉《ぎょく》を攻《みが》くに石をもってし、金を洗うに塩をもってすと。物には固《もとよ》り、賤をもって貴を理《おさ》め、醜をもって好を化《あらた》むる者あり。肆《かるがゆえにいま》或いは遺弟子《いていし》を本寺に尋ね、また先後に修するところの法会の願文《がんもん》、善知識を唱《いざな》うところの文《もん》、数十枚を集め、もって平生の蓄懐《ちくかい》を知る。称歎に堪えずして、之が為に誄す。その辞に曰く

於赫《ああかく》たり聖人　その徳測《はか》りなし
もと菩薩の行をなし　初め優婆塞《うばそく》たり
諸山に頭陀《ずだ》し　六賊(2)を退散す
物外《もつげ》(3)に心を栖《やす》め　市中に食《じき》を乞う

苦の世俗を救い　善知識を唱《いざな》う
蟣虱《きしつ》は身を離れ　毒蛇も徳に感ず
霊狐《れいこ》の病貌《やまいのかお》は　苑中に悦びの色あり
文殊暫《しばら》く来り　観音も匿《かく》れず
嗚呼《ああ》哀しいかな
念を極楽に剋《き》め　弥陀の名を唱う
般若を求索し　常啼《じょうたい》(4)と情《こころ》を同じくす
世を挙げて化《け》を受け　人毎《ごと》に誠を輸《いた》す
徳は花夏《かか》(5)に冠として　名は公卿《こうけい》に知られたり
抄秋《びょうしゅう》(6)に草は衰え　遙漢《ようかん》に風は清し
房に香気有りて　天は楽声を伝う
生死《しょうじ》の海を超え　涅槃《ねはん》(7)の城に赴《おもむ》く
年はこれ七十にして　浄土に迎えられたり
嗚呼《ああ》哀しいかな

略註　(1)僭擅＝身分、権限をこえてほしいままにすること　(2)六賊＝煩悩のもとである眼耳鼻舌身意

の六根　(3)物外＝超世間的な絶対の世界　(4)常啼＝衆生の苦しみをみて常に泣いていた菩薩
(5)花夏＝華夏に同じ、平安京　(6)抄秋＝季秋、九月のこと　(7)涅槃の城＝極楽浄土

六波羅蜜寺と空也の念仏

空也入滅後の西光寺は『六波羅蜜寺縁起』に収められている寛弘《かんこう》九年（一〇一二）の宣旨《せんじ》によれば、五年後の貞元《じょうげん》二年（九七七）に大法師中信《だいほっしちゅうしん》が来住して寺名を六波羅蜜寺と改めて天台別院とした。そして中信はここに堂舎を多く建て、毎日『法華経』を講じ毎時に念仏三昧を修して、普ねく人々に成仏の縁を結ばせたという。別に毎月四回、南都北嶺の僧を請じて講経を行い、寛弘二年（一〇〇五）からは尼受戒《あまじゅかい》も恒例とした。これらによって都鄙《とひ》の尊卑・遠近の僧俗が来集して結縁し、また勧学会《かんがくえ》もこの寺で開かれることが多かったという。

『本朝文粋《ほんちょうもんずい》』巻十には、中信来住後八、九年の寛和《かんな》一、二年（九八五～八六）の三月に、六波羅蜜寺で恒例の供花会《くげえ》に『法華経』が講じられたのを聴いた慶滋保胤の詩序が載っているが、そこには、当時の寺の市民教化の様子が次のように述べられている。

六波羅蜜寺は空也聖者がはじめ、中信上人が色づけをした。この両人は如来の勅を奉じ、如来の使としてこの娑婆世界に来て、濁世《じょくせ》の衆生を済度する者ではなかろうか。そこでは毎日法華経が講じられ、毎夜念仏三昧が修され、南都北嶺の名徳は日頃やってきて、たがいに講師となり聴衆となっている。東西の京からは男女が雲集して、合掌し聴聞して、開講以来八、九年になるが、結縁の人は幾万人か知れない。三月の百花争って開く時には、別に四日間の法華八講《ほっけはっこう》があり、結縁供花会《けちえんくげえ》と

号している。その一日目は一切の男子、二日目は一切の女身、三日目は一切の童子、四日目は一切の僧侶をそれぞれ化度《けど》しようというものである。

この年は源信が『往生要集』を著し、保胤は『日本往生極楽記』を書いた頃に当っている。

六波羅蜜寺の民衆結縁の教化活動は、これらの毎日講や念仏三昧ないし供花会のほかにも、次第に古くからの地蔵信仰にもとづく地蔵講や、極楽往生祈願の「おりふしの迎講《むかえこう》」、平安京から鎌倉時代にかけて行われた小型の五輪塔を泥で造って奉納し所願成就を祈る泥塔供養《でいとうくよう》などが行われるようになり、『今昔物語集』にも、「此の寺は京の諸《もろもろ》の人、講を行う所なり（巻一三―四二）」と記されている。西光寺から変身した六波羅蜜寺がそのような形で京の市民と広い結縁を続けたことは、時代の状況と民衆の信仰心に順応しながら、空也の菩提心が継承されていった一つの姿なのであろう。天台僧であったと考えられる中信が、この寺でそのような教化活動の道筋を開いたのは、保胤が「如来使」と言うような菩薩僧としての人徳と、英敏な能力を具えた人物であった故と考えられる。

他方において、空也の入滅に際して「犇走《ほんそう》して房に到った」郷里の長幼をはじめ、彼の弟子や念仏の同志というべき集団が、この寺において空也の活動の延長上にそれを継承したという姿は、かならずしもはっきりと見えない。保胤は六波羅蜜寺では毎夜の念仏三昧が修されていたと述べており、二〇数年後の『六波羅蜜寺縁起』中の宣旨でも、「毎時に（念仏）三昧を修す」と記されている。天台別院として、その内容は叡山の不断念仏に準じる『例時作法《れいじさほう》』的な修法であった可能性も否定し難いが、やはりそこでは空也の念仏が継承され、彼の後継者である阿弥陀聖の一群が唱導して、市民とともに高声《こうしょう》の称名念仏を称えていたものと考えたい。六波羅蜜寺では現在も年末の一九日間、毎夕本堂の内陣で空也《くうや》踊躍念仏《ゆうやくねんぶつ》が行われており、それは密教の十一面法と念仏踊りが一体化された形で実施されている。

生前の空也の行業が京洛上下の人々に広く知られていたにもかかわらず、彼はその念仏の思想と教義を体系的に残すことをせず、自身が明確な師承を持たなかったのと同じく、彼の法を継ぐべき弟子集団を育成せず、結果として拠るべき持続的な寺院組織を確保することもなかった。それは一遍の「持文」にあるように、空也の「名を求め衆を願いとすれば身心疲れ、功を積み善を修せんとすれば希望《けもう》多し。しかず孤独にして境界なきには。しかず称名して万事を抛たんには」という、本性的な「閑居の隠士」への志向の結果であろう。加えて、当時の社会と庶民信仰の状況、南都北嶺の仏教界の状況の中で、念仏集団の独立的な運営と成長を支持・許容する条件は、まだ成熟していなかったというべきであろう。彼が創建した西光寺も天台の傘の下に入ることによってはじめて、永続的な寺院経営の道を見出し得たということは否定できない。そして阿弥陀聖の後裔たちは、六波羅蜜寺だけにとどまるのではなく、巷間の念仏行者・念仏聖として、市堂をはじめ各地に拡がって空也の称名念仏を伝え、その流れは地下水脈のように人々の心をとらえ続けて、平安末期から盛り上がる専修念仏《せんじゅねんぶつ》の運動に接続していったものと考えられる。

空也没後一五〇年の保安《ほうあん》三年（一一二二）三月一八日、六波羅蜜寺で法華講がありまた勧学会も行われた当日に、朝請大夫《ちょうせいたいふ》（従五位下）算博士《さんはかせ》の三善為康《みよしのためやす》はこれに結縁して『六波羅蜜寺縁起』を書き、その末尾に古老の話として、この地は空也上人が結界《けっかい》（清浄を守るため区域を限界する）した禅念《ぜんねん》の（俗界をはなれた）地であって、ここで命終する者は必ず臨終正念《りんじゅうしょうねん》に住すると記し、自らも七〇歳代となり、ここに庵を終んで終焉《しゅうえん》したいと述べている。心乱れることなく臨終を正念で迎えるということは、念仏を通しての往生への確信に伴ってもたらされた安心《あんじん》の姿であろう。

この『縁起』が書かれた二〇年後の康治《こうじ》元年（一一四二）に、沙弥西念《さいねん》は六波羅蜜寺境内の池の中島に「年来仏経供養目録《ねんらいぶっきょうくようもくろく》」を埋納し、それが明治三九年（一九〇六）に建仁寺の西南の地から偶然発掘された。そこで出土した西念の「極楽願往生歌」には、

年を経て弥陀の浄土を願う身は
　人より先に後世《ごせ》や契《かな》うと
契《ちぎ》り置く弥陀の浄土の西よりは
　迎えてみせよ極楽の道

などの往生祈願の歌がある（辻善之助『日本仏教史』上世篇）。西念は天王寺の西門から往生を願って投身入海《じゅかい》するが果たさず、自宅内に穴を掘ってひたすら極楽往生を願った沙弥であり、「目録」の埋納地は、彼の浄土願生《がんしょう》が空也への信仰と結びついていたことを示している。六波羅蜜寺の空也上人像

は、西念の目録埋納より七〇年ほど後に造られたと考えられるが、すでに専修念仏の運動も始まっている鎌倉初期の時代における、六波羅蜜寺を一つの核心とする念仏運動の象徴であり、また市巷の念仏運動が明らかに空也というわが国の念仏の祖師の原点に回帰していたということの、歴然とした証拠である。

金鼓と錫杖

空也が入滅して五四年後の万寿《まんじゅ》三年（一〇二六）の初秋の一日、彼が生前の念仏遊行に常に携えていた金鼓《こんぐ》（鉦《かね》）と錫杖《しゃくじょう》が、大般若経供養会に結縁した藤原実頼《さねより》の孫で、その養子となった実資《さねすけ》（九五七〜一〇四六）にもたらされたことが、実資の日記『小右記《しょうゆうき》』に記されている。それらを当時右大臣であった実資に与えたのは、『宇治拾遺物語《うじしゅういものがたり》』に出ていた空也の供の三人の若い聖《ひじり》のうちの一人、反古《ほぐ》を拾い集めて紙にすいて経を書写したという、起経《ききょう》とも呼ばれていた反古の聖であった。起経は、空也が折れ曲がった臂《かいな》を祈り直してもらった礼として天台僧余慶《よけい》に布施され、その弟子となって義観《ぎかん》と名づけられていた。『小右記』の記録は、およそ次のようなものである。

七月二三日、義観阿闍梨《あじゃり》が、故空也聖の錫杖・金鼓等を与えてくれたので、召使いの童の手作りの布二反をさし上げた。義観阿闍梨は空也の入室《にゅうしつ》の弟子であったので、これらのものを伝え持っていた。この金鼓は、かの聖が臂に懸けて日夕に身から離さなかったもので、錫杖も同じである。慮《はか》らずも得るところとなり、随喜《ずいき》すること極まりない。

（『大日本古記録』「小右記」七）

義観が余慶の弟子になった時を、大般若経供養会の行われた応和《おうわ》三年（九六三）とし、この時義観は一五歳であったと仮定すれば、それから六三年後の万寿三年には義観は七八歳の高齢である。その義観から故空也所持の金鼓と錫杖を贈られて感激した実資はその時七十歳、応和三年には七歳の少年であった。空也入滅の時には十六歳に達しており、空也生前の見聞にもとづいて彼に敬意を懐いていたと考えられる。また養父（祖父）実頼やその弟師氏《もろうじ》等がその結縁者でもあり、念仏往生の先達として貴族・知識階層にも評価尊敬されていた空也の、生々しい念仏行道のおもかげを留める遺品を思いがけず手に入れたことで、彼は「随喜極まりなし」と感激したのであろう。

義観の新しい師の余慶《よけい》（九一九〜九九一）は、四年後の康保《こうほう》四年（九六七）に四九歳で園城寺《おんじょうじ》の阿闍梨となり、法性寺《ほっしょうじ》での師氏葬送にあたって空也の閻魔王への牒状《ちょうじょう》を読んだ前年に権律師《ごんのりっし》になり、以後園城寺長吏《ちょうり》を経て天台座主《てんだいざす》・権僧正《ごんのそうじょう》に任じられ、正暦《しょうりゃく》二年（九九一）に七三歳で入滅している。師の没時に四三歳位であった義観は、以後も園城寺系の天台寺院に止住し、阿闍梨として活躍していたのであろう。

園城寺系の説話集『雑談鈔《ぞうだんしょう》』は、義観が余慶に信任されて常時身辺に奉仕していたという、一つの物語りを記している。ある時、余慶が塗籠《ぬりごめ》（周囲を壁で塗り籠め、納戸《なんど》や寝室に使う）の中で安眠中に、物に襲われて高声にうめいたので、義観がくくり窓からのぞいたところ、笠ばかりの光り物が余慶の上を覆っていたので、義観はこれを山門派の良源《りょうげん》（九一二〜八五）の死霊《しりょう》の祟《たた》りと心得て、「汝、在世の時の徳行も、この余慶僧正に及ばなかったのに、いわんや生まれ替わってどうして犯し奉ろうとするのか」といって、金剛薩埵印《こんごうさったいん》（勇猛な大士・普賢菩薩《ふげんぼさつ》の印契《いんげい》）を結んでその光り物に打ちかかったところ、光り物はたちまち消えた。義観はまことに心賢く、尊い人である、という（『碧中洞叢書』四一）。永観《えいかん》三年（九八五）に良源が入滅した当時に園城寺長吏であった余慶は、四年後の永祚《えいそ》元年（九八九）九月に天台座主に任じられながら、山門派の反対によって三か月後に辞任、その二年後に没している。『雑談鈔』の右の話は事実そのものとは認め難いが、義観が余慶の晩年までその身辺に随侍し、親愛されていたことを示している。

義観について記されているいま一つの小さな情報が、能書家として知られる藤原行成《ゆきなり》の日記『権記《ごんき》』に載っている。それは義観が実資を訪ねるより二七年前の長保《ちょうほう》元年（九九九）一二月二四日のことで、次の一行である。

今夜、義観上人の車宿《くるまやど》が焼失した。奉職朝臣《よしもとあそん》宅の南、一品宮《いっぽんのみや》の北なり（『増補史料大成』四）。

さきの仮定に従えば、この時義観は五一歳で上人と呼ばれ、京中に車宿（牛車を納める建物）と称して居宅を持っていたことがわかる。当時僧侶が京中に車宿等の住居を持つことは禁止されていたが、実態としてその禁制はあまり守られていなかったという（平雅行『日本中世の社会と仏教』塙書房、一九九二）。験力《げんりき》を尊ばれていた余慶の弟子として、義観も公私の要請にこたえて、京中での祈禱の修法等を行うことが多かったと考えられる。空也入滅の時には義観は二四歳ばかりで、おそらく園城寺で修行中であった。その義観に空也が念仏行に常用の法具を遺品として与えたということは、西光寺には空也が後事を託するに足りる弟子がいなかったということであろうか。彼の没後の西光寺の消長をみれば、それもあながち否定できないであろう。

金鼓《こんぐ》は直径一五センチほどの皿状の鉦《かね》を木製の枠に吊ったもので、『小右記』の記述からは、小振りの金鼓を常時臂に懸けて歩いた空也の姿が想定される。錫杖もまた、鹿角《わさづの》などではなく「蛇と蛙」の話にあるように、金環を具えた空也常用の僧具であった。これらを身から離さずに携えて念仏を勧化した空也の姿は、人々にはるかなる極楽への想念を呼び起こし、阿弥陀仏の救いと往生への信を誘い、鉦の音とともに南無阿弥陀仏の称名への唱和をうながす、穏やかな行道《ぎょうどう》の風情であったと考えられる。

阿弥陀聖の後裔

賢人右府《けんじんうふ》とも尊称される藤原実資は、義観から空也の金鼓と錫杖を贈られた六年後に、これを別の阿弥陀聖に与えている。彼が七六歳の長元《ちょうげん》六年（一〇三三）頃に作成した『小記目録』には、その前年の長元五年「九月五日、空也聖の金鼓をもって、新阿弥□聖に与えた事（『大日本史料』第一篇之十四）」という記録がある。「新阿弥□聖」は「新阿弥陀聖」の部分脱字と考えられるが、実資が空也の貴重な遺品をこれに与えたということは、この聖を空也念仏を継承すべき者と認めた結果と解すべきであろう。つまり空也から遺鉢として金鼓と錫杖を託された義観は、天台僧として空也の念仏の遺法を継ぐ事を諦め、老齢に達して、旧師空也の念仏を継承すべき者の選択・付嘱《ふしょく》を実資に託したのであった。実資が選んだ新阿弥陀がどのような人物であったのか、確かめる史料は得られない。ただ作者を赤染衛門《あかぞめえもん》かといい、長元年間（一〇二七〜三七）の初めごろに成立したとされている『栄花物語《えいがものがたり》』は、これよりわずか前年の阿弥陀聖の存在を二回記している。

その一は、藤原道長《みちなが》（九六六〜一〇二七）創建の法成寺《ほうじょうじ》において、その晩年の治安《じあん》三年（一〇二三）四月一〇日に行われた万灯会《まんとうえ》の情景の中に現れるもので、第一九「御裳着《みもぎ》」の巻には次の文が見える。

日の入《い》る程《ほど》にぞ火ともしつけたる。四丁がうちに火ともさぬ所なし。万灯会にはあらで億千万灯とぞ見えたる。このうちに入《い》り満《み》ちたる車、かち人《びと》数知らず多かり。世中《よのなか》の聖どもさながら参りたり。賀茂の祭の一条の大路に出《い》て来ての丶しる新阿弥陀《しんあみだ》・前阿弥陀《ぜんあみだ》などいう法師ばら、声を捧げて阿弥陀めくさえぞ尊かりける。

世の中の聖がすべて集まったような万灯会の賑わいの中で、声高く念仏する新阿弥陀、前阿弥陀という念仏聖の名前が記されている。この新阿弥陀こそ、九年後に実資から空也の遺品を託される「新阿弥□聖」を同一人物とみていいのではなかろうか。

その二は、法成寺万灯会の二年後の万寿《まんじゅ》二年（一〇二五）七月一一日に、道長の女子小一条院女御《こいちじょういんにょうご》寛子《かんし》の葬送の場に現れるもので、第二五の「みねの月」の巻には次のように記されている。

御先《おんさき》に僧ばかり先だて丶、阿弥陀の聖の、「南無阿弥陀仏」と、くもくそう遙かに声うちあげたれば、さばかり悲しき事の催しなり。

ここでは阿弥陀聖の念仏が「南無阿弥陀仏」と口称《くしょう》する、空也のはじめた称名であったことが明記されている。

この頃に京の町中を遊行していた阿弥陀聖の念仏を村上天皇の第十皇女で歌人の選子内親王《せんしないしんのう》（九六四～一〇三五）が詠んだ、次のような歌も『金葉和歌集《きんようわかしゅう》』の中に伝えられている。

八月ばかりに月明《あか》かりける夜、あみだの聖の通りけるを呼よせさせて、里なる女房にいい遣《つかわ》しける　一首

あみだ仏《ぶ》とゝなうる声に夢さめて
　西へかたぶく月をこそ見れ

この歌には称名の事しか詠まれていないが、おそらく金鼓を叩いて夜半に京の町中を念仏して歩いていた阿弥陀聖であったろう。長元八年に七二歳で没した内親王のこの歌が詠まれたのは、『栄花物語』に阿弥陀聖が登場する時代とほぼ等しい。

さきに法成寺の万灯会に現れた新阿弥陀・前阿弥陀等が、以前から賀茂の祭りの一条大路での行列で高声《こうしょう》の念仏をしていたとされていた。四月の中の酉《とり》の日に行われた賀茂の葵祭《あおいまつり》では、勅使以下

が御所を発《た》って京北の一条通りを東行し、賀茂川に沿って北方の下鴨神社《しもがもじんじゃ》に詣り、さらに上賀茂神社《かみがもじんじゃ》を経て再び御所に戻る。鎌倉中期に藤原経業《つねなり》（?～一二八九）の書いた『文永十一年賀茂祭絵詞《ぶんえいえことば》』では、一条大路を通る賀茂祭の行列について、次のように記している（『群書類従』巻一五）。

刻限《こくげん》に花摘《はなつみ》とて、道俗男女手に花を散《ちら》し。肱《ひじ》にあじかをかけ、口に弥陀の名を唱えて、いくらという事をしらず群れ続きて、まことになり高くの、しり行く。内証《ないしょう》の御誓《おちか》い（心の中の悟り）も頼もしくこそ。空也上人無極道心《きわめなきどうしん》を顕《あら》わされんとて、渡りそめられたりけるぞ。

文永十一年（一二七四）は法成寺の万灯会より二五一年後になり、この祭事には古来の疫病を鎮める鎮花祭《ちんかさい》の風習が混在しているが、賀茂祭に参加した念仏行道の伝統のはじめに空也の念仏があったということは、時代を超えて共通の認識であった。

阿弥陀の名をいただく聖

阿弥陀聖の呼称は空也に始まった。彼の念仏を市中に伝えた聖達も、実資や道長の事歴を介在して、一一世紀初頭の文字資料の上に姿を現していた。彼等は新阿弥陀・前阿弥陀などと、阿弥陀仏の名をおのれの名に頂いて、念仏行者として自らを位置づけていた。そのような念仏者の名は阿号《あごう》と呼ばれ、鎌倉時代からこれが一般の俗人にも付与されるようになって、広く行われるようになる。

安居院《あぐい》の聖覚《せいかく》が撰述した法然伝である『黒谷源空上人伝《くろだにげんくうしょうにんでん》』には、東大寺再建の大勧進重源《だいかんじんちょうげん》が、わが国の道俗が閻魔の法廷で自分の名を聞かれた時、阿弥陀仏の名を唱えて罪を免れさせようと、まず自分の名を南無阿弥陀仏と号したのが、阿号のはじめであると記されている（『続群書類従』二一六）。重源（一一二一〜一二〇六）は八二歳の建仁《けんにん》二年（一二〇二）に、生涯に行った自らの作善の業を列記した『南無阿弥陀仏作善集《さぜんしゅう》』を書き、貴賤上下に阿弥陀仏の名を付けることを始めてから建仁二年には二〇年になると記している（小林剛編『俊乗房重源史料集成』）。以降、その流行は盛んとなり、浄土宗や時宗では阿号を宗脈相承《しゅうみゃくそうじょう》の法名に加えるようになり、「民間の沙弥名、芸名その他の上に広く用いられるようになった（堀一郎『我が国民間信仰史の研究』）」。

しかし『栄花物語』が記していたように、「阿弥陀」と名乗る念仏者は重源より一六〇年前に存在していたのであり、それは義観・実資を介在して空也の遺鉢を継いだ一団であった。そして空也自身が阿弥陀聖と呼ばれていた時代は、さらにその七〇年以上の昔であった。

そのような念仏往生の信仰の原点に空也の市中勧化があり、その遺鉢は、空也が行った造像や写経等の知識勧進活動によって形成された有形的な部分が、法華講や念仏三昧と融合して六波羅蜜寺に組織的に継承されたのに対して、民間念仏聖の側面は、歴史の表面に姿を顕すことは稀であったとはいえ、最後まで寺として固定化されることのなかった東市《ひがしのいち》の市堂《いちどう》を一つの拠点とし、あるいは南都興福寺別所の浄名院や隔夜寺《かくやでら》を拠点としながら、あたかも地下水脈のごとく人々の心の中に浄土信仰の裾野を拡げていった。

別な視点から見れば、空也が空の思想に立ち、その仏智である般若波羅蜜多を求索し、菩薩としてこれを衆生に伝えるための修行徳目である布施・持戒・忍辱・精進・禅定・智恵の六波羅蜜を実践したという側面が、まさしく中信が命名した六波羅蜜寺に伝えられ、さらに彼がその仏智による衆生済度を凡愚万人に実現するための慈悲と方便によって選択された念仏の実践が、市中の阿弥陀聖によって受け継がれていったということであった。空也の菩提心の自利の側面である求道心が、仏教の根本真理である空とその智恵である般若波羅蜜多の求索に彼をかり立て、ひとたびは一四年来の大般若経写経供養の事業を実現させたとはいえ、彼の内奥に湛えられたその智恵は心中に深く秘められ、彼はこれを積極的に外に説き示すことがなかった。一方、彼の菩提心の他の一面である利他の慈悲心は、彼に衆生済度を具現化させるすぐれた方便として、易行の称名念仏を選択させ、これを獄因をはじめとする土庶に勧化させたのであった。

念仏は善悪凡夫の一切の罪障を除滅する仏行《ぶつぎょう》であり、死者に対する鎮魂の行《ぎょう》であると同時に、生者にとって直接に極楽往生の安心《あんじん》をもたらす仏業《ぶつごう》であった。阿弥陀聖は、そのような福音を救いの手立てのない庶民に伝える如来の使いであったと同時に、自ら阿弥陀仏号を用いることによって如来の世界を自他ともに顕在化しようとしたものであった。彼等の活動が口称《くしょう》の念仏によって小人・愚女、都鄙《とひ》浦々にまで仏教の済度を広めた歴史的な功績は、正しく評価されなければならない。仏教における大乗（mahāyāna）とは、あまねく衆生を救済するための利他行を実践し、その菩薩行を通して自らも仏となることを志向する立場であった。空也の念仏勧化には、そのような大乗仏教の原点に直結する特性があり、それはすでに奈良時代の国家仏教に対する行基菩薩《ぎょうきぼさつ》に代表される社会宗教運動に見られた萌芽を、改めて平安時代の社会状況の中に継承し、その菩薩行に念仏往生という個人の魂の済度という宗教的内実を与えたものであった。

空也の墓

『空也上人誄』は東山の西光寺で空也が入滅したとき、「郷里の長幼、犇走《ほんそう》して房に到る」と記していた。その人々は源為憲が『誄』を書くために西光寺で会った遺弟子《いていし》とともに、空也の西光寺での仏業を支えた一団であったと考えられる。そして入滅した空也は、それらの人々によって庶民の葬地の一角を占めていた広大な西光寺の境内に、手厚く葬られたと考えるのが自然である。平安時代末期の保安《ほうあん》三年（一一二二）に三善為康の書いた『六波羅蜜寺縁起』でも、この寺の地域は空也が結界した「禅念《ぜんねん》の地」であり、ここで命終する者は必ず「正念《しょうねん》に住する」といい、自らもこの地で終焉したいと願っている。それはこの地が空也の墓域であったことを強く示唆している。入滅後遠からずして空也の霊前に捧げられた『誄』が読み上げられた場所も、勧学会の結衆が居並んだ西光寺内の彼の墓前であったに違いない。しかし西光寺の後身である六波羅蜜寺に空也の墓は現存せず、その所在についてはまったく不明である。さまざまな地方に、室町・江戸時代に各地を遊行した空也念仏聖の活動に関係するとみられる、空也入滅の地ないし空也の墓と称するところは多いが、それはあくまでも後代の信仰が生み出した仮託にすぎない。

平安時代末期から鎌倉時代の初期にかけて記された内大臣藤原忠親《ふじわらのただちか》（一一三一～九五）の日記『山槐記《さんかいき》』は、空也が入滅して一八三年後、三善為康の『六波羅蜜寺縁起』の三三年後の久寿《きゅうじゅ》二年（一一五五）に、空也の墓に関する次の小記事を載せている。

二月十三日、庚寅《かのえとら》、（中略）今日雨□□空也上人墓掘出砂金云々、是聖□代□

（『増補史料大成』二六）

この日は朝と夜半に地震があり、また雨が降っていた。その中で空也上人の墓を掘ったところ、中から砂金が出てきた。「これは空也が□の代に□のものである」というように読むべきであろうか。その場所や出土の状況は一切不明であるが、これを記した忠親は当時二五歳の蔵人《くろうど》であり、その後頭中将《とうのちゅうじょう》から三四歳で参議に昇任し、『水鏡《みずかがみ》』の作者にも擬せられている俊才である。この情報の信憑性は極めて高い。

六波羅蜜寺の寺地は、『縁起』に載る寛弘《かんこう》九年（一〇一二）の太政官府《だじょうかんぷ》に示される四至《しし》（東西南北の限界）によれば、鳥辺野《とりべの》振里《ふりさと》の八町におよぶ広大なものであった。そして『山槐記』に記す久寿二年は、平清盛が源義朝と組んで後白河《ごしらかわ》天皇方に立ち、崇徳《すとく》上皇方の源為義・為朝を破った保元《ほげん》の乱《らん》の前年であり、平家の本拠はこの六波羅の地にあった。清盛の祖父正盛も天永《てんえい》二年（一一一〇）に丈六《じょうろく》の金色阿弥陀像を奉安する正盛堂（常光院《じょうこういん》）を建てるが、それは六波羅蜜寺の寺領内であったらしいといわれる（高橋昌明『清盛以前』平凡社選書）。正盛の子忠盛の時代に平家は六波羅蜜寺の僧房に軍勢を駐屯させたといい、忠盛が六波羅に構えた邸宅は一町四方であったが、その子清盛（一一一八～八一）の時代にはさらに広大な地を占有することとなった。『長門本《ながとぼん》平家物語』巻一四の「平家都を落ち給う事」には、「北の鞍馬《くらま》路よりはじめて、東の大道をへだてて辰巳《たつみ》（東南）の角小松殿《こまつどの》まで、二十余町に及ぶまで造作《ぞうさ》したりし、一族親類の殿原《とのばら》の室、郎等眷族《ろうどうけんぞく》の住所細かに数うれば五千二百余宇《う》の家々」と書かれる状況であった。

そのように拡張していく平家の居館造営のために六波羅蜜寺境内の空也の墓も移転を迫られ、朝夜に地震が起こり、雨も降る中で改葬を急がされて墓を掘ったところ、思いがけず砂金が出てきたというのが、忠親の記録の背景であろう。つまり『山槐記』の小記事は、他にまったく史料のない空也の墓について、その六波羅蜜寺旧寺地における平安時代末までの存在を証明するもので、同時に、当時の六波羅蜜寺あるいは以後にも火災等が累発して寺地も狭隘《きょうあい》化していくこの寺の歴史の中で、空也の墓を改葬して後代に遺す十分な措置をとることができなかったこと、さらに空也の墓が現在は不明であるという事実を、合理的に根拠づけている。

六波羅蜜寺は空也の墓が掘り返されて一八年後の承安《しょうあん》三年（一一七三）と、平家が安徳《あんとく》天皇と三種の神器《じんぎ》を奉じて西海に逃れた寿永《じゅえい》二年（一一八三）にも火災に遭っている。そして空也上人像ができて間もない承久《しょうきゅう》三年（一二二一）には、すでに平家を滅亡させていた鎌倉幕府の出先機関として、この地に六波羅探題《たんだい》が置かれ、この時代以降六波羅蜜寺は探題の地元の観音利生の道場・効験無双《こうげんむそう》の勝利功徳《しょうりくどく》の寺として武家の信仰も集めた。そして戦国時代末の文禄《ぶんろく》四年（一五九五）には、智積院《ちしゃくいん》末《まつ》の新義真言宗《しんぎしんごんしゅう》に変って現在に至っている。この間、何よりもこの歴史の激動の地で、たび重なる兵乱や火災の危険から、十一面観音像をはじめとする空也造立《ぞうりゅう》の天暦仏像が千余年後の現代まで護り伝えられてきたということは、この寺に結縁した人々の驚くべき信仰の力といえるのではなかろうか。

空也念仏僧

民間念仏聖としての空也の後継者達の多くは、平安末期から鎌倉時代にかけて成長発展していく浄土念仏の各宗派の中に合流・吸収されていったものと考えられる。一方、『一遍聖絵』は弘安二年（一二七九）の歳末に佐久の市庭の在家で一遍等が踊り念仏を行った段に、「抑《そもそも》おどり念仏は、空也上人あるいは市屋、あるいは四条の辻にて始行し給けり」と記しているが、空也が踊り念仏を行ったという事実は発見できない。大橋俊雄氏は一三世紀末の『聖絵』が成立した「当時空也の流れをひき、遊行しつつ踊躍念仏を行じた一流があり、その影響をうけていくつかの衆団が形成されたとみた方がよいのではあるまいか。時宗や一向宗はこうして形成され。幸いにして史上に、その名をのこしたものの一つで、他の多くは露のごとく消え去ってしまったものと思われる（『時宗の成立と展開』）」と推察している。文永一一年（一二七四）の賀茂祭に、空也上人がはじめたと伝承された高声の念仏を、「口に弥陀仏の名を唱えて、なりたかくの、しりゆく」一団が記録されているのも、同じ時代であった。

京都の極楽院空也堂や会津八葉寺等に現在まで伝承されている空也念仏踊り等、いわゆる空也念仏僧の活動は中世以降各地に拡がってさまざまな伝説を残しているが、これについての研究は独自の調査の積み上げが必要であり、著者の力の及ぶところではない。本書の中でふれることはできないが、ただ宗教民俗学の権威であった五来重氏が、その著『踊り念仏』（平凡社選書、一九八八）の中で次のように証言しておられることだけを、最後に紹介しておきたい。

空也の事績は空也僧に継承されて近世から近代までつづいたのである。空也は教団はつくらなかったが、全国に分布した空也僧はけちな教団より、はるかに大きな事績をのこしたのであり、それはまた、とりもなおさず、空也の事績だった。

作者不明ながら、成立は「平安中期にさかのぼることは間違いない（武石彰夫『仏教和讃御詠歌全集』上）とされる「空也和讃」が、浄土教の民衆化を示す初期の古和讃として伝承され、鎌倉時代以降の時衆の和讃等に幅広く摂取されていったことも、空也念仏僧による後代への念仏の継承を示すたしかな事例といえよう。

第五章　空也仏教の思想

七〇年の空也の生涯を通観して、民間伝道の聖として市井勧化の行道を貫いた彼の胸中には、終始深い菩提心が湛えられており、それは一面には仏の知恵を自らも悟ろうとする強い求道心となって現れ、いま一面では、衆生の苦しみを救おうとする利他の菩薩行への、多様な実践として展開されたことが理解される。著作を殆んど残さなかった空也聖においては、そのような利他行の実践がそのまま彼の仏教思想の表現であった。残された数少ない資料と空也の生涯の行業をあわせて、そこにどのような彼の仏教思想を集約すべきであろうか。以下には、空也の思想が直接表明されている文献資料をはじめとして、後代の伝承資料であっても、彼の行業と照合してその思想を知ることが可能と考えられる文献も援用しながら、空也の仏教を支えた思想を探っていくことにしたい。

1　金字大般若経供養会の『願文』

ただ一つ残された『願文』　市中の聖として般若を求索し、また庶民に念仏を勧めた空也は、自らの仏教思想を説く書物を残さなかった。源為憲《みなもとのためのり》が『誄《るい》』を書くにあたって空也の遺弟子《いていし》を西光寺に訪ね、空也の修した法会願文《ほうえがんもん》・善知識文《ぜんちしきもん》数十枚を集めて平生の蓄懐を知り称歎に堪えなかったというが、それらこそ空也の仏教思想と、それを庶民勧化の実践に生かそうとする彼の願心を、直接に表白《ひょうびゃく》するかけがえのない資料であった筈である。そのうちの唯一つだけ、完全な形で今に残されているのが、空也六一歳の応和《おうわ》三年（九六三）八月二三日に、鴨川西岸で行われた大般若経供養会で読み上げられた、『空也上人のために金字大般若経を供養する願文』（為㆓空也上人㆒供㆓養金字大般若経㆒願文）である。

それは空也の没後九〇年頃に、文章博士《もんじょうはかせ》・大学頭《だいがくのとう》を歴任した藤原明衡《ふじわらのあきひら》が編した平安時代の漢詩文集、『本朝文粋《ほんちょうもんずい》』の巻一三の中に、願文の一つとして収載されたことによるもので、その一つの理由は撰者の三善道統《みよしのみちむね》が慶滋保胤《よししげのやすたね》や源為憲等の勧学会結衆《かんがくえけつじゅう》と交友深く、後に文章博士・大学頭にもなったという文人としての評価によるものであろう。そして今一つの大きな理由は、空也に対する知識層の関心と『願文』の内容が、これを後世に残すべき価値ありと明衡に認めさせたからに違いない。

三善道統（生没年不詳）は供養会の前年に文章得業生《もんじょうとくごうしょう》から課試《かし》に及第して秀才となっているが、

その仏教思想は明らかでない。『本朝文粋』に載る彼のいま一つの文は、天元《てんげん》三年（九八〇）に欠員のある右衛門府《うえもんふ》の二等官、権佐《ごんのすけ》に任命を願い出た奏状《そうじょう》である。彼の『願文』の作成にあたって、空也は大般若経書写供養に対する自らの強い意志と、般若の仏智を衆生に開示したいという意欲、さらに極楽往生を結縁の人々に廻向しようとする念願を、『願文』が適切に表明するように逐一求めたと考えられる。その中には道統が自ら『大智度論』『高僧伝』等の知識によって修文したと考えられる部分も多いが、その重要な文言については、空也が具体的に多くの指示を与えて練り上げられているものとみられる。その意味ではこの『願文』は、空也の仏教思想を直接に表現しているかけがえのない資料であり、われわれはその中から彼の思想を正しく読み取らなければならない。

そもそも、大乗仏教最大の経典である唐・玄奘《げんじょう》訳（六六三年訳了）の『大般若波羅蜜多経《だいはんにゃはらみったきょう》』六〇〇巻は、釈尊の教えとして、一切は因縁によって生じているもので固定的な実体はなく、畢竟して空であり、生ずることもなく滅することもなく、また得ることもなく失うこともないという、仏教の根本の智恵（般若）を完成させること（波羅蜜多）を説き、また智恵の具体化されたものとしての経典の崇拝も勧めている。般若（サンスクリット語ではプラジュニャー、prajñā）とは智恵であるが、すべての物や道理を明らかに見抜く深い智恵を意味し、その究極は「一切皆空《いっさいかいくう》」という真実を悟るということとなる。波羅蜜多（パーラミター、pāramitā）は度《ど》とも到彼岸《とうひがん》とも訳され、完全なる成就、悟りへの到達である。般若波羅蜜多（プラジュニャー・パーラミター、prajñā-pāramitā）はそのような智恵の完成であり、それはまた完全な無執着を達成することと同一である。なお玄奘より二六〇年前、五世紀初頭の鳩摩羅什《くまらじゅう》等の旧訳《くやく》では、この言葉は「般若波羅蜜」と訳されているが、七世紀の玄奘以降の新訳では「般若波羅蜜多」と、原音に忠実な訳語が用いられている。

菩薩が悟り（彼岸）に到達するために修する六種の行《ぎょう》、布施《ふせ》・持戒《じかい》・忍辱《にんにく》・精進《しょうじん》・禅定《ぜんじょう》・智恵《ちえ》（般若）の六波羅蜜多の中で、般若波羅蜜多は他の五つを成り立たせる根拠としてもっとも重視され、諸仏の母と称される。また『大般若経』第五五八巻の「経典品《きょうてんぼん》」では、この経を書持し、衆宝《しゅほう》（たくさんの宝物）で荘厳《しょうごん》して他に施して読誦《どくじゅ》させ、またこの経の教えを他に解説《げせつ》するなら、得るところの福徳は甚だ多いという。また同じ「廻向品《えこうほん》」では、菩薩がこの経に随喜《ずいき》して波羅蜜多を行じ、諸の有情《うじょう》の波羅蜜多行のために廻向するなら、それは最もすぐれた尊いことであり、菩薩がその行によって獲得した智恵と功徳を、一切の有情の利楽にむけて廻向するなら、その福徳は百倍も千倍も勝れていると、他のための菩薩行を勧めている（『大正蔵』七）。

『願文』の原文は対句によって音調を整え、故事をを多く引用した華麗な駢儷体《べんれいたい》で書かれており（訓み下し文は巻末資料二参照）、まず次のような願意を表白《ひょうびゃく》する文で始まっている（取意）。

真空の理

釈尊が教えを説いて以来、真空《しんくう》の理《ことわり》（空の真理）は明らかとなり、この世界はあまねく仏の慈悲につつまれ、一切衆生は智恵の雨に潤《うるお》っている。ああ、一切は空で、衆生の生は無常であるが、仏の悟りの世界に昇るか地獄に堕ちるかは、人の善悪業の因縁による。そこで、すべての有情の成仏得果のため、天暦四年九月から始めて、応和三年八月の今朝まで、一四年の星霜が廻《めぐ》った。空也の胸には、千万の思いが溢れている。その間、経に説かれている常啼菩薩《じょうたいぼさつ》の本誓《ほんぜい》（はじめに立てた誓願）は朝夕に心にかかり、法涌菩薩《ほうゆうぼさつ》の般若の教えは、人々に開示して知らせたいと思っていた。

ここでは空也には、かつて沙弥出家するに際してみずからの名とした「空」の真理、般若の智恵に対する強い信奉の念が、写経供養の最初から一貫して流れていることが感じられる。しかしその点に立ち入る前に、まず常啼と法涌の両菩薩とは何者かについて、明らかにする必要があろう。

常啼菩薩と法涌菩薩の物語が語られているのは、『大般若経』第三九八〜三九九巻の「常啼菩薩品」と、第三九九〜四〇〇巻の「法涌菩薩品」である（『大正蔵』六）。それらは常啼菩薩の般若の求法の物語を説いたもので他の部分から独立しており、西暦一〇〇年頃の般若経典成立の最初期に、ほかの経典から付加されたものであることが証明されている（『大乗経典解説事典』渡辺章悟、北辰堂、一九九七年）。その主人公である常啼菩薩はあわれみの心が深いために、衆生が悪世の中で貧窮・老病・憂苦にあるのを見て常に悲しみ啼《な》いていたという菩薩である（『大智度論』九六）。また法涌菩薩とは、具妙香城《ぐみょうこうじょう》という仏国の王で常に甚深《じんじん》なる般若波羅蜜多を説いており、常啼菩薩はこの菩薩を訪ねて般若を聞くことになっている。

『願文』では法涌菩薩のことを、別の一か所では曇無比丘《どんむびく》とも表記している。玄奘が法涌と訳しているこの菩薩は、般若経系の古い経典（後漢一七九年支婁迦讖《しるかせん》訳『道行般若経《どうぎょうはんにゃきょう》』、後秦四〇四年鳩摩羅什《くまらじゅう》訳

『摩訶《まか》般若波羅蜜経』等）では曇無竭菩薩《どんむかつぼさつ》と呼ばれており、竜樹《りゅうじゅ》の般若経註釈書である鳩摩羅什訳『大《だい》智度論《ちどろん》』や、中国梁代の宝唱《ほうしょう》の仏教便覧的な『経律異相《きょうりついそう》』でも同様である。「曇無《どんむ》」とは、最古の仏典や部派仏教で用いられるパーリ語の「法」ダンマ（dhamma、大乗仏教のサンスクリット語ではダルマdharma）の音写で、「曇無竭《どんむかつ》」はサンスクリット語のダルモードガタ（Dharmodgata）、つまり「法の湧出《ゆうしゅつ》せる」という言葉を音写している。『願文』の中に一か所だけ曇無比丘の表記があるということは、あるいは秀才三善道統の『大智度論』の学識を反映したものかと思われる。そうであるとすれば、常啼菩薩・法涌菩薩という新訳の表記は、空也自身の『大般若経』理解によって用いられた用語と考えて誤りなかろう。曇無竭《どんむかつ》菩薩に対応する常啼菩薩の古い呼称は薩陀波崙《さつだはりん》菩薩（倫・論とも、S. Sadāprarudita）で、『大智度論』でもこの名称が用いられ、竜樹はこれに「薩陀《さつだ》は常《じょう》、波論《はりん》は啼《たい》」と註釈している。

常啼菩薩の物語

空也が何故に一四年の歳月をかけて金字の『大般若経』を荘厳供養したのか、また空也の『大般若経』の理解にもとづいて、『願文』の中には経にちなんだ言葉がどのようにちりばめられているのか、という点を具体的に理解するためには、どうしても『大般若経』三九八巻から四〇〇巻にはいったい何が説かれているのかを見ておかなければならない。『大般若経』六〇〇巻は、釈尊が一六の大会《だいえ》で説いた般若の法を集成しているが、その第一大会は王舎城《おうしゃじょう》外の鷲峯山《しゅうほうざん》（霊鷲山《りょうじゅせん》）頂で（写真）、千二百五十人の大比丘衆に説かれており、第一巻から「法涌菩薩品」後段の第四〇〇巻までが、この大会に含まれている。以下には関連する長文の経文の要旨をできるだけ短く縮めて記し、『願文』との対比の便のため、文中に番号を付しておきたい。

釈尊は、「もし菩薩が般若波羅蜜多を求めようと欲《ねが》うなら、まさに常啼菩薩のようにすべきである」といって常啼菩薩の物語を語る。常啼が寂静《じゃくじょう》の所で修行中に、空中から声があって、「汝は東に行きなさい。必ず⑨甚深《じんじん》なる般若波羅蜜多《はんにゃはらみった》を聞くことができるであろう」という。常啼はこれを聞いて歓喜踊躍し、合掌して空中の声に答えた。「おっしゃるようにいたしましょう。私は①②一切の有情のために智恵ある者になりたいのです。⑥⑫私ははまさに無上の正しい菩提《さとり》を得たいのです」。空中の声は重ねていう。「汝はこのように考えよ、般若はわが最勝の真実の善友である、と。また⑨甚深なる般若波羅蜜多を説く菩薩には、仏の如く仕えよ。世間の利益や名誉のために法師に従ってはならぬ」。

常啼は空中の声に従って東に行く。その時、眼前に仏像が現れてこう言う。「ここから東に五百日の行程の所に、具妙香《ぐみょうこう》という大城がある。それは七宝で飾られ、七層の楼閣を具え、苑池には迦陵頻伽《がりょうびんが》や⑪命命鳥《みょうみょうちょう》がさえずっている。大城の中には法涌菩薩の王宮があり、中には種々の宝物で飾られた獅子座がある。法涌菩薩は昼夜三時にこの宝座に昇って、⑨甚深なる般若波羅蜜多の教えを大衆に説いているのだ」。

鷲峯山（インド・ラージギル郊外）

これを聞いた常啼は法涌菩薩を訪ねて般若の法を聞きたいと思うが、⑦貧しくて法や菩薩に供養するための花香灯明金銀宝石等を得ることができない。そこで④自分の体を売って供養の財物を求めるほかないと決心し、城中の市店を巡って声高に叫んだ。「私はいま自分の体を売ります。誰か買う人はいませんか」。その声を聞いた帝釈天《たいしゃくてん》は、常啼の心を試そうとバラモン僧に姿を変えて、常啼に言った。「私は今、神を祀《まつ》ろうとしている。それには人間の血と髄と心臓が必要なのだ」。常啼は言う。「あなたが買うものを、私はみんな売りましょう」。直ちに右手で刀をもって、自分の右臂を刺して血を出し、また骨を破って髄をとり出してバラモン僧に与え、さらに心臓を裂こうとした。これを長者の娘が高い窓から見て、常啼にいう。「私の家は豊かで、たくさんの財宝があります。行者さん、自分を傷つけないで下さい。家が貧しいのに身命を惜しまないとされるのに、⑤どうしてわが家の富を棄てないことがありましょうか。私も一緒に法涌菩薩の所に参って、仏の法を聞きましょう」。こうして常啼は長者の娘と、その侍女等五百人と共に法涌菩薩の所を訪ねた。

そこには七宝の大般若台があり、座上には金・銀・瑠璃等の四宝で荘厳された函があり、中には般若波羅蜜多が金の葉に瑠璃の文字で書かれ収められている。これを護っていた帝釈天は常啼にいう。「この台の中には、深般若波羅蜜多という無上の法がある。それは諸仏菩薩の母であり、よくそれを生み出す法である。その⑨甚深般若波羅蜜多はこの四宝の函の中にあるが、法涌菩薩が七宝で封印してあり、我等には③開示できない」。そこで常啼等は、持参した花香珍宝の半分を分けて宝台所に供養し、半分を持って法涌菩薩の前に行く。

常啼は法涌に問う。「私に法涌菩薩を訪ねて⑨甚深般若波羅蜜多を聞くように教えてくれた諸仏は、どこから来てどこに去ったのか教えて下さい。もしわかれば、私は常に諸仏に見《まみ》えることができます」。法涌の答えは次のとおり。「③如来の法身（真理）は、どこからも来ずどこにも行かない。諸法（あらゆるもの）の実性《じっしょう》・真如《しんにょ》（ものの真実不変のすがた）は不動で、来ることもなく去ることもなく、また有ると想定することもできない。諸法は空なるものであって、それが仏・如来そのものである。諸法の真如と如来の真如は同一であり、そこには無相《むそう》というただ一つの相《すがた》しかない。もしよく一切法（すべてのもの）は、来ることもなく去ることもなく、生ぜず滅せず、汚《けが》れず浄《きよらか》ならずと知り、よく⑨甚深の般若波羅蜜多の善巧方便《ぜんぎょうほうべん》（すぐれた手段）を修行すれば、⑥⑫必ず無上の正しい菩薩《さとり》を得ることができる」。

常啼は法涌の説法を聞いて踊躍歓喜し、①諸《もろもろ》の有情にこの深般若を聞かせて大きな利益を得させ、自分はその善根によって⑥無上菩提を成じ、来世は如来となって無量の有情を利益安楽しようと思い、以後七年の間坐せず臥せず、ただ行じただ立って修行した。そして空中の声で、七日後に法涌菩薩が城中で法を説くことを聞き、長者の娘達と共に法涌菩薩の獅子座を水で洗って香花を供えようと思った。これを悪魔が知って、城の内外の水を出なくしてしまい、常啼はやむを得ず自分の体中を刀で刺して血を出し、獅子座にそそぎ、長者の娘達も同様にした。これを見た帝釈天は、法を重んじる常啼と娘達の、①一切の有情を利楽しようとして身命をかえりみない決心に感服し、常啼等が体から流した血をすべて香り高い⑩梅檀水《せんだんすい》に変えた。

七日間の瞑想から起《た》った法涌菩薩は、獅子座に昇って常啼に向かって、③⑧一切法は平等《びょうどう》・無生《むしょう》・無滅《むめつ》・無辺《むへん》・不可得《ふかとく》・不可思議《ふかしぎ》であるから、般若波羅蜜多も平等・無生・無滅・無辺・不可得・不可思議であると教えた。これ以後、常啼菩薩は⑫不可思議の智恵を身につけ、恒《つね》に諸仏に見《まみ》え、夢の中でもいつも仏を見、般若波羅蜜多を説く為に仏に親近供養《しんごんくよう》することを止めなかった（『大正蔵』六、一〇五九上～一〇七三上の取意）。

以上が、『大般若経』第三九八巻から第四〇〇巻までに説かれている、常啼菩薩が般若波羅蜜多を求索する物語の要旨である。その結びで釈尊はさらに、次のように説いている。

もし菩薩が⑧六波羅蜜を学んで速やかに修行を完成したいのなら、また①仏の智恵を悟ってよく一切有情を利益安楽させたいと欲《ねが》うのなら、まさにこのような⑨甚深なる般若波羅蜜多を学び、これを受持読誦・書写供養し他のために解説すべきである。

『大般若経』と空也の『願文』

右の『大般若経』常啼・法涌両菩薩品の内容と対比して、空也の『願文』がどのようにこれと対応しているのか、『願文』の文の流れを番号に従って追いながら、具体的に見ていきたい。

①『願文』ではさきの導入部においてまず、「一切衆生はことごとく智恵の雨に潤っている」と述べている。それに続いて、この供養の趣意について、「四恩六道《しおんろくどう》の成仏得果《とっか》の為の故に」と記してい

る。四恩とは天下・国王・師長・父母の四つの恩で、六道とは地獄・餓鬼・畜生・修羅・人・天の、有情の輪廻《りんね》する迷いの世界である。これらをあわせて一言でいえば、一切有情ということである。成仏は空也の場合、「極楽往生」と「悟りを開いて仏になる」という他力・自力の両面があるが、得果といえば「悟りをひらく」側面が強い。この空也の願意は、まさに大乗菩薩の利他行の誓願であり、『大般若経』（以下、大経と記す）の要旨に付した四か所の①部分に対応している。

②空也平生の悲願は、「常啼菩薩の本誓《ほんぜい》」であり、それは朝夕に心から離れなかったと『願文』はいう。それは大経が物語の初めに挙げている常啼の本誓②、一切有情のために自分は大いなる智恵を持つ者になりたいという、利他のための自利の行願である。

③『願文』は続けて、「法涌菩薩の対揚《たいよう》は、思いを開示に寄す」という。「対揚」は、「答える言葉」であり、大経の要旨③を指している。その内容はまさに大経の眼目の一つであり、深遠な般若の教えそのものである。そして空也もまたこれを、平安京の貴賤上下の衆生に開示したいと念願し、一四年来の写経供養の集成によって、その念願を果たそうとしたのであった。

④『願文』は空也の思いとして、「市中に身を売るは、我が願いにあり」という。常啼も要旨④で自らの身体を市中に売って、法涌菩薩とその般若の法に供養しようとしていた。

⑤『願文』は続けて、写経の勧進について「人間《じんかん》に信を催し、すでに群縁を寄す」という。大経の⑤でも、常啼の身命を惜しまない供養の志に、長者の娘等五百人が財物を寄捨して結縁《けちえん》している。

⑥『願文』の中で空也自身も、「齢《よわい》年を逐《お》って暮れ、身は雲と浮かぶ」であり、心の底から無上の

果を求めたいと欲《ねが》うと述べている。無上の果は大経の⑥では「無上の正しい菩提《さとり》」であるが、老境の念仏者空也の願いとしては、この供養会であわせて祈願されている極楽往生の証果と一体のものとなっている。供養会で同時に願われている『観無量寿経』の上品上生の往生においては、大乗の経典読誦は必要な因行《いんぎょう》の一つとされているのである。

⑦空也は自ら「無上の果」を求めつつも、「彼を先とし我を後とする思い」、「他を利して己を忘る情《こころ》」に立ち、自らの無力を自覚して「かつて一鉢の儲《たくわえ》も無し」と善知識を唱《いざな》った。それは己れの現実の環境であったと同時に、大経⑦にある常啼の貧しい境遇を同類のものとする意識に立った言葉であろう。

⑧『願文』はこれからとり行われる供養会の次第について、いくつかの故事を挙げて仏教的意義づけをしている中で、「曇無比丘《どんむびく》の法水を伝うるや、遍《あまね》ねく六度の舟を廻《めぐら》す」という。それは大経⑧で法涌菩薩が常啼に一切法と般若の平等・不可思議を説いて、六波羅蜜（六度）の菩薩行に向かわせたことと対応している。

⑨供養会で開示される大経の教えを、『願文』では「甚深《じんじん》の義」と述べているが、それは大経の各所に訳されている「甚深般若波羅蜜多」の経文に即応している。

⑩供養会に結縁した平安京の人々は、「半錢の施すところ、一粒の捨するところ」を次第に合力して、六〇〇巻の書写供養を完成させた。そのような写経への出捐の誠心にこたえて、『願文』は「天人は栴檀《せんだん》の水を湛《たた》う」という。これも大経の⑩で、帝釈天が常啼等の身から流した血を栴檀水に変え

たことをふまえている。

⑪『願文』は供養会において、極楽往生を結縁の人々に廻向する行儀として説法・万灯会・菩薩戒・念仏が行われ、その念仏の声を阿弥陀仏の極楽浄土に棲むという命命鳥《みょうみょうちょう》の鳴き声に例えている。それは『阿弥陀経』の玄奘による新訳である『称讃浄土仏摂受経《しょうさんじょうどぶつしょうじゅきょう》』における極楽国の世界であり、また大経の⑪にあるように、法涌菩薩の具妙香城にもあるという風光であった。空也において般若の悟りの世界と極楽往生が、ともに衆生の苦と迷いの世界からの昇畢（成仏得果）であったのと同じく、大乗経典においても、求める無上の菩提の世界は聖道と浄土に共通の風光を示していたのであった。

⑫『願文』は最後に、供養会の修善の功徳を神祇・朝廷から僧俗尊卑、無始以来の有情に廻向して、等しく仏の教えの無辺の功徳に浴するとともに、「咸《ことごと》く妙覚《みょうかく》を証せんことを」と結んでいる。それは大経の⑫で、⑥と同じく無上の正しい菩提《さとり》によって、自他ともに仏教による安心と救済を獲得しようとしているのと同等の、空也の究極の悲願であった。

このような『願文』の文章の中で、空也自身の『大般若経』の理解と信奉に基づいて書かれた部分と、秀才としての三善道統の学識によって述べられた部分を識別することは至難のことである。まず全体の願意と『大般若経』に直接関係する重要な言葉が、空也の発想によって『願文』の基調とされ、道統の学識に由来するべきものは、『大智度論』『華厳経』『高僧伝』等に由来する用語と故事、それらを用いて『願文』の格調と形式を整えるために修文された、対句を多用する駢儷体《べんれいたい》の美文であろう。

『大般若経』の常啼・法涌両菩薩品の物語は、ほとんどそのまま鳩摩羅什《くまらじゅう》訳の『大智度論』にも引用されている。しかしそれが註釈の対象としているのは同じ鳩摩羅什訳の『摩訶般若波羅蜜経《まかはんにゃはらみつきょう》』で、そこでの菩薩名は先述のごとく薩陀波崙《さつだはりん》と曇無《どんむ》（竭《かつ》）であり、『願文』には一度だけ「曇無比丘」の言葉が用いられているだけである。また『願文』にある「命命鳥《みょうみょうちょう》」と「栴檀水《せんだんすい》」の言葉は、鳩摩羅什旧訳の『経』と『論』ではいずれも用いられておらず、玄奘《げんじょう》新訳『大般若経』からとられたことは明らかである。つまり、『願文』は道統の学識によって全体的に修文されているが、そこに用いられている常啼と法涌の物語を中心とする般若の経説は、玄奘新訳の『大般若経』によって書かれている。従ってそれらの部分は、空也の指示を受けて道統が『願文』の中にとり入れて構文したものと考えられる。

空也の名の由来

空也が一四年の歳月をかけて書写荘厳した六〇〇巻の『大般若経』の供養が、このような深い願意に満ちたものであったということは、何よりも筆者自身にとって大きな驚きであった。まず、彼の自らによる「空也」の命名をはじめとして、彼における仏教とは何であったのか、空＝般若の思想を彼はどこで学び、どのような了解《りょうげ》に立ってこれを信じかつ受持したのであろうか。

二〇歳をすぎた優婆塞《うばそく》として尾張国分寺で沙弥出家するにあたって、「空也」の名を彼が自ら選び後々までこれにこだわったということは、これを推論する以外に方途のないことであるが、経論を通して仏教を学ぶ機会を得た彼が、その文字の大海の中から最要のものとして選びとった名であった筈である。前章の1で述べたように、「空也」の文字は国分寺で重用されていた『維摩経《ゆいまぎょう》』の第一章である「仏国品《ぶっこくほん》」と、三輪宗所依《しょえ》の『十二門論』あるいはその注釈書である吉蔵《きちぞう》の『十二門論疏《しょ》』の最初の部文に見られた。

『維摩経』の「仏国品」は鳩摩羅什《くまらじゅう》の訳本によれば、「菩薩如レ是。為レ成二就衆生一故願レ取二仏国一。願レ取二仏国一者非レ於レ空也（菩薩も是《かく》の如《ごと》し。衆生を成就《じょうじゅ》せんが為の故に、仏国《ぶっこく》を取らんと願う。仏国を取らんと願うは、空に於いては非《ひ》なればなり。『大正蔵』一四、五三八上）」という文である。衆生の類《たぐい》こそ菩薩の仏土《ぶつど》であり、菩薩が衆生を利益《りやく》するために浄《きよ》らかな仏土を取ろうと願うのは、何もない空の所では衆生利益は成り立たないからであると説いている。それは最澄が大乗菩薩の守るべき戒律とした三聚浄戒《さんじゅじょうかい》の第三の摂衆生戒《しょうしゅじょうかい》において、僧は衆生を教化してその利益のために力をつくさなければならないという、饒益有情戒《にょうやくうじょうかい》ともよばれる菩薩戒に対応している。空也がここから自らの沙弥名を選び、生涯の菩薩行の指針としたとしても不都合はないが、しかしそこには「空」の意味についての深い主張はない。

いま一つの『十二門論』あるいは『十二門論疏』は三論宗が所依とする経論であり、『維摩経』のように広く読誦されたものではない。しかし既述のように当時の尾張国分寺が、奈良の元興寺の影響を受けて開創されたと伝えられる願興寺であったことから考えれば、空也がそこでこれらの論疏に接していた可能性はある。『十二門論』は同じ竜樹《りゅうじゅ》の『中論』、提婆《だいば》の『百論』とともに鳩摩羅什《くまらじゅう》によって訳出され、三論宗の拠って立つ論書である。その第一門は、大乗仏教が「大」といわれる因縁を説いたうえで、「大分深義所謂空也。若能通二達是義一。即通二達大乗一。具二足六波羅蜜一無レ所二障礙一（大分《だいぶん》の深義《じんぎ》はいわゆる空なり。もしよく是《こ》の義に通達《つうだつ》すれば、即ち大乗に通達す。六波羅蜜を具足《ぐそく》して、障礙《しょうげ》するところなし。『大正蔵』三〇、一五九下）」と説いている。

大乗仏教のおおよその深い意義は空であり、よくこれに通達すれば、菩薩が悟りに至るための六つの行《ぎょう》である六波羅蜜を具足して障《さまた》げるところがなく、大乗仏教に通達するという。これを前置きとして、『十二門論』は十二の門にわたって空の解釈を行い、修行者を空の義に入らせようとしている。空也が以後の生涯に空の思想を身に体し、その智恵である般若を求め尊重してきたことを、供養会の『願文』は如実に告白しているわけであり、沙弥名の自称にあたって、やはり彼はこの『十二門論』の説によって、「空也」の名を、つまり大乗仏教の深義を、己の求道者としての生き方の指針としたのであったと推量される。

般若を求索した阿弥陀聖

『大般若経』を書写供養した空也の一四年来の知識勧進の行業は、供養会において般若の智恵、法涌菩薩の対揚を人々に開示するという目的に導かれて実践されたと同時に、その間に貴賤道俗に結縁を唱《いざな》い、「半銭の施すところ、一粒の捨するところ」を営々とつみ重ねた過程そのものも、空也にとって般若の仏智の衆生への開示の行程であったと考えられる。

大乗仏教最大最勝の経典とされる『大般若経』は、古来国家安泰・人民安穏・五穀豊穣・鎮災・治病・追善等のため、しばしば書写供養ないし転読供養されてきた。その目的は、偉大な仏教を尊びこれを荘厳供養するという純粋な動機を含んでいたとしても、現世利益的な期待が中心であった。空也の『願文』における、「法涌菩薩の対揚は、思いを開示に寄す」というような、経説の核心である般若波羅蜜多の仏智そのものを人々に知らしめたいという書写供養の目的は、殆んどこれが唯一例といっていい程に純粋な動機であった。そしてこのような性格の事業が、一個の民間僧の主導のもとに、貴賤上下の人々の知識勧進によって成しとげられたということも、まことに注目すべきことであった。

空也より五〇年後に生まれた文人貴族の大江匡衡《おおえのまさひら》（九五二〜一〇一二）は尾張権守《おわりのごんのかみ》（次官）であった寛弘《かんこう》元年（一〇〇四）、空也の供養会の四一年後に尾張の熱田神社に自筆の『大般若経』を供養し、その『願文』の中で次のような事を述べている。

当国の国守は代々、鎮寺の熱田宮に大般若経一部六百巻を奉書する恒例となっている。昔、玄奘三蔵は四年かけてこの経を訳したが、私も四年かけてこの経を写した。この功徳をもって、三宝の大海を荘厳し、天神地祇《てんじんちぎ》三界四恩に廻向し、仏法を興隆して、諸仏の知見を証明したい。私の赤心を砕いてこの仏事を営んだのは、常啼菩薩が身を売ったのに類するものであろうか。薄俸《はくほう》を割《さ》いて、熱田権現の神威を餝《かざ》り、ひたすらその垂跡《すいじゃく》（仏が衆生を救うために姿を変えてこの世に現れること）を恃《たの》む（『本朝文粋』一三）。

官人であった匡衡の願意は、国守として国民の安穏を祈願するものであったと考えられるが、同時にすぐれた文人として、『大般若経』の経説を尊重している。しかし空也が聖として「彼を先として我を後とする思い」をもって上下の衆生に呼びかけたような、利他の菩薩行の風光はここには見られない。

空也がこの写経供養の勧進の為に書いた筈である「善知識文《ぜんちしきもん》」は、もちろん今は失われているが、空也の「勧進詞《かんじんのことば》」と称される唯一の資料が、江戸時代の元禄《げんろく》一五年（一七〇二）に時宗の学僧玄秀《げんしゅう》の書いた『時宗統要篇《じしゅうとうようへん》』に載っている。それは、

余《よ》はこれ至愚極迷《しぐごくめい》の人なり。少《わか》くして出家発心し、入道して以降、心に所縁なければ、日の暮るるに随って止り、身に所住なければ、夜の暁くるに随って去る（以下略。原漢文）

（『大日本仏教全書』六八）

というもので、実質的に一遍の「持文」に類する文章である。これを大般若経書写供養の「勧進詞」とすることが可能かどうかは、わからない。ただ、空也の述べているこの文章には、執着心の少しもない、自己をすべて放下《ほうげ》した信楽空法《しんぎょうくうほう》（一切皆空《いっさいかいくう》の真理を信じて疑いのないこと）の境界が、明らかに見てとれるということは言えよう。

すでに空也は尾張願興寺《がんごうじ》で学んだ『十二門論』において、一切のもの（法《ほう》）はみな、さまざまな縁に従って生じたものであって、自らに固定的な実体（性《しょう》）があるものではないという第一門からはじめて、そのような無自性《むじしょう》のものは即ち空なるものであり、一切は皆な空であるという教理を学んで

いたと考えられる。その了解《りょうげ》は供養会『願文』の頭初の表白《ひょうびゃく》、「仏日《ぶつにち》、光を懸《かか》げ、真空の理《ことわり》、すでに顕《あらわ》る」という、一切皆空の真理が仏の智恵によってすでに明らかにされている、とする言葉のとおりである。

供養会の『願文』は、一切は空であり無常であると述べながら、また「真如《しんにょ》と奈落《ならく》は善悪の因縁に在り」と、仏の悟りの世界に安住するか地獄に堕ちるかは、その人の生前に造った善悪業の因縁次第であると、因果応報の考えを示している。その故にこそ、一切衆生の成仏得果が『大般若経』書写供養において目標とされ、空也自身もまた老境にあって「無上の果」を欲求している。その「無上の果」は、阿弥陀仏に専念しての上品上生の極楽往生であり、また「咸《ことごと》く妙覚《みょうかく》を証せん」という、仏の悟りである無上の妙覚の達成であった。

つまり空也が国分寺を出て峯合寺の一切経蔵の中から探り出したのは、『大般若経』が常啼菩薩の求法の物語りの中で説いていた、一切衆生を利益するための般若の仏智と、その仏智を現実の衆生の魂の救済に結びつける方便としての、阿弥陀仏の慈悲に信依《しんね》する極楽往生の福音とそのための念仏の教えであった。そこには聖道門としての悟りの求法と、浄土門としての他力安心の道が混在している。しかしそこに通底しているのは、一切衆生を利益したいという空也の菩提心である。

親鸞がその名に一字ずつを頂いている六世紀中国の曇鸞《どんらん》は、インドの世親《せしん》の『浄土論』に註釈した『浄土論註』の中で、菩提心とは自ら仏になりたいという願作仏心《がんさぶっしん》と、衆生を済度したいという度衆《どしゅ》生心《じょうしん》の二つであるという。そして衆生済度の巧みな方便が、「一切衆生を摂取《せっしゅ》して共に彼《か》の安楽仏国に生れたいと願う」ことであり、その安楽仏国（極楽）は究極的な成仏の道路、衆生済度の無上の方便であると説いている（『大正蔵』四〇）。このことについて世親は『浄土論』の中で、菩提心に具わっている智恵と慈悲と方便が般若を摂取《せっしゅ》し、般若が無上の方便を導びき出すのであると示している（『大正蔵』二六）。つまり、願作仏心という菩提心の中で培《つちか》われた般若の智恵は、同じ菩提心における度衆生心において、衆生済度の無上の方便である往生極楽という成仏の道を導びき出すというのである。空也が峯合寺で独自に学んだのも、ここに説かれていたような般若の仏智と、慈悲によってそこから導びき出された衆生済度のすぐれた方便である、極楽往生の易行の教えであった。

2　一念往生と修諸功徳

悪人の一念往生

空也が天慶《てんぎょう》元年以降平安京に還り、東市《ひがしのいち》の市門《いちかど》に卒塔婆を建て、そこに「一《ひと》たびも南無阿弥陀仏という人の　蓮《はちす》のうえにのぼらぬはなし」という念仏勧化の歌を掲げて、市に行きかう人々に称名の念仏を勧化したということは、日本浄土教発達史の中でまことに画期的なことであった。『空也上人誄』は平安京に還った空也が市中にあって、「尋常《つね》の時、南無阿弥陀仏と称えて、間髪《かんはつ》を容《い》れず。天下また呼んで、阿弥陀聖となす」と記していた。つまりこの時点で空也は、明確に「南無阿弥陀仏」と名号を称える称名念仏を身につけ、これを間断することなく継続していた。それは善導が『往生礼讃偈』の中で説いている念仏の四修《ししゅ》の中で、専念して行う無《む》余修《よしゅ》・間断なく称える無間修《むけんしゅ》・生涯かけて称える長時修《ちょうじしゅ》を実践する姿であったといえよう。阿弥陀仏を恭敬《くぎょう》礼拝する恭敬修《くぎょうしゅ》の姿は、『誄』の文からは見えて来ないが、空也の心中で修されていたと考えることができる。そのように自らは称名に専念していた空也が、市門に「一たびも」の歌を掲げたのは、凡愚万人の救いとなるもっとも易しい念仏を、平安京の人々に説くためであった。

歴史的にみて、仏教による救い・解脱への道は、煩悩と罪悪に穢れた世間を捨て、出家者として清浄《しょうじょう》な迷いのない生き方を確立しようとする者に開かれていたものであった。極楽浄土に往生して仏の世界に入ろうとする浄土教でも、往生のためには出家者となることが尊重されていたという痕跡は、『無量寿経《むりょうじゅきょう》』の三輩往生《さんぱいおうじょう》のうちの上輩往生が、まず「家を捨て、欲を棄てて、沙門となって菩提心をおこす」という要件を設けているのにも明らかである。阿弥陀経でも、「わずかの善根《ぜんごん》の福徳の因縁では、極楽に往生することはできない」とされている。

『無量寿経』第一八願の念仏往生が十方世界の衆生（すべての人々）に、至心に十念の念仏をすれば往生できると説いていても、そこでは殺父母等の五逆罪を犯す者と仏法を謗《そし》る者は除外されている。そして『観無量寿経』下品下生の往生において、最下《さいげ》の悪人でも臨終に至心に十念を具足して「南無阿弥陀仏」の称名をすれば、宿却《しゅくごう》の罪を除かれて蓮の上に乗って極楽に往生できると悪人往生の道が開かれ、ここで除かれている誹謗正法《ひぼうしょうぼう》の極悪人についても、善導は『観経疏《かんぎょうしょ》』の中で仏の大悲によって往生することができるとしている。また『経』に説かれている「具足十念」についても、善導は『往生礼讃偈』の中で、「阿弥陀仏はもと深重《じんじゅう》の誓願《せいがん》を発《おこ》して、光明と名号をもって十方の衆生を摂化《しょうけ》したまうのであるから、ただ信心をもって仏を念じて、上限は一生涯、下限は十声でも一声でもすれば、仏願の力をもって容易に往生することができる（『大正蔵』四七）」と、一念往生の道を開いている。

空也が学んでいることが確実な『念仏三昧宝王論《ねんぶつざんまいほうおうろん》』も、著者の飛錫《ひしゃく》（八世紀、生没年不詳）が善導流の念仏者であり、一念往生を正とし、一念の念仏によってそのまま極楽に昇ること、臂を曲げる間のように速やかであると主張している。また飛錫は天台と浄土を兼修していたこともあり、『法華経』を「これ諸法の王なり」として、そこに説かれている常不軽菩薩《じょうふきょうぼさつ》の心があれば、念仏三昧は速やかに成就するといい、召使いや群盗も軽んじてはならないと説いており、それは悪人往生を認める思想そのものである。そして慶滋保胤が『極楽記』で述べているような群盗にすら慕われた空也の念仏勧化もまた、『念仏三昧宝王論』の世界と共通するものであった。

空也が市門にかかげた「一たびも南無阿弥陀仏という人には、蓮の花の上にのぼって極楽に往生できない者はない」という歌は、そのような悪人往生と一念往生の信に立っていることは疑いない。彼はこの念仏こそが、功徳を積み徳本《とくほん》を植える力のない庶民・悪人のための、易行の往生行儀と確信して選び取った。そして市獄の獄囚達が、「善きかな抜苦の因を得たり」と涙を垂れたと『誄』が記しているのも、空也の信が悪人の魂を救ったという明らかな証言であった。

修諸功徳

一方、市聖空也がやがて東市の中に市堂を建て、阿弥陀浄土や観音の補陀落山浄土《ふだらくせん》の変相図を図絵してそこに荘厳して行った仏事は、絵解きの説法によって極楽や補陀落山の仏菩薩の世界を会衆に説き、阿弥陀仏の名号や観音の陀羅尼を人々と共に称える法会であったのではないかと考えられる。それは現世《げんぜ》の利益《りやく》と安穏《あんのん》、来世における善処《ぜんしょ》往生と安楽を祈願する集団の行儀であったに違いない。

天台座主延昌《えんしょう》の命によって渡海した延暦寺僧日延《にちえん》が、天徳《てんとく》二年（九五八）に将来した『往生西方浄土瑞応伝《ずいおうでん》』によれば、善導は平生常に乞食《こつじき》を楽しみ、生涯に『阿弥陀経』十万巻を写し、浄土変相図二百輔《ぽ》を画いたという（『大正蔵』五一）。同時に彼は往生祈願の行儀書として、『往生礼讃偈』『浄土法事讃』『般舟讃《はんじゅさん》』『観念法門』を遺している。庶民に念仏を説いた善導は、書写した『経』を人々に与え、また画いた変相図はさまざまな道場に飾って、これらの行儀書を用いて人々と共に極楽往生を祈願していた（図）。「一たびも」の一念往生を説く一方で浄土変相図を図絵荘厳した空也の市堂の仏事もまた、善導の念仏勧化を思わせる往生祈願の風景であったと考えられ、大谷大学図書館蔵の『浄土源流図』が、『往生礼讃偈』に由来するとすべき空也作の『十二光仏讃《じゅうにこうぶつさん》』が鎌倉時代に存在したと記していることは、得心のいく側面を持つ伝承と考えられる。空也が東市の中にあってそのような仏事を行

道場で念仏する善導（浄土五祖絵伝　鎌倉光明寺蔵）

ったことの集積が、市聖への「阿弥陀聖」という呼称の源にあったといえよう。

これに対して、空也生涯の最大の仏事、六一歳の応和《おうわ》三年（九六三）に催された大般若経供養会において、般若の仏智の開示とあわせて貴賤上下の人々とともに祈願されたのは、菩薩戒を修して大乗経典を読誦し、仏・法・僧・戒・施・天を六念する『観無量寿経』上品上生の極楽往生であった。それは心を統一して浄土を観想する能力のない散心の凡夫のための九品の往生の中では、阿弥陀仏をはじめとする聖衆《しょうじゅ》の来迎《らいごう》を受ける最上の往生である。村上天皇から私的な寄捨として十貫文が給され、最高位貴族の左大臣藤原実頼《ふじわらのさねより》をはじめとする貴族から百人を数える乞食比丘までが集った供養会は、そのような内実を具えることによって「天下の壮観」を現出した。善業《ぜんごう》を修し、その功徳を廻向して極楽往生を果たそうとするこのような自力的な作善《さぜん》は、ただ「一たび」の称名によって、悪人まで含めて誰でも往生できるとする革新的な一念往生の信念とは異質の、保守的な往生祈願というべきであろう。

一念往生の限界

空也の時代から平安末期まで、鎌倉時代以前の浄土教の発展に最大の影響を与えてきたとされているのは、比叡山の天台浄土教であり、そこで重んじられたのは、『無量寿経』の四十八願でいえば第一九願の「来迎引接願《らいごういんじょうがん》」であった。それは菩提心を発《おこ》して諸《もろもろ》の功徳を修め、至心に往生を発願《ほつがん》する修諸功徳《しゅうしょくどく》の往生であり、三輩の往生でいえば上輩ないし中輩にあたり、『観経』の九品往生でいえば、上品上生から中品中生までの上位五つの往生である。空也もまた、大般若経供養会ではこの上品上生の往生を結縁の人々に廻向しようとしていた。つまり空也がはじめて「一たび」の称名で悪人でも往生が叶うと説いたのは、わが国の浄土教の歴史上特筆すべき画期的なことであったが、当時の社会・仏教信仰の実情の中では、その教えによって上下の人々の大勢《たいせい》が納得するという事はほとんど不可能なことで、彼が後の道場の念仏や供養会において、貴賤上下の幅広い人々の往生のためにさまざまな作善の行儀を採用したのは、時代の要請としての慈悲の方便であった。

易行の往生成仏の道をはじめて説いた竜樹《りゅうじゅ》（一五〇～二五〇頃）の『十住毘婆沙論《じゅうじゅうびばしゃろん》』「易行品《いぎょうほん》」には、「もし人が再びしりぞくことのない悟りの境地を求めるなら、そこに至るまでは身命をを惜しまず（不惜身命《ふしゃくしんみょう》）、昼夜に精進して、頭についた火を払い消すほどの（頭燃《ずねん》を救うがごとく）努力を続けなければならない」といい、これが求道の志のしっかりした「大人《たいじん》」のあり方とされている（『大正蔵』二六）。水路を舟に乗って行くように、易行道によってたやすく悟りの世界に入ろうとするのは、卑怯下劣な考えであるが、信を方便としてそのような仏法の門も開かれているのだと述べている。

その易行門の往生極楽の教えを、末法《まっぽう》の濁世《じょくせ》の人々の救いの道として説いている源信の『往生要集』でも、浄土往生のための正しい念仏の方法としては、阿弥陀仏や極楽の相《すがた》を心に想い浮かべて観察《かんざつ》する観念の念仏が重視され、もしそのような心の集中ができない者は、阿弥陀仏に向かって「一心に称念すべし」と説いている。その称念のあり方についても、「行住坐臥、何をしている時でも、常に念仏の心を胸の中におき、飢えて食を思うごとく、渇して水を追うがごとくにせよ。念々に相続して、寝ても醒めても忘れることなかれ（『大正蔵』八四）」というものである。これが伝統的な悟りを求める聖道門天台の中から、末法の世の救いの道として説かれた易行道の、せい一杯の「易しい」念仏の姿であった。前章でもふれたように、源信は『往生要集』の中で『無量寿経』第一八願の「乃至十念《ないしじゅうねん》」、つまり「十回までも阿弥陀仏を念ずる者は往生させよう」という経説についても、「普通の人は定めて往生できるが、五逆の罪人は不定《ふじょう》で、ただの一念では決して往生できない（同）」と述べていたのである。

その源信も、最晩年の長和《ちょうわ》三年（一〇一四）に七三歳で著した『阿弥陀経略記《あみだきょうりゃっき》』の中では、「阿弥陀仏の名を称え、一心に念じ、深く信じて彼に生まれんと願う。これを往生極楽の綱要《こうよう》となす（『大正蔵』五七）」と、極楽往生に大事なことは称名であると述べ、この前年の正月に書いた願文でも、生前に称えた念仏は二九億回と記している。源信より約九〇年の後生《こうせい》で、善導《ぜんどう》の『観経疏《かんぎょうしょ》』を学んで称名念仏を往生浄土の正定業《しょうじょうごう》と理解していた『往生拾因《おうじょうじゅういん》』の著書永観《えいかん》（一〇三三～一一一一）も、一八歳以降には毎日一万遍の称名念仏を行っていたといい、その念仏もまた「身命を惜しまず、昼夜に精進して」行われたものであった。

平安時代末の承安《しょうあん》五年（一一七五）に善導の『観経疏』の経説によって専修念仏の信を確立した法然（一一三三～一二一二）の場合でも、その易行の念仏を「麁《そ》なり浅《せん》なり（貞慶『興福寺奏状』）」と批判されて既成教団の圧迫を受け、自らも土佐に遠流《おんる》に遭い、弟子の中には死罪とされた者も出た。それより二三〇年前に「一たびも」の念仏を説いた空也の仏教が、その生涯において多様な側面を示していたのは極めて当然のことである。歌川学氏が「空也と平安仏教」において、空也の念仏が「持たざるを得なかった専修念仏への限界は、彼の生きた時代の持つ限界であった。そしてその後の時代の発展のみが彼の庶民社会に植えつけた浄土教を成長せしめた」と結論づけているのは、まことに正当な歴史認識であった。なお法然自身は一念と多念について、「行は一念十念むなしからずと信じて、無間に修すべし。一念なお生まる。いかにいわんや多念おや」と、「黒田の聖人へつかわす御文」（『法然上人全集』）の中で弟子に諭している。

3　心に所縁なし

常不軽菩薩

空也より三三六年もはるか後の鎌倉時代に生まれた一遍（一二三九〜八九）が、空也を「わが先達《せんだつ》なり」として、ほかに殆ど見られない空也の「文」二つを遊行の支具《しぐ》として携えていたのは、まことに不思議な因縁である。一遍の生涯を描いて最も信頼の高い『一遍聖絵《いっぺんひじりえ》』は、彼の没後一〇年の正安《しょうあん》元年（一二九九）に異母弟聖戒《しょうかい》によって書かれ、これに法眼円伊《ほうげんえんい》がみごとな絵をつけている（国宝）。その『聖絵』第四には、弘安《こうあん》二年（一二七九）に四一歳の一遍が時衆《じしゅう》とともに信濃善光寺に詣り、さらに奥州江刺《えさし》の祖父河野通信《こうのみちのぶ》の墓を訪ねる途中、信濃国佐久郡伴野《ともの》の市《いち》庭《ば》の在家で歳末の念仏を行った段に、一遍の「持文」であったという空也の文（原漢文、資料3参照）を、短い前書きとともに載せている。

抑《そもそも》おどり念仏は。空也上人。或《あるい》は市屋《いちや》。或は四条の辻にて。始行《しぎょう》し給《たまい》たり。かの詞云《ことばにいわく》。
心に所縁《しょえん》なければ、日の暮るるに随って止《とま》り。
身に住所なければ、夜の暁《あ》くるに随って去る。
忍辱《にんにく》の衣《ころも》厚ければ、杖木瓦石《じょうもくがしゃく》をも痛しとせず。
慈悲《じひ》の室《しつ》深ければ、罵詈誹謗《めりひぼう》をも聞かず。
口称《くしょう》に任《まか》せたる三昧《さんまい》なれば、市中もこれ道場。
声に順っての見仏《けんぶつ》なれば、息精《いき》は即ち念珠《ねんじゅ》。
夜夜《やや》に仏《ぶつ》の来迎《らいごう》を待ち、朝朝《ちょうちょう》に最後の近づくを喜ぶ。
三業《さんごう》を天運に任《まか》せ、四儀《しぎ》を菩提《ぼだい》に譲る。
是れ、聖の持文たるに依って、これを載す。

（『大日本仏教全書』六九）

この空也の文の中で、「忍辱の衣」と「慈悲の室」と並べられている言葉は、『法華経』の「法師《ほっし》品《ほん》」にもとづいている。そこでは、仏の滅度後に『法華経』を人々に説く者を如来使《にょらいし》とし、その者は「如来の室《しつ》に入り、如来の衣《え》を著け、如来の座《ざ》に坐してこの経を説くべきである」という。そして、「如来の室とは、一切衆生の中の大慈悲心である。如来の衣とは、柔和忍辱《にゅうわにんにく》の心である。如来の座とは、一切の法は空であるということである」と説いている（『大正蔵』九）。この慈悲の室、忍辱の衣、空の座の三つを保つべしということが「弘経《ぐきょう》の三軌《さんき》」であり、空也はこの教えを日夜おのれの行道《ぎょうどう》の指針としていたわけであった。空の座が書かれてないのは、自らの名において、その座は常に備わっているということであろう。彼が叡山受戒によって「光勝《こうしょう》」の大僧名を与えられながら、沙弥名を改めることがなかったという理由は、ここにあったとすることもできよう。

また『法華経』の「常不軽菩薩品《じょうふきょうぼさつほん》」では、釈尊の前身である常不軽菩薩が、会う人毎に「我、深く汝《なんじら》等を敬い、あえて軽んぜず。汝等はみな、菩薩の道《どう》を行《ぎょう》じて、まさに仏と作《な》ることと得《う》べし」と言っていたという。人々の中にはこれに対して「悪口罵詈《あっくめり》」し、あるいは「杖木瓦石《じょうもくがしゃく》」をもって打擲《ちょうちゃく》する者もあったが、常不軽は遠く走り避けてまた同じ言葉を発し、さらに善根《ぜんごん》を重ねたうえに悟りを開いて仏になり、それが釈尊であるという（『同』）。空也の文の中には、ここからとられた「杖木瓦石」「罵詈誹謗」の言葉が用いられている。つまり空也は念仏を勧化する行動の中で、自らを如来使と位置づけ、また常不軽菩薩のごとく耐え忍んで衆生を教化するものと自覚し、『法華経』の教えを行道の支えとしながら、「汝等はみな、念仏を称えれば仏に成る」と説いていたのであった。

さらに、ここで空也が念仏三昧にある市中を「これ道場」といっている点にも、彼の『法華経』受持の素養が現れている。『法華経』の「常不軽菩薩品」に続く「如来神力品《にょらいじんりきほん》」には、「あるいは園中、林中・山谷・広野にあっても、この経を受持《じゅじ》・読誦《どくじゅ》・解説《げせつ》する所は、即ちこれ道場なり。諸仏はここにおいて菩提を得、法輪を転ず」と説かれている。空也の念仏行道はその深層において、『法華経』の教える菩薩行と一体のものであった。

空也の文中、「声に順っての見仏《けんぶつ》なれば、息精《いき》は即ち念珠《ねんじゅ》」という言葉は、称名念仏者としての空也の至心な念仏三昧の心象を表している。称名の声に順って仏の姿に見《まみ》えるという部分について、江戸時代の浄土宗西山《せいざん》派の僧でかつ時宗宗学者の俊鳳《しゅんほう》(?～一七八七)は、善導《ぜんどう》の『往生礼讃偈《おうじょうらいさんげ》』「日中時礼《にっちゅうじらい》」の下輩段の句から作られていると釈している(『一遍上人語録諺釈《げんしゃく》』四、『時宗全書』二)。『礼讃偈』のその段は『観無量寿経』の下品中生の経説から生まれた、次のような偈文《げもん》(原漢文)である。

終る時苦相《くそう》雲のごとく集まり、地獄の猛火《もうか》罪人の前にあり。
忽《たちま》ち往生の善知識《ぜんちしき》に遇《あ》い、急ぎ勧めて彼《か》の仏名を専称せしむ。
化仏菩薩《けぶつぼさつ》声を尋《たず》ねて到り、一念心《こころ》を傾《かたむ》くれば宝蓮《ほうれん》に入る
(『大正蔵』四七)

命終の下根人《げこんにん》が善知識に勧められて称える称名の声を尋ねて、化仏・化菩薩がその前に現れるという状景から導かれた言葉が、「声に順っての見仏」であるという解釈である。

言語表現としてはその通りかもしれない。しかし空也の「文」にいう「口称に任せたる三昧」「声に順っての見仏」という念仏三昧の意味を、一遍はさらに深く理解していた。『一遍上人語録』には、「念仏三昧というは、無始本有《むしほんぬ》常住《じょうじゅう》不滅《ふめつ》の仏体なれば、名号即これ真実の見仏、真実の三昧なり」、つまり念仏三昧は仏の色相《しきそう》(形体)を見るのではなく、常住不滅の真理である仏の法をそのままに受

けとめることであり、名号を称える称名がそのまま、阿弥陀仏の救いを受けとめる真実の三昧、念仏往生の成就であるという。空也の口称に任せた念仏三昧も、そのような真実の三昧であったのではなかろうか。

続く「息精《いき》は即ち念珠《ねんじゅ》」という特異な表現は、明らかに飛錫《ひしゃく》の『念仏三昧宝王論《ねんぶつざんまいほうおうろん》』に由来している。『宝王論』の中で飛錫は、『法華経』の常不軽菩薩の心にかなえば念仏三昧は速やかに成就するといい、世人は水晶や槵《むくろじ》などで数珠《じゅず》を造っているが、「吾即《われすなわ》ち出入《でいり》の息をもって念珠となす。仏の名号を称うは、之を息に随ってす」と述べ、「余《よ》は行住坐臥《ぎょうじゅうざが》、常にこの念珠を用う。縦《たと》え昏寐《ねむる》にも、仏を含みて寝、覚めれば即ちこれを続く。必らず夢中に於いて、彼の仏を見ることを得《う》(『大正蔵』四七)」という。空也の「文」は、飛錫の「出入の息をもって念珠となす」にそのまま対応している。空也もまた常不軽菩薩の心を心とし、身《しん》・口《く》・意《い》の三業を天運に任せ、さらには行住坐臥の「四儀を菩提に譲」って、至心没我の念仏三昧を行道していた。

閑居の隠士

『一遍聖絵』第七は、信濃国佐久で一遍が踊り念仏を行った五年後の弘安《こうあん》七年(一二八四)五月、奥州から武蔵・相模・尾張を巡って京都に戻った一遍が、六波羅蜜寺等を巡礼して「空也上人の遺跡。市屋《いちや》に道場をしめて。数日をおく」ったと述べ、次のように空也のいま一つの「文(原漢文、資料3参照)」を記録している。

市屋にひさしく住給《すみたまい》し事は。かたがた子細《しさい》ある中に。遁世《とんせい》の始。空也上人はわが先達《せんだつ》なりとて。

かの言《ことば》どもを心にそめて。口ずさみたまいき。其中に。

名を求め衆を願《ねがい》とすれば身心疲る。
功を積み善を修せんとすれば希望《けもう》多し。
しかず、孤獨にして境界なきには。
しかず、称名して万事を抛《なげうた》んには。
閑居《かんきょ》の隠士《いんし》は貧を楽とし。
禅観《ぜんかん》の幽室《ゆうしつ》は閑を友とす。
藤衣《とうえ》紙衾《しきん》はこれ浄服《じょうふく》。
求め易くして盗賊の恐れなし。 文

此文《このもん》によって。始四年は身命を山野にすて。居住を風雲にまかせて。ひとり法界《ほっかい》をすすめたまいき。

（『大日本仏教全書』六九）

優婆塞《うばそく》にはじまって沙弥《しゃみ》としての市聖《いちのひじり》・阿弥陀聖から、さらに叡山受戒の大僧《だいそう》という経歴の空也である。そのいつの頃に詠まれたものか知れない文であるが、彼の心中にはこのような孤独を求め、閑居を楽しむという境界があった。それはかつて京の市《いち》に現れる以前に修行していた、愛宕の山中の弟子達との生活を「物さわがし」と避け、独り雑踏の市中に乞食する生活を、「観念たよりあり。心しずか也。いみじかりける所也（『閑居友』）」といったという心情と、まったく同一のものであろう。

出家者の浄服として身につけた藤皮で織った粗末な衣服は、供養会の『願文』の中で「薜服《へきふく》に風を防」ぎ、「麻滄《まそう》して日を送」ると自ら述べていた聖の風貌に等しい。「薜服」は葛《くず》で織った服であり、「麻滄」は寒さにしびれるさまを表している。

市中に小人愚女にも親しまれる念仏を説き弘め、鴨川原で天下の壮観といわれた盛大な経供養を行い、東山に西光寺を創建した空也が、物理的に閑居し隠棲したことはあり得ない。市中に現れる以前の時代の心境を詠んだと解する余地がないわけではないが、『閑居友』の伝説をあわせて考えれば、人間《じんかん》に僧俗の世人と仏事を行うにつけても、空也の心の底には常にこのような閑居の隠士の境界が潜んでいたということであろう。それは彼の仏教思想における一切皆空の諦観《たいかん》と同列の、人間的な心の最奥の世界である。空也はその世界にありつつ、『撰集抄』が記していたように、「我はまことの心にしずまりて、ふかく他のために明け暮れ法を説」いたのであり、それをこそ時の人々は、「げに貴くぞ侍《はべ》る」と尊敬したのであった。その空也の所行は、『維摩経《ゆいまぎょう》』が「空無我を観ずるが故に厭《あ》くことのない慈《いつく》しみを行う（「観衆生品」）」と説いている菩薩行と等しい。

空也上人はわが先達なり

空也の遺跡である市屋で、一遍が「心にそめて、口ずさみたま」ったと空也の「文《もん》」を書きとめた『一遍聖絵』は、その段の終りで、一遍が「此文によって。始四年は身命を山野にすて。居住を風雲にまかせて。ひとり法界をすすめたまいき」と記していた。その「始」は、「文」の前に書かれている「遁世の始」と同じであろう。

『聖絵』によれば、一遍は三五歳の文永《ぶんえい》一〇年（一二七三）七月に、伊予国菅生《すごう》の岩屋《いわや》に参籠して

「遁世の素意《そい》」を祈り、翌年の二月に伊予を出て遊行の生活に入った。それは「ながく舎宅田園をなげすて、恩愛眷属《おんないけんぞく》をはなれて」、「少《わ》ずかに詮要《せんよう》の経教《きょうぎょう》をえらびととのえさせて、修行随身《ずいしん》の支具《しぐ》となされ」た遁世であった。伊予国の豪族、河野《こうの》氏の一族として受け継いだ家宅や領地を捨て、家族・縁戚とも別れて、僅かな重要な経書を選びとって身に携え、これを修行に随身する支えの物としたという。『聖絵』が、一遍は空也の「此文によって。始四年は身命を山野にすて」と記していることは、その「詮要の経教」の中に空也の「文」があり、それは文字どおり一遍にとっての「修行随身の支具」であったことを示している。その故にこそ、一遍にとって「空也上人はわが先達なり」なのであった。

捨聖《すてひじり》一遍の遁世の始めの四年は、三六歳の文永《ぶんえい》一一年（一二七四）二月から四〇歳の弘安《こうあん》元年（一二七八）の夏までで、この間にはじめ伊予を出立した時に同行させた超一《ちょういち》・超二《ちょうじ》・念仏房《ねんぶつぼう》の三人を、その年の六月に熊野から帰らせ、ただ一人京をめぐり、伊予を通って九州を遊行し、時衆第二祖となる他阿弥陀仏真教《たあみだぶつしんぎょう》等の弟子を得て、四年後の弘安元年の夏に伊予に帰った。九州遊行の間は土地の人々が食物等を供養することも稀で、「山路に日暮ぬれば。苔をはらいて露にふし。渓門《けいもん》に天明ぬれば。梢をわけて雲をふむ」という、「身命を山野にすて」た苦難の遊行であり、それを支えたのが念仏往生の信と空也の「文」であった。そして念仏を人々に勧めても、「済度《さいど》を機縁《きえん》にまかせ」、やがて弟子が集まってきて「徒衆《としゅう》を引具給《ひきぐしたまう》といえども。心諸縁《しょえん》をはなれて。身に一塵《いちじん》もたくわえず」であったという。念仏の教えで人が救われるかどうかは、縁次第であった。同行《どうぎょう》の弟子を引きつれても、その者達に俗情で引きずられる所はない。これもまた空也のさきの「文」に吐露された、「心に諸縁なければ」という阿弥陀聖の心とまったく同一ではないか。

一遍は遊行に発つ前、伊予の窪寺《くぼでら》に閑居を構えて、万事を抛って専ら称名して三年を過ごした。その時、彼は自己の念仏の悟りを次の偈《げ》に表して、本尊の横に書き記した（原漢文）。

十劫《じゅうごう》に衆生界を正覚《しょうかく》したまえば、一念に弥陀国に往生せしむ。
十と一は不二《ふに》にして無生《むしょう》を証《あか》し、国と界は平等に大会《だいえ》に坐せり。

法蔵比丘《ほうぞうびく》が衆生済度のため四十八の大願を立てて修業を重ねた結果、十劫のはるかな昔に悟りを開いて阿弥陀仏となり、極楽国を建立した。そのとき、衆生は一念の念仏で極楽国に往生できることが定まった。十劫と一念は別のものでなく同じ涅槃《ねはん》を証し、極楽国と娑婆《しゃば》世界は平等に仏の説法の広大な会座《えざ》にある、という。

一遍のこの「十一不二頌《じゅういちふにじゅ》」は端的に、阿弥陀仏の衆生済度の慈悲を信じて一念でも称名すれば、我々は極楽国と同じ涅槃界をこの現世にいながら自らの心中に確証できるという、念仏往生の悟りを述べている。その前半は、空也の「一たびも南無阿弥陀仏という人の　蓮《はちす》の上にのぼらぬはなし」という歌と同一の一念往生の信念に立っており、その後半は空也の、「極楽ははるけきほどとききしかど　つとめていたるところなりけり」と同じ、念仏即往生の証《さと》りを示している。しかしいうまでもなく、一遍の無生の正覚には禅の悟道も経た厳しい深みがあり、それは結果として、曇鸞《どんらん》が『往生論註』に説く「無生之生《むしょうのしょう》（生滅《しょうめつ》を超越した生《しょう》）」という、往生の究極の本質をとらえている。一方、行住坐臥の四儀を菩提に譲っていた空也自身にあっても、念仏の口業《くごう》を天運に任せた信楽空法《しんぎょうくうほう》の境地において、「往生もまた空なり」という諦観《たいかん》があったに違いないと考えられる。

空也と一遍を結ぶ縁

一遍は、三六歳の文永一一年（一二七四）二月に遊行に発つ前から空也の二つの「文」を所持し、これを「修業随身の支具」とした。一遍が延応《えんおう》二年（一二三九）に伊予で、河野《こうの》水軍の将通信《みちのぶ》の五男通広《みちひろ》の二男として生まれてから、この時までのどの時期にどこでこれを入手していたのかは、まったく不明である。遊行に出発する前の三年間は、万事をなげうってもっぱら称名した修行の期間であったことからすれば、入手の時期は、最初の善光寺詣りから伊予に帰った三三歳の文永八年（一二七一）以前ということになる。

一遍は一〇歳で出家し、一三歳から二五歳までは、父通広が如仏《にょぶつ》の名でかつて修行した浄土宗西山《せいざん》義《ぎ》の証空《しょうくう》の同門であったという、太宰府の聖達《しょうたつ》と清水の華台《けだい》のもとで浄土宗の教義を学ぶ。父の死によって伊予に帰って在俗の生活を三〇歳すぎまで送った後、再び太宰府の聖達のもとに戻り、三三歳の春に信濃の善光寺に詣で、秋には伊予に帰って窪寺《くぼでら》に籠っている。金井清光氏は一遍の善光寺参詣を「太宰府に近い筑前稲光善光寺《ちくぜんいなみつぜんこうじ》を根拠とする善光寺聖《ぜんこうじひじり》の唱導勧化によるもの」と考え、稲光善光寺は宇佐《うさ》の豊前善光寺《ぶぜんぜんこうじ》とともに、平安時代から鎌倉時代にかけて九州を遊行した善光寺聖の拠点であったという（『一遍と時衆教団』角川書店、一九七五）。

宇佐の豊前善光寺については、坂井衡平氏が「開山空也上人、日本仏法最初三善光寺の一（『善光寺史』上、東京美術、一九六九）」と記し、その略縁起によって、空也が天徳《てんとく》元年（九五七）に信濃善光寺に詣で、仏告により翌年宇佐八幡宮に参籠し、白髪の翁として化現《けげん》した八幡の神告をうけて、その東北一里の芝原の地に豊前善光寺を創建したと述べている。一遍在世中の建長《けんちょう》二年（一二五〇）までには成立し一遍も書簡の中でふれている『撰集抄《せんじゅうしょう》』の巻五には、宇佐八幡について「空也上人に対して御姿をあらわし」と記され、右の略縁起の伝承の古さを傍証している。つまり太宰府・筑前善光寺・豊前善光寺をめぐる念仏聖の交流の中に、一遍が空也の「文」を入手した源の一つがあった可能性が考えられる。

三三歳までの一遍の経歴の中では、伊予松山の時代が一三歳までの幼少時と在俗の二五歳から三〇歳までをあわせて、もっとも長い。一遍出自の河野氏の祈願寺であったといわれる松山市鷹子《たかのこ》町の浄土寺《じょうどじ》には、これも天徳年間（九五七～六二）に空也上人が三年間滞在して、寺の横の空也谷に庵《いおり》を結んで念仏を勧化したという伝説が伝えられ、本堂には六波羅蜜寺の空也上人像を思わせる鎌倉時代制作の空也上人像（重要文化財）が祀られている（写真）。そして「一遍が空也を憬慕《けいぼ》するについてもこの寺の存在が影響している（『愛媛県史』通史）」といわれている。

寺伝によれば浄土寺は一遍の祖父河野通信によって建久《けんきゅう》三年（一一九二）に再興され、六年後の建久九年（一一九八）には、法然の命によってここで三か月念仏を布教した浄土宗第二祖の聖光弁長《しょうこうべんちょう》によって浄土宗に帰した。この寺に空也像が祀られたのが、それ以後の一三世紀前半とすれば、一遍

空也上人像（松山市・浄土寺蔵）

は少年時代からこの像に接していたと考えることができる。その頃、承久《じょうきゅう》の乱《らん》（一二二一）で幕府方について乱後の弾圧を免れた一遍の伯父通久《みちひさ》は、浄土寺の西方三キロの縦淵城《たてぶちじょう》に拠っており、一遍の父通広は兄の通久を頼りにして半僧半俗の生活を送っていたといわれる。浄土寺にこの時代から空也像が祀られていたということは、この寺を中心として、空也を念仏の祖師と信奉した有力な人々が一遍の同時代に存在したことを証言している。この関係の中から、空也の「文」が一遍にもたらされたのであろうかというのが、第二の可能性である。

一遍は三三歳の文永八年（一二七一）の春、信濃の善光寺に参詣する。善光寺の一光三尊《いっこうさんぞん》の阿弥陀仏像は三国伝来の霊像として、わが国における阿弥陀仏の本尊と崇められていた。一遍はここに日数を重ねて参籠し、ここで念仏の悟りを得たといわれる。それがさきに見た「十一不二頌」に示された、「一念往生」と「念仏即往生」の確信である。ここで一遍は念仏者としての自己を確立し、伊予窪寺《くぼでら》での聖胎長養《しょうたいちょうよう》（悟りを開いた後の修行）を経て、捨聖としての生涯の遊行に発《た》つ。期間は短くても、この参詣が一遍の念仏形成に大きな飛躍をもたらしたことは明らかである。

信濃善光寺の阿弥陀信仰は、平安時代末頃から善光寺聖によって全国に広められ、ここは念仏聖の活動の一つの中心であった。書写山《しょしゃざん》の性空《しょうくう》や源信をはじめ、法然・証空《しょうくう》・重源《ちょうげん》等の参詣が伝えられ、越後流罪赦免《るざいしゃめん》後の親鸞も一時ここに留まり、浄土三祖の良忠《りょうちゅう》も一遍より二三年前の宝治《ほうじ》二年（一二四八）に、鎌倉下向に先立ってここに詣でて四八日間『観経疏《かんぎょうしょ》』を講じている（『然阿上人伝』『浄土宗全書』一七）。記主禅師《きしゅぜんじ》と尊称される良忠（一一九九～一二八七）はいうまでもなく伊予浄土寺に出向いた弁長《べんちょう》の弟子で、次節に述べるように、空也は『発心求道集《ほっしんぐどうしゅう》』という書を残していたと主張している浄土宗学の大家である。一遍が信濃善光寺での一夏の修業の中で空也の「文」に接しており、その情報源は良忠が空也に『発心求道集』ありとした根拠と同一であったという可能性も、全否定は し難いと思われる。

以上三つの可能性の中では、やはり伊予の浄土寺周辺を第一とし、信濃善光寺を第二とすべきであろう。空也の市井の念仏勧化を継承した阿弥陀聖達は、平安中期以降次第に各地に活動を拡げ、善光寺聖・高野聖《こうやひじり》とも交流しながら、空也によって始められた称名念仏による易行往生の福音を、全国的に社会の底辺まで伝えていった。それらの聖を媒介として、空也の遺文が三百年後の一遍にまで伝えられ、その根底にある空也仏教の奥深い思想への共感が、捨聖一遍の遊行の行旅を先導したのであった。

叡山に伝えられた空也の「文」

江戸時代の浄土宗西山派の学僧俊鳳《しゅんほう》は、『六条縁起《ろくじょうえんぎ》』とも呼ばれる『一遍聖絵』の中の空也の「文」について、明和《めいわ》四年（一七六七）に書いた『一遍上人語録諺釈《げんしゃく》』の中で次のように述べている。

> 求名領衆《ぐみょうりょうしゅ》（名を求め衆を領せん）とは。六条縁起には空也の語とす。行者用心集《ぎょうじゃようじんしゅう》には慧心《えしん》の語とす。私按《あんずる》に恐《おそらくこれ》是空也の御語《おんことば》ならんか。（『大日本仏教全集』六六）

俊鳳のいう『行者用心集』は、比叡山首楞厳院《しゅりょうごんいん》の存海《ぞんかい》が天文《てんぶん》一五年（一五四六）に撰したもので、天文一七年の写本が叡山実蔵坊真如蔵《じつぞうぼうしんにょぞう》に伝来しているが、そこには『諺釈』の指摘する恵心僧都源信《えしんそうずげんしん》の言葉はない。

しかし叡山文庫に所蔵される鎌倉時代撰述の『類雑集《るいぞうしゅう》』には、「恵心先徳御語曰《えしんせんとくのおんことばにいわく》」として、次の文が収められている。（原漢文、読み下し）

> 名を求め人を顧《かえり》みんと欲すれば、身心共に疲れ。功を求め善を作《な》さんと欲すれば、希望《けもう》これ多し。孤独にして境界なく、称名に励まんにはしかず。閑居の隠士は（以下、空也の文とほぼ同文が続き）

藤衣紙衾は是れ浄服、儲《もう》け易くして盗賊の畏《おそ》れなし。深く仏意《ぶっち》を恐れ、人目《じんもく》を思うことなく。自ら寸暇を惜しんで、念仏を相続すべし（以下略）

これは前半に『聖絵』第七にある空也の「文」を置き、後半に独自の天台浄土教的な文を源信が創作して付加したのか、あるいは鎌倉前期までの天台僧が空也の文を援用しながら源信の名に仮託して作文し、その「御語」として叡山横川《よかわ》に伝承したのか、おそらくは後者であろう。

『類雑集』にはさらに「空也上人常《つねに》言《いわく》」と題して、『聖絵』第四に載る空也の「文」を、同様の改変を加えて次のように収録している。

心に所縁なければ、日の暮るるに随って留り。身に所住なければ、夜の明くるに随って行く。忍辱の衣厚ければ、杖木瓦石《じょうもくがしゃく》をも痛しとせず。慈悲の室深ければ、罵詈誹謗《めりひぼう》をも聞かず。もし人瞋《いか》りて打たずば、何に依ってか忍辱《にんにく》を行ぜん。瞋《いか》り打つはこれ我が善知識なり（以下略）

『類雑集』は天台口伝法門《くでんほうもん》の大成者とされる恵心流《えしんりゅう》の忠尋《ちゅうじん》（一〇六五〜一一三八）の撰とされているが、偽撰の疑もあり、その成立は『聖絵』より数一〇年前の一三世紀前半と想定される。その文章は『聖絵』のものとくらべて、すでに天台風の自力修行の教戒が強く打ち出されているが、空也本来の「文」が一遍に至るものとは別の流れによって、それ以前に叡山に流伝していたことを証明している。

そしてこの天台化された『類雑集』の「空也上人常言」の文は、六波羅蜜寺に所蔵されている空也上人画像に、第五四世憲寿《けんじゅ》の讃によって「開山」の言葉として記入されており、六波羅蜜寺が天台宗に帰した推移をしのばせている

捨ててこそ

　鴨長明《かものちょうめい》（一一五五～一二一六）の『発心集《ほっしんしゅう》』は、空也を「我が国の念仏の祖師」とする一方、阿弥陀聖の胸中に深く湛《たた》えられていたいま一つの仏教者の心を明らかにしている。おそらく供養会の前年にあたる応和《おうわ》二年（九六二）のはじめ、空也が三井寺《みいでら》の高僧千観内供《せんかんないぐ》（宮中の仏事に供奉《ぐぶ》する僧、九一八～九八三）に遇って問答をかわし、千観は空也の言葉によってただちに遁世籠居《とんぜいろうきょ》したという話である。

千観内供という人は、智証大師《ちしょうだいし》（円珍《えんちん》）の流れで、並びない智者である。ある時、公請《くじょう》（宮中のお召し）を勤めて帰るに、四条河原で空也上人に遇ったので車から下りて対面し、「どのようにして、後世《ごせ》助かる事をしたらよいでしょうか」と問うと、聖人は「なんと、さかさまの事をいわれるのか。そのような事は御房《ごぼう》（貴僧）にこそおききしたい。このような見苦しい姿で迷い歩くばかりで、いっこうに心得た事もありません」と、立ち去ろうとする袖をつかまえてなお丁寧に質問すると、「いかにも身を捨ててこそ」とばかり言って、袖を引き放って過ぎ去った。その時、内供は河原で装束《しょうぞく》を脱ぎ替えて、「供の人は、早く坊に帰りなさい。私はこれから別の所に行く」と、独り簑尾《みのお》に籠った。

千観は四五歳の応和二年に箕面に隠棲しているが、その二月に箕面山観音院で『十願発心記《じゅうがんほっしんぎ》』を書いている。その中で彼は、「すべての衆生には仏性《ぶっしょう》（仏になる素質）があって終《つい》には仏界に帰《き》するというなら、何故に発心修行しなければいけないのか」と自問し、「木の中に火があっても、もし縁に遇わなければ火を発することはできない。衆生の仏性もそのようなもので、本来ありといえども、必ず発心修行の縁に遇って、仏種《ぶっしゅ》はまさに起るのだ」と自答している。そして「今われ人身《にんじん》を受け、釈尊《しゃくそん》の遺法に遇い、信心微《すこ》し起る。善友外にありて諭《おし》え、善因は内に発して萌動《もえうご》く。この時もし発心せずば、さらにまたいずれの時を期せん」と発心を誓っている。このような千観の発心を動機づけた善友こそ、「捨ててこそ」と教えた空也であったのではなかろうか。

『発心集』が伝えた空也の「捨ててこそ」の意味を、千観と同様に深く理解したのは一遍である。『一遍上人語録』の「消息法語《しょうそくほうご》」の中の「興願僧都《こうがんそうず》、念仏の安心《あんじん》を尋《たず》ね申されけるに、書きてしめしたまう御返事」には、次のような一遍の言葉がある。

むかし、空也上人へ、ある人、念仏はいかゞ申《もうす》べきやと問《とい》ければ、「捨《すて》てこそ」とばかりにて、なにとも仰《おおせ》られずと、西行法師の撰集抄《せんじゅうしょう》に載られたり。是誠に金言なり。念仏の行者は智慧をも愚痴をも捨、善悪の境界をもすて、貴賤上下の道理をもすて、地獄をおそるゝ心をもすて、極楽を願う心をもすて、又諸宗の悟をもすて、一切の事をすてゝ、申《もうす》念仏こそ、弥陀超世《みだちょうせ》の本願に尤《もっとも》かない候え。

（『原典日本仏教の思想5・法然・一遍』岩波書店）

『撰集抄』は西行に仮託されているが、現行の伝本にはこの話は載っていない。また「弥陀超世の本願」とは、阿弥陀仏がまだ法蔵比丘《ほうぞうびく》であったとき立てた本願で、それは法蔵の十劫《じっごう》（遙かな時間）の昔の成仏によって、阿弥陀仏の救済を意味するものとなっている。

一遍の消息文には、右に引いた文に続けて次の文章が書かれている。

かように打あげ打あげとなうれば、仏もなく我もなく、ましてこの内に兎角《とかく》の道理もなし。善悪の境界みな浄土なり。外に求むべからず、厭《いとう》べからず。よろず生とし生けるもの、山河草木、ふく風たつ浪の音までも、念仏ならずということなし。（同）

柳宗悦《やなぎむねよし》は一遍の念仏について説いた『南無阿弥陀仏』（岩波文庫）の最後に、この文を引用して、

私であったらこの一文を、時宗第一の法語と仰ぎたい。誠に念仏の要旨をこれ以上に言い尽すことはできぬ。浄土の法門を想う毎に、この消息を口ずさまぬわけにはゆかぬ、金玉の文字と讃えたい。

と評している。

自己をはじめとして、すべては詮ずるところ空であり不変の実体はない。それに執着するのは迷いであり、捨ててこそ自在に真実が見えてくる。空也の「捨ててこそ」の一言は、千観に世俗的な権勢

の世界から真実の仏教に生きるための遁世を決定づけ、捨聖一遍の念仏遊行の世界と完全に共鳴して、仏教の根源的な教えとすべき空三昧の生き方を、端的に指し示すものであった。

信楽空法の念仏

空也が千観に往生の道をきかれて「捨ててこそ」とだけ言ったというのは、彼のさきの「文」が述べている「しかず、称名して万事《ばんじ》を抛《なげうた》んには」という、彼にとって当然の念仏のあり方を言ったものであろう。万事を捨てて称える念仏三昧が、「心に所縁なく」「身に住所なく」して、「口称《くしょう》に任せたる三昧」であった。そこでは、身口意《しんくい》の「三業《さんごう》を天運に任せ」、行住坐臥の「四儀《しぎ》を菩提に譲る」と、己れのすべてが捨てられて仏の悟りの世界に委ねられている。一遍はこれを「即《すなわち》他力に帰したる色なり」と受けとめ、また「自他の位《くらい》を打捨《うちすて》て、唯一《ただひとつ》念仏になるを他力とはいうなり（『一遍上人語録』）」とも言っている。

『誄』に記された空也の「南無阿弥陀仏と称えて、間髪を容れず」の念仏が、このような他力に徹したものであったことは、一遍持文の空也の「文《もん》」からはじめて明らかに知れることであった。同時に空也は、自力の聖道門でももっとも重視される『大般若経』を尊貴し、同じく『法華経』も受持していた。それでは一体、空也の仏教者としての本質は何であったのか。

易行の念仏についてはじめて論じている竜樹《りゅうじゅ》（一五〇～二五〇頃）の『十住毘婆沙論《じゅうじゅうびばしゃろん》』では、「阿弥陀仏の本願は、もし人が我を念じ我が名を称えて帰依するなら、必らず菩提を得させようというものである。この故に、まさに憶念《おくねん》すべし（「易行品」）」と、念仏による易行往生の道を説いている。そして念仏には、まず仏の色身《しきしん》（形体）を念じ、法身《ほっしん》（真理）を念じ、さらに実相《じっそう》（真実相）をもって仏を念じてしかも仏にとらわれるな、それは一切皆空《いっさいかいくう》という真理を信じて疑わない信楽空法《しんぎょうくうほう》の故であるという（「助念仏三昧品」）。つまり、仏を念じても、畢竟空《ひっきょうくう》である仏に貪著《どんじゃく》してはならない。『大般若経』の法涌菩薩《ほうゆうぼさつ》の教えもまた、「一切は空なる本性のものであって、それが如来・仏である。一切のものありのままのすがたは、仏のありのままのすがたと同じで、それは無相である」というものであった。それ故、仏を念ずることは、無相を念ずる――一切皆空の真理を信じて疑わない――ということになる。これが信楽空法の念仏で、それは別の言葉でいえば無生法忍《むしょうほうにん》、一切は空にして不生不《ふしょうふ》滅《めつ》であるという真理を悟って心を安んじること、と同列である。

曇鸞《どんらん》（四七六〜五四二）ははじめ『中論』等の三論に『大智度論《だいちどろん》』を加えた四論によって空観の仏教を学んだが、菩提流支《ぼだいるし》に教えられた『観無量寿経』によって浄土教に帰した。彼はその『浄土論註《じょうどろんちゅう》』の中で、極楽は阿弥陀仏の清浄《しょうじょう》な本願によって造られたものであるから、そこに生まれるということは「無生之生《むしょうのしょう》」、つまり往生は無生であると述べている。換言すれば、往生は不生不滅の道理を悟ること、あるいは不生不滅の真理の中に己れを捨て去ることといってよかろう。世界も自己も本質的に、生ずることなく滅することもないと悟れば、生に迷うことなく、死を恐れることもない。それは仏教における悟りであり、同時に往生の安心《あんじん》である。

空也は誰にでも称えられる易行の称名による念仏往生をはじめて市中に説く一方、『大般若経』を書写供養して法涌菩薩の空の教えを人々に開示しようとし、またさまざまな善根《ぜんごん》を修して上品上生の極楽往生を廻向しようとした。しかし空也においてその念仏の奥底に終始通底していたのはやはり一切皆空の諦観《たいかん》で、それが彼の菩提心における願作仏心《がんさぶっしん》の帰結であった。一方の度衆生心において衆生済度の方便として発せられた彼の念仏は、彼においてはまさしく信楽空法の念仏であり、それをはっきりと告白しているのが、一遍が「持文」とした空也の「文」であった。彼の念仏が、易行の往生祈願の業《ごう》として平安京の中で「世を挙げて念仏を事とする」事態を生み出したのは、彼の菩提心の成果であるが、そのような彼の度衆生心《としゅじょうしん》の深奥に湛えられた信楽空法の心は、三百年後の一遍によってはじめて理解されたのである。同時に、一遍は「自力他力は初門の事なり（『播州問答集』）として、自力のとらわれを捨て、他力にすがる心をも捨てて、ただ一念の念念がそのまま往生であると信じて、ひたすら南無阿弥陀仏と称えた。それは、「三業を天運に任せ、四儀を菩薩に譲」った空也の、「口称に任せたる三昧」でもあった。

4　幻の『発心求道集』

三三歳の一遍がはじめて信濃善光寺に参詣したより二三年前、宝治《ほうじ》二年（一二四八）にここに滞在していた浄土宗第三祖の良忠《りょうちゅう》（一一九九〜一二八七）は、最晩年に著作した『浄土宗要集《じょうどしゅうようしゅう》』（鎌倉宗《かまくらじゅ》要《よう》）の中で、空也に『発心求道集《ほっしんぐどうしゅう》』という残された書物があると記している。『発心求道集』の名はこれ以前の資料に見出すことができず、それは「良忠の偽作したもの（平林盛徳『汲古』44、これに対する著者の反論は同45）」とする見解もあるが、良忠以後の浄土宗・時宗学者等がこれについてさまざまに関説し、また良忠と同時代の一遍に空也の「文《もん》」が伝承されており、さらに一遍以前にもその「文」に類似の空也の「語《ことば》」が叡山に残されていること等をあわせて検証することは、これまで余りにも実証的研究がなされること乏しく、結果として誤解されてきた空也の実像を探るうえでも意味のある事と考えられる。空也の評伝を記す最後に、この問題について簡単な整理を試みておきたい。

空也の釈

『一遍聖絵』は、一遍が遊行に携えていた二つの空也の「文」を書きとめていた。その「文」が一巻の書物として一遍に伝えられたのか、一遍がなんらかの書類から書き写して「持文」としたのかなどは、何もわからない。それらがどこで、どのような経路で一遍に入手されたかも、残念ながら不明であった。一遍は五一歳の正応《しょうおう》二年（一二八九）八月、播磨の兵庫島《ひょうごじま》の観音堂で入滅の前に、「一代聖教《いちだいのしょうぎょう》みなつきて、南無阿弥陀仏になりはてぬ」といって、所持の書籍等を手ずから火で焼いたといわれる。しかしすでに見たように、一遍の遊行の「支具」とされた「文」が空也自身の文であることは、疑いの余地がない。源信の拠点であった比叡山の横川《よかわ》にも、すでに良忠や一遍に数一〇年先行する時代に、「空也上人常言」という類似の文章が伝えられていたのである。

一遍が生涯を通して書き与えた消息《しょうそく》（書簡）や、教示した法語の類は、弟子や信者に書き伝えられて没後に数種類の『法語集』にまとめられた。その中でも最も原初的な形で一五世紀後半に単行されたという『一遍上人法門抜書《ぬきがき》』には、さきに見た『聖絵』の空也の二つの「文」のほかにも、一遍が弟子に説いた法話の中に二つの「空也の釈《しゃく》」が引用されている。その一つで一遍は、堕地獄の因となる罪と往生の因となる功徳については、凡夫の浅智をもって分別すべきでないといい、空也の釈として、「智者の逆罪《ぎゃくざい》は変じて念仏の直道《じきどう》となり、愚者の勤行《ごんぎょう》は修すといえども三途《さんず》の因となる」という言葉を引用している。その上で一遍は、「罪と功徳とを分別せず、智恵を求めず、身命をおしまず偏《ひとえ》に称名するより外に、心識《しんしき》を生ずべからず」と説いている。つまり、自己の考えで往生の因《いん》業《ごう》を弁別して行動を取捨するのは、仏意に順じない自力の所業であるというしましめであろう。

いま一つは、一遍が「名号は諸仏の己証《こしょう》の法なり。空也の釈には、諸仏の他力が弥陀と成ると云えり」と説いたと記されている（『定本時宗宗典』上）。名号は諸仏が悟りによって開いた仏法であり、空也は、諸仏の化他《けた》の救済門が阿弥陀仏となったのだといっていたという。この引用には空也の名を記さない伝本もあり、疑いは残るが、これら三百年以上の昔の「空也の釈」を、一遍は果たしてどのような文献から知り得たのであろうか。

記主禅師良忠の説

法然から弁長《べんちょう》・良忠《りょうちゅう》と続く浄土宗の第三祖良忠（一一九九〜一二八七）は、浄土宗の教学を大成して教団発展の基礎を築き、記主禅師《きしゅぜんじ》と尊称される学僧である。鎌倉に光明寺《こうみょうじ》を開創した彼は、七八歳の建治《けんじ》二年（一二七六）に在京の弟子達の懇請に応じて上洛し、浄土宗鎮西義《ちんぜいぎ》の布教と著述を進め、八八歳の弘安九年（一二八六）に鎌倉に帰って長子良暁《りょうぎょう》に付法する。この間に撰述した『鎌倉宗要』の中で、彼は善導は元来は三論宗の人であったという自らの主張を補強する形で、次のような文を記している。（原漢文）

発心求道集空也いわく、嘉祥《かじょう》をば常に頂礼《ちょうらい》し、善導には恒《つね》に随順せよ。嘉祥寺の吉蔵《きちぞう》は三論宗の祖師、法華経の先達なり。これによって誓って頂礼すべし。また善導はこれ三論宗の人師《にんし》、念仏門の師なり。誓って頂礼すべし。（以下略）（『浄土宗全書』一一）

良忠の原文では右の（以下略）にはまだ三行ばかりの記述があるが、その内容は歴史的に明らかな誤りで、良忠が偽作した可能性はある。右に記した文章が述べているのは、空也は『発心求道集』の中で、中国の三論教学を大成した吉蔵《きちぞう》（五四九～六二三）を常に礼拝し、同じく念仏の大成者善導《ぜんどう》（六一三～六八一）には常に従いなさいと説いているというものである。空也にかかわるこのような情報は、これ以前には他に例を見ないものであり、この『発心求道集』を平林氏のいわれるように「良忠の偽作」と決めつければ、事は単純のようにも見える。

しかし良忠と同時代人である一遍も、比叡山に僅かに伝えられた以外に所伝のみられない空也の「文」を所持し、また空也の「釈」を法語に援用していたのである。市井の聖として著作を残さなかった筈の空也であるが、源為憲《みなもとのためのり》が『空也上人誄』を書くにあたって西光寺を訪ねて、空也が唱えた善知識文《ぜんちしきもん》や法会願文《ほうえがんもん》数十枚を集め、その蓄懐を知って称歎に堪えなかったと証言している。ただ一つ遺された大般若教供養会の『願文』以外にも、本来は多数の「史料」があったのである。

良忠が『鎌倉宗要』に書いた文章は、空也が吉蔵を尊崇する三論宗の僧であり、善導の教えに随順していた念仏者であったという認識を示している。空也の称名念仏の系譜に関してはすでに見たように、『往生礼讃偈《おうじょうらいさんげ》』あるいは善導の影響を強く受けている飛錫の『念仏三昧宝王論』を通して、善導浄土教につながると考えられることは良忠の説のとおりである。ただ、善導を三論宗の人であるとする良忠の見解が誤りであることは、その後の宗門の中で了解されている。空也と三論宗とのかかわりについては、これ以前に明記された資料は見られない。安居院《あぐい》の聖覚《せいかく》（一一六七〜一二三五）が法然の言葉として、空也上人の『十二光仏讃』は三論宗の書であると言っていたと伝えている『浄土《じょうど》源《げん》流図《りゅうず》』も、成立したのは南北朝時代以降と考えられるものであった。ただ、空也は元興寺系の尾張願《がん》興寺《ごうじ》で出家して、自らの沙弥名を三論宗の『十二門論』から採ったと考えられ、三論と共通の「空」の法理に立つ『大般若経』を格別の想いと努力で書写供養している等、ある程度は良忠の認識を支持する側面が彼の中にあったことも認められよう。

時宗第七祖託何の説

良忠が亡くなる二年前に生まれている時宗第七祖の碩学託何《たくが》（一二八五〜一三五四）が、暦応《れきおう》二年（一三三九）に撰述した『蔡州和伝要《さいしゅうわでんよう》』は、念仏往生の妙好人《みょうこうにん》について述べる中に空也をあげ、『発心求道集』について次のように記している。

> 空也上人は三論・真言等を修学し給いけれども、念仏行者と成りて宋朝の少康法師《しょうこうほっし》の跡をたずねて踊躍念仏《ゆやくねんぶつ》し給えり。彼《か》の和讃とてある発心求道集とて書給うにも、善導を指南とし給えり。彼詞《かのことばに》云《いわく》。知慧高才の人、遂に易住に還帰《かんき》す。予が如き泣涙《きゅうるい》の者、豈敢《あにあえ》てせん乎《や》と云り。
>
> （『大日本仏教全書』六六八）

文中にある宋の少康は善導の後身といわれた念仏者で、彼が高声に称名すると口から阿弥陀仏が珠のように連なって出てきたといわれるが、踊り念仏を行ったとは伝えられていない（『宋高僧伝』二五）。そして託何はここに、良忠が挙げていない「智慧高才の人云々」の言葉を、『発心求道集』にあったものとして提示している。

また江戸時代の浄土宗学者懐音《えおん》（?〜一七一三）は、各宗における往生浄土の念仏について述べた寛文《かんぶん》一二年（一六七二）撰述の『諸家念仏集《しょけねんぶつしゅう》』の中で、空也を「三論念仏」の系譜に置いて次のように述べている。

空也は発心求道集を造って世に行う。空也上人云く、口に任せたる三昧なれば、市中はこれ道場。声に随って見仏すれば、息声《そくしょう》はこれ念誦《ねんじゅ》。この文、いまだ所出を考せず。或るが云、発心求道集に出ずると。予これを求めていまだ得ず。蓋《けだ》し亡じたる乎。

（『浄土宗全書』一五）

時宗の宗学者賞山《しょうざん》（生没年不詳）もこれより少し後に、一遍の法語中の空也の釈が『発心求道集』に載っていたかと疑いながら、同様に書物は見つからないと、その『播州問答私考鈔《ばんしゅうもんどうしこうしょう》』（一七二四成立）の中で次のように記している。なお『播州問答』は、『播州法語集』とも呼ばれる一遍の法語集の一本である。

空也の釈に云く。智者の逆罪は変じて成仏の直道《じきどう》と成る。愚者の勤行は、一念過《あや》まれば三塗《さんず》の因と成る。空也の釈は、出所を考すべし。発心求道集に出ずるか。書本を求めていまだ得ず。

このように空也の「文」「釈」の出所はすでに江戸時代には考証不能とされている。しかしこれらの時宗・浄土宗の先学もまた、「あるいは発心求道集に載っていたのではないか」という共通の推察をしており、この書を求めて得ることができなかったと告白していた。

「空也上人の発心求道集」

空也が残したという『発心求道集』が、はたして本当にあったのかどうかという問題については、まず良忠がはじめて提起したような『発心求道集空也』が実在したということは、確証できない。しかし『類雑集《るいぞうしゅう》』や『一遍聖絵《ひじりえ》』『一遍上人法門抜書《ぬきがき》』等に記録された空也の「文」ないし「釈」が、空也没後に鎌倉時代まで伝えられていたことはまぎれもない事実である。源為憲《みなもとのためのり》が『誄』を書くにあたって集めた数十枚の「善知識文」等は、三善道統《みよしのみちむね》の書いた供養会の『願文』以外にも、弟子達にある時期までは伝持されていたであろう。

江戸時代の時宗学者玄秀《げんしゅう》（一六六一～一七〇三）は元禄《げんろく》一五年（一七〇二）に著した『時宗統要篇《じしゅうとうようへん》』の中で、空也の『発心求道集』が良忠と託何の記す文を含んでいたとした上で、次のように記している。

また勧進詞《かんじんのことば》に云く。余はこれ至愚極迷《しぐごくめい》の人なり。少《わか》くして出家発心し、入道して以降。心に所縁なければ、日の暮るるに随って止り。身に所住なければ、夜の暁くるに随って去る。もし人の瞋《いかり》打つことなくんば、何をもってか忍辱《にんにく》を行ぜん。これ我が善知識なり。彼わが行《ぎょう》を勧むるが故に、忍辱の衣《ころも》厚ければ、杖木瓦石《じょうもくがしゃく》をも痛しとせず（以下略）（『大日本仏教全書』六八）

ここでは一遍の「持文」に、一部分天台『類雑集』独自の文が混入されているが、この「文」を「勧進詞」としていることが注目される。つまりこの文は空也の遺した「善知識文」の一つとして、伝持されてきたものである可能性を示している。また良忠とは無関係に時宗内に伝承されたとすべきこの空也の「勧進詞」が、自らの「発心」と「入道」を語っていることは、この文を含んでいたであろう空也の法語集が『発心求道集』と呼ばれたとすることについて、一つの支持を与えていると見ることもできよう。

考えられることは、空也の没後に遺された「法語」や「善知識文」等を集積・編集したものとして、「空也上人の発心求道集」と称し得る文類《もんるい》が、南北朝時代ごろまでは存在していたのではなかろうかということである。勧学会《かんがくえ》の文人貴族と交友の深かった文章博士《もんじょうはかせ》三善道統の書いた大般若経供養会の『願文』が、『本朝文粋《ほんちょうもんずい》』に収載されたことによって今日まで伝えられているのに対して、おそらく市中の無名の阿弥陀聖達によって編集・伝持された空也の「法語集」は、確たる流布・伝承の経路を保証されることなく、上来見たような断片的な伝承のほかは、歴史の波の中に姿を没したものと考えられる。良忠はそのような「空也上人の発心求道集」を意識しながら、これを彼の論理の中で『発心求道集空也』として『鎌倉宗要《かまくらじゅよう》』の中に顕在化させたのであろう。一遍もまたおそらく、同じ法語集によってかの「持文」を生涯の「修行随身の文具」とし、また「空也の釈」をそこから引き出していたのであろう。

一遍が入滅に先立って所持の書籍を火に焼いたように、千観に「捨ててこそ」と説いた空也もまた、自ら開創した西光寺すらそのまま己れの遺跡として後に伝えることをしなかったように、自らの名跡や著書を残す意思はまったく持たなかったと考えられる。

5　菩薩の道を歩んだ聖

空也は終始市井の聖《ひじり》として、人々の魂に仏教の救いをもたらそうとした民間の仏教者であった。その空也の仏教においては、思想と実践は不可分の仏の道であり、彼が学び受持した経論の教えは、彼自らの悟りの糧となったと同時に、その教えを他に広め伝え、人々に救いと安心をもたらすことができてはじめて、彼にとって意義のあるものであった。そのような仏の教えとして彼を導いたのは、やはり大乗菩薩の道を説く『法華経』と「空」の仏智を説く『大般若経』、そして人々に現世と来世の安楽を与える観音信仰と念仏往生の教えであった。

『法華経』

空也没後七〇年ばかりの長久《ちょうきゅう》年間（一〇四〇〜四四）に成立した天台僧鎮源《ちんげん》の『大日本国法華経験記《ほっけきょうげんき》』が、『法華経』を一乗思想によってすべての人を成仏に導く「皆成仏道《かいじょうぶつどう》の正軌《しょうき》」として、この経の受持読誦・聴聞書写によって霊益《りょうやく》を得た法師・上人・沙弥・在俗者一二八例を挙げているように、『法華経』は滅罪往生の功徳あるものとしても尊ばれていた。空也も大宮大路で遇った松尾明神に奉った自分の小袖を、四〇年来朝夕に『法華経』を読み染《し》めたものと語っていたように、おそらく出家以前の優婆塞《うばそく》の時代から、『法華経』を受持読誦していたと考えられる。その教えが彼の心の中にも染みとおっていた、つまり薫習《くんじゅう》されていたことは、一遍「持文」の空也の「文」がはっきり示している。彼の仏教思想の根源には、沙弥出家の前後から彼の心を捉えた般若・空の思想より以前に、おそらく『法華経』の教えがあったのであろう。

『法華経』「譬喩品《ひゆほん》」は法華一乗の教えを説いて、有名な「三車火宅《さんしゃかたく》」の喩《たと》えを記している。長者が火事になった邸から子供達を救い出そうとして、声聞《しょうもん》（仏説に従って自己の解脱を求める出家者）の教えを意味する羊車《ようしゃ》、縁覚《えんかく》（自己独自に悟りを開こうとする行者）の鹿車《ろくしゃ》、菩薩（悟りを開いて衆生を利益《りやく》しようとする者）の牛車《ごしゃ》を与えようといって子供等を火宅から誘い出した後、子供等に大乗の教えを意味する大白牛車《だいびゃくごしゃ》をそれぞれ与えたという。これに続く偈《げ》には、次のような言葉が見える。

三界《さんかい》は安きことなし　猶《なお》火宅《かたく》の如し
衆苦《しゅく》充満して　甚だ怖畏《ふい》すべし
常に生老《しょうろう》　病死《びょうし》の憂患《うげん》あり
是《かく》の如き等《ら》の火　熾然《しねん》として息《や》まず
如来は已《すで》に　三界の火宅を離れて

寂然《じゃくねん》として閑居《げんご》し　林野に安処《あんじょ》せり
いま此の三界は　みな是れ我が有《う》なり
その中の衆生は　悉く是れ吾が子なり
而《しか》もいま此の処《ところ》は　諸《もろもろ》の患難《げんなん》多し
唯我一人《いちにん》のみ　よく救護《くご》をなす

（『大正蔵経』九）

このような苦の世俗を救う仏の平等の慈悲を実践する菩薩が如来使《にょらいし》であり、その守るべき慈悲・忍辱・空の「弘経《ぐきょう》の三軌《さんき》」を、空也は身に体して念仏を説いていたのであった。また『法華経』「法師《ほっし》品《ほん》」には、「法華経の一偈一句を聞いて、一念だけでも随喜《ずいき》する者には、仏は菩提を授記《じゅき》しよう」と説かれている。「授記」とは未来の成仏に対する仏の保証であるが、空也も当然この教えは知っていたと思われる。しかしこの「一念の随喜」によって直ちに世の人々を済度することは、現実的にはまったく不可能であろう。

『法華験記』の最後の段でも、熊野参詣の美男の僧が紀伊国の「悪しき女」に女犯《にょぼん》を迫られ、蛇となった女の怒りの火によって道成寺《どうじょうじ》の鐘の中で焼け死に、先輩僧の夢の中に現れて、「我、存生《ぞんしょう》の時、妙法を持《じ》せしといえども、薫修《くんじゅ》年浅くして、この悪縁に遇えり」と訴えたという。『法華経』が一切衆生の菩提・成仏の功徳ある万善同帰《まんぜんどうき》（あらゆる善行の帰一する）の教えではあっても、それが大寺における懺法《せんぼう》や講経の法会によって華々しく人々の信仰心を誘発した世界においてとは異なり、これを市井凡愚の万人にもたやすく救いを与える教えとして生かす術《すべ》は、鎌倉時代の日蓮に至るまでまだ開かれることはなかったのである。市井の聖であった空也としては、衆生済度の有効な方便となる教えは別に求索しなければならなかった。

『大般若経』　仏智を集成した最大の経典である『大般若経』六〇〇巻を、市井の聖である空也が一四年の歳月をかけて書写荘厳《しょうごん》して供養したという事そのものが、まず極めて顕著な行業であった。その事績の形については『誄』をはじめとして古来語り伝えられているが、この事業をねばり強く完遂した空也の胸底に、常啼《じょうたい》菩薩の菩提心と同じ求道と衆生済度の誓願がかくも深く湛えられていたということは、まことに驚くべきことであった。

空也は二〇歳をすぎて尾張国分寺（願興寺《がんごうじ》）で沙称出家し、三論宗所依の『十二門論』によって大乗仏教の根本義である空の教理を学び、自ら「空也」の沙称名を定めた。そしてその論書は、大乗仏教の無量無辺の重要な意義は、般若経の中に仏自身によって説かれていると述べている。『十二門論』を註釈した吉蔵《きちぞう》の『十二門論疏《しょ》』は、三論教学の必読書であったが、その中には、大乗仏教の「大分《だいぶん》の深義《じんぎ》は空也《くうなり》。この空はこれ実相《じっそう》の異名なり。般若の別称なり」とある。さらに、「空は即ち涅槃《ねはん》なり。中論に云く、諸法実相《しょほうじっそう》を名づけて涅槃となす。また般若に云く、諸法の甚深《じんじん》なるをば、空無相と謂《い》う」と解説されている（『大正蔵』四二）。

つまり大乗仏教の深義としての空は般若と涅槃と同じであり、三論宗の根本章疏である竜樹《りゅうじゅ》の

『中論《ちゅうろん》』では、『法華経』に「ただ仏と仏のみよく究《きわ》め尽くす」と説かれている「諸法実相」は実は空・涅槃のこととされており、般若経ではその諸法の深い意義を空無相といっているという。『十二門論』に加えて、この嘉祥大師《かじょうだいし》吉蔵の釈義こそ、空也を『十二門論』の「空」の世界から、『大般若経』の「般若」の世界に向かわせたのではなかろうか。

「般若」は本来は直感的な知恵であるが、仏教における智恵としては空の悟りが根本であるということから、「空の悟りの智恵」という意味を持つようになった。それが「完成された」「彼岸に至る行」という「波羅蜜多《はらみった》」と合成されて、知恵の完成を意味する「般若波羅蜜多《はんにゃはらみった》」の概念が構成され、菩薩の修行徳目である布施・持戒・忍辱・精進・禅定各波羅蜜多とあわせた六波羅蜜の究極のものとされた。つまり「空」の論理から「般若」の思想への進化は、哲学的理解よりも大乗仏教の菩薩行への実践的な志向によって基礎づけられたものであった。火宅の現世にあって憂患《うげん》に満たされた人々を救う教えを求めた空也が、まず般若の経典の中にそのような教えを求めたのは、教理的にも極めて自然のことであった。『大般若経』もまた、「もし菩薩が六波羅蜜を学び、諸仏の神通自在を得、一切有《う》情《じょう》を利益安楽《りやくあんらく》したいなら、まさにこの甚深の波羅蜜多を学ぶべきである。」「般若波羅蜜多は諸仏を生み養う母であり、諸《もろもろ》の菩薩の真《まこと》の師である」と説いていた（『大正蔵』六）。

空也はおそらく、三善清行《みよしのきよゆき》が指弾していたように堕落していた尾張国分寺を棄てて、訪れた播磨の峯合寺《みねあいでら》の一切経蔵の中から、まず『大般若経』に説かれている釈尊が菩薩の修行の模範と説いた常啼《じょうたい》菩薩の般若の求法の物語を発見したのであろう。

「常啼菩薩品」が説いていたのは、まず修行者である菩薩は不惜身命《ふしゃくしんみょう》の努力によって、一切衆生利益のために甚深なる般若波羅蜜多を求めなさいということである。そしてその真摯な努力を支え供養する在家の善男善女があり、彼等はその結縁《けちえん》によって自らに功徳を積み、来世には成仏を期そうというものであった。そして「法涌菩薩品」が説いていたのは、「空・無相の真理が如来であると知って般若の善巧方便《ぜんぎょうほうべん》を修行すれば、必ず無上の菩提が得られる」ということで、これを聞いた具妙香城《ぐみょうこうじょう》の法会の八千人の衆生は空・無生の悟りを得、八万四千の衆生は煩悩を遠離《おんり》して清浄《しょうじょう》な心を生じたという。

空也が後に行った金字大般若経の供養会は、貴賤上下の知識勧進によって彼等に書写供養の功徳を積ませ、また説法も行っている。それは法涌菩薩の具妙香城における般若の教えの開示を、目的としていたというべきであろう。しかし実際には空也の法会では、さらに菩薩戒を修し万灯会を催し、阿弥陀仏に専念する多様な行儀が繰りひろげられた。ここでもまた現実問題として、『大般若経』の甚深なる真理を説き広めることだけによって、平安京の人々を済度し仏の世界に導き入れることは、実際にはまったく不可能なことであった。般若の智恵に立って煩悩を遠離して空無の悟りを開くには、俗人には実行困難な持戒精進禅定等の厳しい波羅蜜行が前提とされるということであろう。

観音信仰

空也の行業において、観音信仰もまた極立って一貫したものであった。峯合寺の一切経披閲の後に湯島観音に参籠祈願し、陸奥・出羽巡錫の前後には清水寺の十一面観音像に詣り、東市の市堂には観音三十三身と観音の補陀落浄土変相図《ふだらくじょうどへんそうず》を図絵供養した。さらにまた書写した大般若経の荘厳のために大和長谷寺の十一面観音に水精《すいしょう》の軸を祈願し、ついに東山の道場に荘重な十一面観音像を造立供養した。

古くから伝えられている観音信仰は、奈良時代以降密教的な各種の変化観音《へんげかんのん》の信仰として広く普及し、空也においてしばしば信仰の対象とされたのも十一面観音であった。しかし彼の観音信仰の底辺には、やはり『法華経』的な観世音菩薩に対する信仰があったことは、観音三十三身の変相図を図絵していることからも理解できることである。『法華経』の「観世音菩薩普門品《ふもんぼん》」第二五は、諸《もろもろ》の苦悩を受けた衆生が一心にその名を称えるなら、観世音菩薩は即時にその音声《おんじょう》を観じて、すべての苦しみから解脱させるという（『大正蔵』九）。そこでは、念仏往生を説く『観無量寿経』下品下生の往生の場合とくらべてもさらに明瞭に、「南無観世音菩薩」という称名による即時の救済の功徳がくり返し説かれており、それは「南無阿弥陀仏」と称名の念仏を確信をもって市中に称え勧化した空也の念仏の形成にも、内面的に影響をあたえていたであろうと考えられる。観音はまた浄土教では阿弥陀仏にもっとも近い弟子であり、『観世音菩薩授記経《じゅきききょう》』では阿弥陀仏の滅後にその仏国を継承する補処《ふしょ》の菩薩とされ、密教では阿弥陀仏の化身とされる。

中でも十一面観音の信仰は、空也仏教の著しい特長である。彼が造立した十一面観音像の規矩《きく》と想定される、七世紀に玄奘の訳した『十一面神呪心経』は、像前に「十一面神呪」を百八遍唱えるなら、現身に十種の功徳をただちに得、また来世にむけて四つの果報を得ると説いている。現世利益は無病・一切財物衣服飲食自然充足、火難・水難・横死を受けないなどで、来世の四つの果報とは、臨終に諸仏に見《まみ》える・地獄に堕ちない・鳥獣に遺体を害されない・極楽国に生まれるというものである。

ここでは『法華経』「普門品」が説いている観世音の現世功徳と、浄土経典が説いている極楽往生の来世果報とが複合されて十一面観音への祈願の中でともに満足されるという図式が示されている。「苦の世俗を救い」「念を極楽に剋《き》めて、弥陀の名を唱え」た空也であるが、衆生済度の菩薩行としては往生極楽ひとすじの念仏専修よりも、むしろ十一面観音への祈願がより有効な場合もあったというのが、彼の時代の現実であった。

菩薩行としての念仏勧化

空也が優婆塞《うばそく》の時代から読誦していたと考えられる『法華経』は、さきに見たように釈尊が、この苦の火宅の中の衆生は「悉く吾が子なり」「唯我一人のみよく救護《くご》をなす」と述べ、仏から遣わされ、仏の救護の業を行う如来使・菩薩としての法師の使命を説いている。空也にもまた己れの実践できる衆生救護の手段が必要であり、彼が峯合寺において般若の仏智と並んで、易行の教えを探し求めたのは必然である。その結果として選びとられたのが、一方では現当二世の衆生救護の観音信仰であり、他方では「南無阿弥陀仏」と一声でも称えれば、誰でも極楽に往生して成仏できるという、称名念仏の教えであった。

仏教による衆生済度の道として、厳しい修行によって煩悩を滅却し、自ら清浄心《しょうじょうしん》を確立して生死を解脱するという自力の聖道門と並んで、信を方便として浄土に往生し、仏の慈悲によって救われる他力の浄土門があるとしても、その浄土門でもなお作善《さぜん》・修諸功徳《しゅうしょくどく》が必要とされていた時代に、空也の称名念仏の教えは驚くべき革新的な易行の選択であった。

称名の念仏が、凡愚万人のための易行の救いの教えとしていかに優れた善巧方便《ぜんぎょうほうべん》であるかということは、法然以後の鎌倉浄土教の発展が証明している。しかしそれは、時代の成熟という歴史的条件の中で実現可能なものであった。法然より二三〇年前に空也は、平安京での市中勧化のはじめからこの念仏を人々に勧め、その結果は慶滋保胤が「その後、世を挙げて念仏を事と」したと記すほどの広まりを実現した。それは般若を求索して自ら「空也」と名のった阿弥陀聖の菩提心の、不朽の歴史的達成であった。とはいえ空也はこれに並行して、人々の勧進結縁《かんじんけちえん》によって十一面観音像を造立して苦の世俗を救う祈願とし、同じく『大般若経』六〇〇巻の書写供養という作善の力をかりた上品上生の往生廻向も行った。

七世紀中国の善導は『観経疏《かんぎょうしょ》』の中で、一二世紀末の法然の専修念仏回心《えしん》の契機となったとされる有名な句、「一心に専《もっぱ》ら弥陀の名号を念じて、行住坐臥時節の久近《くごん》を問わず、念々に捨てざるは、これを正定《しょうじょう》の業《ごう》と名づく。彼《か》の仏願に順ずる故に（『大正蔵』三七・二七二中）」を説いている。この往生のためにもっとも正しい行とされる専修念仏を、「南無阿弥陀仏と称えて、間髪を容れ」なかった空也の念仏は、すでに一〇世紀半ばの平安京で実践していた。善導はその一方で、『観経疏』の右の文の少し後で、「汝の所愛《しょあい》は即ちこれ汝の有縁《うえん》の行《ぎょう》なり。また我が求むる所にあらず。この故に各々《おのおの》の所楽《しょぎょう》に随ってその行を修すれば、必らず疾《と》く解脱を得るなり（同、二七二下）」とも述べている。

善導は往生経によらない諸善を「疎雑の行」とし、『願往生浄土法事讃』でも「随縁《ずいえん》の雑善《ぞうぜん》は、恐らくは生じ難し」と説いているが、その末尾の文ではやはり、「願わくは持戒・誦経・念仏行道し、および諸《もろもろ》の功徳等を造らん」と、往生のための修諸功徳の祈願を述べているのである（『大正蔵』四七）。『法華経』も『大般若経』も『十一面神呪経』も、それぞれが一切衆生を済度しようという大乗仏教の重要な経典である。空也がその教えを信奉し愛楽《あいぎょう》して、一〇世紀の平安京の人々とともに極楽往生という易行の安心を求め廻向したのは、まさしく善導のいう「有縁の行」であり、これによって彼も結縁の人々も善導の説のごとく、「疾く解脱を得」たことに違いはあるまい。

さきにも述べたように曇鸞《どんらん》は『浄土論註』の中で、極楽浄土は阿弥陀仏の清浄な本願によって建立された無生《むしょう》・空の世界であり、衆生の成仏のための無上の方便であると説いている。そのような空の世界における成仏は、般若の智恵を完成して無上の菩提を成就する涅槃と、究極的に変わらない。空也はこの両面から仏の教えを自他のために実践する道を求め、自らには千観に「捨ててこそ」と言い放つ無執着・空の悟りを体現して信楽空法《しんぎょうくうほう》の念仏を専修し、他のためにはもろもろの有縁の行を行って、時の人々をあまねく済度しようとした。それはまさしく、「すべての人は救われなければならない」という大乗仏教の教えを、彼の時代において具現化するための菩薩行であった。

参考資料

資料1

空也上人誄一首并序　　国子学生源為憲

惟天禄三年九月十一日、空也上人、没㆓于東山西光寺㆒。嗚呼哀哉。

上人、不㆑顕㆓父母㆒、無㆑説㆓郷土㆒。有識者或云、其先出㆓皇派㆒焉。為人無㆑虱。人試以㆓数十虱㆒、入㆓其懐中㆒、須臾無㆑之。

少壮之日、以㆓優婆塞㆒、歴㆓五畿七道㆒、遊㆓名山霊窟㆒。若観㆓道路之嶮艱㆒、預㆑歎㆓人馬之疲頓㆒、乃荷㆑鍤以鏟㆓石面㆒、而投㆑杖以決㆓水脈㆒。曠野古原、毎㆑有㆓委骸㆒、堆㆓之一処㆒、灌㆑油而焼、唱㆓阿弥陀仏名㆒焉。

春秋廿有余、於㆓尾張国々分寺㆒、剃㆓落鬢髪㆒。空也者、自称之沙弥名也。

播磨国揖保郡有㆓峯合寺㆒、有㆓一切経論㆒。上人、住㆓彼道場㆒、披閲数年。若有㆓疑滞㆒、夢有㆓金人㆒、常教㆓文義㆒。覚後問㆓智行之倫㆒、果而如㆑夢。

阿波土佐両州海中、有二湯島一矣。地勢霊奇、天然幽邃、伝有二観世音菩薩像一、霊験掲焉。上人、為レ値二観音一、故詣二彼島一、六時恭敬、数月練行、終無レ所レ見。爰絶レ粒向レ像、腕上焼香、一七日夜、不レ動不レ眠。最後之夜、所レ向尊像、放二微妙光一。瞑レ目則見、不レ瞑無レ見。於レ是焼香一腕、燋痕猶遺。

自以為、陸奥出羽蛮夷之地、仏教罕レ到、法音希レ有。背負二仏像一、担二経論一、便吹二大法螺一、説二微妙法一。是以島夷之俗、烏合帰レ真。

天慶元年以来、還在二長安一。其始也、市店乞食、若有レ所レ得、皆作二仏事一、復与二貧患一。故俗号二市聖一。又尋常時、称二南無阿弥陀仏一、間不レ容レ髪。天下亦呼、為二阿弥陀聖一。於レ是東西二京、所レ無二水処一鑿レ井焉。今往々号、為二阿弥陀井一是也。其年、東都囚門、建二卒塔婆一基一。尊像眩燿兮満月、宝鐸鏘鏦兮鳴レ風。若干囚徒、皆垂レ涙曰、不レ図瞻二尊容一聴二法音一、善哉得二抜苦之因一焉。

昔、神泉苑北門外、有二一病女一。年邁色衰。上人愍念、晨昏問訊。袖中提レ筐、随二其所レ欲、自買二葷腥一、而与レ之。養育二月、病女蘇息。爰婦反覆、似レ不レ能レ言。上人語曰、何情哉。帰答、精気撥塞、羨得二交接一。上人、食頃思慮、遂有二心許之色一。病女歎曰、吾是神泉苑老狐、上人者真聖人。急不レ見。所レ臥薦席、忽然又滅。

始祝二本尊弥陀如来一、欲レ見二当来所レ生之土一。其夜夢到二極楽界一、坐二蓮華上一。国土荘厳、与二経説一同。覚後随喜、乃誦曰、胡矩羅苦波巴流気騎宝登途熈喜芝可怒都砥馬田夷陀留奴古魯難犁間狸。聞者称歎。

天慶七年夏、唱二善知識一、図二絵一棹観音卅三身・阿弥陀浄土変一鋪・補陀落山浄土一鋪一。荘厳成、供養畢。

天暦二年四月、登二天台山一、従二座主僧正法印和尚位延昌一、師二事之一。僧正、感二其行相一、推二令得度一。登二戒壇院一、受二大乗戒一。度縁文名注二光勝一、然不レ改二沙弥之名一。

五年秋、勧二貴賤一、唱二知識一、造二金色一丈観音像一体、六尺梵王・帝釈・四天王像各一体一。今在二西光寺一。写二金泥大般若経一部六百巻一。今在二清水寺塔院一。水精軸者、土俗所レ造不レ沈。爰上人、染レ紙研レ金、難レ得二其軸一。詣二和州長谷寺一、白二観音一言、水精軸、願与二仏子一。言竟帰去。夜宿二添上郡勝部寺、住持僧之房一。僧問云、如来不レ住、何必往詣。上人答曰、釈迦在二霊鷲山一、観音住二補陀落一。仏之機縁、地之相応、自レ昔而在。住持曰、聖蓋求二何事一。上人曰、為レ餝二大般若経一、営二水精軸一。僧答、昔聞二於故老一、建二立当寺一之本主、発下以二金泥一字二書大般若経一之願上、且只蓄レ軸、不レ逮二其経一。命終之時、納二於石函一、埋二之土中一、誓言、我得二人身一、当レ書二此経一。不レ知上人者願主之後身歟、又不レ知願主者上人之前身歟。共掘二其地一、果而得レ之。

既而紫磨金字・水精軸・紺瑠璃紙・雲母帙焉。十四年来、功力甫就、応和三年八月、恭敬供養。為下広令二会集一、普令中随喜上、王城巽鴨川西、卜二荒原一造二宝殿一。前写二白鷺池之浪一、後模二竹林苑之風一。於レ是士庶雲集、冠蓋星羅。竜頭鷁首之舟、載二経典一而迭近、翠管朱絃之曲、讃二仏乗一以代奏。凡天下之壮観焉。屈二六百口耆徳一、為二其会衆一、少飯二中食一、労備二百味一。八坂寺浄蔵大徳、在二其中一焉。爰乞食比丘、来二此会一者、以レ百数レ之。浄蔵見二一比丘一大驚矣。浄蔵者善相公第八之子、善相人焉。

見二比丘状貌一、拝重敬レ之、引入坐二上座一、無レ所レ詘。浄蔵便与二所レ得之一鉢一、以食矣。比丘不レ言食レ之、其飯可二三四斗一。重又与レ飯、亦食レ之。浄蔵莞爾謝遣。比丘去後、所レ尽飯如レ故在焉。浄蔵相曰、文殊感二空也之行一也。

康保末年、西光寺北門、蛇呑レ蛙。々大破レ口。時童、揄レ石打擲、不二敢捨去一。上人、此顧合掌、誦曰、毒獣毒竜、毒虫之類、聞二錫杖声一、発二菩提心一。然後振二錫杖一二三声。蛇翹レ首聴聞、形似二思惟一。遂開二喉舌一、以吐レ之。蛇蛙相離、東行西去。

大納言正三位陸奥州按察使藤原卿諱師氏、与二上人一有二一世之契一。権律師法橋上人位余慶、後為二卿師一。天禄元年七月、卿薨、葬二于東山之阿一。上人操レ紙染レ筆、牒送二閻羅王宮一云。瞻部州日本国大納言某甲者、空也之檀越也。生死有レ限、先赴二冥途一。魔王知レ状、以優恤。使下権律師余慶迎二棺櫬一而読上レ之、訖以レ火焼。送喪之者、慨然変レ色。

西京有二一老尼一、前大和介従五位上伴朝臣典職之前妻也。念二弥陀仏一、一生不退。与二上人一有二情好一、迭称二善友一。頃者上人、衲衣一領、令二尼縫一レ之。上人欲レ滅之朝、尼齎二此衣一。命二奴婢一曰、吾師今日可レ終、咄汝速授。衝レ黒婢帰、報以二滅度一、尼無二驚歎一。時人大奇。

嗚呼哀哉。春秋七十、夏臘廿五。入滅之日、浴着二浄衣一、擎二香炉一而箕居、向二西方一以瞑目。当斯時也、音楽来レ自レ天、異香出レ自レ室。郷里長幼、犇走到レ房、見三其端座、気絶猶擎二香炉一、長大息曰、呼嗟天也、嗚呼哀哉。

夫賤不レ誄レ貴、幼不レ誄レ長。僕者凡夫、猶妙年也。誄二上人一、誄レ長之僭擅焉。既而古人有レ言、攻レ玉以レ石、洗レ金以レ塩。物固、有下以レ賤理レ貴、以レ醜化レ好者上。肆或尋二遺弟子於本寺一、又集下先後所レ修法会願文、所レ唱善知識文数十枚上、以知二平生之蓄懐一焉。不レ堪二称歎一、而為レ之誄。其辞曰

於赫聖人　其徳無レ測
素菩薩行　初優婆塞
頭二陀諸山一　退二散六賊一
物外栖レ心　市中乞レ食
救二苦世俗一　唱二善知識一
蟣虱離レ身　毒蛇感レ徳
霊孤病貌　苑中悦色
文殊暫来　観音不レ匿
嗚呼哀哉
剋二念極楽一　唱二弥陀名一
求二索般若一　同二常啼情一
挙レ世受レ化　毎レ人輸レ誠
徳冠二花夏一　名知二公卿一
杪秋草衰　遙漢風清
房有二香気一　天伝二楽声一

超㆓生死海㆒　赴㆓涅槃城㆒
年之七十　被㆓浄土迎㆒
嗚呼哀哉

（註）


名古屋市真福寺蔵本『空也誄』を底本として、本来の姿と考えられる『空也上人誄』の表題とした。

本文の字体は概ね通行のものに改め、私見により句読点・返り点を施してある。

底本の欠失・存疑部分の校訂には、『大日本史料・第一篇之十四』と『続群書類従巻第二百十四』所収の翻刻二本、および三間重敏氏「『空也上人誄』の校訂及び訓読と校訂に関する私見」（『南都仏教』四二号）ならびに国文学研究資料館編集の『真福寺善本叢刊――伝記験記集』（臨川書店）を参照し、さらに宮内庁蔵『六波羅蜜寺縁起』とその翻刻各本、および『日本往生極楽記』『明匠略伝』『爲空也上人供養金字大般若経願文』によって補完した。

資料2

空也上人の爲に金字《こんじ》大般若経を供養する願文《がんもん》（原漢文の訓《よ》み下しと略註）

善《ぜん》 道統《どうとう》（三善道統《みよしのみちむね》）

敬《つつし》んで白《もう》す

書写供養し奉《たてまつ》る金字《こんじ》の大般若経一部

夫《そ》れ以《おもんみれ》ば、(1)覚花《かくか》歩《あゆ》みを承《う》け、(2)応化《おうげ》の跡《あと》長く芳《かんば》し。(3)仏日《ぶつにち》光を懸《かか》げ、(4)真空の理《ことわり》すでに顕《あらわ》る。(5)大千世界、遍《あまね》く(6)慈悲の雲を載《の》せ、一切衆生、悉《ことごと》く智慧《ちえ》の雨に潤《うるお》う。ああ、(7)諸法は(8)無相にして、(9)四生《ししょう》は無常なり。(10)五蘊《ごうん》(11)六根《ろっこん》は、(12)陰陽《いんよう》の(13)陶冶《とうや》と雖《いえど》も、(14)真如《しんにょ》と(15)奈落《ならく》は、善悪《ぜんなく》の(16)因縁《いんねん》に在《あ》り。(17)成劫《じょうごう》(18)壊《え》劫《ごう》、(19)前身(20)後身、禽獣《きんじゅう》魚虫、何物か(21)流転《るでん》の父母《ぶも》に非《あらざ》らん。山川藪沢《そうたく》、何処《いずく》にか(22)生死《しょうじ》の形骸《けいがい》無からん。

是《こ》れを以って(23)四恩《しおん》(24)六道《ろくどう》の成(25)仏得果《とっか》の爲の故に、天暦《てんりゃく》四年九月より始めて、応和《おうわ》三年の今朝《こんちょう》に至る。星霜《せいそう》十四たび廻《めぐ》り、(26)胸臆《きょうおく》千万に緒《あま》る。(27)常啼大士《じょうたいだいじ》の本誓《ほんぜい》は、心に晨昏《あしたゆうべ》に懸《かか》り、(28)法涌菩薩《ほうゆうぼさつ》の対《たい》揚《よう》は、思いを開示に寄す。(29)市中に身を売るは、我が願に在《あ》りと雖《いえど》も、人間《じんかん》に信を催《もよお》し、既に群縁《ぐんえん》を寄す。半銭《はんせん》の施すところ、一粒《いちりゅう》の捨《しゃ》するところ、漸々《ぜんぜん》に力を合わし、微々《びび》に功を成《な》せり。紺瑠璃《こんるり》の紙に、(30)象教《ぞうきょう》は跡を垂《た》れ、(31)紫磨金《しまこん》の文《もん》は、(32)雁行《がんこう》して字を成す。(33)烏瑟《うしつ》は暗《あん》に護持《ごじ》を加え、(34)羊柱《ようちゅう》は適《すなわ》ち書写し畢《おわ》る。

抑《そもそも》空也、齢《よわい》年を逐《お》って暮れ、(35)身は雲と浮かぶ。(36)禅林《ぜんりん》には霜を戴《いただ》き、(37)有漏《うろ》の質は已《すで》に老いたり。(38)意蕊発露《いずいほつろ》して、(39)無上の果を求めんと欲《ほっ》す。彼を先として我を後とするの思いを以って思いとし、他を利して己を忘るるの情《こころ》を以って情《こころ》とし、(40)薜服《へきふく》に風を防ぐの外、更に何の謀《はかりごと》をか企《くわだて》ん。(41)麻滄《まそう》して日を送る中、また何の力をか施さん。曽《か》って(42)一鉢《いっぱつ》の儲《たくわえ》もなく、ただ十方の志を唱《いざな》う。是《ここ》に於いて(43)幽明《ゆうめい》共に動き、(44)遐邇《かじ》普《あまね》く驚き、(45)長安《ちょうあん》(46)洛陽《らくよう》、貴賤《きせん》上下、共に帰依《きえ》を致し、供養を遂げしむ。昔、(47)一婆羅門《ばらもん》の斎筵《さいえん》を展《の》ぶるや、広く(48)三明《さんみょう》の炬《ともしび》を勤め、(49)曇無比丘《どんむびく》の(50)法水を伝うるや、遍《あまね》く(51)六度の舟を廻《めぐら》す。或いは功徳を人民に催し、或いは恭敬《くぎょう》を草木に得たり。仍《よ》りて広く集会《しゅうえ》し、広く(52)随喜《ずいき》せしめんが為に、殊に(53)王舎城《おうしゃじょう》の(54)東河に於いて、仮に仏世尊《せそん》の(55)月殿《げつでん》を立て、忝《かたじけな》くも六百の高僧の(56)竜象《りゅうぞう》を屈《くっ》し、将《まさ》に(57)十六大会《だいえ》の(58)煙霞《えんか》に帰《き》せんとす。(59)白足《びゃくそく》(60)青眼《しょうげん》の輩《ともがら》、(61)鍱腹《ようふく》(62)乗坏《じょうはい》の人、或いは(63)雪嶺香山《せつれいこうざん》より降り、或いは(64)菴園奈苑《あんおんなおん》より至る。(65)甚深《じんじん》の義、(66)海象《かいぞう》は(67)明月《みょうげつ》の珠を吐き、(68)精款《せいかん》の誠、天人は(69)栴檀《せんだん》の水を湛《たた》う。白浪《はくろう》石に咽《むせ》ぶの岸は、(70)鷺池《ろち》に相同じく、青草《せいそう》煙を敷《し》くの堤は、宛《あたか》も(71)鷲嶺《じゅれい》の如し。

方今《まさにいま》、聊《いささ》か伎楽《ぎがく》を設け、供するに音声《おんじょう》を以ってす。(72)洞簫《どうしょう》(73)羌笛《きょうてき》の管《かん》、曲は晴天に沸《わ》き、竜頭《りゅうとう》(74)鷁首《げきしゅ》の舟は、棹《さお》を秋水《しゅうすい》に穿《うが》つ。況《いわん》やまた説法の後、更に(75)夜漏《やろう》に臨んで、万灯会《まんとうえ》を設け、(76)菩薩戒《ぼさつかい》を修し、弥陀を専念して、永く極楽に帰せんとす。(77)苦空《くくう》の音《ね》を伝うること、(78)命命鳥《みょうみょうちょう》を聞くが如く、(79)禅波《ぜんぱ》は意を澄《す》まして、(80)上々《じょうじょう》の蓮《はちす》を開かんと欲《ほっ》す。皆《あまね》く勝業を以って、先ずは神祇《じんぎ》に資《たす》け、(81)無明《むみょう》の夢を驚かして、長く(82)苦海《くかい》に別れ、(83)有習《うしゅう》の怨《うら》みを尽《つ》くして、まさに(84)稠林《ちゅうりん》を謝《さ》るべし。この善根《ぜんごん》を以って、(85)聖朝《せいちょう》を祈り奉《たてまつ》り、(86)金輪《こんりん》(87)千幅《せんぷく》、道《みち》を(88)飛《ひ》帝《てい》の先《さき》に被《およば》せ、(89)玉体《ぎょくたい》(90)万機《ばんき》、(91)化《け》を(92)哥王《かおう》の表《うえ》に出《いだ》さん。(93)蘭殿《らんでん》の(94)椒房《しょうぼう》と、(95)鶴禁《かくきん》の(96)虎囲《こい》は、(97)母儀《ぼぎ》の(98)砌《みぎ》りにして、(99)蛇歯《だし》は老を駐《とどむ》るの方《ほう》を献じ、(100)少陽《しょうよう》の宮《きゅう》の、(101)竜胎《りゅうたい》には延年《えんねん》の術を勧む。(102)三台《さんたい》(103)九棘《きゅうきょく》、(104)百辟《へき》千僚《りょう》、(105)華夏《かか》遠近の、(106)緇素《しそ》尊卑は、同じく(107)仏海の無辺に浴し、須《すべから》く(108)寿木《じゅぼく》の不老を保つべし。ないし有縁無縁《うえんむえん》、現界他界、無胎以来の、所有群類《あらゆるぐんるい》には、(109)五逆(110)四重の罪を動かし、(111)三悪(112)八難の苦を免れしめん。荒原の古今の骨、(113)東岱《とうたい》先後の魂も、併《あわ》せて(114)薫修《くんしゅう》に関《あず》かり、咸《ことごと》く(115)妙覚《みょうかく》を証せん。

敬《つつし》んで白《もう》す

応和三年八月二十三日

(116)仏子《ぶっし》空也敬んで白す

〈略註〉

(1)覚花＝さとりの輝き、釈尊　(2)応化＝仏の衆生利益のための応現　(3)仏日＝仏の智恵の光　(4)真空の理＝一切皆空の真理　(5)大千世界＝十億の世界を合わせたもの。釈尊は三千大千世界を教化　(6)慈悲の雲＝慈悲の雲を起こして、潤い度すべきものに及ぶ（『大智度論』三）　(7)諸法＝あらゆるもの　(8)無相＝空そのもののすがた　(9)四生＝生物の生まれる四形式。胎生・卵生・湿生・化生　(10)五蘊＝色・受・想・行・識、物と心のすべて　(11)六根＝眼・耳・鼻・舌・身・意の六器官とその感・知覚能力　(12)陰陽＝陰と陽の気　(13)陶冶＝万物をつくりあげること　(14)真如＝仏の世界　(15)奈落＝地獄　(16)因縁＝生滅を決定づける直接因と間接縁

⒄成劫＝世界が形成される間　⒅壊劫＝世界が壊れていく間　⒆前身＝前世の身　⒇後身＝来世の身　㉑流転＝生死あるものの輪廻転生　㉒生死の形骸＝生死輪廻のぬけがら　㉓四恩＝天下・国王・師長・父母の、恩あるもの　㉔六道＝地獄・餓鬼・畜生・修羅・人・天の六世界　㉕成仏得果＝成仏を得ること　㉖胸臆＝心の中　㉗常啼大士の本誓＝衆生の貪窮老病憂苦を見て常に泣き、これを菩提に導こうとする常啼菩薩の誓い（『大般若経』三九八巻）　㉘法涌菩薩の対揚＝諸法は空・無相であり、その真実が仏であるという般若波羅蜜多を説く法涌菩薩の答え（『大般若経』三九九巻）　㉙市中に身を売る＝常啼菩薩の市中売身の菩薩行（『大般若経』三九八巻）　㉚象教＝仏の教え　㉛紫磨金＝金泥で書いた文字を猪牙で磨いて紫がかった金色を顕す　㉜雁行＝雁が並んで飛んでゆく列、文字の並んだ列　㉝烏瑟＝仏頂・肉髻。釈尊の頭頂には烏瑟膩沙が高く顕れている（『大般若経』三八一巻）　㉞羊柱＝筆　㉟身は雲と浮かぶ＝この身は浮雲の如く。須臾に変滅する（『維摩経』方便品）　㊱禅林＝禅の道場。そこにいる自分　㊲有漏の質＝煩悩の身　㊳意蕊発露＝心の底からの願いを起こす　㊴無上の果＝この上ない菩提（さとり）　㊵薜服＝葛で織った服　㊶麻滄＝寒さにしびれるさま　㊷一鉢＝一坐の食は一鉢にして食す（『大智度論』巻七六）　㊸幽明＝冥土と現世・愚と賢・夜と昼　㊹遐邇＝遠近　㊺長安＝平安京の右（西）京　㊻洛陽＝平安京の左（東）京　㊼一婆羅門の斎筵＝一人のバラモンの供養の座。婆羅門城の一老人の食鉢の供養を受けた釈尊は、三種の光を放って十方の衆生を照らして度脱させた（『大智度論』巻八）　㊽三明＝過去世・未来世・真理を知って煩悩を断つ宿命明・天眼明・漏尽明の三智　㊾曇無比丘＝曇無竭菩薩。法涌菩薩の旧訳名　㊿法水＝仏の教えを清めの水にたとえる。般若波羅蜜多　(51)六度＝布施・持成・忍辱・精進・禅定・智恵の六波羅蜜　(52)随喜＝他人の善行をみてこれに従い、ともに喜ぶこと　(53)王舎城＝インドのラージャグリハ。郊外に鷲峯山あり。ここでは平安京　(54)東河＝鴨川　(55)月殿＝立派な御殿　(56)竜象＝学識ある高僧　(57)十六大会＝大般若経六〇〇巻が説かれた法会の数　(58)煙霞＝よい景色　(59)白足＝僧（『高僧伝』巻一〇）　(60)青眼＝好ましい人を迎えるときの喜

びを含む目もと。気心の合う友。碧眼胡僧　⑹鍱腹＝経書を沢山読み、破裂するのを恐れて腹に銅を巻いたバラモン、舎利弗の父（『大智度論』巻二）　⑹乗坏＝木坏に乗って水を渡った神力卓越の僧（『高僧伝』巻一〇）　⒀雪嶺香山＝菩提心は雪山のごとし……香山のごとし（『華厳経』入法界品一九）　⑹菴園奈苑＝『維摩経』が説かれた毗耶離城近くの菴羅樹園、捺女園ともいう　⑹甚深＝汝東に行くべし、決定して甚深なる般若波羅蜜多を開くことを得べし（『大般若経』巻三九八）　⑹海象＝那伽を竜と名づけ、象と名づく。竜王は大海より出て大雲を起こし、虚空を覆って天地を照らす（『大智度論』巻三）　⑹明月の珠＝闇の中に道を照らす教え　⑹精款＝くわしくまとめた文章。『大般若経』　⑹梅檀の水＝常啼菩薩の出した身血を帝釈天が梅檀水に変えた（『大般若経』四〇〇巻）　⑺鷺池＝大般若経第十六大会が行われた竹林精舎の側の白鷺池　⑺鷲嶺＝同じく第一―六、十五会の行われた王舎城外の鷲峯山　⑺洞簫＝尺八に似た底のない笛　⑺羌笛＝黄河上流の羌人の吹く笛　⑺鶡首＝青鷺の首　⑺夜漏＝夜の時間　⑺菩薩戒＝摂律儀戒・摂善法戒・摂衆生戒の三聚浄戒による大乗戒　⑺苦空＝この楽器をうつに、苦空無常無我の音を演説す（『観無量寿経』水想観）　⑺命命鳥＝一身両頭の鳥で死生を共にする。法涌菩薩の具妙香城に棲む（『大般若経』三九八巻）。鳩摩羅什訳の『阿弥陀経』では共命之鳥　⑺禅波＝禅定中に起きる妄想　⑻上々の蓮＝上品上生の極楽往生（『観無量寿経』散善）　⑻無明＝真理を理解できない愚痴　⑻苦海＝苦界。迷いの生存界、娑婆　⑻有習＝煩悩が残っていること　⑻稠林＝煩悩がはびこっているさま。邪見の稠林に入る（『法華経』方便品）　⑻聖朝＝朝廷　⑻金輪＝四天下を守る金輪聖王　⑻千幅＝仏の足裏にある輪模様　⑻飛帝＝飛行の皇帝四州を統御す（『法苑珠林』巻四三）　⑻玉体＝天皇の身体　⑼万機＝天皇の政務　⑼化＝徳化　⑼哥王＝歌利王。釈尊の前生にその体を切りさいた悪王（『本生譚』『金剛般若経』）　⑼蘭殿＝皇后の宮殿。　⑼椒房＝皇后　⑼鶴禁＝皇太子の宮殿　⑼虎囲＝貴族の子弟を教える所　⑼母儀＝母堂、母たる手本　⑼砌り＝場所、庭　⑼蛇歯＝竜骨のごとき不老薬か　⑽少陽の宮＝皇太子　⑽竜胎＝玉体　⑽三台＝太政大臣と左右大臣　⑽九棘

＝大納言・中納言・参議の公卿　(104)百辟千僚＝諸侯と多数の官僚　(105)華夏＝都、平安京　(106)緇素＝僧俗　(107)仏海の無辺＝仏法は無量にして、なお大海のごとし（『十住毘婆沙論』）(108)寿木＝その下に憩う者は不老不病という霊木　(109)五逆＝殺父母・殺僧・出仏身血・破和合僧・誹謗正法の五逆罪　(110)四重＝殺・盗・淫・妄語の四重禁戒　(111)三悪＝地獄・餓鬼・畜生の三悪道　(112)八難＝地獄・餓鬼・畜生・長寿天・辺地・障害者・世知者・仏前仏後の人が仏法に遇えない難　(113)東岱＝天地の神を祀った泰山、魂のさまよう所、墓地のある山　(114)薫修＝迷いや悟りの行為の影響が染みついて残ること、薫習　(115)妙覚＝究極の悟り、仏の位　(116)仏子＝仏弟子。大乗の菩薩戒をたもつ者

資料3　『一遍聖絵』の伝える「空也の文」

心無《ケレハ》二所縁一随二日暮一止。身無《ハ》二住所一随《テ》二夜《ノ》暁《ルニ》一去。
忍辱《ノ》衣厚《ケレハ》不レ痛二枕木瓦石《ヲ》一。慈悲《ノ》室深《ケレハ》不レ聞二罵詈誹謗《ヲ》一。
任《スル》二口称《ニ》一三昧《ナレハ》市中是道場。順レ声見仏《ナレハ》息精即念珠。
夜夜待《ニ》二仏《ノ》来迎一。朝朝喜《ニ》二最後《ノ》近《ヲ》一。
任《セ》二三業於天運《ニ》一。譲二四儀於菩提一矣。

是依レ為二聖持文一戴レ之。（第四）

求《テ》レ名《ヲ》為《ハ》レ願《ト》レ衆《ヲ》身心疲《ル》。積《テ》レ功《ヲ》為《ハ》レ修《ト》レ善《ヲ》希望多《シ》。
不レ如孤独無《ニハ》二境界一。不レ如称名《シテ》抛《ンニハ》二万事《ヲ》一。
閑居隠士《ハ》貧《ヲ》為《シ》レ楽《ト》。禅観幽室《ハ》閑《ヲ》為レ友《ト》。
藤衣紙衾是浄服。易レ求《シテ》無二盗賊《ノ》恐一。

文（第七）

『大日本仏教全書』第69巻（仏書刊行会編纂）より

参考文献

空也の伝記

藤原猶雪「空也上人の生涯及その亜流」『日本仏教史研究』（大東出版、一九三八年）
堀一郎「空也光勝と口称市井の念仏」『我が国民間信仰史の研究』（創元社、一九五三年）
堀一郎『空也』（吉川弘文館、一九六三年）
石井義長『空也上人の研究　その行業と思想』（法蔵館、二〇〇二年）
石井義長『阿弥陀聖空也　念仏を始めた平安僧』（講談社、二〇〇三年）
伊藤唯真他『日本の名僧5　浄土の聖者空也』（吉川弘文館、二〇〇五年）

空也関係史料

三善道統「為空也上人供養金字大般若経願文」『本朝文粋』（『新日本古典文学大系27』岩波書店、一九九二年）
源為憲『空也誄』（『続群書類従』巻二一四、第八輯下）
慶滋保胤『日本往生極楽記』（『続日本仏教の思想1、往生伝・法華験記』岩波書店、一九七四年）
三善為康「六波羅蜜寺縁起」『図書陵叢刊・諸寺縁起集』（宮内庁書陵部、一九七〇年）
東京大学史料編纂所『大日本史料・第一篇之十四』天禄三年九月十一日条
『誄』『極楽記』『縁起』等の基本資料および〔参考〕として『空也上人絵詞伝』の翻刻をはじめ、各史書・

僧伝・地誌・説話等にわたって空也関係史・資料を網羅的に収載している。

藤原公任『拾遺抄』(『群書類従』巻一四七、第一〇輯下)
顕昭『拾遺抄註』(『群書類従』巻二八九、第一六輯)
聖戒『一遍聖絵』(『大日本仏教全書』第六九巻、仏書刊行会、一九二二年)
時宗宗典編集委員会「一遍上人法門抜書」『定本時宗宗典』上(山喜房仏書林、一九七九年)
大橋俊雄「一遍上人語録」『原典日本仏教の思想5』(岩波書店、一九九一年)
三間重敏「『空也上人誄』の校訂及び訓読と校訂に関する私見」『南都仏教』四二(東大寺、一九七九年)
福井佳夫他「『空也誄』校勘並びに訳註」『山陽女子短期大学研究紀要』14号(一九八八年)
国文学研究資料館「『空也誄』翻刻」『真福寺善本叢刊第二期6・伝記験記集』(臨川書店、二〇〇四年)

関係論書

井口基二「僧空也」『日本宗教』一―九(一八九六年)
橋川正「空也一遍の踊り念仏について」『仏教研究』二―一五(大谷大学、一九二一年)
柿村重松『本朝文粋註釈』(富山房、一九二二年)
加藤咄堂『民間信仰史』(丙午出版社、一九二五年)
橋川正「空也上人光勝」『歴史地理』五〇―三(吉川弘文館、一九二七年)
三原暎「空也上人の念仏観」『顕真学報』三―二(顕真学会、一九三四年)
岡田希雄「源為憲伝攷」『国語と国文学』19―1(一九四二年)
辻善之助『日本仏教史』上世篇(岩波書店、一九四四年)
井上薫「ひじり考」『ヒストリア』一(大阪歴史学会、一九五一年)

歌川学「空也と平安仏教」『日本歴史』六一（日本歴史学会、一九五三年）
井上光貞『日本浄土教成立史の研究』（山川出版社、一九五六年）
田村円澄「日本浄土教の源流」『体系日本史叢書18・宗教史』（山川出版社、一九六四年）
重松明久『日本浄土教成立過程の研究』（平楽寺書店、一九六四年）
山口公円『天台浄土教史』（法蔵館、一九六七年）
藤島達朗・宮崎圓遵『日本浄土教史の研究』（平楽寺書店、一九六九年）
今東光他『空也の寺　六波羅蜜寺』（淡交社、一九六九年）
井上光貞『日本古代の国家と仏教』（岩波書店、一九七一年）
元興寺仏教民俗資料研究所『六波羅蜜寺民俗資料緊急調査報告書』第一・二分冊（同研究所、一九七一・二年）
大橋俊雄『踊り念仏』（大蔵出版、一九七四年）
元興寺仏教民俗資料研究所『六波羅蜜寺の研究』（綜芸社、一九七五年）
五来重「空也」『日本宗教史の謎』（佼成出版、一九七六年）
藤本佳男「浄土教思想史の問題点」『仏教史学研究』21―1（仏教史学会、一九七八年）
杉本苑子・川崎龍性『古寺巡礼　京都二五　六波羅蜜寺』（淡交社、一九七八年）
佐藤哲英『叡山浄土教の研究』（百華苑、一九七九年）
津村諦堂『日本浄土教之研究』（山喜房仏書林、一九八〇年）
平林盛徳『聖と説話の史的研究』（吉川弘文館、一九八一年）
副島弘道「六波羅蜜寺の天暦造像と十世紀の造仏工房」『美術史』一一三（美術史学会、一九八二年）
宮本啓一「空也」『日本奇僧伝』（東京書籍、一九八五年）
後藤昭雄「『勧学会記』について」『国語と国文学』六三―六（一九八六年）

木下文彦「源為憲と『空也誄』――空也研究の方法的前提として」『仏教史研究』二二―二三（竜谷大学仏教史研究会、一九八六年）
小原仁『文人貴族の系譜』（吉川弘文館、一九八七年）
奈良弘元「空也伝にみられる慈善事業」『印度学仏教学研究』三六―一（日本印度学仏教学会、一九八七年）
五来重『踊り念仏』（平凡社、一九八八年）
速水侑『源信』（吉川弘文館、一九八八年）
福井佳夫「源為憲『空也誄』の文章について」『中京国文学』十号（中京大学国文学会、一九九〇年）
石田瑞麿「空也」『浄土仏教の思想六』（講談社、一九九二年）
平雅之『日本中世の社会と仏教』（塙書房、一九九二年）
末木文美士『日本仏教思想史論考』（大蔵出版、一九九三年）
中井真孝『法然伝と浄土宗史の研究』（思文閣出版、一九九四年）
伊藤唯真『聖仏教史の研究』上（法蔵館、一九九五年）
中村敬三『念仏聖の時代』（校倉書房、一九九七年）
菅根幸裕「近世空也信仰の形成と展開」『栃木史学』一一（国学院大学栃木短期大学史学会、一九九七年）
奥健夫「六波羅蜜寺四天王像について」『Ｍｕｓｅｕｍ』五五九（一九九九年）
伊藤史朗『平安時代彫刻史の研究』（名古屋大学出版会、二〇〇〇年）
石井義長「空也における善導浄土教の『摂取』と念仏の実践」『仏教学』42（仏教思想学会、二〇〇〇年）
石井義長「空也上人の『発心求道集』について」『印度学仏教学研究』九七（日本印度学仏教学会、二〇〇〇年）
平林盛徳『慶滋保胤と浄土思想』（吉川弘文館、二〇〇一年）
木内堯央『日本仏教を築いた人びと』（大正大学、二〇〇一年）

石井義長「空也と一遍」『印度学仏教学研究』九九（日本印度学仏教学会、二〇〇一年）
井上和歌子「『空也誄』考――文体・成立の背景・評価」『和漢比較文学』二九（和漢比較文学会、二〇〇二年）
石井義長「具足十念と一念往生――平安浄土教における新羅浄土教受容の一側面」『印度学仏教学研究』一〇一（日本印度学仏教学会、二〇〇二年）
平林盛保「空也の名をめぐって――石井義長氏説について」『日本宗教文化史研究』6―2（日本宗教文化史学会、二〇〇二年）
石井義長「空也の名および出家について――平林盛徳氏の批判に答える」『日本宗教文化史研究』7―1（日本宗教文化史学会、二〇〇三年）
平林盛徳「石井義長氏紹介の空也上人『発心求道集』について」『汲古』44（汲古書院、二〇〇三年）
石井義長「空也と『空也上人の発心求道集』」『汲古』45（汲古書院、二〇〇四年）
速水侑「源為憲の世界」『奈良・平安仏教の展開』（吉川弘文館、二〇〇六年）
速水侑「浄土思想論――空也と源信」『平安仏教と末法思想』（吉川弘文館、二〇〇六年）
井上大樹「六波羅蜜寺（西光寺）創建期諸像について」『美術史』一六〇号（二〇〇六年）
川崎純性・高城修三『古寺巡礼京都5　六波羅蜜寺』（淡交社、二〇〇七年）
石井義長「『為空也上人供養金字大般若経願文』再考」『印度学仏教学研究』一一七（日本印度学仏教学会、二〇〇九年）

あとがき

今から四五年前の一九六四年八月、東京オリンピックの始まる二か月前に第一刷が刊行された岩波の『日本古典文学大系・仮名法語集』の中で、「一遍上人語録」に載っていた「空也の御詞《おんことば》」に接したのが、当時三一歳であった著者の空也に関心を持った初めであった。「心に所縁なければ、日の暮るるに随って止《とま》り、身に住所なければ、夜の明くるに随って去る」に始まる漢詩のような短い文章からは、おのれを捨てきって念仏を行道する聖《ひじり》の、高潔な魂の息づかいが伝わってくるように感じられた。このような言葉を遺した空也とはどのような人物なのであろうか、という疑問は、そののち著者の心底から消えることはなかった。

六〇歳を前に社会人としての勤務を終えて、改めて仏教を勉強し直そうとした時に目にして驚かされたのは、空也の念仏を「狂躁的エクスタシアともいうべきものであろう」とする井上光貞氏の評(『日本浄土教成立史の研究』山川出版社)であった。空也を「日本念仏の祖」とする堀一郎氏の『空也』(吉川弘文館)も、空也の仏教に苦修練行《くしゅうれんぎょう》と奇瑞霊応《きずいれいおう》に支えられた「呪術宗教的性格」を認めている。それらは、「空也の御詞」から思いうかぶ空也像とはあまりにもかけ離れているのではないかという実感が、著者の空也研究を志す発端となった。

例えば、井上氏は、空也の念仏が民間呪術宗教的性格を示しているとする例証として、慶滋保胤《よししげのやすたね》の『日本往生極楽記』の挿話から、空也が「念仏によって盗人を退ける術を知っていた」としているが、空也に念仏を教えられた鍛冶工《かじのたくみ》を盗人が「市聖《いちのひじり》か」といって襲わなかったというこの挿話が伝えている真実は、空也が常々獄舎でもあった東市《ひがしのいち》の中で、悪人は地獄に堕ちるほかないという当時の常識を破って、盗人でも念仏すれば極楽に往生できるという救いの教えを説いて、貴族や高僧を襲うことを生きる術としていた盗賊達からも、深い信認を得ていたということであった。

井上氏はまた、空也が播磨で一切経を読んだ時に意味のわからないことは金人がこれを教えたという、『空也上人誄』の話も同様の一例としているが、夢の中に神仏が現れて教えを授けるという考えは、古代における一種の宗教的な啓示であり、それは信仰の次元における真実として、その精神文化としての価値を正当に認めるべきであろう。

そもそも、「南無阿弥陀仏」と称えれば西方十万億土にあるという極楽に往生できると説く浄土仏教の仮構も、その信仰によって無常必滅の人間に魂の救いを与えようという、仏の智恵と慈悲によって構想されたすぐれた方便であり、それは「一切は空なるものである」という般若の仏智を根底において成り立っていることによって、宗教的な真理に昇華している。それ故にこそ柳宗悦も、念仏往生の教えを日本で成熟した思想の中で「最も深く温いもの」として、「無数の霊《たましい》が、この六字によって救われ、今も救われつつあるのである（『南無阿弥陀仏』岩波文庫）」といっている。空也の念仏勧化はまさにそのような、呪術的宗教とは対極的な、普遍的な思想に立って選択された大乗菩薩行であった。

本書は著者としては、七年前の学位論文と空也生誕千百年の折に刊行した五年前の前著との中間的な精度で記述したが、特に日本浄土教における称名念仏の成立の問題と、大般若教供養会の『願文』に読みとるべき空也の思想については、予期以上の新しい知見を得て、結果として仏教者空也に対する著者のこれまでの基本認識を最終的に補強することができたと考えている。それは同時に、著者の四五年来の疑問を解明できたということでもあり、このたびミネルヴァ日本評伝選にこのような形で加えて頂くことができたことは、その意味でも著者としてまことに本懐のことである。秘仏とされている空也造立の国宝十一面観音像の写真掲載を、特別にお許し下さった六波羅蜜寺現住の川崎純性師の御配慮とあわせて、編集部の田引勝二・堀川健太郎両氏の御尽力に、心よりの感謝を申し上げたい。

二〇〇九年二月一日

石井義長

空也略年譜（「伝」を含む）

和暦	西暦	齢	関連事項	一般事項
延喜 三	九〇三	1	誕生（誄の没年から逆算）。	2月菅原道真大宰府で没。
五	九〇五	3		4月古今和歌集成立。
一四	九一四	12	少壮の日、優婆塞として諸国歴遊、利生の事をする（誄）。	4月三善清行意見十二箇条。
延長 五	九二七	25	春秋廿有余、尾張国分寺で出家、空也は自称の沙弥名（誄）。	12月延喜式完成。
八	九三〇	28	播磨峯合寺で数年間一切経を披閲（誄）。	9月醍醐上皇崩御、道真怨霊説。
承平 元	九三一	29	阿波湯島観音に数月参籠、観音を感得する（誄）。	7月宇多法皇崩御。
五	九三五	33	陸奥・出羽巡錫、仏像と経論を持って布教（誄）。	2月平将門の乱始まる。
六	九三六	34	愛宕山月輪寺で多年練行（河海抄）。	6月藤原純友の乱始まる。
天慶 元	九三八	36	平安京に還り、市中に念仏を説いて、市聖・阿弥陀聖と呼ばれる（誄）。	京中に岐神を祀る。
二	九三九	37	7月坐禅練行、文殊の化身かと（本朝世紀）。	
三	九四〇	38	「平安京に阿弥陀井を掘る（誄）。	2月将門滅亡。

	四	九四一	39	東市の囚門に卒塔婆を建て、「一たびも」の歌を掲げる（誄・拾遺抄註）。	6月純友滅亡。
	五	九四二	40	阿弥陀仏を祈り、夢に極楽を見て歌を詠む（誄）。 空晴僧都に法文を尋ねる（撰集抄）。 「興福寺浄名院に止住（七大寺巡礼私記）。	源信生まれる。
	七	九四四	42	夏知識を勧進して阿弥陀浄土変等を図絵供養（誄）。 「神泉苑の北門外で病女を養育する（誄）。	1月長谷寺炎上。
	九	九四六	44		12月延昌、天台座主となる。
天暦	元	九四七	45		京中に疫病流行・死者多数。
	二	九四八	46	4月天台座主延昌に推され、叡山で得度して大乗戒を受ける（誄）。	京中に群盗横行。
	四	九五〇	48	9月金字大般若経書写等の勧進を始める（願文）。	
	五	九五一	49	秋十一面観音・四天王像等を造立供養（誄）。	
天徳	二	九五八	56	「天徳年中、伊予松山浄土寺止住（寺伝）。 此頃、長谷寺に参詣（長谷寺霊験記）。 大和勝部寺止宿、水晶の軸を掘り出す（誄）。 「此頃、雲林院に止住（法華百座聞書抄）。	4月日延、往生西方瑞応伝伝写。
応和	二	九六二	60	此頃、千観内供に会い、「捨ててこそ」という（発心集）。	2月千観、十願発心記を書く。

	三	九六三	61	此頃、蔵人所に藤原伊尹を訪ね、余慶に会う（古事談）。	8月応和の宗論行われる。
康保	元	九六四	62	8・23鴨川原で金字大般若経供養会（誄・紀略）。 7月改元前の応和年中、西光寺を草創する（縁起）。	1月延昌没。 3月勧学会始まる。
	四	九六七	65	康保末年、西光寺北門、蛙を蛇から救う（誄）。	
天禄	元	九七〇	68	7月藤原師氏葬送、閻魔王への牒状を書く（誄）。	5月藤原実頼没。
	三	九七二	70	9・11東山西光寺で入滅（誄）。 10・29以前に、源為憲が『空也上人誄』撰述か。	
貞元	二	九七七		中信大法師、西光寺を六波羅蜜寺と改称、天台別院とする（縁起）。	
寛和	元	九八五			4月源信、往生要集を著す。
万寿	三	一〇二六		9月義寛、空也の錫杖と金鼓を藤原実資に贈る（小右記）。	
保安	三	一一二二		3月三善為康、六波羅蜜寺縁起撰述（縁起）。	
天治	二	一一二五		10月惟西、空也誄を書写（真福寺本・誄）。	
久寿	二	一一五五		2月空也の墓から砂金を掘出す（山槐記）。	

（注）事項欄の［でくくった項目は年次不詳。

上田 敏　及川 茂
柳田国男　鶴見太郎
厨川白村　張 競
大川周明　山内昌之
折口信夫　斎藤英喜
九鬼周造　粕谷一希
辰野 隆　金沢公子
シュタイン　瀧井一博
*福澤諭吉　平山 洋
福地桜痴　山田俊治
中江兆民　田島正樹
田口卯吉　鈴木栄樹
*陸 羯南　松田宏一郎
宮武外骨　山口昌男
*吉野作造　田澤晴子
野間清治　佐藤卓己
山川 均　米原 謙
北 一輝　岡本幸治
杉 亨二　速水 融
*北里柴三郎　福田眞人
田辺朔郎　秋元せき

*南方熊楠　飯倉照平
寺田寅彦　金森 修
石原 純　金子 務
J・コンドル　鈴木博之
辰野金吾　河上真理・清水重敦
小川治兵衛　尼崎博正

現代

昭和天皇　御厨 貴
高松宮宣仁親王　後藤致人
*李方子　小田部雄次
吉田 茂　中西 寛
マッカーサー　柴山 太
重光 葵　武田知己
池田勇人　中村隆英
和田博雄　庄司俊作
朴正熙　木村 幹

竹下 登　真渕 勝
*松永安左エ門　橘川武郎
鮎川義介　井口治夫
出光佐三　橘川武郎
松下幸之助　米倉誠一郎
渋沢敬三　井上 潤
本田宗一郎　伊丹敬之
井深 大　武田 徹
幸田家の人々　金井景子
*正宗白鳥　大嶋 仁
大佛次郎　福島行一
*川端康成　大久保喬樹
薩摩治郎八　小林 茂
松本清張　杉原志啓
安部公房　成田龍一
三島由紀夫　島内景二
R・H・ブライス　菅原克也

金素雲　林 容澤
柳 宗悦　熊倉功夫
バーナード・リーチ　鈴木禎宏
イサム・ノグチ　酒井忠康
川端龍子　岡部昌幸
藤田嗣治　林 洋子
*井上有一　海上雅臣
*手塚治虫　竹内オサム
山田耕筰　後藤暢子
武満 徹　船山 隆
*力道山　岡村正史
美空ひばり　朝倉喬司
植村直巳　湯川 豊
*西田天香　宮田昌明
安倍能成　中根隆行
G・サンソム　牧野陽子
和辻哲郎　小坂国継
青木正児　井波律子

矢代幸雄　稲賀繁美
石田幹之助　岡本さえ
*平泉 澄　若井敏明
島田謹二　小林信行
前嶋信次　杉田英明
竹山道雄　平川祐弘
保田與重郎　谷崎昭男
佐々木惣一　松尾尊兊
*瀧川幸辰　伊藤孝夫
矢内原忠雄　等松春夫
福本和夫　伊藤 晃
*フランク・ロイド・ライト　大久保美春
大宅壮一　有馬 学
清水幾太郎　竹内 洋

*は既刊
二〇〇九年二月現在

徳川慶喜　大庭邦彦
＊古賀謹一郎　小野寺龍太
＊月性　海原徹
＊吉田松陰　海原徹
＊高杉晋作　海原徹
オールコック　佐野真由子
アーネスト・サトウ　奈良岡聰智
冷泉為恭　中部義隆

近代

＊明治天皇　伊藤之雄
大正天皇　フレッド・ディキンソン
昭憲皇太后・貞明皇后　小田部雄次
大久保利通　三谷太一郎
山県有朋　鳥海靖
木戸孝允　落合弘樹
＊松方正義　室山義正
北垣国道　小林丈広
大隈重信　五百旗頭薫

伊藤博文　坂本一登
井上毅　大石眞
＊桂太郎　小林道彦
＊乃木希典　佐々木英昭
林董　君塚直隆
児玉源太郎　小林道彦
＊高宗・閔妃　木村幹
山本権兵衛　室山義正
高橋是清　鈴木俊夫
小村寿太郎　簑原俊洋
犬養毅　小林惟司
加藤高明　櫻井良樹
加藤友三郎・寛治　麻田貞雄
田中義一　黒沢文貴
平沼騏一郎　堀田慎一郎
宇垣一成　北岡伸一
宮崎滔天　榎本泰子
＊浜口雄幸　川田稔
幣原喜重郎　西田敏宏
関一　玉井金五
広田弘毅　井上寿一
安重根　上垣外憲一
グルー　廣部泉

東條英機　牛村圭
蔣介石　劉岸偉
石原莞爾　山室信一
木戸幸一　波多野澄雄
五代友厚　田付茉莉子
大倉喜八郎　村上勝彦
安田善次郎　由井常彦
渋沢栄一　武田晴人
山辺丈夫　宮本又郎
武藤山治　阿部武司・桑原哲也
小林一三　橋爪紳也
大倉恒吉　石川健次郎
大原孫三郎　猪木武徳
河竹黙阿弥　今尾哲也
イザベラ・バード　加納孝代
林忠正　木々康子
森鷗外　小堀桂一郎
二葉亭四迷　ヨコタ村上孝之
巌谷小波　千葉信胤
樋口一葉　佐伯順子
島崎藤村　十川信介
泉鏡花　東郷克美

有島武郎　亀井俊介
永井荷風　川本三郎
北原白秋　平石典子
菊池寛　山本芳明
宮澤賢治　千葉一幹
正岡子規　夏石番矢
高浜虚子　坪内稔典
与謝野晶子　佐伯順子
＊種田山頭火　村上護
斎藤茂吉　品田悦一
＊高村光太郎　湯原かの子
萩原朔太郎　エリス俊子
原阿佐緒　秋山佐和子
＊狩野芳崖・高橋由一　古田亮
竹内栖鳳　北澤憲昭
黒田清輝　高階秀爾
中村不折　石川九楊
横山大観　高階秀爾
＊橋本関雪　西原大輔
小出楢重　芳賀徹
土田麦僊　天野一夫
岸田劉生　北澤憲昭

松旭斎天勝　川添裕
中山みき　鎌田東二
ニコライ　中村健之介
出口なお・王仁三郎　川村邦光
島地黙雷　阪本是丸
＊新島襄　太田雄三
嘉納治五郎　クリストファー・スピルマン
＊澤柳政太郎　新田義之
河口慧海　高山龍三
大谷光瑞　白須淨眞
＊久米邦武　高田誠二
フェノロサ　伊藤豊
三宅雪嶺　長妻三佐雄
内村鑑三　新保祐司
＊岡倉天心　木下長宏
志賀重昂　中野目徹
徳富蘇峰　杉原志啓
竹越與三郎　西田毅
内藤湖南・桑原隲蔵　礪波護
岩村透　今橋映子
西田幾多郎　大橋良介
喜田貞吉　中村生雄

平頼綱　細川重男
竹崎季長　堀本一繁
西行　光田和伸
藤原定家　赤瀬信吾
*京極為兼　今谷明
*兼好　島内裕子
重源　横内裕人
運慶　根立研介
法然　今堀太逸
慈円　大隅和雄
明恵　西山厚
親鸞　末木文美士
恵信尼・覚信尼　西口順子
道元　船岡誠
叡尊　細川涼一
*忍性　松尾剛次
*日蓮　佐藤弘夫
一遍　蒲池勢至
夢窓疎石　田中博美
*宗峰妙超　竹貫元勝

南北朝・室町

後醍醐天皇　上横手雅敬
護良親王　新井孝重
北畠親房　岡野友彦
楠正成　兵藤裕己
*新田義貞　山本隆志
光厳天皇　深津睦夫
足利尊氏　市沢哲
佐々木道誉　下坂守
円観・文観　田中貴子
足利義満　川嶋将生
足利義教　横井清
大内義弘　平瀬直樹
伏見宮貞成親王　松薗斉
山名宗全　山本隆志
日野富子　脇田晴子
世阿弥　西野春雄
雪舟等楊　河合正朝
宗祇　鶴崎裕雄
*満済　森茂暁
一休宗純　原田正俊

戦国・織豊

北条早雲　家永遵嗣
毛利元就　岸田裕之
*今川義元　小和田哲男
*武田信玄　笹本正治
真田氏三代　笹本正治
三好長慶　仁木宏
*上杉謙信　矢田俊文
吉田兼倶　西山克
山科言継　松薗斉
*雪村周継　赤澤英二
織田信長　三鬼清一郎
豊臣秀吉　藤井讓治
*北政所おね　田端泰子
*淀殿　福田千鶴
前田利家　東四柳史明
黒田如水　小和田哲男
蒲生氏郷　藤田達生
細川ガラシャ　田端泰子
伊達政宗　伊藤喜良
*支倉常長　田中英道
ルイス・フロイス　エンゲルベルト・ヨリッセン
*長谷川等伯　宮島新一
顕如　神田千里

江戸

徳川家康　笠谷和比古
徳川吉宗　横田冬彦
*後水尾天皇　久保貴子
光格天皇　藤田覚
崇伝　杣田善雄
春日局　福田千鶴
池田光政　倉地克直
シャクシャイン　岩崎奈緒子
*田沼意次　藤田覚
二宮尊徳　小林惟司
末次平蔵　岡美穂子
高田屋嘉兵衛　生田美智子
林羅山　鈴木健一
中江藤樹　辻本雅史
山崎闇斎　澤井啓一
*北村季吟　島内景二
貝原益軒　辻本雅史
ケンペル　ボダルト・ベイリー
荻生徂徠　柴田純
雨森芳洲　上田正昭
前野良沢　松田清
平賀源内　石上敏
杉田玄白　吉田忠
上田秋成　佐藤深雪
木村蒹葭堂　有坂道子
*大田南畝　沓掛良彦
菅江真澄　赤坂憲雄
*鶴屋南北　諏訪春雄
良寛　阿部龍一
山東京伝　佐藤至子
*滝沢馬琴　高田衛
平田篤胤　川喜田八潮
シーボルト　宮坂正英
本阿弥光悦　岡佳子
小堀遠州　中村利則
尾形光琳・乾山　河野元昭
*二代目市川團十郎　田口章子
与謝蕪村　佐々木丞平
伊藤若冲　狩野博幸
鈴木春信　小林忠
円山応挙　佐々木正子
*佐竹曙山　成瀬不二雄
葛飾北斎　岸文和
酒井抱一　玉蟲敏子
孝明天皇　青山忠正
*和宮　辻ミチ子

ミネルヴァ日本評伝選

企画推薦
梅原　猛
ドナルド・キーン
佐伯彰一
角田文衞

監修委員
上横手雅敬
芳賀　徹

編集委員
石川九楊
伊藤之雄
猪木武徳
今谷　明
今橋映子
熊倉功夫
佐伯順子
坂本多加雄
武田佐知子
竹西寛子
西口順子
兵藤裕己
御厨　貴

上代

俾弥呼　古田武彦
日本武尊　西宮秀紀
仁徳天皇　若井敏明
雄略天皇　吉村武彦
*蘇我氏四代　遠山美都男
推古天皇　義江明子
聖徳太子　仁藤敦史
斉明天皇　武田佐知子
小野妹子・毛人　大橋信也
額田王　梶川信行
弘文天皇　遠山美都男
天武天皇　新川登亀男
持統天皇　丸山裕美子
阿倍比羅夫　熊田亮介
柿本人麻呂　古橋信孝
元明・元正天皇　渡部育子
聖武天皇　本郷真紹
光明皇后　寺崎保広
孝謙天皇　勝浦令子
藤原不比等　荒木敏夫
吉備真備　今津勝紀
藤原仲麻呂　木本好信
道　鏡　吉川真司
大伴家持　和田　萃
行　基　吉田靖雄

平安

*桓武天皇　井上満郎
嵯峨天皇　西別府元日
宇多天皇　古藤真平
醍醐天皇　石上英一
村上天皇　京樂真帆子
花山天皇　上島　享
三条天皇　倉本一宏
藤原薬子　中野渡俊治
小野小町　錦　仁
藤原良房・基経　滝浪貞子
菅原道真　竹居明男
*紀貫之　神田龍身
源高明　所　功
慶滋保胤　平林盛得
*安倍晴明　斎藤英喜
藤原実資　橋本義則
*藤原道長　朧谷　寿
清少納言　後藤祥子
紫式部　竹西寛子
和泉式部　ツベタナ・クリステワ
大江匡房　小峯和明
阿弖流為　樋口知志
坂上田村麻呂　熊谷公男
*源満仲・頼光　元木泰雄
平将門　西山良平
藤原純友　寺内　浩
空　海　頼富本宏
最　澄　吉田一彦
*空　也　石井義長
奝　然　上川通夫
*源　信　小原　仁
後白河天皇　美川　圭
式子内親王　奥野陽子
建礼門院　生形貴重
平清盛　田中文英
藤原秀衡　入間田宣夫
平時子・時忠　元木泰雄
平維盛　根井　浄
守覚法親王　阿部泰郎

鎌倉

源頼朝　川合　康
*源義経　近藤好和
後鳥羽天皇　五味文彦
九条兼実　村井康彦
北条時政　野口　実
熊谷直実　佐伯真一
*北条政子　関　幸彦
北条義時　岡田清一
曾我十郎・五郎　杉橋隆夫
北条時宗　近藤成一
安達泰盛　山陰加春夫

刊行のことば

歴史を動かすものは人間であり、興趣に富んだ人間の動きを通じて、世の移り変わりを考えるのは、歴史に接する醍醐味である。

しかし過去の歴史学を顧みるとき、人間不在という批判さえ見られたように、歴史における人間のすがたが、必ずしも十分に描かれてきたとはいえない。二十一世紀を迎えた今、歴史の中の人物像を蘇生させようとの要請はいよいよ強く、またそのための条件もしだいに熟してきている。

この「ミネルヴァ日本評伝選」は、正確な史実に基づいて書かれるのはいうまでもないが、単に経歴の羅列にとどまらず、歴史を動かしてきたすぐれた個性をいきいきとよみがえらせたいと考える。そのためには、対象とした人物とじっくりと対話し、ときにはきびしく対決していくことも必要になるだろう。

今日の歴史学が直面している困難の一つに、研究の過度の細分化、瑣末化が挙げられる。それは緻密さを求めるが故に陥った弊害といえるが、その結果として、歴史の大きな見通しが失われ、歴史学を通しての社会への働きかけの途が閉ざされ、人々の歴史への関心を弱める危険性がある。今こそ歴史が何のためにあるのかという、基本的な課題に応える必要があろう。評伝という興味ある方法を通じて、解決の手がかりを見出せないだろうかというのも、この企画の一つのねらいである。

狭義の歴史学の研究者だけでなく、多くの分野ですぐれた業績をあげている著者たちを迎えて、従来見られなかった規模の大きな人物史の叢書として、「ミネルヴァ日本評伝選」の刊行を開始したい。

平成十五年（二〇〇三）九月

ミネルヴァ書房

《著者紹介》

石井義長（いしい・よしなが）

1932年　東京都生まれ。

1956年　東京大学法学部卒業，NHK 入局（教養部 PD・放送総局計画担当部長・経営企画室主管・ニューメディア推進本部事務局長等）。

1989年　NHK 定年退職後，東方学院・駒澤短期大学に学ぶ。

2000年　東洋大学大学院博士後期課程修了，『空也上人の研究』により博士（文学）学位取得。以後，東洋大学非常勤講師，東方学院講師等。

現　在　仏教文化研究所研究員。

著　書　『空也上人の研究――その行業と思想』法藏館，2002年。

『阿弥陀聖　空也――念仏を始めた平安僧』講談社，2003年。

ミネルヴァ日本評伝選

空《くう》　也《や》

――我が国の念仏の祖師と申すべし――

2009年2月10日　初版第1刷発行　〈検印省略〉

定価はカバーに
表示しています

著　者　石　井　義　長

発行者　杉　田　啓　三

印刷者　江　戸　宏　介

発行所　株式会社　ミネルヴァ書房

607-8494 京都市山科区日ノ岡堤谷町1

電話（075）581-5191（代表）

振替口座 01020-0-8076番

共同印刷工業・新生製本

ISBN978-4-623-05373-5

Printed in Japan

人物・神仏索引

ア 行

赤染衛門　232, 268
阿弥陀聖　3, 149
阿弥陀仏　i, 15, 28, 32, 38, 39, 41, 46, 112, 174, 177, 178, 207
安都雄足　37
安恵　124
安然　59
井口基二　23
惟西　85
石井元政　139
石井良助　153
石田瑞麿　100, 105, 122, 126, 164
石上宅嗣　42, 44
韋提希　15
市杵島姫命　175
市聖　3, 5
一休　166
一遍　i, 20, 22, 63, 128, 140, 305, 308, 312-314, 316, 321, 325, 326, 332
伊東史朗　203
伊藤唯真　74, 100, 152
井上薫　25
井上光貞　24, 32, 38, 148
石田女王　45
院源　57
歌川学　25, 304
永観　62, 69, 304
永超　43, 171
懐音　330
恵隠　28, 29, 40
恵谷隆戒　40
恵便　107
恵美押勝（藤原仲麻呂）　34, 36
延昌　8, 193-197, 239, 247
円珍　58
円仁　52-55, 57, 58, 124
円融天皇　243
大江音人　65
大江親通　7, 166, 169
大江匡衡　295
大江匡房　57, 241
大江以言　81
大島武好　137
大橋俊雄　276
小野篁　249, 250
小原仁　84

カ 行

覚如　63
迦才　41, 254
賀登　118
金井清光　314
鴨長明　iv, 18, 21, 320
観世信光　137
観音菩薩　119, 120, 182, 204, 339
義観　221, 264-266
北村季吟　176
吉蔵　40, 328, 336, 337
木下文彦　83, 251
行基　45, 99, 272
行尊　121
清原教隆　89
空海　59
空晴　170

百済王敬福　32
熊谷次郎直実　160
鳩摩羅什　282, 292
黒川道祐　129
景戒　47
慶政　94, 138, 139, 161
玄秀　296, 331
顕昭　4, 160
玄奘　11, 208, 281, 292
源信　22, 39, 158, 239, 303, 304, 318
彦琮　32
玄昉　170, 171
興願僧都　21
光勝　11, 196
康勝　i , ii , iv, 18
河野通広　314, 316
光明皇太后（光明皇后）　33, 34, 36
虎関師錬　8, 19
越優婆夷　147
護命　67
五来重　61, 276

サ　行

最澄　50-52, 59, 197
西念　263
佐伯有清　58
坂井衡平　315
坂上田村麻呂　132, 215
薩陀波崙菩薩　284
佐藤哲英　62
沙弥教信　62, 63
重明親王　66, 71, 247
地蔵菩薩　240
四天王　202, 217
島地大等　58
島田忠臣　46
釈尊　15
十一面観音　202-205, 207, 339, 340
俊鳳　308, 318
浄阿　23
静安　70
定恵　30, 77
昌海　69, 170
聖戒　20
貞慶　118, 150
賞山　330
浄蔵　101, 234
常啼菩薩　iii, 11-13, 223, 227, 228, 283, 285, 288, 289, 336
常不軽菩薩　113, 307, 309
聖武天皇　32, 33
新阿弥陀　268
真教　312
尋禅　247
真誉浄阿　130
親鸞　63, 232
菅原道真　93
菅原征子　125
捨聖　20
聖覚　115, 192, 231
清和太上天皇　66
世親　28, 46, 298
前阿弥陀　268
千観　21, 320, 321
選子内親王　269
善謝　66, 69
善珠　69, 170
善導　16, 17, 28, 43, 111, 113, 151, 173, 231, 299, 301, 328, 341
相応　54
宗覚　131
増命　60
蘇我倉山田石川麻呂　29
尊子内親王　78

タ行

醍醐上皇　65, 94, 139
平清盛　274
平定盛　129
平将門　135
平康頼　161
高橋富雄　132
託何　329
武石彰夫　277
忠尋　319
橘氏公　250
橘成季　162, 191
橘夫人三千代　30
谷信一　ii
田山方南　86
智光　34, 40, 41, 49, 68, 167
仲算　170
中信　206, 237, 238, 260, 261
澄憲　191
重源　270
珍海　69
鎮源　333
辻善之助　88
常康親王　96, 188
角田文衛　103, 105
道賢　30
道元　228
道綽　28
道昭　30, 47, 112
道場法師　105
徳一　51, 124, 132, 133
鳥越憲三郎　144
曇無竭菩薩　284
曇鸞　28, 232, 297, 324, 342

ナ　行

南無阿弥陀仏　27, 61
日延　265
如意輪観音　120

ハ　行

橋川正　23, 87
濱島正士　133
林屋辰三郎　154
速水侑　80-82
東館紹見　224
飛錫　42, 113, 114, 151, 300, 309
百如慈芳　61
平林盛得　64, 224, 325
福井佳夫　81
副島弘道　203, 205
藤原明衡　11, 280
藤原鎌足　29
藤原清輔　180
藤原公任　3, 157, 180
藤原伊尹　97, 189, 217-220
藤原定家　180
藤原実資　264, 267
藤原実頼　211, 243
藤原述子　199
藤原忠親　273
藤原忠平　172, 195, 247
藤原経業　270
藤原俊成　180
藤原道綱母　246, 252
藤原道長　56, 232
藤原通憲（信西）　144
藤原宗忠　218
藤原師氏　244-248
藤原師輔　247
藤原師尹　243
藤原猶雪　25
藤原行成　212, 266
藤原良相　65, 249
文諗・少康　254

文室真人長谷　45, 46
遍照　188
弁長　315
法照　52
法然　ii, 150, 159, 160, 231, 304, 305
法涌菩薩　iii, 12, 13, 223, 227-229, 283, 287-289
法灯国師覚心　22
堀一郎　85, 87, 130, 240
梵天・帝釈天　202, 216

マ　行

松尾明神　185, 186
水野柳太郎　105
源高明　146, 243
源為憲　2, 11, 75, 78, 80, 83, 92, 157, 221, 239, 251, 256
三原暎　24
三間重敏　85, 86
妙達　125
三善清行　26, 103, 106
三善為康　2, 6, 168, 237, 263
三善道統　2, 11, 225, 239, 280
無住一円　192
無住道暁　139
村上天皇　188, 220
紫式部　136
文殊菩薩　6, 10, 163, 233, 234
文徳天皇　65

ヤ・ラ・ワ行

柳宗悦　322
簗瀬一雄　19
山口光円　61
山内為之輔　131
山本正厳　117
余慶　97, 217, 221, 247, 248, 265
慶滋保胤　ii, 2, 17, 62, 76, 78, 93, 146, 157, 186, 189, 239, 255, 256, 260
四辻善成　136
頼光　167
隆海　67, 68
竜樹　303, 323
良源　60, 150, 247, 265
良忠　317, 325, 327, 328, 332
冷泉天皇　243

事項索引

ア　行

『壒嚢抄』　206
葵祭　269
阿号　270, 271
『阿娑縛抄明匠略伝』　180
飛鳥厩坂宮　28
飛鳥寺　105
『愛宕空也』　89, 137
愛宕山　137
阿仏号　273
尼受戒　260
阿弥陀井　7, 145, 149, 166, 169
『阿弥陀経』　28, 55, 299
『阿弥陀経略記』　304
阿弥陀悔過　37, 38, 69
『阿弥陀悔過資財帳』　37
『阿弥陀悔過知識交名』　37
阿弥陀浄土変　36, 182, 183
『阿弥陀懺法』　55
阿弥陀聖　ii, 2, 23, 25, 145, 149, 152, 199, 229, 262, 268, 269-272, 317
『阿弥陀白毫観』　240
『阿弥陀仏大思惟経』　35
『安楽集』　28
『意見十二箇条』　26, 103
伊島　116
『伊島風土記』　116
石山寺　121
市門　4, 160
一条止観院　196
市堂　155, 173, 174, 176, 182, 184, 187, 198, 271, 300
一念往生　110, 157, 162, 300, 302, 313
市聖　ii, 6, 7, 145, 147
市姫神社（市姫社）　175, 176, 184, 187
市比賣神社　181
市屋　20
——道場　131, 176
一切皆空　12, 228, 281, 324
『一遍上人語録』　21, 165, 308, 321
『一遍上人語録諺釈』　318
『一遍上人法門抜書』　326
『一遍聖絵』　20, 140, 176, 276, 305, 309, 311, 326
稲光善光寺　314
『石清水不断念仏縁起』　57
院蔵人所　219
有縁の行　342
宇佐八幡宮　315
『宇治拾遺物語』　220, 264
『打聞集』　89, 97, 153, 214, 217
優婆塞　1, 26, 73, 98, 99, 104
芸亭　44
雲林院　185, 186, 188, 189
『栄華物語』　56, 232, 244, 268
叡山受戒　7, 11, 192
恵日寺　132, 133
蝦夷征討　123
恵隆寺　131
延喜式　126, 146, 153, 193
『円光大師行状画図翼賛』　181
延暦寺　2, 58, 192, 195-197
往生講　36

『往生西方浄土瑞応伝』 255
『往生拾因』 63, 69
『往生要集』 23, 112, 158, 240, 303
『往生礼讃偈』 17, 30, 43, 112, 113, 151, 177, 231, 299, 308
往相 51
応和の宗論 10, 224
押出仏 31
踊り念仏 20, 23, 276, 306
おりふしの迎講 261
尾張国分寺 103, 104, 292
園城寺 58, 221
厭離穢土・欣求浄土 23, 39, 240

カ 行

『改邪鈔』 63
戒牒 193
『河海抄』 136
隔夜寺 212
『かげろふ日記』 246, 252
勝部寺 212, 214
『鎌倉宗要』 327, 328
鴨川 10, 222, 223, 225, 236
河内観心寺 30
「願往生礼讃偈」 32
勧学会 2, 78, 197, 239, 260
『勧学会記』 239
『観経』 16, 302
願行具足 150
元慶寺 188
元慶の乱 123
『閑居友』 94, 138, 140, 161, 310
元興寺 40, 68,
——極楽房 168, 169
——三論宗 67, 68
——法相宗 67
願興寺 104, 105, 293, 329
『元興寺編年史料』 169
願作仏心 297, 325
感神院 201
『観音講式』 118
観音三十三身 182
「観音霊所三十三所巡礼記」 121
『感夢記』 58
『観無量寿経』 14, 28, 45, 111, 177, 232, 243, 299
『観無量寿仏経疏（観経疏）』 16, 28, 30, 111, 113, 150, 243, 341
奇瑞霊異譚 23, 243, 251
奇瑞霊応 82, 84, 164
『狂雲集』 166
『行基年譜』 45
『行者用心集』 318
『行尊伝』 121
『経律異相』 284
清水寺 132, 215, 217
『清水寺縁起』 132, 215, 216
『金葉和歌集』 269
空也踊躍念仏 262
『空也上人絵詞伝』 24, 130, 138, 200
空也上人像 i, 18, 263
『空也上人のために金字大般若経を供養する願文』（『願文』） iii, 2, 11, 13, 14, 223, 226, 229, 232, 280, 281, 288, 291
『空也上人誄』 2, 11, 23, 75, 81, 86, 92, 141, 252, 254, 256, 257
空也僧 277
空也瀧 138
空也念仏踊り 131
空也の墓 131, 273, 275
空也聖 90
『空也誄』 85, 86, 138
「空也和讃」 277
倶会一処 39
『愚管抄』 219

弘経の三軌　307, 335
供花会　186, 260
九条錫杖　242
口称名号　27
具足戒　193
具足十念　16, 159, 299
九品往生　15, 302
供養会　10, 16, 221, 302
車宿　266
蔵人所　218-220
『黒谷源空上人伝』　270
『華厳経』　33, 117
『決定往生集』　69
下品下生　15, 16, 111, 299
下品上生　16
『元亨釈書』　8, 19, 88, 129, 199
『源氏物語』　56, 136
還相　51
『広弘明集』　76
『江談抄』　81
興福寺　7, 36, 38, 69, 166, 170, 173, 197, 214
　――唐院　171
　――竜華院　168
「興福寺奏状」　150
光明真言　36, 66
高野聖　90, 317
五会念仏　52
国文学研究資料館　85
国分寺　33
国分尼寺　33
極楽院空也堂　23, 129, 130, 276
「極楽往生歌」　263
『極楽記』　249, 256
『古今著聞集』　89, 162, 191
『後拾遺往生伝』　168
五性格別　51
己心弥陀・唯心浄土　179
五台山竹林寺　53
『五燈会元』　165
御霊会　143
『権記』　212, 266
金鼓　i, ii, 264, 267
『金剛般若経』　213
『金光明最勝王経』　33
『今昔物語集』　249, 250

サ　行

『西宮記』　146
西光寺　1, 2, 9, 92, 200, 202, 206, 235-238, 241, 252, 260, 273
『蔡州和伝要』　329
『最勝王経』　105
西大寺法相宗　70
『雑集』　32
『讃阿弥陀仏偈』　232
三一権実論争　51
『山槐記』　273-275
三車火宅　334
三聚浄戒　193
三種の衆生　15
三乗真実一乗方便　51
三乗方便一乗真実　51
『三蔵讃頌』　42
三輩往生　299
『三宝絵』　54, 78, 234
三論宗　34, 40, 106, 328, 329, 336
三論浄土教　35, 69
『慈恵大僧正伝』　61
『慈覚大師伝』　59
『慈覚大師例時作法念仏口決』　61
『職事補任』　219
地獄変相図　73
四修　151, 298
『時宗統要篇』　296, 331
四種三昧　52, 57

『私聚百因縁集』 132
資聖寺 53
地蔵講 261
『七十一番職人尽歌合』 89
『七大寺巡礼私記』 7, 166, 169
『七大寺日記』 168
四天王像 8, 202, 217
私度僧 47, 73
此土入聖 59
信濃善光寺 315-317
紫微中台 34, 35
錫杖 ii, 240, 243, 264, 267
『沙石集』 192
沙弥 1, 73, 99, 102, 104
——十戒 102
——出家 103, 105, 292
『拾遺抄』 3, 157
『拾遺抄註』 4, 153, 160
十一不二頌 313
十一面神呪 207
『十一面観自在菩薩心密言念誦儀軌経』 203
十一面観音像 8, 9, 203-205
十一面悔過所 34
『十一面神呪心経』 34, 203, 206, 339
『拾遺和歌集』 161, 179
『十願発心記』 321
『十住毘婆沙論』 67, 303, 323
修諸功徳 41, 44, 150, 302, 340
『十二光仏讃』 231, 232, 301
『十二門論』 106, 293, 294, 329, 336
『十二門論疏』 293, 336
『守護国界章』 51
『授菩薩戒儀』 51, 230
正行 16, 23
常行三昧 52, 57
——堂 54, 57
『称讃浄土仏摂受経』 291
勝常寺 132, 134
正定之業 150, 304
定善一三観 15
『浄土源流図』 231
『浄土五会念仏略法事儀讃』 53
浄土寺 315, 316
『浄土宗要集』（鎌倉宗要） 325
『浄土布薩式』 231
浄土変相図 301
『浄土論』 28, 41, 46, 254, 298
『浄土論註』 28, 297, 324, 342
『浄土和讃』 232
『正法眼蔵』 228
上品上生 14, 15, 232, 302
浄名院 167, 169, 171
称名念仏 iii, 2, 16, 23, 64, 70, 111, 115, 262, 272, 317
『小右記』 ii, 264
『小記目録』 267
諸行往生 41
『続日本紀』 44, 48, 99, 208
『諸家念仏集』 330
信楽空法 314, 324, 325, 342
真言宗 59
神泉苑 6, 163, 164
『新勅 撰和歌集』 181
真福寺 84, 138
『新編会津風土記』 128, 129, 132
「隋大業主浄土詩」 32
清涼殿 iii, 10, 70, 224
『施灯功徳経』 230
善光寺聖 314, 317
『千載和歌集』 180
善秀才宅詩合 239
『撰集抄』 139, 170, 171, 311, 315
専修念仏 ii, 23, 25, 150, 262, 341
塼仏 31
雑行 17, 23

『雑談集』 139
『雑談鈔』 265
僧尼令 72, 98, 147
『僧妙達蘇生注記』 125
『即心義私記』 59
『即心成仏義』 59
卒塔婆 ii, 3, 4, 152, 155, 160
——崖 116
尊勝陀羅尼 66
『尊卑分脈』 96

タ 行

大吉祥陀羅尼 36
大乗戒 193
『大智度論』 283, 284, 292
『大日本法華経験記』 333
『大般若経』 iii, 9, 10, 12, 14, 207-210, 223, 226-228, 281-284, 288, 291, 292, 294, 295, 336, 337
大般若経供養会 2, 218, 221, 280, 302, 338
『大般若波羅蜜多経』 208
大仏頂三昧 65
『大法師浄蔵伝』 101
当麻曼荼羅 173, 183
平将門の乱 135, 143
多度神宮寺 38
『陀羅尼集経』 34, 203
智光曼荼羅 49, 168
知識勧進 7, 201, 295
『池亭記』 146, 253
岐神 144
着鈦政 146, 154, 160
『中右記』 218
『中論』 213, 337
長谷寺 210-212
珍皇寺 249
追修願文 77, 78
『菟芸泥赴』 176
月輪寺 136-138
『貞信公記抄』 172, 195
泥塔供養 261
『田氏家集』 46
天台宗 50, 57, 58
天台浄土教 302
『天台南山無動寺建立和尚伝』 60
天台法華宗 50
『東域伝灯目録』 43, 172
東京大学史料編纂所 85
『道行般若経』 283
東山道 126
『藤氏家伝』 77
東大寺 33, 37
度縁 103, 193
得度受戒 192, 195, 196
度衆生心 297, 325

ナ 行

内給所 218, 220
乃至一念 111
乃至十念 111, 304
『長門本平家物語』 274
難波長柄豊崎宮 29
南無阿弥陀仏 i, ii, 2-4, 16, 21, 27, 42, 44, 45, 61, 68, 71, 72, 74, 110, 111, 145, 149, 152, 207, 268, 298, 299, 339
『南無阿弥陀仏』 322
『南無阿弥陀仏作善集』 271
西七条御旅所 175
二十五三昧会 66
『二十五三昧式』 158
『入唐求法巡礼行記』 53
『日本往生極楽記』 ii, 2, 17, 60, 62, 76, 93, 167, 189
『日本紀略』 8, 93, 195, 199, 214, 218,

245
『日本書紀』 107
『日本霊異記』 47, 73, 99
『日本歴史』 25
如意輪観音 120
——像 121
『如意輪陀羅尼経』 34, 118–122
念仏往生 150, 299, 324
——願 41
『念仏五更讃』 42, 43
念仏三昧 18, 52, 55, 57, 308, 323
『念仏三昧宝王論』 42, 113–115, 151, 300, 309
念仏即往生 313
念仏聖 ii, iv, 18, 23, 169, 199, 262, 273, 276
年分度者 102

ハ 行

白鷺池 223
「婆子焼庵」 165
長谷寺 210, 211
八田寺 34, 48, 49
八葉寺 128–130, 134, 276
『播州問答私考鈔』 330
般若 13, 229, 337
——波羅蜜多 iii, 12–14, 209, 223, 227, 272, 281, 285, 287, 288, 337
東市 3, 146, 147, 154
「東市町正応五年前図」 154, 173
寒鯛の瀧 138
聖 iv, 25, 72, 148
彼土入証 39, 59
『不空羂索神変眞言経』 184
『袋草子』 180
諷誦文 77
『峯相記』 108
藤原純友の乱 143
豊前善光寺 315
『扶桑隠逸伝』 139
『補陀落海会軌』 183
補陀落山 117–119, 136
補陀落浄土変 36
補陀落山浄土 182, 183
補陀落渡海 117, 118
不断念仏 54, 57, 60
仏光寺公園 222
『仏説十一面観世音神呪経』 203
『仏説造塔延命功徳経』 155
仏頂尊勝陀羅尼 65
『仏法伝来次第』 224
仏名会 70–72
『仏名経』 72
『文永十一年賀茂祭絵詞』 270
『文心雕龍』 76
平安京 1, 7, 93, 141, 149
平安新仏教 49
法成寺 232, 268
峯相山鶏足寺 107, 109
法相浄土教 37, 69, 170, 172
『法然上人行状絵図』 159
『宝物集』 161
法隆寺宝物館 31
北陸道 126
菩薩戒 14, 51, 229, 230, 302
菩提院 167, 170
菩提講 188
『法華経』 iii, 33, 113, 114, 118, 127, 155, 182, 185, 189, 260, 306, 307, 334, 339, 340
『法華験記』 335
法華寺 36
『法華秀句』 59
『法華修法一百座聞書抄』 114, 184
『法華懺法』 54, 242
法性寺 247

『発心求道集』 317, 325, 328–332
『発心集』 iv, 18, 19, 21, 239, 320
『本朝皇胤紹運録』 96
『本朝高僧伝』 191
『本朝世紀』 137, 144
『本朝文粋』 11, 77, 280
梵天・帝釈天像 8, 216
『梵網経』 243
梵網講 36
梵網菩 薩戒 164

マ 行

『摩訶般若波羅蜜経』 284, 292
松尾大社 175, 176, 184, 187
松尾祭 175, 187
『饅重屋本節用集』 89
万灯会 14, 229, 268
『御堂関白記』 56
峰合山 107, 109
峯合寺 107, 109, 337
『都名所図会』 176
名号 17, 46, 51, 74, 110, 150, 299
命命鳥 229
民間伝道者（民間布教者） 73, 148
無住処涅槃 71
無生法忍 324
陸奥出羽 122, 126
『無量寿経』 28, 111, 299
『無量寿経論釈』 40
『無量寿如来観行供養儀軌』 65
文殊会 234
『文殊師利般涅槃経』 234
『文選』 76

ヤ 行

薬師如来 196
『薬師琉璃光七仏本願功徳経』
196
八坂神社 201
ヤダ・ミダ 144
『山城名勝志』 137
山田殿像 29
山の念仏 50, 54, 60, 61
『維摩経』 26, 105, 106, 165, 293, 311
結城廃寺 31
湯島 115, 116
『雍州府志』 129
『横川首楞厳院二十五三昧起請文』
158
黄泉国 39, 134

ラ 行

『礼記』 80, 258
『吏部王記』 66, 71, 247
霊異譚 10, 24, 82, 162, 233
『楞厳院二十五三昧結衆過去帳』
158
霊鷲山（鷲峯山） 223, 284
『梁塵秘抄』 101, 130, 162, 179, 242
『臨済録』 166, 213
臨時の度者 103
『類雑集』 318, 319
『例時作法』 55, 61
六斎念仏 176
六字無生頌 22
六道絵 73
六波羅蜜（多） 272, 282, 290, 294, 337
六波羅蜜寺 i, 2, 9, 18, 176, 203, 206, 237, 238, 260–262, 264, 271, 273–275
『六波羅蜜寺縁起』 2, 6, 100, 163, 180, 206, 236, 260, 263

ワ 行

『和歌色葉集』 181
和学講談所 86
『和漢朗詠集』 180
鹿角 i, 130, 267